国家社科基金
后期资助项目

中国货币政策有效性研究

Research on the Effectiveness of Monetary Policy in China

王晓芳　刘崴　毛彦军　著

中国财经出版传媒集团
经济科学出版社
Economic Science Press

图书在版编目（CIP）数据

中国货币政策有效性研究/王晓芳，刘崴，毛彦军著．
—北京：经济科学出版社，2021.11
国家社科基金后期资助项目
ISBN 978-7-5218-3121-4

Ⅰ.①中⋯ Ⅱ.①王⋯ ②刘⋯ ③毛⋯ Ⅲ.①货币政策－研究－中国 Ⅳ.①F822.0

中国版本图书馆 CIP 数据核字（2021）第 242366 号

责任编辑：杨　洋　卢玥丞
责任校对：王肖楠
责任印制：王世伟

中国货币政策有效性研究

王晓芳　刘崴　毛彦军　著
经济科学出版社出版、发行　新华书店经销
社址：北京市海淀区阜成路甲 28 号　邮编：100142
总编部电话：010-88191217　发行部电话：010-88191522
网址：www.esp.com.cn
电子邮箱：esp@esp.com.cn
天猫网店：经济科学出版社旗舰店
网址：http://jjkxcbs.tmall.com
北京季蜂印刷有限公司印装
710×1000　16 开　17.5 印张　310000 字
2021 年 12 月第 1 版　2021 年 12 月第 1 次印刷
ISBN 978-7-5218-3121-4　定价：70.00 元
(图书出现印装问题，本社负责调换。电话：010-88191510)
(版权所有　侵权必究　打击盗版　举报热线：010-88191661
QQ：2242791300　营销中心电话：010-88191537
电子邮箱：dbts@esp.com.cn)

国家社科基金后期资助项目
出版说明

　　后期资助项目是国家社科基金设立的一类重要项目，旨在鼓励广大社科研究者潜心治学，支持基础研究多出优秀成果。它是经过严格评审，从接近完成的科研成果中遴选立项的。为扩大后期资助项目的影响，更好地推动学术发展，促进成果转化，全国哲学社会科学工作办公室按照"统一设计、统一标识、统一版式、形成系列"的总体要求，组织出版国家社科基金后期资助项目成果。

全国哲学社会科学工作办公室

前 言

近年来，针对中国货币政策有效性的争论此起彼伏。一个显而易见的原因是，西方现代货币理论关于货币政策有效性没有达成共识，其在中国的应用自然充满争论。另一个更为重要的原因是，在货币政策的宏观操作层面，不同国家的货币政策操作环境、货币政策的中介目标及货币政策最终目标均存在不同程度的差异；在货币政策的微观基础方面，不同国家居民的收入水平与消费习惯也大不相同，将既有研究货币政策有效性的研究方法和研究结果，直接移植过来并不完全行得通。这就需要理论上和方法上的再研究。本书试图在既有研究基础上，给出一种分析中国货币政策有效性的系统性框架，以对中国货币政策是否有效进行多角度、多层次的系统分析。

本书做的主要工作和基本结论包括：

第一，明确界定了中国货币政策有效性的概念及内涵，将货币政策目标与货币政策工具目标、宏观审慎管理目标及非常规货币政策目标进行了合理的区分，并在分析中国货币政策特征的基础上，将资产价格和就业率剔除在中国货币政策有效性之外，将货币政策目标锁定在产出、物价及国际收支三个方面，给出中国货币政策有效性效能边界，并在此基础上建立和讨论三大目标之间的替代关系。

第二，通过对中国货币政策的中介目标——货币供应量和利率的实证研究，论证了货币政策中介目标基本可控。这意味着中国人民银行具备通过货币政策操作，控制货币供应量和利率，进而影响货币政策最终目标的前提条件。

第三，通过实证分析论证了我国货币政策中介目标和最终目标之间存在着较为显著的关联性。中国的通货膨胀在一定程度上来自广义货币增长率的影响。在大部分时间里，货币供给的波动与通货膨胀率的波动相一致，而利率调控对物价存在着"价格之谜"的传导效果。通过对货币供应量、汇率、利率三个渠道对国际收支总额及其结构影响的分析，发现货币供应量和利率对国际收支结构影响显著。由此说明中国货币政策在促进国际收支平衡这一目标的实现是有效的，通过货币政策调整影响国际收支平衡是可行的。为了更好地刻画我国的实际情况，对基准的新凯恩斯DSGE模型进行若干拓展，将预期到的和未预期到的"数量型"货币政策调控、消费习惯形成以及动态福利效应和折现福利等融入DSGE模型。通过模型分析发现，中国的货币政策对经济增长会产生一定影响，但其有效性受到制度以及消费习惯等因素影响，存在进一步释放的空间。

第四，对Mundell-Flemming MODEL进行了修正，基于该修正的模型，论证了人民币汇率形成机制是制约中国货币政策有效性的一个重要因素。在通过分析与中国汇率制度改革路径相似的"先行者"——澳大利亚的汇率制度改革前后带来的澳大利亚货币政策有效性的提升，佐证了人民币汇率制度改革的必要性。并结合澳大利亚汇改中的成功经验，给出了完善人民币汇率形成机制及提高货币政策有效性的政策路径。

第五，根据已有的研究结果，重点分析了我国货币政策所面临的问题，并对转型方向和举措进行梳理和展望。通过分析我国经济和金融转型中的特征，提出了我国实现货币政策转型的政策建议。

本书的基本结论是：无论是从中国货币政策从无到有的历史来看，还是从货币政策在调节中国经济的现实来看，我国货币政策从产生到逐步成熟，有效性不断加强，对政策目标具有较强的调控效果，但由于受到多重因素制约，货币政策效能未能全部释放，仍然具有较大的优化空间。随着经济进入"新常态"，货币政策面临的制约因素愈加复杂，数量型向价格型、总量型向结构型、被动型向主动型转变将是未来我国货币政策调控的方向。

此书是笔者多年的研究成果。三年前完成了书稿，今天得以出版，希望能带给读者思想上和学术上的启迪，激发读者对货币政策研究的兴趣，为有关部门决策提供有益的参考。

本书仅代表笔者个人的学术观点，不代表笔者所在单位意见。

目　　录

第1章　绪论 …………………………………………………………… 1
　1.1　研究背景 ………………………………………………………… 1
　1.2　货币政策有效性的理论综述 …………………………………… 5
　1.3　研究的目标、思路和内容 ……………………………………… 33
　1.4　研究的技术路线和方法 ………………………………………… 35
　1.5　主要观点和贡献 ………………………………………………… 38

第2章　中国货币政策目标和有效性的界定 ……………………… 40
　2.1　货币供应量仍是中国货币政策的中介目标 …………………… 40
　2.2　利率逐渐成为中国货币政策的中介目标 ……………………… 42
　2.3　中国货币政策最终目标的判定 ………………………………… 43
　2.4　中国货币政策有效性的界定 …………………………………… 59

第3章　中国货币政策货币供应量目标的可控性分析 …………… 61
　3.1　中国的高能货币、货币乘数与货币供应量 …………………… 61
　3.2　货币政策对货币供应量影响程度的实证分析 ………………… 63
　3.3　各相关因素对中国货币供应量变动的贡献程度 ……………… 64

第4章　中国货币政策利率目标的可控性分析 …………………… 67
　4.1　央行基准利率的选择与体系构建 ……………………………… 67
　4.2　我国货币政策利率的可控性分析 ……………………………… 72

第5章　中国货币政策对产出影响的实证分析 …………………… 80
　5.1　变量选取与数据说明 …………………………………………… 80
　5.2　货币量与产出关系的实证研究 ………………………………… 80
　5.3　利率与产出关系的实证研究 …………………………………… 86

第6章　中国货币政策对物价影响的实证分析 …………………… 91
　6.1　货币量调控物价的实证分析 …………………………………… 91
　6.2　利率调控物价的实证分析 ……………………………………… 97

第 7 章 中国货币政策对国际收支影响的实证分析 ········· 103
7.1 1982 年以来中国国际收支的基本情况 ············ 103
7.2 货币政策影响国际收支的经验考察 ············· 109
7.3 中国货币政策对国际收支影响的实证分析 ········· 112

第 8 章 基于 DSGE 的中国货币政策效应分析 ············ 118
8.1 DSGE 模型的发展与特征 ·················· 118
8.2 基准 DSGE 模型 ······················ 122
8.3 基于拓展 DSGE 模型的我国货币政策宏观效应分析 ····· 133
8.4 本章小结 ························· 149

第 9 章 消费习惯形成对货币政策效应的影响 ············ 151
9.1 模型构建 ························· 151
9.2 模型参数校准与估计 ···················· 157
9.3 消费习惯形成影响下的货币政策效应分析 ·········· 161
9.4 消费习惯形成影响货币政策效应的机制分析 ········· 167
9.5 本章小结 ························· 176

第 10 章 开放经济条件下提高中国货币政策有效性的路径探析 ···· 177
10.1 从修正的 Mundell – Flemming MODEL 看货币政策的有效性 ························· 177
10.2 中国货币政策的传导机制 ················· 187
10.3 利率管制下货币政策有效性分析 ············· 190
10.4 人民币汇率形成机制改革与货币政策有效性 ········ 200
10.5 实证分析——从澳元汇率制度演进看汇率形成机制与货币政策有效性的关系 ················ 205
10.6 澳大利亚和中国的货币政策有效性比较 ·········· 211

第 11 章 我国货币政策的转型与展望 ················ 225
11.1 经济发展新的特征 ···················· 225
11.2 货币政策的环境变化 ··················· 227
11.3 货币政策的转型和展望 ·················· 229
11.4 本章小结 ························ 239

参考文献 ····························· 240

附录 ······························· 262

附录1：不同条件下货币政策三角有效性的
　　　　理论分析与证明 ················· 262
附录2：研究所采用的主要季度数据 ············ 265
附录3：本书参数估计过程的先验和后验分布 ······· 267
附录4：方程系统 $AE_tS_{t+1} = BS_t$ 的具体求解过程 ····· 269
附录5：本书研究主要基于的软件平台 ··········· 271

第1章 绪 论

1.1 研究背景

改革开放前,我国经济处于高度集中的计划经济体制之下,宏观调控更多地采取计划和财政手段,货币政策处于从属地位。改革开放后,随着市场经济体制的逐步建立,货币政策在宏观调控中的作用也逐渐显现。1984年,我国建立了中央银行体制,财政政策的作用弱化,特别是在2005年,在连续实行了7年的扩张性财政政策后,中国政府适时决定实行稳健的财政政策。根据经典的IS–LM模型可知,在政府预算保持不变的前提下,若IS曲线相对稳定,产出的变化则主要依赖于LM曲线的变化。实践中,货币政策的确逐步成为中国经济宏观调控的主要手段,在经济发展中承担着越来越大的责任。

1997年,金融危机席卷亚洲各国,越南盾、日元等货币都遭遇大幅贬值,东南亚国家成为了第一批受害者。随后,金融投机者的目光转向了刚回归中国不久的香港地区。中国内地在这场危机中也受到非常大的影响。在此背景下,中国人民银行(以下简称"人民银行"或"央行")果断采取多项有力的货币政策措施,积极扩大内需,遏制通货紧缩和企业开工不足。在1997年之后的几年间,中国人民银行先后通过大幅降低利率、扩张贷款利率的自由浮动区间、加大公开市场操作的力度、灵活调控高能货币供应、取消贷款限额的控制,改革信贷管理体制、对商业银行实行"一对一"辅导等多项措施提振经济,在防止危机蔓延的同时,推动中国经济走出低谷。这一时期货币政策对经济的调控作用得到了国际经济学界的肯定,但国内也有一些学者有着不同的看法,认为人民银行本来有能力使经济以更快的速度复苏,由于操作不当影响了经济恢复的速度。

自2002年8月起,货币供应量、信贷投放量增速出现加快迹象,2003

年,即使受到"非典"袭击,也没有逆转这一趋势。基于此,中国人民银行在2003年8月宣布上调存款准备金率1个百分点,并辅以窗口指导及其他有力的行政性措施,2003年第四季度,货币供应量、信贷投放量增长势头得到控制。

2005~2006年,在稳健的货币政策下,中国经济处于高增长、低通货膨胀的黄金发展时期,国内生产总值(GDP)增长率维持在11%~13%,而消费者物价指数(CPI)维持在1%~3%①。2005年4月至2006年3月,中国人民银行的货币政策基调维持不变。但从2006年4月开始,为了防止"经济增长由过快转向过热",中国人民银行上调了金融机构人民币贷款基准利率0.27个百分点②,人民币存款基准利率保持不变。至此,中国货币政策开始转向,这种趋紧的货币政策一直延续到国际金融危机发生后的2008年6月(见表1-1和表1-2)。

表1-1　　中国人民银行1998~2014年货币政策工具使用情况

年份	运用货币政策工具种类					
	利率	存款准备金	再贴现率	公开市场业务	再贷款利率	窗口指导
1998	√	√	√	√	√	√
1999	√	√	√	√	√	√
2000	√			√		√
2001	√		√	√		√
2002	√			√		
2003	√	√	√	√		
2004	√	√		√	√	
2005						
2006		√				
2007	√	√				
2008	√	√	√		√	
2009				√		√
2010	√	√	√	√		√
2011	√	√		√		√
2012	√					
2013						
2014	√	√	√	√	√	√

资料来源:Wind 资讯。

① 资料来源:国家统计局官网。
② 资料来源:中国人民银行官网。

表 1-2　　中国人民银行 1998~2014 年货币政策工具效果　　单位:%

年份	贷款余额增速	M₀增速	M₁增速	M₂增速	存款基准利率	贷款基准利率	GDP增速	零售价格涨幅	存款余额增速	固定资产投资增长速度
1998	15.50	10.10	11.90	15.30	4.99	7.50	7.80	-2.70	16.10	14.12
1999	12.50	20.10	17.70	14.70	2.89	6.08	7.60	-3.00	13.70	5.52
2000	13.40	8.90	16.00	13.99	2.25	5.85	8.40	-0.40	13.80	9.06
2001	11.60	7.10	12.70	14.40	2.25	5.85	8.30	-1.80	16.00	12.60
2002	15.80	10.13	16.82	16.78	2.00	5.36	9.10	-0.30	18.90	16.66
2003	21.10	14.30	18.70	19.60	1.98	5.31	10.00	1.90	21.70	24.99
2004	14.50	8.70	13.60	14.60	2.05	5.38	10.10	1.30	16.00	20.10
2005	12.98	11.94	11.78	17.57	2.25	5.58	11.30	0.90	18.95	23.98
2006	15.07	12.65	17.48	16.94	2.36	5.90	12.70	2.40	16.82	22.08
2007	16.10	12.05	21.01	16.72	3.29	6.78	14.20	5.60	16.07	20.15
2008	18.76	12.65	9.06	17.82	3.80	7.04	9.60	1.40	19.73	15.56
2009	31.74	11.77	32.35	27.68	2.25	5.31	9.20	1.40	28.21	33.19
2010	19.90	16.69	21.19	19.72	2.33	5.39	10.60	4.10	20.20	19.53
2011	15.80	13.80	7.90	13.60	6.35	6.26	9.50	3.80	13.50	16.10
2012	15.00	7.70	6.50	13.80	3.23	6.26	7.70	1.50	13.30	18.99
2013	14.10	7.10	9.30	13.60	3.00	6.00	7.70	1.25	13.80	18.90
2014	13.60	2.90	3.20	12.20	2.96	5.93	7.30	0.36	9.10	14.70

资料来源: Wind 资讯。

2008 年 9~12 月，为应对国际次贷危机和后来发展成为的国际金融危机，中国转而实施适度宽松的货币政策，以实现"保增长、扩内需"的目标; 2010 年 1 月至 2011 年 9 月，中国人民银行引导货币条件从反危机状态向常态水平回归。为管理通货膨胀预期，特别是应对欧美等国量化宽松货币政策的冲击，2010 年，中国人民银行 6 次上调存款准备金率各 0.5 个百分点，2 次上调人民币存贷款基准利率。2011 年前个三季度，中国人民银行为保持物价总水平基本稳定这一宏观调控的首要任务，又先后 6 次上调存款准备金率共计 3 个百分点，3 次上调存贷款基准利率共计 0.75 个百分点，并采取了差别准备金动态调整这一新措施（见图 1-1）。

2011 年初，中国人民银行引入了差别准备金动态调整机制。进入第四季度，中国人民银行通过该机制，加大了对资本充足率高、治理结构完善的金融机构的支持力度，这在提高自身对流动性管理能力的同时，增强了对中国经济结构调整的引导力。

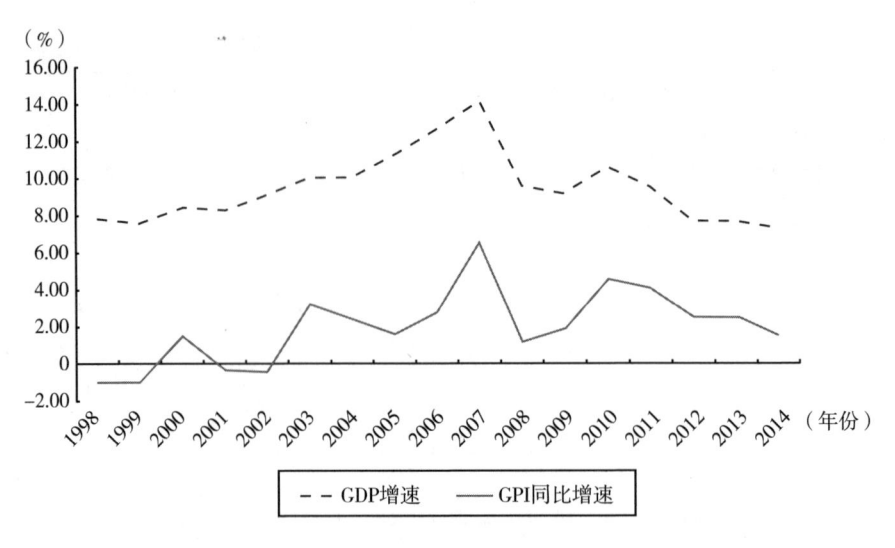

图 1-1 1998~2014 年各季度 GDP 及 CPI 同比变化情况
资料来源：Wind 资讯。

2011 年 10 月后，为了应对欧洲主权债务危机，以及经济增速放缓，中国人民银行下调存款准备金率 0.5 个百分点，暂停发行 3 年期央票①。通过调整差别准备金动态调整有关参数，引导金融机构加大对弱势群体和重点项目的信贷支持。

2012 年 5 月，鉴于宏观经济存在下滑的风险，中国人民银行下调了人民币存款准备金率 0.5 个百分点②。随后于 6 月 8 日和 7 月 6 日，两次下调人民币存贷款基准利率，其中存款利率累计下调 0.25 个百分点，贷款利率累计下调了 0.4 个百分点③，稳定了经济增速，使中国经济在 2013 年仍能保持 7.8% 的增长率。④

2014 年 11 月，为了应对经济增速下滑和社会融资成本高企的问题，央行下调了人民币存贷款基准利率 0.25 个百分点⑤。在推动总量型工具调控的同时，央行开始创新和使用结构型政策工具。其中继续推行抵押补充贷款工具（PSL）的使用，并先后创立了常备借贷便利（SLF）、中期借贷便利（MLF）和流动性调节工具（SLO）等政策工具。年末，央行在应对新增外汇占款负增长的情况中积极使用了 SLO，稳定了市场的流动性水平。

从上面对近 20 年中国货币政策的回顾中我们发现，随着中国金融体制的逐步深化，建立了比较完备的货币政策传导体制，中国人民银行也积累了较为丰富的货币政策实践经验，货币政策在抵御亚洲金融危

---

①②③④⑤　资料来源：中国人民银行官网。

机、次贷危机、欧债危机时,确保了中国经济的平稳发展。但与此同时,对中国货币政策的批评与指责,以及认为中国货币政策无效的声音仍然此起彼伏。一些专家学者认为,当前中国货币政策中仍存在着诸如还未形成完整的指导货币政策实践的理论体系、货币政策运行的市场环境还不完善、货币政策传导渠道的梗阻等一系列亟待解决的问题。特别是自2003年以来,受国际收支"双顺差"影响,人民币升值压力过大、国际储备过多、国内信贷增加过快、固定资产投资增速过高的国内外双重失衡的局面,使得许多学者开始质疑中国的货币政策是否有效,中国货币政策有效论与无效论的争论也不绝于耳。中国货币政策是否有效,以及如何进一步提高中国货币政策效能的途径成为金融理论界研究的热点与前沿问题之一。当前,随着中国经济进入新常态,通货紧缩风险和资本外流风险日趋严重,经济环境的迅速变化使得货币政策有效性面临巨大的挑战,厘清货币政策转型的方向和道路是当下政策制订者和学者必须面临的课题。

1.2 货币政策有效性的理论综述

货币政策有效性问题除了在学术上一直长久不衰地被学者们讨论,也一直是各国中央银行长期以来关心的核心问题。货币政策的有效性指的是中央银行运用某种货币政策工具调控经济时对货币政策最终目标的影响,如产出、就业、通货膨胀、国际收支等主要宏观经济变量的影响。当前研究货币政策宏观经济效应的文献主要沿着两个研究视角展开:一是考察货币政策对实际变量(如实际产出)动态影响的强弱及时滞问题;二是专注于研究货币政策效应在不同时期、不同地区的差异性问题。理论界对货币政策是否有效的问题概括为货币中性问题。如果货币是中性的,即表明相应的货币政策无效;反之,如果货币是非中性的,货币政策有效性问题值得探索。

在西方货币研究文献中,货币政策是否为中性基本包含三个方面内容:一是货币政策能够影响产出;二是货币与产出之间存在稳定联系;三是货币当局能够控制货币。

由于受经济学思想、研究方法、模型的设定及货币政策实施所处的经济环境等主观和客观因素的影响,货币政策是否有效或是否为中性,在理论上一直存有很大争议。

1.2.1 西方学者对货币政策有效性的研究

严格来说,西方学者并没有给出一个明确的货币政策有效性定义。有关讨论可以追溯到对于市场是否有效的探讨上,体现在主张政府干预主义与推崇市场自由主义的两大阵营上,但其关于货币政策的主张却又不完全等同于这一基本阵营的划分:坚持市场机制作用的自由放任派学者,虽然其中有些反对政府采取任何形式货币政策的主张,但也不乏要求政府要管理货币的主张。在主张政府干预经济的学者中,虽大都推崇货币政策有效,但也不乏持相反态度者,不认为货币政策有多大作用。所以文献综述中的理论与观点的逻辑还不能就这两大阵营分别展开。否则,也会遇到如胡代光、厉以宁先生提到的在划分西方经济学流派时的问题:在经济学说史上流派的划分并不营垒分明,对于以此为基础演变和发展的结果划分流派又怎么能不遇到困难呢?所以,以什么样的线索综述主要有关文献,提炼基本观点,本身是一个颇费思量的问题。

考虑到货币政策虽然作为政策主张,但仅就政府干预与市场放任之争的分类叙述过于简单化,本书的文献综述采取了两阶段方式:对于经典文献,以当代西方经济学主要流派为分类基础,对其主要代表人物关于货币政策问题的观点分别提炼,这是因为本书认为货币政策的分歧主要源于其货币理论的分歧,而这又主要归根于其基本经济理论和方法论的差异;对于现代新出现的无法简单地进行学术派别归类的"边缘"学派的相关最新文献,按其主要观点叙述。

1. 古典经济学派

古典经济学派坚持认为自由竞争的市场对经济的作用是巨大的。法国学者萨伊(Jean – Baptiste Say)对拿破仑等独裁者干预国家经济造成的危害深恶痛绝,因而特别推崇自由放任的经济,反对国家运用货币政策,尤其反对国家滥发货币,损害底层民众利益。奥地利学派继承了萨伊等人的学术观点,并进一步发展了边际效用理论,对价值、资本、利息以及经济周期等都作出了非常独到的见解,在这些学者看来,市场是完美的,国家的政策干预对经济发展是无效的,甚至是有害的,国家干预是酿成经济危机的最重要的原因之一。

古典经济学的代表人物萨伊提出"供给自行创造需求"这一著名的萨伊定律,认为要素价格变动的完全弹性使得即使没有政府进行干预,市场也会达到出清状态,供给与需求能够自动实现平衡。

萨伊定律的核心是需求是从供给中产生的,生产者越众多、产品越多样化，产品便销得越快，因为生产者自始至终都是为了得到其他的产品才开始自己的劳动，也正是基于自己的生产活动，才会出现对其他生产者的产品的需求，提高消费的困难不在于激发消费的欲望，而在于提供可供消费的产品，只有生产能供给这些产品。基于此，古典学派提出自己的结论：商品在流通中绝不会出现生产过剩的情况，利息率也会自行调整，自动地实现储蓄转化为投资，经济系统由此形成完整的循环。对于其中货币的作用，萨伊认为在货币与产品发生双向交换的过程中，货币发生的作用是瞬间的，除了充当交易工具之外，并不存在其他功效。货币的价值在不同的时段是较为稳定的，而且人们不存在长期收藏货币的偏好。詹姆士·密尔（James Mill）将萨伊定律归纳为三个要点：第一，需求出现的原因是产品的生产，产品生产活动可以创造需求；第二，普遍性生产过剩现象是不可能出现的，因为市场能够自发实现出清，部分部门出现供求失衡现象是有可能的，但只是暂时性的，持续时间不会太长；第三，货币仅仅只是流通过程中的媒介①。

根据萨伊定律等古典经济学理论，市场经济具备自动修复功能。央行的货币政策会破坏这种修复功能。无论是人为设定的存款准备金率制度，还是其他货币政策工具，都会破坏市场的正常运行，对经济发展是有害而无利的。不仅如此，货币政策工具的使用会积累更多的负面因素，为日后酝酿更大的危机埋下隐患。

古典经济学理论的政策结论十分清楚，即政府对市场应采取自由放任的做法，让市场机制自发作用就会达到经济的均衡状态。货币当局不必对货币市场进行干预。

2. 奥地利经济学派

奥地利经济学派诞生于19世纪后期，创始人卡尔·门格尔（Carl Menger）、弗里德里希·维塞尔（Friedrich von Wieser）和尤尔根·庞巴维克（Eugen von Bohm - Bawerk），发展了门格尔的思想，建立了奥地利学派的传统。奥地利经济学派的理论基础奠基于门格尔1871年出版的《国民经济学原理》。奥地利经济学不赞成新古典经济学的"一般均衡"思想，尤其是对后者热衷于运用越来越多的数学分析工具和模型不以为然。认为主观的人类选择的复杂性使涉及市场的数学建模变得极为困难，近乎不可能；同时，数学逻辑和符号逻辑脱离了现实意义，不适用于社会科

---

① [英]詹姆士·密尔：《詹姆士·密尔政治著作选（影印本）》（英文版），中国政法大学出版社2003年版。

学。因此，该学派倡导放任自由的经济思维及应用方法。奥地利学派有别于其他经济学派的主要特征是其研究视角、思维方式和方法论哲学上的个人主义和主观主义，当代主流经济学中的微观经济学基于个人主义与主观主义的方法论，从消费者理论出发，推演出整个交换体系的一般均衡，不能不说是受其影响。

（1）庞巴维克的资本、利息理论。

对于货币政策有效与否的讨论，不能不提及关于资本和利息理论。对资本、利息的认识深刻地影响着经济学家关于货币政策的观点。而资本、利息等概念又与价值学说密切相关。庞巴维克致力于把门格尔的价值理论应用于资本与利息理论之中。庞巴维克在其不朽著作《资本与利息》中保留了严格的因果分析，却避免用函数依赖关系（functional interdependence）说明其理论体系的各要素之间的联系。像门格尔一样，奥地利学派的另一创始人维塞尔也激烈地反对瓦尔拉斯的理论体系。

在古典经济学派眼中，价值是客观存在的。但是庞巴维克等奥地利学派的学者认为，价值是人们对商品的主观需求，也就是说商品的价值高低取决于消费者偏好的强弱，取决于它给消费者带来的效用的大小。庞巴维克理论的核心是其提出的时间的价值、资本和利息理论。早期在卡尔·门格尔没有时间因素的交换理论的基础上，庞巴维克（1889年）引出有时间因素交换的价格形成理论，认为在不受中央银行控制的情况下，公众对时间的评价决定了利息率，给利息、资本一种新的解释。

庞巴维克认为，自然界中的天然物无法满足人类社会丰富多样、永无止境的欲求。如何合理利用掌握的物质财富，不断平衡欲望和满足欲望的商品之间的关系是经济学研究的根本问题。庞巴维克从边际论学说出发，认为人的行为动机基于享乐最大化和痛苦最小化，人类社会之所以发展就是因为不断追求享乐，避免痛苦。这使得政治经济学在微观方面建立于心理学基础上。庞巴维克认为，客观经济规律实际上是个人内心心理活动的表征。工资、价格、利息等政治经济学内容，实质上只是人们对客观世界的心理感受，个人心理活动才是研究经济问题的根源所在。

庞巴维克认为，由于人们存在对现实事物的偏好，因此，现在的100元等于1年后的120元很正常。这一点反驳了自亚里士多德以来就存在的政治经济学者对利息的偏见，肯定了利息存在的合理性。在某种程度上，利息可以被视为时间的价格。而时间的价格则根据市场供求情况而定，因此，利息等只有在市场上才能获得正确的定价。

根据庞巴维克的理论基础，一些学者认为政府干预较多，如货币政策工具的出台会破坏时间的定价机制，不仅会导致劳动报酬、利率偏离了正常的水平，还导致供求曲线出现不合理的波动。在政府干预较少，即市场发挥主导作用的情况下，商品价格会围绕产出水平呈现小范围的波动，但不会出现大幅度的剧烈波动。但当政府开始干预经济运行，特别是货币政策广泛地对市场进行作用的时候，价值规律发挥作用的环境就会遭到破坏，难以发挥调节经济的作用。对此，可由图1-2简单说明。在图1-2中，曲线1代表的是在政府干预较少的情况下的一般均衡状况，总体上看，波动相对平缓并且波动的周期较长。而曲线2则代表政府干预较多情况下的一般均衡，当货币政策工具被较多地作用到中介目标的曲线，其表现的波动剧烈且周期较短。所以他们反对运用货币政策工具干预经济，在他们眼中货币政策是无效的，甚至是有副作用的①。

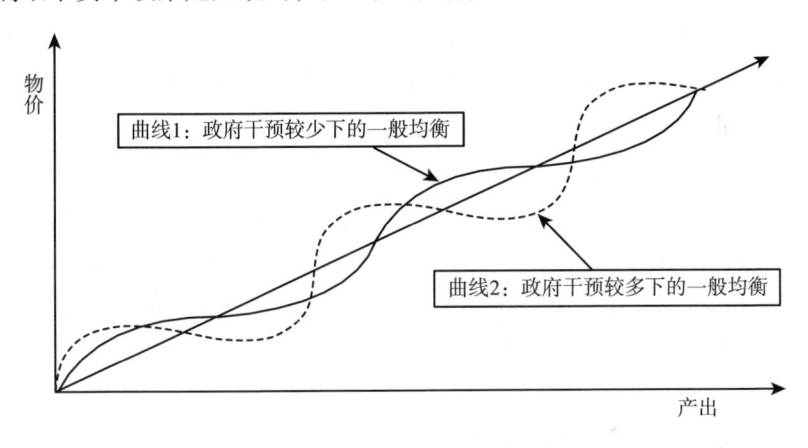

图1-2　货币政策调控下产出和物价均衡

（2）路德维希·冯·米塞斯（Ludwig von Mises）等奥地利学者的商业周期理论与货币政策。

否认货币政策有效性的不仅仅是庞巴维克等早期奥地利学派学者，也有近现代学者，其中，米塞斯等较具代表性。作为第三代奥地利学派掌门人，米塞斯继承了庞巴维克的学说，提出了经济周期理论。

米塞斯认为，要解释经济规律就要从人的行为出发。但人的行为却几乎无规律可循。如果非要找出规律，那么最主要的规律也许就是人的效用只可能根据自身的偏好进行排序，但这无法得到量化，任何旨在量化个人选择偏好的经济学研究都毫无意义。在这种思想指导之下，米塞斯构建起了不同于凯恩斯学派以及后来的新古典综合学派的理论体系。20世纪80年

---

① ［奥］庞巴维克：《资本与利息》，何崑曾、高德超译，商务印书馆2010年版。

代西方经济"滞胀"现象的出现,使人们逐渐认识到米塞斯学说的价值。

米塞斯在其《货币和信用理论》中证明了货币是在市场中诞生的,且只能在市场中诞生,市场离不开货币和银行业,中央银行人为调低利率将会导致生产结构中资本财货部分的失调,要清除不正当的投资就必须经过一段时间的经济萧条。政府的干预只会产生有害的结果。米塞斯反对政府对市场进行任何形式的干预和控制,自然也极力反对政府动用货币政策干预经济,在他看来,包括货币发行也必须要交给市场,主张废除中央银行,实行自由货币和自由银行制度。认为政府的干预注定是失败的,而且是十分有害的,应让市场自己运行。米塞斯和哈耶克共同建立了奥地利商业周期研究所,提出商业周期理论,认为一个国家的经济存在自身的发展周期,有"繁荣""衰退""萧条"和"复苏"四个阶段,就像人的生老病死一样。经济周期是无法避免的,无法人为改变。如果政府动用货币政策工具干预经济运行,企图熨平周期,将会使不利于经济发展的因素积累起来,进而酿成将来更大的危机。无论是1929~1933年的经济大萧条,还是后来的多次经济危机,都可以此解释,"没有自由市场,就不会有价格制度,就无法进行经济计算。中央计划者注定永远无法正确地计算复杂万分的经济体系的运作。由于价格机制缺失,政府无从得知市场需求的情报和信息,这就注定了中央计划体制的失灵以及经济的低效率乃至瓦解。"米塞斯认为货币政策会破坏市场经济运行的自发性恢复机制,因而对经济运行是有害的①。

米塞斯的理论与方法对于以后的奥地利学派有着较大影响,被称作第四代奥地利派学者的罗斯巴德深受米塞斯的影响,在他的两本重要论著《美国大萧条》和《人,经济与国家》中,运用米塞斯的商业周期理论解释发生的经济大危机。他把1929年的危机归因为20世纪20年代的货币扩张,把随后的危机深化归咎为政府经济干预政策。认为这种干预政策破坏了市场的纠错能力,最终使得危机恶化为旷日持久的大萧条。

奥地利学派经济学家强调放大的信用周期的波浪效应,认为中央银行政策天然具有破坏效应,它们倾向于长期"人为地"把利率压低,因而产生了过度的信用创造、投机性的"泡沫"。按照奥地利学派的商业周期理论,低利率倾向于刺激向银行体系的借贷。通过在部分储备银行体系中的货币创造过程,这一信用扩张引发了货币供给的扩张。这又会反过来导向

---

① [奥]路德维希·冯·米塞斯著,郭笑文等译:《人类行为的经济学分析》,广东经济出版社2010年版。

一种不可持续的"货币激增",后者引发资本资源被错误配置,这一过程最终通过"衰退"和"通货骤然收缩"来矫正,使资源重新获得有效配置。在货币政策的作用上,该派学者哈耶克的观点最为极端,哈耶克反对一切形式的国家干预,倡导实行竞争性私人货币制度下的自由市场经济,以至于被称作"新自由主义"学派。

2008年的全球经济危机被有些学者看作是奥地利学派经济学商业周期理论的一个可靠性范例。

3. 瑞典学派

瑞典学派或称北欧学派,形成于20世纪二三十年代,奠基人是纳特·魏克塞尔(Knut Wicksell,1851~1926)。魏克塞尔吸纳了奥地利学派的边际效用价值理论和瓦尔拉斯的一般均衡理论,创建了其利息理论与货币均衡理论。在其货币经济理论中,率先突破了此前经济学家普遍持有的"货币面纱"论,尝试将货币与实体经济结合起来,以货币均衡理论来解释经济活动收缩与扩张的原因。其学术思想对于以后的奥地利学派、凯恩斯学派等经济理论都有着较大地影响。魏克塞尔虽然采用了一般均衡分析方法,但他不仅限于个量分析,而是进一步分析了总量。魏克塞尔认为,个别商品的供求取决于它的自身价格水平,整个经济的总供给与总需求则由市场的一般价格水平所决定。当个别商品的价格出现上升或下降时,其市场需求必然发生变化,一般价格水平的波动取决于全部商品的供需。因此,萨伊定律不成立。魏克塞尔首次提出自然利率的概念。他认为,利息率有两种:一种是货币利息率,另一种是自然利息率。前者指市场上的借贷利率,后者指在不含货币的实物经济中发生借贷时产生的利率。当这两种利率相一致时,储蓄等于投资,经济的均衡条件得以满足,一般价格水平会保持稳定。换言之,经济实现均衡需要有三个条件:第一,货币利率与自然利率相等;第二,投资与储蓄相等;第三,一般价格水平持续稳定。对于自然利率来说,决定其变动的是客观的生产过程以及实物资本的供求关系,而货币利率的变动则完全取决于商业银行的经营行为。这两种利率的影响因素不同,导致这两种利率存在背离的现象。为了实现均衡,最为直接的措施就是调控货币利率使其与客观的自然利率趋于一致,以此实现物价的平稳。这种行为只能由中央银行来操作。调整自然利率和货币利率使其趋于一致,应是货币政策的唯一目标也是最终目标①。

瑞典学派经过其主要代表人物林达尔、缪尔达尔、林德伯克等,发展

---

① [瑞典]纳特·魏克赛尔著,蔡受百、程伯撝译:《利息与价格》,商务印书馆1959年版。

了动态均衡分析方法，由对国民经济动态的过程分析，得出的一个结论是在自由企业经济中，资源配置也可以通过中央银行的货币措施，尤其是通过利息率来调节的。

4. 凯恩斯学派

凯恩斯针对古典经济学供给自动创造需求的基本观点，提出了"有效需求不足"的理论，否定了"萨伊定律"。凯恩斯的有效需求理论是建立在三个基本心理规律基础上的。一是人们的消费随收入的增长而增长，但增长幅度低于收入增长幅度，即"边际消费倾向递减规律"；二是企业的预期利润率会因增添的资产设备成本的提高和生产出来的资本数量的扩大而趋于下降；三是人们具有保持货币以备支出或不时之需。利率就是放弃货币、放弃流动性的报酬。第一个规律会使消费不足，第三个规律会使得利息率不能无限制地下降。于是，当预期利润率低于利息率时，就会出现投资不足。这三个心理规律有着主观色彩，从这点上看应该是受奥地利学派的影响。

在利息率决定上，凯恩斯在其《就业、利息和货币通论》中否认了古典经济学派的由投资与储蓄决定的观点，将利息看作是一种纯货币现象。在凯恩斯看来，利率的浮动幅度受货币的供给与需求影响，是由流动性偏好引起的货币需求和外生的货币数量所决定。因此其提出的政策主张是由政府对于总需求的人为刺激，通过政府干预，增加政府支出或者通过政府减免税收的财政政策和通过调控货币供应来改变利息率的货币政策来增加总需求。在这里，货币不再是面纱，货币供应量是由中央银行进行调节、控制的外生性变量，在很大程度上会影响利率水平，进而对金融投资规模和购买力产生影响。

由于凯恩斯坚信利率的急速下降有一个限度，货币始终存在着流动性偏好属性，当货币的数量相对增多时，"流动性偏好"会表现得更为突出，利率的下降幅度会逐步减小，甚至根本没有下降。受此影响，货币政策目标可能也就无法实现。当利率下降浮动停止，利率不再下滑时，其"流动性偏好"属性就充分显露出来，即通常所说的"流动性陷阱"。因此，凯恩斯认为，在经济大衰退时期，企图通过扩张性的货币政策促进经济复苏，基本上是徒劳的。但凯恩斯并没有对货币政策的有效性予以否定。后来，凯恩斯主义经济理论的簇拥者们，在经济学凯恩斯理论基础上，进一步完善和补充了凯恩斯经济理论中对于在货币需求管理方面忽略掉的货币调节其他情况的理论分析。

凯恩斯对于货币政策传导过程的判断是这样的，即增加货币供给的结果首先会使利率降低,从而增加投资,通过乘数效应引起总需求和总收入(Y)的变动。货币供给是沿着 $\Delta M \rightarrow \Delta R \rightarrow \Delta I \rightarrow \Delta Y$ 的渠道进行传导的。凯恩斯理论中,将利率作为货币政策传导的变量,其货币政策传导的机理主要是货币市场上货币资产和债券资产的调整。

5. 新古典综合派

继凯恩斯经济学派之后,新古典综合派从西方经济学理论界脱颖而出,成为"凯恩斯革命"之后最有影响力的学派,主要代表人物有:萨缪尔森、莫迪利安尼、托宾和索洛,对于经济学、数理经济学、金融学的发展都有着重要的贡献,先后被称为"后凯恩斯主流经济学(Post – Keynesian Mainstream)"和"现代主流经济学新综合"学派。新古典综合派认为,凯恩斯以收入为中心的宏观经济模型和相应的刺激需求的财政金融政策无法应付战后复杂的经济形势(如当时通货膨胀和失业的并发),需要将其与之前的以价格为中心的微观经济理论进行综合,并且针对凯恩斯理论只适用于短期的特点,新古典综合派在宏观经济学中增加了动态的和长期的研究,构成了现代主流经济学体系。这综合体现在三方面:一是在体系上综合微观经济学与宏观经济学;二是在研究方法上综合个量分析与总量分析;三是在政策上综合自由放任与国家干预。

新古典综合派假定劳动力市场上的货币工资具有刚性,而商品市场中的货币价格则具有弹性。所以,该学派既坚持了凯恩斯主义经济理论的"非均衡"的经济学观点,又回归到古典经济学的"商品市场出清"的观点。新古典综合派认为,要解决经济面临的问题,除了分析需求,还要分析供给因素。20世纪的大萧条中,凯恩斯只注意到了有效需求不足的问题,而忽视了对供给推动作用的研究。恰恰是忽视了对供给问题的研究,使西方国家出现了环境污染,结构性失业等一系列问题。萨缪尔森认为,当代西方主要经济体既非市场经济,也非计划经济,而是混合经济,混合了公共经济部门和私有经济部门两个部分。宏观调控的目的是防止出现经济萧条,市场机制的作用则是提高资源配置效率,促进经济增长(Samuelson and Nordhaus, 2008)。

基于以上逻辑,新古典综合派既强调财政政策在降低失业率方面的积极作用,并认为政府借新债还旧债是基本无害的"游戏",同时也重视利率对投资的导向作用,主张通过货币供给量调节利率。为了既保持经济增长又不至于导致通货膨胀,新古典综合派提出的政策主张除了继承凯恩斯经济学强调的刺激有效需求的减税、扩大政府开支的赤字财政和增加货币供应量的货币政策,还强调财政政策和货币政策的微观化、财政政策和货币政策的松紧搭配,即膨胀性的财政政策和收缩性的货币政策相搭配,或者反过来收缩性的财政政策与膨胀性的货币政策相搭配。财政政策和货币政策的微观化是指在针对个别市场和个别部门采取不同的政策,如制定不同的征税方法和税率、不同的利息率、不同的贷款条件和规模。可见在新古典综合派的政策体系下,货币政策起到更多的作用。将货币政策这一原本作为宏观经济调控的辅助手段,提升到与财政经济政策同等重要的高度。

新古典综合派关于商品市场和劳动力市场价格不对称变化的结论,引起了西方经济学界的不同看法。概括讲,这一理论在西方经济学界,通过以下两种思路来发展:一种思路是将商品市场的价格水平具有"弹性"的观点予以保留,而将货币工资是"刚性"的观点予以修正,坚持这种经济学研究思路的经济学家,主要是以弗里德曼(Milton Friedman)和卢卡斯(Robert Lucas)为代表,这也就是新古典宏观经济学的研究发展方向;另一种思路,就是修正商品市场价格水平具有"弹性"的观点,而保留货币工资具有"刚性"的观点。持这一观点的一派显然是坚持了凯恩斯理论的基本信条,其主要经济学代表人物是巴罗(Robert J. Baro)和格罗斯曼(Sanford J. Grossman),这也就是新凯恩斯主义的发展方向。

6. 货币主义学派与新古典宏观经济学的观点

货币学派或货币主义于20世纪五六十年代兴起,在70年代之后逐渐成为具有较大影响力的学派,成为现代主流经济学的货币学说,其创始人是米尔顿·弗里德曼(Milton Friedman)。由于无论是在货币学派的理论中还是政策上,弗里德曼的观点都是具有代表性的,因此,货币主义经常被称为弗里德曼主义。

米尔顿·弗里德曼(1968)与菲利普斯(1967)基于适应性预期和自然利率等理论,构建了带有预期的菲利普斯曲线,并利用所构建的菲利普斯曲线实证研究了货币政策的有效性,其研究结论是:货币政策在长期内是中性的。

货币学派的核心观点是货币最重要,货币的推动力是解释产量、就业和物价变化的最主要因素。1963年,弗里德曼和施瓦茨(Anna Schwartz)在合著的《美国货币史》中,系统检验了美国历史上经济波动与货币供给之间的关联性,认为:"通货膨胀在根本上源自于货币供给量。"[1] 货币供

---

[1] [美]米尔顿·弗里德曼、[美]安娜·雅各布森·施瓦茨著,巴曙松等译:《美国货币史》,北京大学出版社2009年版。

给从来就是经济活动波动起伏的唯一影响来源。货币学派通过重新解释货币数量论，建立起一套理论，断言货币供应量的变动，既影响物价总水平的变动，也影响总产量或总收入的变动。但"货币供应增长率的变动将在经过有价格效应和产量效应的过渡时期之后，最后仅仅影响通货膨胀率。"（Frisch，1977）这是现代货币数量论的基本结论。在货币主义学派中，货币对于经济的影响机理不同于凯恩斯理论。在凯恩斯理论中，由于有货币的投机需求，货币流通速度或者货币需求是不稳定的，取决于利率，而货币学派则认为，货币流通速度虽然不稳定，但与有关经济变量却保持着稳定的函数关系，在较长时间内，利率对于货币需求的影响微不足道，重要的是货币量。历史提供了大量证据表明，决定工资和物价平均水平的是经济中的货币量（Friedman，1962）。

货币学派基于自然失业率的假设，否认通货膨胀和失业率的长期交替关系，也就否认了凯恩斯学派的需求管理政策的有效性。甚至，货币学派认为，若政府实行错误的干预政策，通货膨胀和失业之间的关系会变成相互加剧的关系，即高通货膨胀伴随着高失业率。弗里德曼认为，实施宽松的货币政策后，在短期内，由于存在着"货币幻觉"，人们的信心普遍高涨，如此便会造成就业压力减小、货币政策高效这一循环，经济会出现虚假繁荣。但如果劳动者和厂商之间长期不出现预期失误或货币幻觉，失业率将上升到自然水平之上，导致货币政策无效，最终发生通货膨胀。否认通货膨胀和失业的交替关系，导致货币政策无效的结论，这还基于货币学派对于"理性预期"的重视。而这一点说到底也是受到了货币学派对于自由市场经济自发作用的认可。货币学派将经济看作是动态稳定的，认为即使某些时候未达到，有延迟，但也会由于经济主体不断修正预期，改变其投资、消费支出和劳动供给决策，使经济恢复均衡。

虽然货币主义不赞成凯恩斯主义的需求管理政策，但也并非主张政府对经济采取完全放任的态度。弗里德曼认为，中央银行应当选取切实可行的目标变量来指导自身对经济的规制和调整，而不应当选取那些根本难以控制的目标变量。货币政策的中介目标应当具有较强的可控性。中央银行应当实行有计划的、固定不变的货币供应增长率、较为平稳的货币政策，即"单一规则"的货币政策，保持大约与经济的实际增长率相同的货币供给增长率。针对当时美国的情况，最方便实效的方法就是要求通货和全部商业银行存款的总和维持在3%~5%的年增长率。

由此可见，虽然货币学派秉承经济自由主义思想，强调市场机制的自发作用，反对国家过多干预，但在对待货币政策上却持不同主张，主张国家管理货币，不否认货币政策对经济的作用。在开放经济体系中，货币学派认为在固定汇率、充分就业假定下，依靠保持"单一规则"，稳定增加货币供给量的政策是不行的，因为一个开放经济体的通货膨胀情况取决于世界货币的供应情况和本国的货币供应量，存在着"输入"通货膨胀的情况；国际市场的利率水平受个别国家货币供给量增减的影响不大，而这一利率却会通过影响资本流动造成对本国的影响，这是"单一规则"下的货币政策无能为力的。解决开放经济条件下的世界性通货膨胀问题，唯一可供选择的出路是实行浮动汇率制。

弗里德曼采用数量分析等实证方法，运用大量经验事实来检验理论。所以弗里德曼的研究在方法论上，对于经济学的实证主义起到了推进作用，数量分析方法目前已经成为了经济学研究必不可少的方法。

货币学派对货币供给量向经济的传导机制的判断是，在货币供应量增加的初期，由于整个过程中的时滞效应，或"货币幻觉"货币量增加不是直接表现为物价上涨，而是起初会使利率下降，生产扩大，失业减少，收入增加。当传导继续下去之后，人们很快就会发现，他们手中的货币虽然数量多了一些，但可购买的东西却少了；工商业企业主发现，销售收入虽然扩大了，但成本却上升了，这就又会刺激其将工资和物价抬得更高。基于此，货币学派提出了与凯恩斯学派迥然不同的货币政策传导途径和中介目标。货币供应量的变动是沿着货币供给量—社会净财富、资产结构调整—信用供应量以及预期变化等传导过程，影响整个经济的就业、产量、收入和物价等宏观经济变量，并且传导具有时滞效应。

弗里德曼认为，货币供给量的变动是货币推动力最可靠的测量标准，中央银行应该控制而且有能力控制的是货币供应量，而不是利率。因为当货币供给增加后，起初会降低利率，但随后，由于增加开支刺激价格上涨，会引起借贷需求增加，从而还会促使利率上升，这便是"时滞效应"。正因为如此，弗里德曼反对将利率作为传导机制。

弗里德曼则认为货币供应量变动只能在短期内影响实际产出；从长期看，货币供应量的变动只能影响名义变量而不能影响实际变量。因此，货币从长期看是中性的。

弗里德曼认为，时滞效应对于货币理论与政策有着重要意义。认识并正确理解时滞效应的政策性，就应该制定一个长期稳定的、连续一致的货币政策。

7. 理性预期学派

20世纪七八十年代合理预期学派的出现，使预期因素在理论分析中的作用得到强化。该学派认为,预期在决定物价和产量的进程中居于最重要地位,因为经济主体会尽可能利用已有的信息,猜测政府的行为,并在事前采取行动来抵消政府的政策措施。所以,在短期内,只有未被预料到的政策行动才会对真实产量有影响。这样,合理预期就与极端货币主义观点结合在一起了。

约翰·穆思于1961年在其《理性预期与价格变动理论》中,最早使用了理性预期概念,被认为是理性预期理论的开端。经罗伯特·卢卡斯、托马斯·萨金特、尼尔·华莱士等研究的发展趋于成熟。所谓的理性预期,就是说人们在进行预测时,为了减少损失而争取更多利益,总是会尽可能地收集处理信息,对经济变量的将来状态做精确化的估算。虽然每个人在预期上会有误差,但理性预期误差的均值为零(Lucas,1972,1975)。因此,理性预期学派主张实行自由主义的经济政策,反对国家干预经济,反对凯恩斯主义的财政政策和货币政策。

理性预期学派学者认为货币呈现中性。不管货币政策扩张或是紧缩,都是无效的。除非公众无法准确预测中央银行采取的某些临时性的货币政策。但实际上,公众对货币政策作用的规律认知度很高,能够准确预测把握规律,即使中央银行突然采取某些货币政策,也会被公众事先猜测到。因此,中央银行对经济的调控效果微乎其微。理性预期学派认为,企业在决定生产的时候,总是会进行必要的预测分析,以实现利润最大化为目标。虽然,生产者认为政府的调控必然能够引导自己走出危机。但在一个时段之内,市场的总需求是固定的,并不会因为政府的调控而发生根本性变化。但是政府调控给人们带来了经济的高速发展、需求上升的预期,这会导致社会出现大量的过剩产能,导致产品积压。

理性预期学派的货币政策主张是"无为而治",他们的政策目标就是追求经济发展的自然标准,理性预期学派不赞成为了提高经济增速以及就业水平而调整货币政策和财政政策。理性预期学派认为,潜在的稳定能力是市场经济的特点,它的运行在某种程度上可以说是自然规律的体现。市场机制以及自由竞争可以保障资本主义长时间稳定、和谐发展,可最大化地利用以及配置各类资源,冲破经济危机的束缚,创造自然秩序。

8. 新凯恩斯主义经济学理论

20世纪70年代,货币学派在理论和政策中占据了主要地位,自80年代开始,曼昆、罗默、布兰查德、斯蒂格利茨、伯南克等学者在坚持凯恩斯学派基本思想的基础上,吸收和借鉴货币学派和理性预期学派的观点,创立新凯恩斯主义经济学。

新凯恩斯主义经济学是由各个分支以及不同的学术观点融合起来的，且与自由经济主义思想背道而驰，信奉凯恩斯基本信条者认为私人部门有着内在的不稳定性。涵盖了主要的三大支派，包括非刚性学派、实际刚性学派以及名义刚性学派。新凯恩斯主义者所谓"使用理性预期可让工资与价格同步变动，从而使价格变化不影响总供给"的说法在短时间内看来是不准确的。在纷繁复杂的现实社会中，公众难以在短期内收集到足够的信息来实现理性预期。因为在这个调整过度期内，总供给是水平波动而不是垂直变化的。这样的供给曲线决定了价格在短期内也是波动的。只有调节总需求，让总需求和总供给区域处于平衡状态，才能使就业水平接近充分就业。新凯恩斯主义认为市场是无法实现自动出清的，实际产出以及就业率有可能出现大幅波动，加上其满足非瓦尔拉斯均衡性质的特点，提高名义总需求可以调节产出以及就业。在强调黏性价格的新凯恩斯主义模型中，货币不再是中性的。较大的价格灵活性使 Greenwald – Stiglitz 模型中的经济波动问题恶化，论证了即使价格是灵活的，矫正的需求管理政策的潜在作用也存在。

布雷顿森林体系瓦解之后，大部分国家都采取了浮动汇率制度，利率、汇率关系更为密切，理论界更加关注中央银行如何通过汇率的变动将货币政策意图传递给实体经济。阿尔弗雷德·马歇尔（Alfred Marshall，1923）、琼·罗宾逊（Joan Robinson，1937）、阿巴·勒纳（Abba Lerner，1944）通过研究发现贬值对国际收支状况的影响，取决于该国进出口产品需求的价格弹性，只有当该国的进出商品的需求弹性之和大于 1 时，贬值才能改善国际收支差额，这就是马歇尔—勒纳条件（Marshall – Lerner Condition）。亚历山大（Alexander，1952）着重研究了总收入、总支出与国际收支平衡的关系，并在此基础上提出了吸收论。蒙德尔（Mundell，1962）和弗莱明（Fleming，1962）利用 M – F Model 模型分别分析了固定汇率与浮动汇率制下的货币政策传导机制以及效果，并得出结论：在固定汇率制度中，货币政策操作会由于要兼顾汇率稳定而失效；但在浮动汇率制度下，由于中央银行无须干预汇率的变动，货币政策能够通过汇率变化影响进出口，进而影响国民收入。

凯恩斯理论的最大弊病在于没有考虑金融资产替代性，以及名义和实际财富之间的关系。托宾在凯恩斯主义的基础上，考虑了资产的多样性和替代性，并在此提出了 q 理论。托宾将 q 定义为真实资本的当期股票市场价格与当期重置资本之比，并认为 q 是金融行为影响实体经济的唯一因素。

其实，各个学派关于货币政策有效与否的研究观点基本上都是建立在各自对货币性质的理解之上的。一部分学者认为货币是中性的，政府不应当过多干预，应该顺其自然。而另一部分学者则认为货币不是中性的，是可以而且应该进行人为调控的。

1.2.2 近30年来关于货币政策有效性的研究

从对货币政策有效性研究的脉络来看，西方理论学界对货币政策有效性的理论研究从来没有停止过。近30年来，随着研究中数量工具的丰富，货币政策效应的研究角度主要集中在实证研究上，研究内容也得到拓展与深化。

比如麦克坎德斯和韦伯（McCandless and Weber，1995）在通过对110个国家近30年的产出增长率、平均通货膨胀率和货币供应量增长率之间的关系进行实证研究后得出，长期来看，产出增长率和货币供应量增长率没有相关性。库利和奥哈尼安（Cooley and Ohanian，1997）在对美国货币政策与经济的关系进行实证研究后，结果显示，货币政策和实体经济之间没有直接的联系。货币政策是中性的。

虽然有学者持货币政策中性论的观点，但是支持货币政策非中性的观点在近年来的研究中处于主流地位。比如，罗马（Rome，1989）把从"二战"以来到1979年分为6个时期来考察，发现美联储备为减少通货膨胀审慎地采取措施引导经济放缓，他们得出的结论是：所有证据表明货币政策对真实产出具有显著负面影响是成立的。但是案例研究没有回答真实产出对货币政策的反应程度的问题。还有一个被大量引用的事实就是1979~1983年，美国由于紧缩货币政策而产生的"沃尔克萧条"；伯南克和布兰德（Bernanke and Brand，1992）通过对美国联邦基准利率的实证研究显示，当美国联邦基准利率上升后6~9个月，银行存款会显著减少，丽娜和鲁迪·布什（Lina and Rudy Bush，1996）证实了在紧缩性货币政策实施之后，企业投资行为与其内部资金的联系变得更加紧密，投资将趋减；古德弗兰德（Goodfriend，2005）认为1981~1982年的萧条是紧缩货币政策的直接后果。北美圣路易斯储备银行的报告（2007）通过考察那些已经确定了目标通货膨胀率的英国、澳大利亚、加拿大等23个国家的实践来看，各时期的年通货膨胀率在所有的这些国家里表现得反复无常，这些国家的短期通货膨胀率经常超出预期的目标通货膨胀率。如果用通货膨胀率的稳定与否来判断货币政策是否长期有效，则所有的23个国家都是长期无效的；但是通过移动平均后发现，大多数设定了目标通货膨胀率国家移动平均线在水平线以内，货币政策在长期内有效。尽管不同的实证研究关于货币供应量的变化是否会影响产出有所争议，但关于货币供应量变化和物价变化间关系的结论基本一致，即货币供应量的变化无论在短期还是在长期将影响物价的变化。麦克坎德斯和韦伯（McCandless and Weber，1995）实证研究发现两者的相关性接近1。布惠燕和卢卡斯（Bhuiyan and Lucas，2007）通过估计递归的VAR模型，并基于加拿大的宏观数据分析发现，紧缩的货币政策降低了通货膨胀预期和工业部门产出，使得加元出现升值。埃文斯和马歇尔（Evans and Marshall，2009）基于FAVAR对技术冲击、劳动供给冲击以及货币供给冲击的宏观经济影响进行了实证分析，分析发现货币政策冲击对产出和通货膨胀产生了影响，但是这种影响小于技术冲击所产生的影响。西克洛斯和张（Siklos and Zhang，2010）基于SVAR模型对中国通货膨胀的驱动因素进行了分析，结果显示货币政策是通货膨胀的主要外生驱动因素。国内学者肖芸和龚六堂（2003）分析认为货币不是超中性的，货币供给量的增加会促进经济增长。

货币政策对宏观经济的影响一直以来都是货币经济学家和货币政策决策者关注的问题。研究中多使用某种方法来建立模型，把对于货币理论与政策问题通过一种所有经济学家都使用的共同语言表达出来。凯恩斯自19世纪八九十年代对这种模型的建立一直采用静态的方法，而西方从20世纪七八十年代开始直至90年代成熟至今，普遍运用的是动态的方法，即使用与一般均衡框架相一致的动态最优的模型分析和讨论货币理论与政策问题，以及相关的实证研究（Carl E. Walsh，2003）。国外关于货币、通货膨胀和产出关系的经验检验的结论是，长期来看，通货膨胀与货币增长率的相关关系几乎接近1，在0.92~0.96；通货膨胀与实际产出增长率之间的相关系数接近零，货币增长率与实际产出增长率之间的相关系数接近零。也就是说，通货膨胀率或货币增长率与实际产出增长率之间的关系没有任何固定的关联规律可循，这也意味着长期来看菲利普斯曲线不存在。短期而言，货币供给量、通货膨胀、产出的短期关系视经济个体包括决策者对突如其来的冲击的反应。显然不同国家和同一国家的不同时期，不会一样。因为不同时期的冲击来源不同，央行采取的货币政策也不同。近年来，经济学界逐渐形成的共识是，货币政策至少在短期内对宏观经济有实质性影响。研究发现，在美国，外生的货币政策冲击与产出呈驼峰状正相关变动（货币领先于产出数月，在繁荣到来前，货币供应显著增加，在到达顶峰后，迅速减弱）。

1. 货币政策的非对称性研究

以上提到的关于货币政策宏观经济效应的研究主要基于一国宏观经济数据的展开,从整体上分析了货币政策对宏观经济的影响,反映了货币政策与整体经济变量的"总量"特征关系。然而,在实际研究中,学者们更多关注于货币政策宏观经济效果在操作周期和区域以及产业层面的差异性,即货币政策调控的"结构"特征,其主要表现为政策的非对称效应。下面从货币政策的方向非对称效应、区域非对称效应以及产业的非对称效应等几个方面展开综述。

(1) 货币政策的方向非对称性研究。

所谓货币政策的方向非对称性,指的是给定同样力度的宽松货币政策与紧缩货币政策对宏观经济的影响出现的方向相反但反应幅度不对称的现象,既有研究普遍认为紧缩性货币政策影响大于扩张性货币政策的影响。卡文(Cover,1992)较早地基于美国的数据研究表明,紧缩性货币政策对产出的影响大于同样大小的扩张性货币政策对产出的影响。詹姆斯·佩莉·卡文(James Peery Cover,1992)从货币供给与社会生产过程出发,对货币政策的非对称效应进行了实证研究。他的研究结果说明,正向的货币供给冲击不影响总产出,而负向冲击则会带来产出的萎缩;摩根(Morgan,1993)研究发现,紧缩的货币政策比扩张的货币政策具有更显著的产出效应。加西亚和沙勒(Garcia and Schaller,2002)运用 Markov 区制转移模型研究认为,美国联邦基金利率冲击对经济的影响在经济衰退时期比在经济扩张时期显著。弗洛里奥(Florio,2004)研究表明,产出对紧缩性货币政策反应积极且显著,但是对同样大小的扩张性货币政策反应不明显。

我国学者万解秋和徐涛(2001)提出我国货币政策治理通货紧缩和对付通货膨胀的效果存在着不对称性。类似的看法还有,陈德伟(2003)认为我国货币调控的紧缩效应大于扩张效应;陈建斌(2006)认为我国紧缩性货币政策冲击对产出有明显的影响,而扩张性货币政策冲击对产出几乎没有影响。还有学者认为我国货币政策的方向非对称效应与经济周期有密切联系,如曹小衡等(2008)研究认为,我国货币政策效应具有非对称性,并且这种非对称性随经济周期而变化。即在经济上升期,正向货币政策冲击的产出效应远大于负向货币政策冲击的相应效应,而当经济处于低迷时,负向货币政策冲击的产出效应明显大于正向货币政策冲击的产出效应。卢盛荣和李文溥(2009)更进一步提出,我国货币政策效应既具有方向上的非对称性,也具有区域间的非对称性,即我国货币政策效应具有双重的非对称性。王立勇等（2010）基于 LSTVAR 模型研究了开放经济条件下我国非线性货币政策效果的非对称性。结论表明，正负利率冲击的价格效应和正负信贷冲击的产出效应都呈现显著的非对称效应。以上关于我国货币政策效应的方向非对称性的分析中，主要结论是：无论是正向货币政策还是负向货币政策，均存在宏观经济效应，只是大小和方向不同。最近有学者研究表明，货币政策的操作方向不同会直接导致货币政策产出效应和价格效应的存在性问题。常、陈和方（Chang, Chan and Fung, 2009）基于 1993~2008 年的季度数据，通过构建自回归协整移动平均（ARIMA）模型，分析了中国货币供给的实际产出效应和价格效应。结论表明，中国货币供给对实际产出和通货膨胀影响具有非对称性。具体表现为，负向的货币供给冲击（紧缩性货币政策）对实际产出有影响，而正向的货币供给冲击（宽松货币政策）对实际产出没有影响；与此相反，负向的货币供给冲击对通货膨胀没有影响，而正向的货币供给冲击对通货膨胀有影响。

（2）货币政策的区域非对称性研究。

自从斯科特（Scott, 1955）证明货币政策效应存在区域非对称性以来，货币政策效应的区域非对称性一直受到学者们的关注。学者们将区域的异质性纳入分析货币政策框架内，这是货币政策效应研究领域的一个突破，使货币政策效应研究向更深层次迈进。从检索到的文献看，既有研究主要集中于货币政策效应在不同国家之间的差异性比较和在一个国家内不同省（州）之间的差异性比较。

一是基于国家层面的研究。由于欧元区是在不同国家实施相同货币政策的一个特殊区域，因此关于货币政策效应国家层面的非对性研究主要存在于对欧元区货币政策的研究。布里顿和惠特利（Britton and Whitley, 1997）基于扩展的蒙代尔—弗莱明（Mundell - Flemming）模型分析了利率的产出效应，结论表明，利率的产出效应在德国和法国表现得比较强，而在英国表现得比较弱。随后，皮尔斯曼和斯梅茨（Peersman and Smets, 2005）基于 VAR 模型比较分析了货币政策效应在德国、法国和意大利等国的差异性，分析结论同样表明，货币政策效应在国家层面呈现明显的非对称性。

除了以上探讨货币政策效果在不同国家间的差异性外，更多的研究主要关注于在一国内部的货币政策区域非对称效应研究。

二是基于省（州）层面的研究。对于货币政策在省（州）层面的非对称效应，目前，国外学者分别就发达国家和发展中国家的实际情况进行了翔实的研究。基于发达国家的研究，杰拉尔德和德菲纳（Gerald and Defina，1999）利用美国 48 个州的数据研究表明，货币政策冲击对各州的产出的影响差异性显著，其中对密西根州的影响最大，对俄克拉何马州的影响最小。乔治普洛斯（Georgopoulos，2001）研究了加拿大的货币政策效应，发现加拿大货币政策效应存在明显的区域非对称性。阿诺德和弗鲁格特（Arnold and Vrugt，2002）基于德国 1970～2000 年经济数据对利率冲击的产出效应的地区差异性进行了实证分析，结论表明德国的货币政策效应存在区域的非对称性。基于发展中国家的研究，纳查内、雷和戈什（Nachane，Ray and Ghosh，2001）分析指出印度的货币政策效应具有明显的区域非对称性。特斯港和孔（Cortes and Kong，2007）分析了中国货币政策区域非对称效应，分析认为：沿海发达省份对货币政策的反应强烈，而内地省份对货币政策的反应较弱。我国学者卢盛荣（2007）通过比较分析中国东部地区和中西部地区的短期总供给曲线，得出由于中国东部地区的短期总供给曲线比中西部地区的平坦，因此货币政策在东部地区的效应要强于在中西部地区的效应。曹永琴（2007）在其研究中也发现中国货币政策效应呈现显著的区域差异性。

（3）货币政策的产业部门层面的非对称性研究。

关于货币政策宏观调控的传统观点认为，货币政策调整主要通过影响微观主体的投资、消费等需求而影响整个宏观经济的均衡。这种观点忽视了货币政策调控对不同行业影响的差异性。从 20 世纪 80 年代开始，国外有学者开始探讨货币政策对不同行业影响的差异性。这方面早期的代表性研究有法默（Farmer，1984）、布林德（Blinder，1987）和克里斯蒂安诺等（Christiano et al.，1997），其分析认为货币政策调控会通过供给层面的渠道对经济结构产生影响。他们在研究过程中假设企业在获得销售收入前是通过借款维持企业运转的。由于不同的行业在生产成本和利润空间等方面存在差异性，使不同行业对同一货币政策调控出现了不同的反应。虽然以上学者在货币政策效应的行业非对称性方面进行了开创性研究，但是他们既有的这些研究多是叙述性地论证了货币政策的行业非对称效应，很少基于理论模型或提供经验证据。为此，国外有学者开始尝试基于实际经济数据寻找货币政策效应的产业非对称性的证据。戴尔和霍尔丹（Dale and Haldane，1995）研究了英国的货币政策效应，结果表明，英国的公共部门比私人部门对利率冲击的反应幅度大且反应迅速。随后，甘利和塞尔门（Ganley and Salmon，1997）基于英国 1970～1995 年的样本数据分析了多个行业对利率的敏感性，结论表明，利率敏感性最强的是建筑业，其次是制造业，农业的利率敏感性最低。哈约和乌伦布罗克（Hayo and Uhlenbrock, 1999）基于德国数据，也发现了不同行业的利率敏感性不同的经济现象。

易卜拉欣（Ibrahim, 2005）运用 VAR 模型研究了马来西亚货币政策对不同部门的影响，研究结果表明，当采取提高利率而实施紧缩性货币政策时，马来西亚的制造业、建筑业、金融、保险、房地产以及商业服务（Business Services）等部门的产出明显下降，对货币政策调控的反应比较积极；然而，农业、林业、渔业、采矿业以及电、气、水等部门对货币政策的反应不明显。这一结论与甘利和塞尔门（Ganley and Salmon, 1997）的分析一致。

另外，还有学者通过国际间的比较对货币政策的产业非对称效应做了进一步证实。德多拉和里皮（Dedola and Lippi, 2005）分析了美国、德国、法国、英国和意大利等国家的 21 个制造部门对利率调控的反应，结果显示，对利率调控反应最大的是汽车制造业，反应程度最小的是食品制造业。

2. 关于货币政策传导途径的研究

上述的研究综述表明，货币政策调节经济中不仅存在对于整体经济影响的"总量"特征，也存在对于不同经济个体的"结构"特征，这些结构特征主要表现为政策的非对称性。我们在归纳政策实施和宏观变量变化的关系基础上，也对政策传导机制的讨论进行梳理。

本部分将从利率、信贷、汇率和资产价格传导四个方面论述货币政策传导途径以往的研究进展。

（1）利率传导途径。

在货币政策传导机制中，利率传导渠道是最重要也是最主要的货币政策传导模式。从实际作用机制看，利率传导渠道属于传统的凯恩斯 IS – LM 模型的核心内容（Hicks, 1937），特别强调利率对投资、产出以及通货膨胀的调节作用。兰毅和萨拉科格鲁（Lanyi and Saracoglu, 1982）对 21 个发展中国家 1971~1980 年金融资产和 GDP 增长率进行的研究发现，实际利率变动与金融资产变动之间存在着正相关。格尔布（Gelb, 1988）对 34 个发展中国家 1965~1985 年的短期居民实际存款利率和实际国内生产总值增长率之间的关系研究发现，实际利率水平和经济增长之间存在着较为紧密的正向关系，并且当实际利率上调时，实际增长率下降。富勒和摩尔（Furhrer and Moore, 1995）对美国 1965~1994 年 30 年样本范围内的相关季度数据研究发现，短期名义利率与实际总产出之间存在着负向关系。伯南克和布林德（Bernanke and Blinder，1992）利用格兰杰因果检验和VAR模型的方差分解法得出了美国联邦基金利率相比货币供应量来说对实际经济变量具有更强的预测能力的结论。约翰·塔利尔（John B. Talyor，1993）对美国、德国、法国、加拿大等国进行考察后通过实证研究发现，样本范围内的各个国家的实际利率与其固定资产投资之间都存在着负向关系，与此同时实体经济中的投资和消费对于实际利率的变动也比较敏感。利维和哈利基亚斯（Levy and Halikias，1997）认为货币供应量的变动会对真实利率水平产生传导效应，真实利率水平的变动会影响投资和消费，并最终影响总产出。克里斯塔诺、艾肯鲍姆和埃文斯（Christano, Eichenbaum and Evans，1998），多西和金（Dotsey and King，1999）用一般均衡模型论证了实际利率的传导机制，即货币政策—实际利率—资本需求—投资的传导链条。

国内学者对利率传导机制与效应的研究也较为丰富，王召（2001）通过协整分析、格兰杰因果关系检验和构建模型等实证研究方法论证了管制利率对我国实体经济变量的解释作用不强这一观点。曾宪久（2001）的研究也得出我国利率的产出效应不尽如人意的结论。李扬（2002）就利率与投资、通货膨胀率之间关系的研究表明，尽管我国存在利率管制，但是实际存贷款利率的变动还是会对实体经济产生显著作用。陈建南（2004）分别从金融市场和微观经济主体的利率弹性角度出发的研究表明居民消费对利率缺乏弹性，而企业投资对管制利率有一定的弹性，这种弹性会随着市场经济发展的这种弹性呈现增强的趋势。王德忠、秦丽（2008）研究认为，与西方利率传导机制的经典理论在各国的实施效果相比，我国利率传导机制效应未能有效释放。除了市场分割、市场主体金融意识薄弱等原因外，其根本原因是由于我国在制度上的设计缺陷引致了"区域增长冲动"。孙敬祥（2009）比较了中国与美国的货币政策传导机制，研究后得出我国利率传导效应较弱，并且对宏观经济变量的解释能力有限，这可能是由于我国市场化程度不高导致的各经济主体对利率的敏感性较低的原因。郑辉昌等（2011）提出，货币政策传导效应不仅与央行的货币政策的市场导向存在较大关联，而且还和微观经济主体的市场化行为存在着紧密的联系。

归纳上述研究可以发现，国内多数研究认为利率市场化会增强利率传导渠道的效果。本书认为，随着利率市场化的推进，利率传导机制的关系会随之变化，但不可能完全如西方国家的效果。由于国有经济与私人经济并存现象依然存在，其内生的传导的结构性特征也会随着新常态环境变化而变化。这些都是当前研究所没有涉及的。目前关于名义利率和实际利率影响产出的研究分歧主要源于对利率传导内生性结构认识不足，而对利率传导机制内部结构性问题的忽视，是导致对总量结果认知出现偏误的重要原因。

(2) 信贷传导途径。

货币政策信贷传导机制由伯南克和布林德在1988年首次提出，他们认为，货币政策不仅通过货币渠道影响实体经济的货币需求，还通过改变商业银行的可贷资金影响货币供给。按照这一理论框架，信贷渠道发挥作用至少需要满足两个条件：第一，经济主体对信贷的依赖程度较高；第二，银行在可贷资金减少的情况下不容易获得其他非存款性融资。以上两个条件使得银行在可贷资金减少的情况下不得不缩减贷款供给，从而抑制实体经济的投资和消费行为。在伯南克和布林德（Bernanke and Blinder, 1988）首次提出货币政策信贷传导渠道以后，不同国家的学者开始通过本国数据对信贷渠道的存在性进行实证检验，按照数据类型和方法划分，这些研究可分为两类：第一类是基于宏观时间序列数据的研究。这类研究大多采用向量自回归的方法。伯南克和布林德（Bernanke and Blinder, 1992）使用美国宏观数据的研究后发现，在联邦基金利率提高6~9个月后，银行存款和贷款都会显著下降。卡夏普等（Kashyap et al., 1993）在同样使用美国宏观总量数据进行研究后则发现，货币紧缩政策的出台将会使银行信贷总额下降。随后，不同国家和地区的学者基于时间序列数据相继发现了本国或本地区存在信贷渠道的经验证据，如凯克斯和斯图姆（Kakes and Sturm, 2002）、阿尔法罗等（Alfaro et al., 2003）、马沙特和比尔迈尔（Al-Mashat and Billmeier, 2007）、布伊古特（Buigut, 2010）的相关研究。近年来，学者们开始使用基于大样本时间序列数据的方法——因子增强型向量自回归模型（FAVAR），对货币政策信贷渠道效应进行实证检验。该模型能够有效避免由VAR模型有限变量造成的虚假信息问题。戴夫等（Dave et al., 2009）使用FAVAR模型检验了美国的信贷渠道，他们发现，美国货币政策信贷渠道的传导效果比想象中的要强。基于宏观总量数据和VAR方法的实证研究并不能有效剥离实体经济对贷款需求的影响，从而也就不能对强调贷款供给的信贷渠道进行识别。为了控制贷款需求，学者们开始使用银行微观数据对信贷渠道进行检验，这属于第二类是实证研究。卡夏普和斯坦（Kashyap and Stein, 2000）基于美国银行业的实证研究表明，低流动性水平的银行更容易受到货币政策影响。基山和奥佩拉（Kishan and Opeila, 2000）以及阿尔通巴斯等

（Altunbas et al.，2002）分别使用美国银行业和欧元区11个国家的数据找到了货币政策信贷渠道的微观证据，他们发现，低资本充足率的银行对货币政策冲击更加敏感。甘巴科塔和米特鲁利（Gambacorta and Mistrulli，2004）基于意大利银行业数据，比舍尔和佩雷斯（Bischel and Perrez，2004）使用瑞士银行业数据，冈萨雷斯等（Gonzalez et al.，2006）运用阿根廷和哥伦比亚银行业的数据，朱里卡拉等（Juurikkala et al.，2011）采用俄罗斯银行业数据，卢克（Luke，2011）利用澳大利亚银行业数据以及巴达里（Bhaduri，2012）基于印度银行业数据的研究，均对货币政策信贷渠道效应进行了实证检验，研究均表明，银行业的信贷水平会显著受到货币政策立场变动的影响。

国内的实证研究绝大多数采用的是时间序列数据（赵振全等，2007；王晓明，2010）。尽管这类研究均发现银行信贷行为对货币政策的调控十分敏感，但使用的均为总量数据，并不能有效辨别贷款的变动是来自贷款需求方还是贷款供给方，同时也无法研究不同特性银行对货币政策的反应的差异。少数使用银行微观数据的研究也并未得出一致结论，如贡吉和袁（Gunji and Yuan，2010）使用中国银行业年度数据对货币政策信贷渠道效果进行检验后发现，大银行以及流动性水平较低的银行对利率政策的敏感性较低。该研究使用的是年度数据，并不能捕捉货币政策的短期效应，并且他们所使用的货币政策工具——利率政策，本身也不能充分反映货币政策立场（Shu and Ng，2009）。科伊武（Koivu，2012）使用中国银监会公布的六类银行组别季度数据对货币政策信贷渠道进行检验发现，中国货币部门的利率政策并不能显著影响银行的信贷供给，小银行对货币政策较不敏感。徐明东和陈学彬（2011）使用动态面板模型检验了我国的货币政策信贷渠道，发现利率调整对大型银行的信贷规模影响更大，而存款准备金率的调整对流动性较低的银行以及中小型银行的影响较大，被动冲销式的公开市场操作对各类型银行的信贷扩张抑制作用都较小。田光宁等（2013）的实证研究认为，随着信贷总量在社会融资规模中的占比日益降低，信贷规模对货币政策最终目标的影响逐渐减弱，社会融资规模对货币政策最终目标的影响呈逐步增强的趋势。刘涛雄、王伟（2013）发现当金融机构对中小企业信贷支持充足时，就能够通过消费和投资效应增强中国货币政策的有效性。周英章、蒋振声（2002）认为，在中国货币政策更多地依赖信用渠道和货币渠道进行传导，而信用渠道在其中居主导地位。经济转轨时期，信用渠道的不健全抑制了中国货币政策有效性。

综上所述，国内信贷渠道的相关研究多以采用宏观数据的实证研究为主，这些研究主要基于总量数据的分析。基于微观结构的研究起步较晚，多数的研究分析了不同特性银行的信贷传导渠道差异。虽然近期的研究开始关注信贷渠道的结构性特征，但是这种结构性的研究都是基于不同银行个体间的分析，并没有很好地与宏观调控的总量特征有机联系在一起，多数的结论只是削弱或增强总量效果的定性判断描述，使得研究结果无法作为宏观政策制定的有力支撑。

(3) 汇率传导途径。

汇率传导机制的研究主要集中于两个方面，其一为货币政策对汇率这一中介目标的传导，其二为汇率目标对最终目标的传导。第一部分可以理解为汇率决定阶段，按照凯恩斯提出的利率平价理论，两国之间的汇率与两国的利息率有密切联系。其后 M-F 模型（蒙代尔-弗莱明模型）及其发展深入到货币政策与汇率制度的相关分析，深化、细化了已有研究。但是 M-F 模型缺乏微观基础，并且忽视了生产、消费和汇率之间的相互作用。克拉里达和加利（Clarida and Gali, 1994）利用向量自回归模型对布雷顿森林体系崩溃后的英镑对美元的实际汇率变化原因进行了研究。罗杰斯（Rogers, 1995）对英美两国 1889~1992 年相关资料进行实证分析，结果显示货币供应量变化导致实际汇率波动幅度高达40.6%。我国学者奚君羊和谭文（2004）分析了人民币汇率的若干影响因素，结果显示在长期中，货币供应量是影响人民币汇率波动的一个主要因素，而实际利率与人民币汇率之间的相互影响不大；许骏（2009）认为 M_0 是人民币实际有效汇率的格兰杰原因，但 M_1 与人民币实际有效汇率不存在因果关系，实际有效汇率是 M_2 的格兰杰原因。高山（2011）认为货币供应量的改变很难引起实际有效汇率的变动，因而降低了货币政策操作对汇率传导的有效性。

关于汇率目标对最终目标的传导研究中，巴马尼·奥斯库伊（Bahmani-Oskooee, 1998）通过对发展中国家的研究，认为发展中国家通过本币贬值改善贸易收支的马歇尔—勒纳条件常常不成立；卡明和罗杰斯（Kamin and Rogers, 2000）构造了包含产出、实际汇率、通货膨胀 3 个内生变量和利率这一外生变量的 VAR 模型，发现产出的改变主要是从其自身冲击进行解释，但是永久性汇率贬值将持久地影响产出。加拉等（Gala et al., 2006）对 58 个发展中国家 1960~1999 年的面板数据进行了计量分析，估计了人均国内生产总值增长与实际汇率之间的回归关系，即在其他条件不变的情况下，如果货币低估 10%，则平均实际人均收入增幅将会提高 0.122%。我国学者何新华 (2003) 凭借结构性宏观经济季度模型就人民币升值将对我国宏观经济产生的影响进行模拟分析，认为尽管人民币升值将不可避免地对我国经济产生负面影响，但这种冲击的影响是极其有限的；陈彪如 (1992) 基于马歇尔—勒纳条件，运用我国进出口价格指数和贸易量指数进行回归后得出结论：我国的进口需求价格弹性为 0.3，出口需求价格弹性为 0.72，进出口弹性之和为 1.02，说明我国人民币汇率波动对改善收支进而影响产出的效果是微不足道的。但与此结论相反的是张秀艳和石柱鲜 (2002) 通过 VAR 模型分析了汇率变动对我国主要宏观经济指标的影响，认为人民币对美元的汇率变动将对我国的 GDP、CPI 产生重大影响；戴金平和王晓天 (2005) 采用 1996~2003 年的数据对中国的贸易收支、FDI、实际汇率之间的动态关系进行了分析，结果显示人民币实际贬值的 J 曲线效应明显。盛朝晖 (2006) 分析了 1994~2004 年的季度数据后认为，在这一时期，资本市场渠道开始显现，汇率渠道则有一定的被动性；袁伟彦和李文溥 (2013) 构建了一个动态一般均衡模型，认为我国货币政策的汇率传递效应非常明显，在利用货币政策工具调控宏观经济时必须关注汇率的作用。

总结国内外已有的研究发现，货币政策汇率传导渠道的相关研究主要集中于两个方面：其一，货币政策是否能有效调控汇率这一中介目标；其二，汇率是否能有效影响产出和收入。有关第一个方面的研究集中在货币量或利率是否能有效引导汇率变动上，研究结论的差异反映了研究时间的局限性，即研究依赖于当期的经济结构环境。而关于汇率波动是否能够有效影响产出和收入的研究同样存在这一问题。

(4) 资产价格传导途径。

关于货币政策资产价格传导渠道的研究，主分为两个阶段。第一，货币政策影响资产价格变动；第二，资产价格影响消费和产出。第一阶段研究结论大体一致。达卡尔和坎迪尔 (Dhakal and Kandil, 1993) 运用 VAR 模型研究美国货币供给与股票价格之间关系时指出，货币供应量变动对股票价格有显著冲击。坎贝尔和凯尔 (Campbell and Kyle, 1988) 认为，货币政策调整通过利率等货币政策中介目标变化影响投资者对股票的折扣率估计、风险估价和分红预期，进而影响股票投资需求和股价波动。布拉克 (Blac, 2002) 采用 ARCH 模型对比研究了 17 个国家在 1975~2000 年的货币政策与股票收益关系，通过均值和条件方差分析得出货币政策对两者的影响呈不对称效果。卡索拉和莫拉纳 (Cassola and Morana, 2002) 采用 1980~2000 年的季度数据检验了欧元区 11 个国家货币政策传导机制与股票市场关系，结果表明股票等资产价格在货币政策传导过程中发挥重要作用，货币政策的长期冲击在短期内会对股票市场产生强烈影响。邦芬（Bomfim，2003）研究了利率政策制定与股票市场波动性的关系，指出相关利率政策制定过程中的非预期因素会导致股票市场短期内的剧烈波动。古利和苏丹（Gulley and Sultan，2003）考察了联邦基金期货合同利率变化对债券市场和股票市场收益的影响，结果表明二者存在负相关关系，但不同的是，期货合同利率上升和下降对债券市场的影响幅度是对称的，但对股票市场的影响幅度却是不对称的。我国学者周英章、孙崎岖（2002）研究发现，股票价格波动与货币供应量之间存在长期稳定关系，且前者对后者结构的稳定性造成较强正向冲击。陈德伟、金戈（2005）构建 VAR 模型，利用 Granger 因果检验和方差分解发现利率变动与股票价格之间存在长期均衡关系，且前者是后者的 Granger 原因，利率变动能较大程度上影响股票价格。郭科（2006）在研究我国货币政策房地产价格传导机制时发现，相对于货币供应量，利率变化对房地产价格波动的影响更大。杨新松、龙革生（2006）指出，货币供应量与股票市场流通市值互为格兰杰原因，利率是股票市场流通市值的格兰杰原因，货币政策调整通过货币供应量和利率变动能有效影响股票市场且后者更有效。王来福、郭峰（2007）运用 VAR 模型、脉冲响应和方差分解研究利率与货币供应量变化对房地产价格的影响发现：货币供应量变化与利率变化分别对房地产价格有长期持续正向影响和短期负向影响，利率变化的贡献率小于货币供应量变化的贡献率，且前者呈减小趋势后者呈增大趋势。

第二阶段研究国内外结论存在的分歧。加文（Gavin，1989）指出股票、债券等金融资产价格的上涨会通过财富效应刺激消费支出，促进经济增长，类似的结论还有莱文和泽沃斯（Levine and Zervos，1998）。古德哈特和霍夫南（Goodhart and Hofrnann，2000）则发现房地产价格比股票价格更能显著影响产出缺口。肯特和洛伊（Kent and Lowe，1997）认为资产价格上涨会通过财富效应驱使通货膨胀走高。斯梅茨（Smets，1997）则认为资产价格波动直接影响总需求，因为人们对通货膨胀的预期受到资产价格波动预期的影响。舒尔苏卡（Shuarsuka，1999）认为资产价格波动能够提前预警通货膨胀。特卡茨（Tkacz，2006）研究发现加拿大房地产价格的变化有助于预测未来通货膨胀和产出。安德烈亚斯·冈纳松和托比亚斯·林德奎斯特（Andreas Gunnarsson and Tobias Lindqvist，2000）指出虽然股票价格与私人消费之间呈现正相关，但存在 3~6 个月的滞后期。凯斯、奎格利和希勒（Case，Quigley and Shiller，2001）利用面板数据研究发现股票价格变动引起的财富效应不如房地产价格变动的财富效应显著。查尔斯·古德哈特和鲍里斯·霍夫曼（Charles Goodhart and Boris Hofmann，2001）研究发现在 G7 大多数国家房地产价格对消费的财富效应远大于股票价格的，认为这是因为房屋或者股票在居民总财富中的比重能很大程度上影响相应的财富效应的大小，而数据显示在 G7 大多数国家的家庭财富构成中，房屋资产所占的比重远大于股票。路德维希和斯洛克（Ludwig and Slok，2004）通过实证检验 16 个 OECD 国家的面板数据得出股票价格波动在市场主导的金融体系比银行主导的金融体系更易引起消费的变化的结论。米安和苏菲（Mian and Sufi，2008）、沃森（Watson，2010）认为在那些金融市场发达且居民持有较多金融资产的国家，资产价格变动能够及时充分地反映宏观经济波动信息。朱利奥多里（Giuliodori，2005）的研究发现：在欧盟国家，尤其是那些借贷市场和房地产市场相对发达的国家，房地产价格能很好地传导利率调整对消费支出的影响。比约恩兰和雅各布森（Bjornland and Jacobsen，2008）对比研究了房地产市场在挪威、瑞典和英国三国的货币政策传导机制中的作用，结果表明，三个国家的货币政策资产价格传导机制中均存在且有效，房地产价格能对货币政策调整迅速作出反应并能有效传导到实体经济，引起产出和通货膨胀的变化，只是其有效性程度与反应时滞因各国制度环境、经济环境、金融市场及房地产市场发展程度不同而不同。不同的是，弗里德曼（B. Friedman，2000）通过考察较长时期内美国股票价格、产出和通货膨胀的关系发现股票价格对产出和通货膨胀未产生显著影响。我国学者魏永芬、王志强（2002）采用格兰杰因果检验方法和误差修正模型实证研究 1992～2001 年我国货币政策的资产价格传导情况，结果表明，由于银行间接融资占据主导、股票等直接融资比重低等原因，我国货币政策传导的资产价格渠道是不存在的。余元全（2004）在修正凯恩斯模型的基础上建立包含股票市场的 IS－LM 模型的联立方程，通过对消费均衡方程、投资均衡方程、产品市场均衡方程及货币市场均衡方程的回归分析发现，我国股票市场存在微弱的财富效应和流动性效应，对消费的促进作用有限，对投资也没有显著的积极作用。曾华珑、王松涛、刘洪玉（2009）利用结构向量自回归模型和两阶段分析法研究表明：紧缩性货币政策引起的房价变动能解释私人消费下降的 45%，住房市场能很有效地传导货币政策调整信号。即使在近期，仍有学者高山（2013）得出我国货币政策资产价格传导渠道有限的结论，认为不仅货币供应量变动很难引起资产价格变动，而且资产价格变动短期内对消费和投资冲击不明显，长期内不是消费和投资变化的主要原因。

对比国内外的研究可见，关于货币政策对资产价格的影响，学者都认为资产价格受货币政策影响十分显著。研究结论的区别在于，区域或国家资产结构和金融结构影响了不同资产（房地产资产和股票资产）对政策反应的敏感性。关于资产价格对产出、消费影响的研究中，国内外的研究结论都不一致，这与对金融结构和居民资产配置状况的看法不同有关。但学者研究中所忽略的是，资产价格在影响投资消费中不仅仅具有托宾 q 和财富效应所产生的正向影响，也存在着资产价格增值所导致的对投资消费的挤出效应。

如前所述，西方理论学界关于货币政策有效性的研究经历了较长时期。目前对这一问题的探讨，研究的范围逐渐拓宽，研究的视角不断更新、研究的方法日臻成熟。然而在我国，即使在 20 世纪 80 年代末期，"货币政策"一词仍然很少被提及，虽然到了 60 年代，在商品市场出现严重的供不应求的情形下，政府曾经采取了控制信贷规模的调控手段，从某种程度上说，在客观上实施了货币政策。

严格地说，我国最早通过货币政策对中国经济实施调控是从 20 世纪 80 年代开始，主要是在 1989 年。当时，为了抑制物价高达两位数的过高过快上涨，中国人民银行采取了紧缩性的货币政策，并先后又在 1989 年下半年以及 1990 年两度通过放松货币政策，防止中国经济出现大幅下滑。国内学者对货币政策有效性的研究内容也多从那时发端。但理论界对中国货币政策给予更大的关注是由于亚洲金融危机的原因，在 1998 年之后的相当长的一段时期内存在通货紧缩。国内一些学者开始对中国货币政策操作及其政策的有效性产生怀疑，此后涌现出大量学者深入探讨中国货币政策的有效性问题。如范从来（2000）认为当时中国虽然存在通货紧缩但是并没有陷入流动性陷阱，消费和投资对利率变化存在弹性，具备通过货币政策调控促进经济增长的外部环境，主张采取积极的货币政策治理通货紧缩，促进经济复苏；夏德仁等（2001）加入预期因素考察中国货币政策的有效性问题，认为在货币政策操作中要注意引导公众预期以使政策充分发挥应有的效应。刘斌（2001）认为，货币政策虽然能够在短期内影响实体经济的产出，但持续时间不会超过 40 个月。李斌（2001）认为，中国货币政策实施的效果十分显著，对实际产出和物价均具有显著影响；刘金全（2002）发现在中国货币政策操作实际中，扩张性货币政策对于产出的推动作用小于紧缩性货币政策对于产出的"刹车"作用；陆军、舒元（2002）认为在中国长期内货币是中性的。彭方平等（2014）采用 Logistic

STSVAR 模型对不同通货膨胀预期下的中国货币政策有效性进行分析。他们的研究结果表明。短期内，货币政策在低通货膨胀预期状态下对经济增长和促进就业更为有效，而在高通货膨胀预期状态下，货币政策对抑制物价的政策效果释放得更快。

以上文献在不同的假设条件下，从不同视角，运用不同的研究工具，沿着不同的研究路径，对中国货币政策的有效性做了分析和诠释，并指出了影响中国货币政策有效性的一些因素。推进了货币政策有效性的研究，但由于如下原因，仍需要对这一问题作出进一步的研究：

第一，研究多集中在中国货币政策有效性的"某个"或"某些"方面，还需要对中国货币政策有效性进行系统性的研究。

第二，研究方法多采用局部均衡分析，还需要反映货币政策对多重政策目标的综合影响。

第三，多数文献完成的时间较早，受条件的约束，不能反映当前中国货币政策面临的实际问题，比如利率市场化进程的逐步完善，宏观审慎管理架构的纳入，汇率政策与货币政策的配合，等等。

第四，缺乏对基本问题的细致分析。如：如何在中国准确定义货币政策有效性；非常规货币政策与常规货币政策的区别；宏观审慎管理目标与货币政策目标的区别，等等。

本书拟在参考上述文献的基础上，立足当前经济现实，对中国货币政策有效性进行全面、系统的分析和研究，并就如何进一步提升货币政策有效性提出建设性的意见和政策建议。

1.3 研究的目标、思路和内容

本书采用规范分析与实证分析相结合，数理经济建模与计量经济分析相结合，定性分析与定量分析相结合的研究方法，并在不同层面上各有侧重。

一是规范分析与实证分析相结合。规范分析是基于一定的价值判断，提出分析处理经济问题的标准，并以此作为制定经济政策的依据，研究在何种情况下经济运行才能到达预期目标。它要回答的是"应该是什么"的问题。实证分析是指超越一切价值判断，从某些前提和经验事实出发，对现实问题和现象进行分析，说明事实"是什么"。本书首先运用规范分析的方法给出了中国货币政策有效性的明确的理论界定，并先后就货币政策对中国货币政策的中介目标——货币供应量、利率和最终目标——物价稳定、经济增长以及国际收支平衡进行实证分析，对中国货币政策的有效性进行全面考察。为了探讨影响有效性的因素，一方面引入消费习惯形成分析其对货币政策产出效应和价格效应的影响，探讨消费习惯对影响货币政策产出效应和价格效应的影响机理，另一方面还结合澳大利亚汇率改革带来的货币政策有效性的提高，运用规范分析的方法，提出对于现阶段提高中国货币政策有效性的政策建议。

二是计量经济学与数理经济学相结合的方法。本书通过数理经济学方法，设定 DSGE 模型中各个主体行为，通过使各主体行为效用最大化，并优化求解得到对应的函数关系，得出在中国货币政策无论是长期还是短期均会对物价指数的变动具有较大影响。并且在短期能够通过影响货币政策中介目标，对经济增长产生一定影响、但影响有限的结论。本书还通过计量经济学方法建立了中国与澳大利亚的包含实际利率 r、实际有效汇率 e、实际狭义货币供给量 M_1、存款准备金率 R 和实际 GDP 的货币政策有效性 SVAR 模型，考察了澳大利亚汇率制度改革对澳大利亚货币政策有效性的影响，并得出结论认为，由于澳大利亚在汇率形成机制方面的优势，使其货币政策较为有效。

三是定性分析与定量分析相结合的方法。贯穿本书的是定性分析与定量分析相结合的方法。通过对经济学理论中的有关货币政策有效性的理论的回溯与评论，揭示无论对于货币政策制定者还是货币政策理论本身，都存在一个认识不断深化，不断系统化的过程。而这一过程伴随着理论的演进，也受到不同国家微观经济基础和制度不同的影响。而通过对 1949～2014 年中国人民银行制度以及货币政策的概览与回顾，论证了货币政策伴随中国经济市场化和货币化程度的加深，逐步发展成为一个强有力的宏观调控手段，货币政策的有效性不断增强。

本书在研究中，大量运用了数理分析方法，如结合中国经济金融发展实际，对传统的 Mundell - Flemming Model 进行了修正，构筑了符合中国特点的新模型；并在基准的新凯恩斯 DSGE 模型中引入预期到的和未预期到的货币政策调控对模型进行拓展，考察预期到的与未预期到的货币政策对我国产出和通货膨胀波动的短期和长期影响，并分析以上两类货币政策对产出和通货膨胀波动的贡献度，刻画我国基于"数量型"货币政策工具的货币政策调控对宏观经济的影响，本书还应用 DSGE 模型对中国货币政策有效性做了综合的评估。在定量研究的基础上，运用定性分析的方法深入剖析了导致影响中国货币政策有效性发挥的因素。

1.4 研究的技术路线和方法

本书研究采用的主要技术路线如图 1-3 所示。

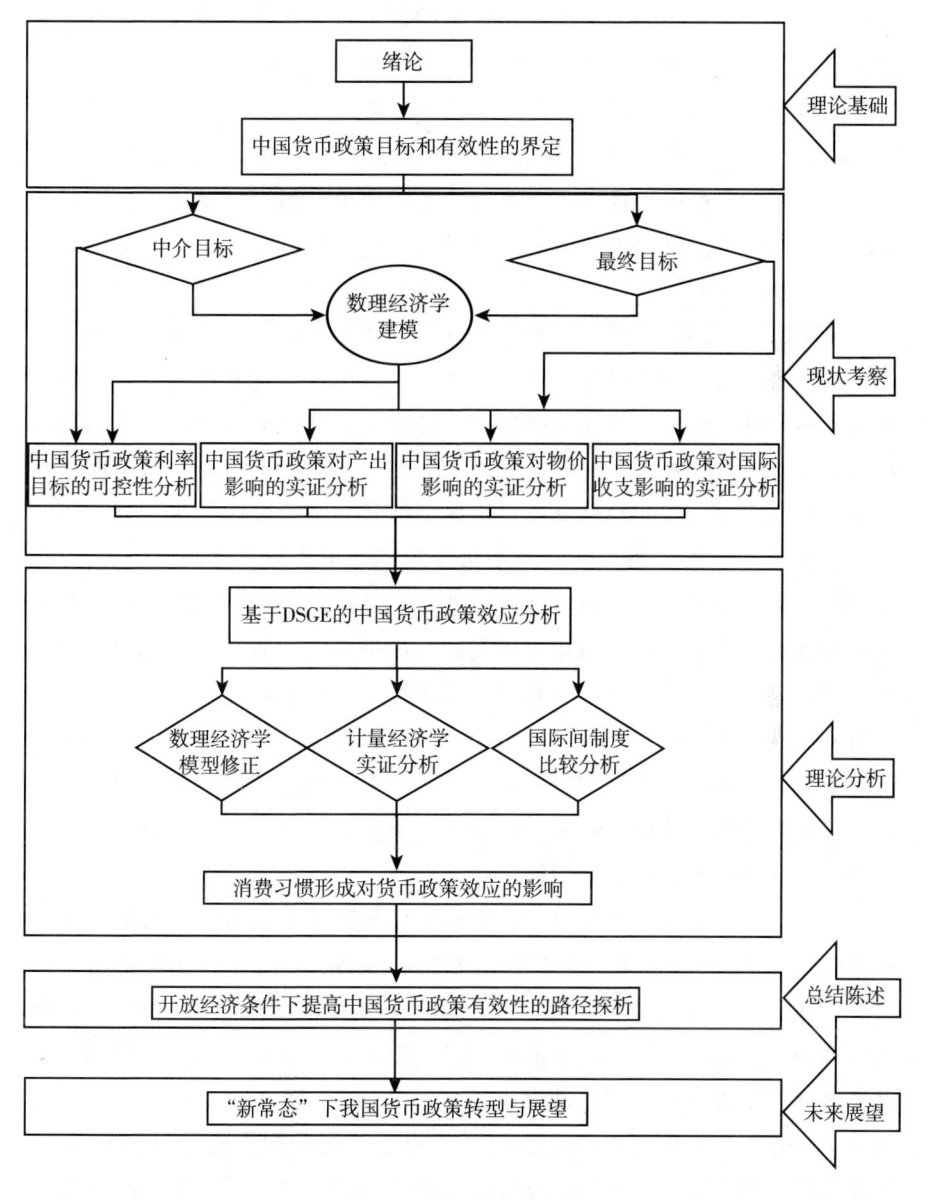

```
                          绪论
                           │
                           ▼
              中国货币政策目标和有效性的界定         ← 理论基础
              ┌────────────┼────────────┐
              ▼            ▼            ▼
           中介目标    数理经济学建模    最终目标
              │            │            │
    ┌─────────┼────────────┼────────────┼─────────┐
    ▼         ▼            ▼            ▼         ▼
中国货币政策  中国货币政策  中国货币政策  中国货币政策     ← 现状考察
利率目标的    对产出影响    对物价影响    对国际收支
可控性分析    的实证分析    的实证分析    影响的实证分析

              基于DSGE的中国货币政策效应分析
              ┌────────────┼────────────┐
              ▼            ▼            ▼
           数理经济学    计量经济学    国际间制度        ← 理论分析
           模型修正      实证分析      比较分析
              └────────────┼────────────┘
                           ▼
              消费习惯形成对货币政策效应的影响
                           │
                           ▼
        开放经济条件下提高中国货币政策有效性的路径探析   ← 总结陈述
                           │
                           ▼
            "新常态"下我国货币政策转型与展望            ← 未来展望
```

图 1-3 研究技术路线

· 35 ·

本书的框架如下：

第 1 章为绪论，介绍本书的研究背景，对西方经济学关于货币政策有效性的经典理论进行简要综述与评价，并对近年来研究中国货币政策有效性的文献进行梳理，在此基础上对本书涉及的主要概念和理论进行界定与预设。

第 2 章对中国货币政策目标和有效性的界定进行系统诠释，明确判定中国货币政策有效性的标准，并对将中国货币政策有效性的判断限定在传统货币政策而非非常规货币政策之内。构建中国货币政策有效性三角坐标体系，建立货币政策不同目标之间的替代关系。

第 3 章通过对中国货币政策的中介目标——货币供应量进行计量分析，证明货币政策中介目标基本可控。从而得出中国人民银行具备通过货币政策操作，控制货币供应量，进而具备通过货币政策操作影响货币政策最终目标的前提条件。

第 4 章对中国货币政策的中介目标——利率进行理论和计量分析，认为我国已经初步形成了以存贷款基准利率、货币市场利率和再贴现再贷款利率的利率基准体系。但在货币政策调控中，贷款基准利率调控依然存在着国有私人部门结构性非对称问题，而公开市场操作也存在着短端向中长端传导不畅问题，这些都是利率目标体系亟待完善的一环。

第 5 章从"量"和"价"两个角度实证分析货币政策对产出的影响。在"量"研究方面，本章在货币供应量对经济增长影响的理论模型和传导机制的基础上，通过对中国相应年度的数据进行实证研究，分析中国货币供应量对经济增长的影响。证明中国货币供应量和实际经济之间存在着显著的关联性。在"价"分析方面，本章使用贷款利率、利差为代理变量，实证结果表明利率对产出的影响存在着短期上升和中长期下滑的时域性差异，即短期的价格效应。而央行在调整收益率曲线时，利差所表征的预期属性会推动投资者投资，进而拉动经济增长。

第 6 章对货币政策和通货膨胀进行实证研究。本章首先通过对中国相应年度的 CPI、GDP、M_2、利率数据的实证分析，论证了中国的通货膨胀在一定程度上来自广义货币增长率的影响，在大部分时间里，货币供应量增长率的波动是与通货膨胀率的波动是一致的，一段时间较高的货币增长率是通货膨胀的重要原因。随后，本章使用 VAR 模型对利率和 CPI、PPI 进行实证分析，发现"价格之谜"在货币政策调控物价过程中十分突出，其中 CPI 和 PPI 脉冲响应存在着时滞和幅值的差异性，其内嵌于产业链中的价格传导机制应成为货币政策调控物价考虑的重要因素。

第 7 章论证中国货币政策能够通过货币供应量、汇率、利率三个渠道对国际收支总额及其结构产生影响。货币供应量对国际收支结构影响显著，且货币供应量的增加有利于刺激货物出口和外国直接投资的流入，增加外汇储备；人民币的升值能够促进货物贸易和直接投资项目顺差；利率则更多地影响国际收支平衡。说明中国币政策在促进国际收支平衡目标实现的方面是有效的，通过货币政策调整影响国际收支平衡也是可行的。

第 8 章通过在基准的新凯恩斯 DSGE 模型中引入预期到的和未预期到的货币政策调控等对模型进行拓展，基于拓展模型分析着重分析预期到的与未预期到的货币政策对我国产出和通货膨胀波动的短期和长期影响，并分析以上两类货币政策对产出和通货膨胀波动的贡献度，进一步刻画我国基于"数量型"货币政策工具的货币政策调控对宏观经济的影响。以上研究为后续各章的研究提供理论前提。

第 9 章通过把表层消费习惯形成和深层消费习惯形成引入模型，对基准的新凯恩斯 DSGE 模型进行了又一次扩展。基于扩展后的模型，首先分析了两种消费习惯形成对两类货币政策产出效应和价格效应的影响，探讨消费习惯对影响货币政策产出效应和价格效应的影响机理。

第 10 章首先通过修正 Mundell – Flemming Model 论证人民币汇率形成机制是目前制约中国货币政策有效性的最重要因素。接着分析与中国汇率制度改革路径相似的"先行者"——澳大利亚的汇率制度改革前后带来的澳大利亚货币政策有效性的提升，佐证人民币汇率制度改革的必要性。之后对澳大利亚和中国货币政策有效性进行比较实证研究，探讨澳大利亚经验对完善人民币汇率形成机制及提高货币政策有效性的借鉴意义。本书研究表明，从历史和现状考察，中国货币政策的体系和运作正逐步成熟，有效性不断加强，对经济的调控效果较为显著。但是受到多重因素制约，政策效能未能全部释放，仍然具有较大的改良空间。在开放的经济环境下，人民币汇率形成机制已经成为制约中国货币政策有效性的最大障碍。

第 11 章对中国经济"新常态"理论和经济运行特征进行简要梳理和描述，对"新常态"下货币调控环境和困难进行了深入分析，并提出货币政策改革的方向和举措。一是明确货币政策目标，由总量调控向结构调控转型；二是推动利率市场化，构建"利率走廊"框架；三是创新货币政策工具，加强总量和结构工具的配合；四是提升市场预期作用，将政策调控从被动向主动转变；五是增强货币政策独立性，推动人民币国际化。

1.5　主要观点和贡献

本书从微观与宏观两个层面,分别在封闭经济与开放经济条件下对中国货币政策有效性进行了较为全面和系统的分析。通过历史考察和国际比较,理论分析和实证检验,对中国货币政策有效性进行了研究,同时分析了影响货币政策有效性的重要因素,为未来提高中国货币政策有效性,以及后危机时代货币政策的选择提供了理论和实证依据。主要贡献如下:

(1) 厘清了货币政策目标、中央银行工作目标、货币政策工具目标、非常规货币政策目标以及宏观审慎管理目标,在此基础上界定了中国货币政策有效性的内涵,为本书及后续中国货币政策有效性的判定提供基础和依据。

(2) 创建了中国货币政策有效性三角,建立了中国货币政策目标之间的权衡替代关系;通过建立三角坐标系和货币政策椭圆形效能边界,刻画了货币政策操作中对不同目标的权衡替代,得出如下结论:在现阶段中国货币政策的中介目标基本可控;无论是长期还是短期,货币政策均会对中国经济增速、物价指数、国际收支结构和规模产生影响,但其有效性受制于制度性因素;通过汇率制度改革能够减小对货币政策效能的"禁锢",改善中国货币政策有效性。

(3) 在新凯恩斯 DSGE 模型中引入预期到的"数量型"货币政策调控变量,对预期到的货币政策宏观调控效果与未预期到的货币政策宏观调控效果进行定量分析并将表层消费习惯形成和深层消费习惯形成引入包含预期到的和未预期到的货币政策调控的货币经济模型,揭示出消费习惯形成对货币政策调控产生效应的影响。

(4) 基于中国实际提出了修正的蒙代尔 – 弗莱明模型(Mundell – Flemming Model),论证了现行人民币汇率形成机制对中国货币政策有效性的负面影响,并运用数理方法证明了科学的汇率形成机制在疏通中国货币政策传导机制阻滞中的重要性。通过对澳元汇率形成机制改革带来的澳大利亚货币政策有效性的提升进行历史的和定量的分析,阐明了在开放经济中汇率形成机制的改革在推进货币政策有效性提升方面的巨大作用。由此得出,在目前中国外贸依存度不断增强的背景下,完善人民币汇率形成机制是提升中国货币政策有效性的有力手段的结论,在此基础上还设计了人民币国际化的形成路径。

（5）以"新常态"下我国货币政策转型为背景，分析货币政策转型的理论依据和现实需要。在对经济"新常态"的特征和风险进行总结的基础上，梳理和分析了这一环境下货币政策面临诸多现实问题，包括市场结构失衡下导致的"宏观松微观紧"流动性问题；金融业态多元化复杂和模糊了传统政策传导机制的问题；经济结构转型下多维货币政策目标实现矛盾性问题；国内外政策协调下博弈问题；人民币国际化加深了金融稳定问题。根据分析结果，提出在"新常态"下货币政策转型需要完善货币政策框架，进一步明确货币政策目标、操作规则和政策工具；强化结构性货币政策的作用，精准调控，提升货币政策有效性。

第 2 章　中国货币政策目标和有效性的界定

由于各国法律赋予各国中央银行的职能不同，货币政策的最终目标存在很大差异。而各国中央银行奉行的调控理念又造成货币政策中介目标的巨大差异。所以，判断不同国家货币有效性，应该结合目标国的实际情况，有针对性地进行研究。国内外关于货币政策有效性的研究不少，但未见到对中国货币政策有效性的准确界定。本章首先对中国货币政策目标及货币政策有效性进行界定。

2.1　货币供应量仍是中国货币政策的中介目标

1978 年以前，中国处于计划经济时期，金融体制也是"大一统"体制，中国人民银行既承担着中央银行的职能，执行严格的货币发行的现金计划，同时还充当商业银行的角色，执行信贷计划，开展具体的信贷业务。这段时期内，货币政策实际上就是完成既定现金、信贷计划。中国人民银行并没有严格意义上的货币政策中介目标。如果说有，也就是类似管理计划的信贷计划。这种状况一直持续到"大一统"体制打破后，中国人民银行正式行使中央银行职能时。

中国经济体制在改革开放后，发生了翻天覆地的变化，市场配置资源的作用逐步显现。1984 年中国人民银行正式行使中央银行的职能，货币政策中介目标的选择也被提到了议事日程。1988 年，中国人民银行先后采取了总量控制和结构调整的货币政策，应对严重的通货膨胀。1993 年，中国经济的宏观调控由针对直接目标向针对间接目标过渡。1994 年，中国人民银行定义并开始公布 M_0、M_1、M_2 货币供应量指标。1995 年，又宣布将货币供应量作为货币政策的主要控制目标。1998 年，中国人民银行取消了对贷款规模的限制，自此终结了信贷规模作为中国货币政策中介目标的历史。信贷规模作为人民银行管理经济的主要工具，在计划经济体制下起到过无可替代的作用，但随着经济体制改革的深入，信贷规模作为"中介目标"的弊端逐步显现：一是缺乏科学性和严肃性。由于每年都存在年初的贷款计划的制订和年末的贷款计划调整，因此，将信贷规模作为中国货币政策的中介目标缺乏严肃性和科学性。二是造成了信贷资源的错配，一方面，效益好的企业亟须资金发展生产，但由于信贷计划的制约，无法得到满足；另一方面，金融机构在年终为了完成贷款规模，又存在将贷款投向资金宽裕的企业的现象。三是造成区域经济发展失衡。在贷款规模受限的情况下，金融机构更倾向于资金投入收益率高、风险低的沿海发达地区，而金融资源本身就相对匮乏、消除经济发展瓶颈的中西部地区无法获得足够的贷款，这越发拉大了东中西部的经济差距。在这个大背景下，信贷规模作为中介目标已不合时宜。

1993年《国务院关于金融体制改革的决定》中规定，"货币政策的中介目标和操作目标是货币供应量、信用总量、同业拆借利率和银行备付金率。中国人民银行根据宏观经济形势，灵活、有选择地运用上述政策工具，调控货币供应量"。由此可见，1993年，中国货币政策的中介目标是多元的。

1996年，中国人民银行将M_1、M_2正式作为货币政策的中介目标。从货币理论看，货币政策中介目标是央行为实现货币政策最终目标而选择的能主动控制的调节对象，其意义在于，由于货币政策的作用具有滞后性以及动态不一致性，需要借助一些灵敏的、能前瞻性地反映经济状况变化的指标，作为观察货币政策实施效果的信号，以便及时地实施货币政策，而不必等到实际经济中出现明显问题时再实施。由于各国央行都将通货膨胀作为其实施货币政策的一个主要的目标，因此货币供给量作为中介目标，有其理论上的合理性，且在我国目前正实际发挥着中介目标的作用。目前国内学术界关于货币供给作为中介目标存在着争论。一种观点认为，在当前的经济发展条件下将利率等其他经济金融指标作为货币政策中介目标的条件还不完全具备，即使利率市场化即将完成"最后一跃"，经济中的基准利率形成机制和传导体系还有待完善。继续将货币供应量作为中国货币政策的中介目标是正确的和恰当的。而另一种观点则认为，随着中国货币供给的内生性逐步增强，货币供应量的可控性开始减弱，其与货币政策最终目标的相关性不断降低，不适合继续作为我国货币政策的中介目标。

早在2010年末，中国人民银行提出了"社会融资总量"的概念，

2011年初，中国人民银行盛松成对社会融资总量的内涵进行了系统和全面的阐述，并首次提出要逐步将社会融资总量作为货币政策中介目标的构想。2011年3月，人民银行推出存款准备金动态调整工具，并指出"差别准备金动态调整基于社会融资总量、银行信贷投放与社会经济主要发展目标的偏离程度及具体金融机构对整个偏离的影响，考虑金融机构的系统重要性和各机构的稳健状况及执行国家信贷政策情况等，更有针对性地回收过多流动性，引导金融机构信贷合理、适度、平稳投放，优化信贷结构，并为金融机构提供主动按宏观审慎政策要求，从提高资本水平和改善资产质量两个方面增强风险防范能力的弹性机制，达到防范顺周期系统性风险积累的目的。"（2011年人民银行年度工作会议纪要）。

尽管中国人民银行高度关注社会融资总量，但从总体来看，社会融资规模能否作为货币政策中介目标争议很大，由于社会融资总量目前存在定义和统计公式并不贴切和合理、数据可得性差、存在重复计算等诸多问题，目前至少作为参考指标而不是中介目标，目前货币供应量仍是中国货币政策的主要数量型中介目标。

2.2 利率逐渐成为中国货币政策的中介目标

利率作为货币政策中介目标的理论基础起源于凯恩斯主义理论，凯恩斯主义者认为，货币政策在引起社会总支出变动以前，首先引起利率的变动，因而利率是影响总需求的关键变量，而货币当局能够采取有效的措施调控利率，所以主张将长期利率作为货币政策的中介目标。在商品市场和金融市场发展相对成熟的国家，在金融交易中形成的市场利率是连接经济运行宏观层面和微观层面的纽带，连接实体经济和货币经济的桥梁，它通过影响公众对未来收益的预期，决定和改变货币流量在经济部门、企业和居民中的分配。

在发达市场国家货币政策发展历程中，不乏以利率为中介目标的货币政策实践。早在20世纪50年代，受凯恩斯宏观政策理论的影响，主要西方国家（美国、英国）采用利率为主的政策中介目标，直到70年代出现滞胀，凯恩斯主义利率为主的调控思路出现危机，以弗里德曼为代表的货币主义学派的兴起，提出货币量应作为央行政策调控的单一中介目标。货币主义学派认为经济的波动主要来自货币供给方面，中央银行货币政策应采用"单一规则制"，货币当局应排除利率和其他指标干扰，根据一国经济增长采用固定的货币供应量增长率增加货币供给,以消除投资等经济变量因其对利率黏性所引起的货币政策传导的失效。在美国,以货币量为中介目标的政策持续近20年,直到1994年格林斯潘担任美联储主席,又将中介目标定位为实际利率,这一政策思路持续至今。这种转变被认为是源于全球化视角下的金融创新和金融业态多元化,资本流动和金融深化削弱了货币需求函数的稳定性,使货币供应量和经济增长间稳定的关系被打破。

当下,我国经济金融环境发生重要转变,经济结构从投资出口向创新需求转变,为经济增长注入了大量新鲜元素。同时,伴随着影子银行为代表的金融业态多元化,传统的货币供应量中介目标与经济增长最终目标的关系正在发生改变。在政策层面,自1993年党的十四届三中全会《关于建立社会主义市场经济体制若干问题的决定》首次提出利率市场化改革的基本构想,央行在推动利率市场化的20余年过程中,始终着力培育我国基准利率体系,利率在货币政策宏观调控以及优化金融资源配置的基础性作用日益受到重视,这与我国经济金融环境转变是相辅相成的。所以说,无论从外部经济金融环境,还是内部政策转变,利率作为中介目标是我国货币政策调控思路转变的必然方向。

2.3　中国货币政策最终目标的判定

2003年12月27日,第十届全国人民代表大会常务委员会第六次会议修订的《中华人民共和国中国人民银行法》中明确规定了中国货币政策的目标是保持货币币值的稳定,并以此促进经济增长。在实际操作中,对于影响币值稳定和经济增长的主要因素也常常纳入人民银行的考量范围。比如,随着国际金融危机中量化宽松的货币政策的引入、宏观审慎管理架构的建立、人民币跨境贸易结算业务的逐步放开,以及在宏观调控的实践中,国际收支状况对外汇占款进而对货币供应量的影响和人民银行采取利率等工具对房地产等资产价格进行调节,等等。模糊了经济学界对中国货币政策的最终目标的认识。人民银行行长周小川在2014年财新峰会上也对外界声称,中国货币政策为多目标,不仅限于抑制通货膨胀和促进经济增长,同时还要关注国际收支平衡,守住金融稳定底线。那么到底中国的货币政策最终目标是什么,应该是什么?便成为讨论研究中国货币政策有效性的基础性问题。

2.3.1 货币政策的非常规目标和最终目标

2001~2006年，日本中央银行开始实施量化宽松（quantitative easing）的货币政策，2007年国际金融危机爆发后，西方各主要发达国家为了防止金融危机进一步蔓延，均采取了有史以来最激进的货币政策，出现了非常规货币政策工具。伴随着世界各国非常规货币政策的实践，经济学界对非常规货币政策的认识更为系统、深入。

1. 常规及非常规货币政策的内涵

克劳迪奥·博里奥（Claudio Borio，1997，2008）、尼尔森（Nelson，2008）指出，常规货币政策的本质是利率政策。包含两个核心内容：第一个是政策信号的释放，主要经济体的央行通过确定基准利率来宣示其货币政策取向。第二个是流动性管理操作，主要经济体央行通过流动性管理干预货币市场利率，使之围绕基准利率上下波动。在金融市场乃至实体经济受到严重冲击时，由于"流动性陷阱"的约束，中央银行常规货币政策的操作空间及传导机制难以发挥作用，即使零利率政策都不足以促进经济复苏，在这种情况下，采取非常规货币政策来应对金融市场及实体经济面临的困境，就变得必要。此时，非常规货币政策的首要任务就是促进金融市场正常运行、维护金融稳定，其主要特点是，央行通过调整自身的资产负债结构与规模，对中长期利率乃至私人部门的投融资行为产生直接影响。

为了摆脱长期困扰经济的通货紧缩阴影，20世纪末日本央行率先开展了零利率下非常规货币政策实践。1999年，日本央行下调基准利率至零附近，2001年正式启动量化宽松的货币政策。平石（Hiroshi Ugai，2007）将量化宽松货币政策的特征总结概括为三点：一是央行确定存款准备金的目标水平，通过提高央行负债水平支持市场对流动性的需求；二是央行购入政府债券向市场投放高能货币；三是承诺若不存在通货膨胀，将在继续维持储备在较高水平的同时保持低利率。

"信贷宽松政策"在次债危机以后被各主要央行广泛采用。伯南克（2009）认为，信贷宽松政策就是FRB采取的政府债券购买方案，以及同信贷支持有关的一系列危机救助措施的统称。伯南克认为，信贷宽松政策的核心是通过扩大中央银行资产的方式向商业银行、非银行金融机构乃至私人部门注入流动性，与日本银行强调扩大中央银行负债的量化宽松政策不同。为避免上述两种提法出现交叉，2009年，加拿大银行将以改善信贷市场融资状况为目的，在特定市场买入私人金融资产的操作定义为信贷宽松；并将以增加商业银行准备金为目的，买入政府及准政府债券的操作定义为量化宽松。

信贷宽松政策和量化宽松政策，均能使中央银行资产负债表结构和规模发生变化。所以，博里奥和迪萨塔特（Borio and Disyatat, 2009）把非常规货币政策又称为资产负债政策。他们指出，资产负债政策与传统的利率政策有两大区别：首先，央行的资产负债是政府部门资产负债的组成部分，央行的资产负债政策不具有垄断性；其次，在采取资产负债政策时央行能够通过采取对准备金支付利息的方式调整短期利率，而通过央行资产负债结构的变动对流动性水平以及中长期利率都会产生直接影响，可以在不影响短期利率的情况下独立实施。

2. 非常规货币政策的传导机制与传统货币政策的差异

首先，传导机制不同。主流经济学将传统货币政策根据银行贷款与其他非货币金融资产之间的不同替代性划分为货币渠道和信贷渠道。与常规货币政策传导机制不同，非常规货币政策的传导机制是通过以下三种效应作用于实体经济。

一是资产组合均衡效应（portfolio effects）。资产组合均衡效应是指，由于市场原有资产结构平衡被中央银行大规模购买中长期国债、资产抵押债券和其他资产的行为所打破，在形成新的资产结构的同时，对实体经济产生影响。中央银行在市场上大量购买某项金融资产的行为，一方面会降低对这种金融资产的供给，另一方面会提升对该金融资产的需求，最终会提高该资产的市场价格，使以后购买者的收益率下降。作为交易对手方的机构或是个人，由于持有的金融资产的不完全替代品——货币量增加，资产结构平衡遭到破坏，为了恢复均衡，开始将收益率较低的金融资产置换为收益率相对较高的金融资产，这种机制会引发资产结构的不断调整，直至所有的金融资产价格全部调整到位。此时整个金融市场的金融资产价格普遍升高，收益率普遍下降。而商业银行在央行的存款准备金有所增加，同时非银行机构和个人在商业银行的存款也有所增加。因此，商业银行原有的资产结构平衡被打破。商业银行为降低风险，维持自身的支付能力，倾向于持有高流动性资产。而当流动性资产持有量可以满足潜在流动性需求时，银行更倾向于降低超额储备，增加贷款供给，提高资产收益率。进而使居民、企业更容易从银行获得贷款，增加即期消费和投资，资产持有人因为所拥有的资产升值，受财富效应影响，倾向于购买更多的商品和服务，进而使得全社会的名义支出增加，这会引发商品和服务的价格上涨。对企业来说，融资渠道的顺畅，使企业更加容易获得营运资金，这会保证企业的正常运转，促进全社会的就业。此外，中央银行不通过如商业银行等金融机构直接向某些关键领域和机构注资，可以确保后者的正常生产经营活动，会提高社会经济活动的效率，降低这些关键领域和机构的融资成本。

二是信号效应（signal effects）。埃格特森和伍德福德（Eggertsson and Woodford，2003）认为在完美的金融市场中，由于只有那些能够改变利率走势预期的政策才会对实体经济产生影响。因此，中央银行通过向公众承诺保持低利率，会使市场形成短期利率走低的预期，进而通过时间轴效应和预期效应形成长期利率走低的预期，最终形成通货膨胀率升高、资产价格上升的预期，进而刺激投资拉动消费。中央银行还可以通过发表政策声明、负责人讲话等多种方式，传递和强化类似"在经济回暖、物价稳定前，利率都将维持在低水平"的政策信号，增强低利率政策的可信度，强化公众预期。此外，中央银行在市场上大量购买金融资产释放流动性也能够释放信号，提振市场信心，能够强化中央银行政策的可信度。甚至公众还会预期到一旦中央银行退出量化宽松货币政策将会导致的资产价格下降，从而造成中央银行自身资产损失，因而量化宽松政策不会短时间内退出的政策预期。在次债危机中，美联储极大规模地购买金融资产就是通过市场向公众表明美联储（FRB）实施非常规货币政策的决心。

三是风险溢价效应（risk premium effects）。风险溢价主要包括流动性风险溢价、违约风险溢价和期限风险溢价。流动性风险和违约风险，与机构抵押债券以及公司债券有关。在市场紧缩的情况下，中央银行在市场上对此类资产的公开买卖，诸如长期债券这种在市场上缺乏流动性的金融资产，提高了此类资产的流动性，降低了持有此类资产的交易风险，这在提高此类资产的市场价格的同时，也降低了此类资产的收益率。期限风险是指在持有期内，投资者需要承受的因实际利率变化引起的债券价格波动风险。

中央银行通过购买长期国债、机构债券和机构抵押债券，增加了对这些金融资产的需求和期限风险，从而提高了这些金融资产的价格，降低其收益率。

其次，政策目标不同。众所周知，中央银行常规货币政策目标主要有经济增长、充分就业、物价稳定（侧重于防止通货膨胀）、国际收支平衡（见图2-1）等。非常规货币政策的目标则有所不同（见图2-2），主要有两种：一是维持正常的物价（特别是防止通货紧缩）；二是确保金融体系稳定和金融市场流动性。如日本银行在实施量化宽松货币政策的声明中明确表示日本货币政策的目标就是防止通货紧缩，并将零利率政策实施时间表与物价指数紧密挂钩，只有物价指数稳定增长时零利率政策才会退出。伯南克（2009）则宣称金融危机中，美国采取的非常规货币政策的目的是为修复金融市场流动性，维护金融体系的稳定，避免金融市场恶化对实体经济造成冲击。

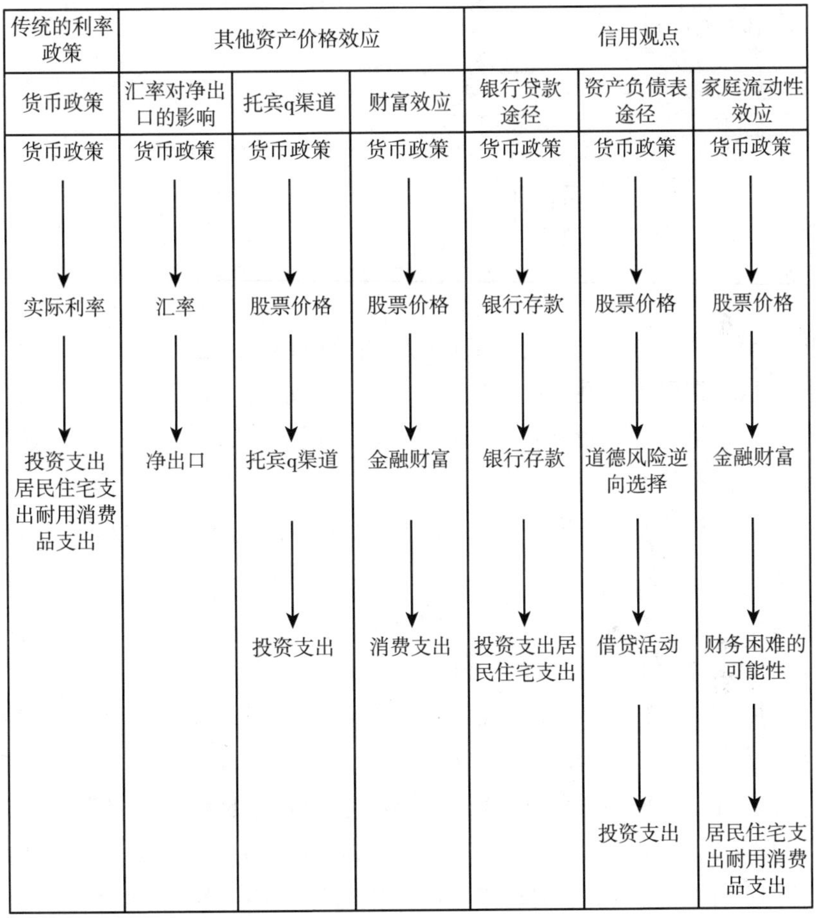

传统的利率政策	其他资产价格效应			信用观点		
货币政策	汇率对净出口的影响	托宾q渠道	财富效应	银行贷款途径	资产负债表途径	家庭流动性效应
货币政策	货币政策	货币政策	货币政策	货币政策	货币政策	货币政策
↓	↓	↓	↓	↓	↓	↓
实际利率	汇率	股票价格	股票价格	银行存款	股票价格	股票价格
↓	↓	↓	↓	↓	↓	↓
投资支出居民住宅支出耐用消费品支出	净出口	托宾q渠道	金融财富	银行存款	道德风险逆向选择	金融财富
		↓	↓	↓	↓	↓
		投资支出	消费支出	投资支出居民住宅支出	借贷活动	财务困难的可能性
					↓	↓
					投资支出	居民住宅支出耐用消费品支出

图 2-1　传统货币政策的传导渠道

再次，政策工具不同。常规货币政策工具主要有利率、存款准备金率、再贴现和公开市场操作。而零利率下非常规货币政策工具则有所不同，主要分为三种。一是改变中央银行资产负债表的结构。中央银行通过购买长期债券，一方面可以提升长期债券的价格，降低长期利率水平；另一方面这也是向市场注入流动性的一种途径。二是扩大中央银行资产负债

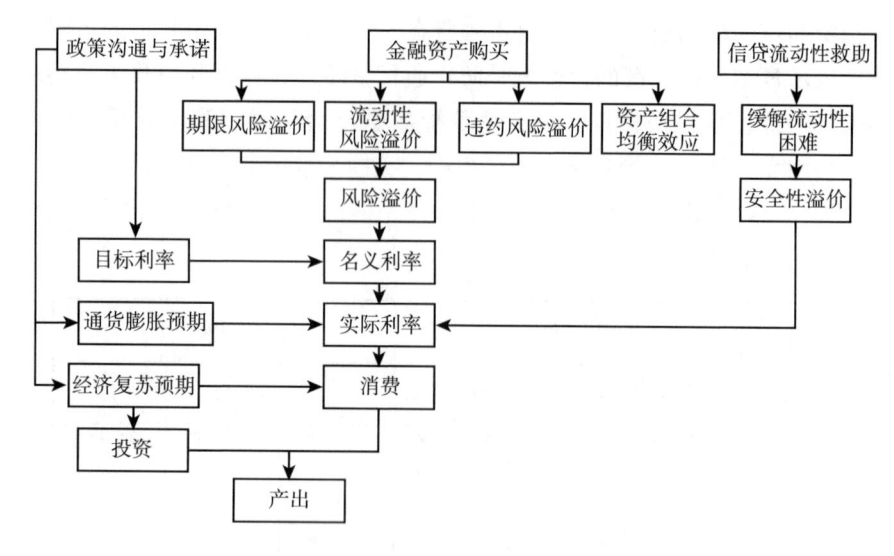

图 2-2 非常规货币政策的传导渠道

表的规模。例如，通过流动性工具创新直接向特殊领域的借款人、投资人或金融机构提供流动性支持。三是政策沟通和承诺。通过与有关方面的沟通和承诺，可以强化投资者对低利率政策的预期，促使其加大投资或扩大消费以刺激经济复苏。

最后，理论基础不同。常规货币政策的核心是实际利率政策，实际利率可表示为：

$$r = R - \pi^e \tag{2-1}$$

其中，r 是实际利率，R 是名义利率，π^e 是预期通货膨胀率。

实际利率是影响市场参与者经济行为的一个关键因素，实际利率通过影响经济主体进而影响总产出，对实体经济产生影响。通常情况下，中央银行对通货膨胀率有一个目标值，例如，将目标通货膨胀率定为 2%。假如 π^e 固定为目标通货膨胀率是 2%，名义利率 R 为 4%，那么实际利率 r 为 2%。因此，在经济衰退时期，中央银行可以将 R 降为 2%，使 r 降至 0，以刺激经济复苏。在经济危机持续时间长、波及范围广、常规经济刺激政策效果和经济复苏态势不明朗的情况下，为了摆脱经济衰退，必要时需要将 r 降到 0 以下。但是，即使需要更低的利率来刺激经济复苏，中央银行也无法将 R 调整到负利率水平，r 最小只能降到 -2%，此时，货币政策陷入了 0 利率下限的困境。

与常规的货币政策不同，非常规货币政策的核心是市场利率。非常规货币政策的执行者认为，对家庭和企业，储蓄和投资决策更多地取决于市场利率，它反映了资金借贷的真实成本，由资金市场上的供求关系所决定，是资金市场运行状况的一个指示器。市场利率主要包括银行间同业拆借利率，国债回购利率，商业票据利率等。若将市场利率记为 i，则 i 与名义利率 R、通货膨胀预期有如下关系：

$$i = R + \beta = r + \pi^e + \beta \qquad (2-2)$$

其中，β 涵盖了各种风险和流动性溢价，这些溢价就造成了名义利率与市场利率间的息差。而且，家庭、企业一般会选择跨期的金融工具来进行投资。根据流动性偏好期限结构理论，期限为 k 的市场利率可以表示为：

$$i_k^t = \frac{1}{k}\sum_{j=1}^{k} i_{t+j}^e + \delta \qquad (2-3)$$

其中，i_k^t 是期限为 k 的市场利率，i_{t+j}^e 代表 t 时对 t+j 期的期望利率，δ 是期限风险溢价。k 的取值不同，利率也随之变化。在金融危机时期，由于市场流动性的降低以及预期风险升高，市场利率与名义利率间的息差会非常高。

从以上分析可知，在零名义利率下限的约束下，可以通过以下途径降低市场利率，从而达到刺激经济的目的：一是采取措施降低名义利率和市场利率间的息差；二是中央银行能够通过调整风险溢价调控市场利率；三是改变公众的利率预期和通货膨胀预期。在非常规货币政策的实践中，各主要国家中央银行都是通过以上一种或几种手段的组合运用，降低市场利率，刺激投资和消费，进而促进实体经济复苏。

2.3.2 宏观审慎管理目标与货币政策的最终目标

1. 宏观审慎管理的概念

2000 年 9 月 21 日，时任国际清算银行（BIS）总裁克罗克特（Crockett），在第十一届国际银行监管者会议中首次对宏观审慎管理的概念进行了诠释。克劳迪奥·博里奥和怀特（Claudio Borio and White，2004）又在此基础上提出了如何构建宏观审慎管理框架的问题。目前较普遍的看法是，广义的宏观审慎管理是针对系统性风险的监管，而狭义的宏观审慎管理则重点关注以下四方面的内容：金融体系不稳定对实体经济运行的影响；具有系统影响力的金融事件（不包括具有传染性的偶发事件）；内生性金融风险；金融体系与实体经济的影响的交互性。

在国际金融危机之后，宏观审慎政策作为与微观审慎监管相对应的监管理念被理论界广泛认同，并针对其开展了深入研究，在金融监管改革的实际操作中，各国都致力于构建微观审慎监管基础上的宏观审慎管理框架，货币政策工具的运用和宏观审慎管理的措施都会在相同或相似的路径上影响总供给、总需求以及金融运行。一方面，货币政策工具的使用会影响资产价格波动和金融市场供求；另一方面，宏观审慎政策有宏观经济外溢，例如直接影响信贷供给、缓解或者放大经济周期。因此都会对宏观经济产生影响，并造成实体经济变量改变（Pau Rabanal et al., 2009），现在不断有文献对货币政策和宏观审慎管理的传导路径、影响变量进行分析，研究如何避免潜在的冲突，建立协调的宏观审慎政策与货币政策。本书关注的是货币政策目标与宏观审慎管理目标之不同。

2. 货币政策目标与宏观审慎管理目标的差异

一是量化的程度有所不同。金融政策目标的量化程度是衡量其有效性的重要因素，只有可被量化的目标才是清晰的目标，从而使针对目标所采取的措施、操作和评价具备参照性和可行性。对于价格的稳定，可以用消费者物价指数（CPI）等指标来衡量，对于经济增长可以用 GDP 来衡量，因此货币政策目标的量化程度、可测性方面是确定的。但对于金融系统的稳定来说，虽然可以通过建立一整套评估指标体系来综合评价，也可以研究关键指标来分析说明，如罗曼·兰西埃等（Romain Rancière et al., 2005）就是通过实际信贷增长的偏度来度量系统性风险的。如果存在危机倾向则信贷增长的偏离度要低于正常水平，但其量化程度较物价、经济增长等指标还是要弱很多，这是因为对金融系统是否稳定的判别还是存在较多主观因素的原因。因此，相对于货币政策目标，如何量化宏观审慎政策目标任重而道远。

二是影响的范围有所不同。货币政策与宏观审慎管理的目标虽然都呈现宏观特征，但货币政策工具操作更多的是通过作用金融系统，促进整个宏观经济系统的稳健运行；而宏观审慎政策目标则是直接定位于金融系统本身，目的是防止由金融系统的风险演变成为整个经济运行的风险。

三是实现的机制有所不同。货币政策具有相应的传导机制，从政策实施到中介目标最后作用于最终目标，可以研究每个具体环节的运作机理和实施效果。另外，在政策工具方面，货币政策由于经过多年的实践经验，具有利率、汇率、存款准备金率、再贷款、再贴现、公开市场操作等一整套的可供选择的工具，但由于宏观审慎政策提出时间还不长，相关理论还在不断研究探索中，当前主要的宏观审慎管理工具还是在微观审慎管理工具的基础上演变发展起来的，主要包括逆周期的杠杆管理、资本缓冲等，而且其实施效果还有待进一步检验。

3. 货币政策与宏观审慎管理的关系

首先，货币政策与宏观审慎管理相互影响。货币政策能够通过一系列渠道影响系统性风险（Janet L. Yellen 2009；Charles Bean et al.，2010）。第一，货币政策操作会引起资产价格变动，特别是利率变化会直接影响持有资产的机会成本。理论上，利率下降引起的资产价格上升不会促使资产价格形成泡沫升级。但是如果对此没有持有必要的谨慎态度，尤其是若泡沫是由负债融资组成时，很可能造成泡沫持续膨胀，导致系统性风险的累积（Loisely et al.，2009）。第二，货币政策与金融系统杠杆之间存在联系（Tobias Adrian and Hyun Song Shin 2009）。宽松的货币政策可能是金融系统杠杆累积和过度风险承担的"温床"。博里奥和朱（Borio and Zhu，2008）认为，在货币政策传导过程中，存在"风险承担渠道"（the risk-taking channel of monetary policy transmission），在利率处于下降通道中的持续宽松的货币政策条件下，商业银行存在主动承担更多风险的冲动。

宏观审慎管理能够减少产出的潜在波动。恩迪亚伊（N'Dyaie，2009）研究发现，通过引入逆周期资本规则的宏观审慎管理，能够使货币当局以更小的利率变动，实现调整产出和通货膨胀的目标，达到宏观审慎工具辅助货币政策的效果。凯南等（Kannan et al.，2009）借助 DSGE 模型，证明当信贷和资产价格出现过热信号时，强的货币反应能够削弱信贷增长和资产价格上升的加速机制。不过，对于技术冲击，最有效的还是通过引入标准的泰勒规则减少产出和通货膨胀的波动。卡特等（Catte et al.，2010）的研究揭示，如果宏观审慎管理当局通过影响抵押贷款利差控制美国的 2003~2006 年的房地产价格，会对其他的经济部门产生温和的影响。这些研究结果都表明，宏观审慎管理可以缓和信贷周期，进而减少产出的潜在波动。

其次，货币政策与宏观审慎管理存在冲突。有时货币政策和宏观审慎管理会向着相反的方向进行操作。例如，经济状态可能需要采取宽松的货币政策应对时，由于生产技术创新造成的冲击会引起单位生产成本下降，进而造成价格下降。但此时可能需要收紧宏观审慎政策，应对技术创新冲击诱发的新的金融风险，因为技术创新可能刺激金融机构在新生的高风险领域中过度发放贷款。这意味着，即使处于物价降低的情况下，宏观审慎管理可能仍需要应对可能的资产价格波动。

再次，宏观审慎管理框架的引入会使得货币政策操作变得更为复杂。因为，如果宏观审慎管理工具被安排用于对抗经济周期，则中央银行在执行货币政策时就必须判断经济周期所处的阶段、发展趋势及其如何影响宏观审慎政策，这反过来又会对货币政策传导产生影响（Kannan, Rabanal and A. Scott, 2009）。

最后，对宏观审慎管理中对宏观经济变量敏感的监管指标和监管规则的运用会影响信贷供给，进而影响货币供应量，甚至改变货币政策传导机制。宏观审慎政策的成功依赖于抑制金融机构在经济繁荣时期承担过度的风险，这在一定程度上能够减少经济周期的波幅，但是这会削弱货币政策通过利率调节总需求的效果。此外，宏观审慎政策也很有可能产生政策外溢，比如在20世纪90年代初发生房地产储蓄贷款协会危机之后，严格的资本监管标准在一定程度上延缓了经济从衰退到复苏的进程。

2.3.3　中国货币政策的工具目标与最终目标

在中国，货币政策工具并不仅仅在货币政策发挥作用的领域使用，在执行信贷政策和维护金融稳定时也有可能动用。因而，货币政策目标并不等同于货币政策工具目标。比如，在国务院办公厅关于印发《中国人民银行主要职责内设机构和人员编制规定的通知》中，明确规定了中国人民银行依法制定和执行货币政策、制定和实施宏观信贷指导政策的职能。而支持"三农"发展，又是人民银行的宏观信贷指导政策的工作重心之一。为支持"三农"发展，解决"三农"问题，人民银行先后通过发放支农再贷款、实施差别存款准备金率、规定农村信用社的贷款利率上限、运用有针对性的再贴现政策等一系列货币政策工具，实施信贷政策，达到支持农业增效、农村发展、农民增收和优化信贷结构的目的。因此，货币政策目标与货币政策工具目标并不完全一致，货币政策工具目标的实现并不代表货币政策目标的实现。比如，在物价上涨过快，需要实行紧缩的货币政策时，仍然有可能会基于扶持"三农"的目的，加大支农再贷款的投放，这时，再贷款这一货币政策工具目标与货币政策目标是冲突的。

2.3.4　促进就业不是中国货币政策的最终目标

第一，《中华人民共和国中国人民银行法》第三条明确规定，中国货币政策的目标是保持货币币值的稳定，并以此促进经济增长。因而，提出降低失业率（或提高就业率）在法律层面而并非货币政策的目标。

第二，第十一届全国人民代表大会第一次会议批准的国务院机构改革方案和《国务院关于机构设置的通知》中规定，"人力资源和社会保障部负责促进就业工作，拟订统筹城乡的就业发展规划和政策，拟订就业援助制度，牵头拟订高校毕业生就业政策……负责就业、失业、社会保险基金预测预警和信息引导……保持就业形势稳定……会同有关部门拟定军队转业干部安置政策和安置计划……拟定有关人员调配政策和特殊人员安置政策……制定消除非法使用童工政策和女工、未成年工的特殊劳动保护政策。"由此可见，在中国就业问题上，目前归口管理部门是人力资源和社会保障部。促进和解决就业问题在中国从来都不是人民银行的职能。

第三，在中央经济工作会议或者政府工作报告中，从来没有一个明确的就业水平或者失业率上限。在中国人民银行决策是否动用货币政策工具时，失业率也不是决策依据的组成部分，即失业率的升高或者降低不会影响货币政策工具的运用。中国货币政策解决就业问题，只是在经济下滑时，人民银行动用货币政策工具保持经济稳定增长的错觉，或者是"附带品"而已。在实践中，在应对失业问题时，中国人民银行更多地起到通过信贷政策的作用，配合人力资源和社会保障部门，如通过引导金融机构开展小额担保贷款工作，并对小额担保贷款予以贴息，免除反担保等措施。需要指出的是，因为小额担保贷款配合贴息政策，这些政策既可以看作是信贷政策也可以看作是财政政策，而且小额担保贷款工作的牵头部门也是国家人力资源和社会保障部门。

第四，物价变动（或者物价变动预期）是否与失业率（或者就业率）存在相关性存在理论争议。物价与失业率的关系是由新西兰经济学家菲利普斯（Phillips）在其1958发表的《1861~1957年英国的失业和货币工资变动率的关系》一文中，以"菲利普斯曲线"的形式提出的。在这篇著作中，他根据英国1861~1957年的统计数据，利用数理统计方法计算出货币工资变动率与失业率之间的相关关系，并画出它们之间相互依存的曲线。但随后，在20世纪70年代，货币主义的代表人物费尔普斯（Phelps）和弗里德曼（Friedman）从自然失业率角度出发，于1967年和1968年相继对菲利普斯曲线提出批评，他们认为，菲利普斯曲线推导忽视了人们的预期，将名义工资和实际工资混为一谈。在货币学派研究的基础上，理性预期学派又进一步批评了菲利普斯曲线。理性预期的代表人物是卢卡斯（Lucas）和萨金特（Sargent）。理性预期学派所采用的预期形成方式不是适应性预期，而是完全理性预期。从而否定了物价与失业率之间的替代关系。直至今日，经济学界仍就是否存在菲利普斯曲线、如果存在那么菲利普斯曲线的形状如何，仍然争论不休。

第五，由于中国处于城镇化建设阶段，经济结构快速升级与劳动力结构变化滞后的矛盾相当突出。随着中国改革的不断深入，经济增长越来越依靠技术进步，依靠高素质劳动力的引入，而伴随着中国城镇化进程的深入，越来越多的农村人口转化为城镇劳动者，由于受制于生活环境、教育水平等诸多因素限制，使得劳动力供给和劳动力需求之间出现严重的不匹配问题，带来较为严重的摩擦失业。因此，中国的自然失业率并不稳定，客观上无法作为货币政策目标。

2.3.5 资产价格稳定不是货币政策的最终目标

目前央行并没有直接关注资产价格，这可能是因为：

一是无法确定关注哪一类资产价格。以中国为例，2009~2014年中国股市经历了大熊市，而楼市价格坚挺，商品房销售价格持续飙升。房地产具有商品和虚拟资产双重属性，影响因素复杂多样。

二是对资产泡沫识别存在困难。在资产价格所包含的信息中，除了包含反映经济基本面，如生产率变化的信息之外，还包含不反映经济层面的信息的噪声。因为市场交易者并不都占有完全信息，所以证券价格必定包含噪声。包含的噪声越多，证券价格就越偏离其真实的内在价值，资产泡沫由此产生。由于在现实中，中央银行难以有效判断资产价格上涨的真实原因，无法区分噪声引起的泡沫提升或基本面变化引起的内在价值。格林斯潘（Greenspan, 1998）有句名言"要挑破泡沫，干预市场，那么你所面临一个最基本的问题是假设你比市场还要了解市场。"[①]。面对2003年后美国房价的持续上涨，截至2005年10月，伯南克还否认房地产泡沫的存在，他认为"美国房价上涨在很大程度上是源于基本面的强劲"。伯南克等人提出的BGG模型（金融加速器原理）认为，当中央银行通过提高利率挤出资产泡沫时，资产价格的下调会使资信程度下降、借款人资产净值缩水，这又会导致其融资能力减弱，进而导致其投资规模萎缩，对实际产出产生负面效应，实际产出下降会使资产价格和净值进一步减少，导致通货紧缩螺旋。

三是认为过多地关注资产价格会对中央银行的信誉产生消极影响。受"广场协议"影响，日本在20世纪90年代以后，随着股市泡沫和房地产泡沫的破灭，陷入了长达10余年的经济衰退，"纳斯达克泡沫"破灭也结束了"二战"后美国最长的景气周期。中央银行和经济学界开始反思，货币政策是否应对资产价格泡沫作出反应，以及应该如何作出反应。经过近

---

① 原文为："There is a fundamental problem with market intervention to prick a bubble. It presumes that you know more than the market."

二十年的理论研讨与学术争论，主流经济学界基本形成了"杰克逊霍尔共识"（The Jackson Hole Consensus），即中央银行不应该将稳定资产价格作为货币政策目标（Greenspan，1999，2007，2010）、伯南克（1999，2001）；科恩（Kohn，2006，2009）；米什金（Mishkin，2010，2007）。

通过米尔顿·弗里德曼（Milton Friedman，1968，1977）和费尔普斯（Phelps，1967，1968，1970）两人卓有成效的长期研究，加之西方国家在20世纪70年代普遍出现的滞胀，各主要经济体的中央银行开始认识到，货币在长期内呈中性，货币政策无法使产出和失业率在任何时点上都维持在充分就业水平，货币供应量的变化并不能影响就业、产出等实际经济变量，只能影响物价水平的变动，而物价的长期稳定对经济的持续增长至关重要，将长期的稳定物价作为货币政策的唯一目标、实施单一目标的货币政策，可以避免短期因素干扰货币政策。而凯兰德和普雷斯科特（Kydland and Prescott，1977）、卡尔沃（Calvo，1978）、巴罗等（Barro et al.，1983）以及库基曼和梅尔策（Cukierman and Meltzer，1986）的研究表明，中央银行的信誉对于货币政策目标的实现程度至关重要。在此背景下，更多国家的中央银行选择执行单一的、以稳定物价水平为目标的货币政策。这些国家的中央银行认为，如果货币政策关注过多的目标，会使得公众对中央银行的政策取向变得模糊，这会降低公众对中央银行控制通货膨胀决心的信任度，降低中央银行的信誉。

四是担心刺破泡沫难免对实体经济造成冲击。鉴于日本在20世纪90年代房地产市场和股票市场泡沫破灭后陷入经济长期停滞的泥沼，格林斯潘（1999）提出了应该在资产泡沫破灭后，通过快速实施极度宽松的货币政策进行调整的观点，即中央银行不应主动刺破泡沫，但可以在泡沫破灭后，通过向实体经济注入足够的流动性确保实体经济不会因此出现巨幅震荡。"泡沫破灭后，再把地擦干净"①（mop-up-after）成为各国中央银行应对资产泡沫的主要策略。

五是利率并非应对资产价格泡沫的良药。第一是资产价格上涨时间，由于预期经济持续向好，即使中央银行提高利率水平，在发达金融体系的帮助下，资金需求者总可以借助市场满足自身的流动性需求，市场上的长期利率不会因为短期利率的提高而提高，资产价格上涨趋势无法被逆转。2004年6月至2005年8月，美国长期、短期利率走势的背离。其间，联邦基金利率共提升了2.75个百分点，长期利率的基准——10年期国债的

---

① 原文为"mop up after bubbles burst"。

收益率却下降了0.5个百分点①。受长期国债走势的影响，美国30年期按揭贷款利率也由6.3%下降至5.8%②。另外，金融衍生品提高了市场吸收冲击与风险的能力，其中就包括中央银行的政策利率风险，因此，在其合约期内，无论中央银行如何调控利率，资金成本根本不受影响。第二是在资产价格泡沫破灭时，利率政策同样不能发挥出应有作用。在美国次贷危机爆发后，金融机构日常业务经营中，出现了严重的流动性短缺。此时，美联储试图通过下调基金利率的传统方法帮助金融机构以更低的成本获得流动性，2008年9~12月，美联储连续降低基金利率及再贷款利率累积达125个基点，从1.5%降低至0.25%③。但由于危机期间金融机构对信贷风险的恐惧和资产证券化产品价值缩水导致的自身资产负债表状况的恶化，使得联邦基金利率在金融机构的流动性危机面前束手无策。金融市场上短期资金利率下降，没有带来长期贷款利率的下降，宽松货币政策无法刺激实体经济走出阴霾。

六是认为通货膨胀目标制可以同时兼顾一般物价水平及资产价格的稳定。伯南克和格特勒（Gertler，1998，1999）认为，在一个统一的政策框架中，有弹性的通货膨胀目标制可以实现物价稳定和金融稳定的统一。通货膨胀目标制在按照泰勒规则操作时，GDP缺口可以反映资产价格的变化，因为资产价格可以通过托宾q效应、财富效应和金融加速器等渠道引起产出变化，进而对GDP缺口产生影响，最终会影响未来物价走势。因此，只要针对通货膨胀缺口采取相机抉择政策，就可以自动熨平物价和资产价格波动。米什金（Mishkin，2006，2007c，2008）极力支持通货膨胀目标制，他认为通货膨胀目标制将一切相关变量——汇率、股价、房价和长期债券价格都纳入了考虑之中，是"集合了各种信息的货币政策管理策略"。伯南克在华盛顿召开的2004年度东部经济协会会议上所做的名为"大缓和"（the great moderation）的演讲中指出，改良的货币政策对于过去20年通货膨胀和产出的波动不断减弱发挥了有益作用。

我国经济发展进入新常态以来，经济低速运行，信用扩张没有有效传导到实体经济，而是引起资产价格高涨，这已经成为人们关注的热点问题。一个典型的现象是央行为应对通货紧缩预期而降息时，实体经济没有得到预期的回升，出现的是资产价格上涨。因此质疑既有货币政策目标框架，探讨关注金融稳定和资产价格的货币政策目标框架的相关研究越来越多。最新的研究发现，利率工具的有效运用，有助于稳定金融市场。一是

---

①②③ 资料来源：Wind 数据库。

长短期利率之间的利差的变化会对金融机构，尤其是那些高杠杆和期限错配的金融机构的盈利产生显著影响。二是利率的变化有信号传递作用，向公众传递着央行对风险的判断，引导公众预期。利率作为央行重要的调控变量，在稳定金融市场方面具有较强作用，可以作为应对资产价格波动的工具。问题是利率的变化在抑制资产价格上涨时往往会对经济增长和就业造成负面冲击。因此央行如何在制定货币政策的过程中恰当地考虑资产价格，目前仍然是一个挑战。

实践中，为应对本轮金融危机，大部分央行都动用了利率手段，将名义利率降至接近零利率的水平，为宏观经济和金融市场提供流动性。但最新的研究指出，零名义利率的政策成本过高，可能还不如提高通货膨胀目标，因为这样中央银行就会有更多的降息空间。当然，这样做也会产生新的问题，因为提高通货膨胀目标是有代价的。代价之一是降低央行的可信度，货币政策越具有透明度，降低央行可信度的代价越大；代价之二是会扰乱通货膨胀预期。这就需要央行与公众有良好的沟通。这里还有一点被忽略的问题是，提高通货膨胀目标，资产价格会发生怎样的改变不得而知。

2.3.6　中国货币政策"有效性三角"和最终目标的选择

由于经济增长、物价稳定与国际收支平衡存在一定的替代关系，本书提出中国货币政策有效性三角这个假说，系统分析中国货币政策的有效性，并为之后的实证检验研究建立一个理论框架。在此基础上，提出货币政策最终目标替换模型，来综合评价中国货币政策有效性。

假设一：经济处于生产可能性边界内部；假设二：货币政策中介目标是可控的，中国人民银行可以根据既定货币政策目标调整和控制货币供应量；假设三：货币政策总效能固定。

图2-3就是本书构建的中国货币政策有效性三角。三角为等边三角形，其三个顶点表示货币政策的单一目标制度安排，三边则表示货币政策的双目标制度安排，在三边上的制度安排越靠近某个点说明货币政策更多地关注于某个政策目标。如若要同时实现经济增长和物价稳定，则经济必须放弃国际收支平衡目标，即允许中国国际收支出现逆差。P，Y，NX箭头分别表示放弃通货膨胀目标、经济增长目标和国际收支平衡目标的程度，该三角形清晰展示了三个政策目标替代与置换关系。

但在现实中，由于对宏观经济的冲击渠道多样，中国人民银行要不断对自身的货币政策目标和货币政策操作进行修正，达到不同的效能。

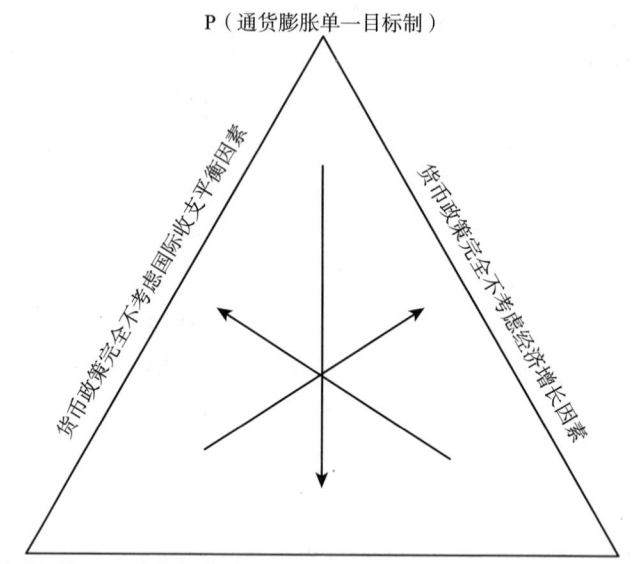

图 2-3 中国货币政策有效性三角形

因此,货币政策目标的可能性组合的集合将会位于三角形的内部。因此,本书构造指标体系(P,Y,NX),它们分别表示货币政策对物价稳定、经济增长和国际收支平衡三个目标的关注程度,标准化后各目标取值范围在 0~1。P=0 表示完全放弃物价稳定目标。与此对应,P=1 时则表示货币政策为通货膨胀单一目标制;Y=0 表示完全放弃经济增长目标,Y=1 表示货币政策为经济增长单一目标制;NX=0 表示为完全不考虑国际收支平衡,NX=1 表示国际收支平衡单一目标制。其余中间值表示中间状态。

这样每一个可能的货币政策目标,都可用一个 (P,Y,NX) 的组合来描述。比如,(1,0,0) 属于第 1 类制度,(0,0,1) 属于第 3 类制度。

设 P+Y+NX=2,并构建一个三角坐标系(见图 2-4)。任意两个目标之和如果等于 2,那么另一个目标就必定为 0。图中数字表示不同货币政策目标体系的位置。如澳大利亚、新西兰位于角点制度中的第 1 类,目前日本的货币政策更接近第 5 类,而美国则更接近于第 4 类,斯堪的纳维亚、东盟等高度开放的小国则更多地选择第 8 类和第 9 类制度,而中国则表现为第 10 类制度。

结合货币政策有效性三角的理论分析(见附录 1)可知,由于中国货

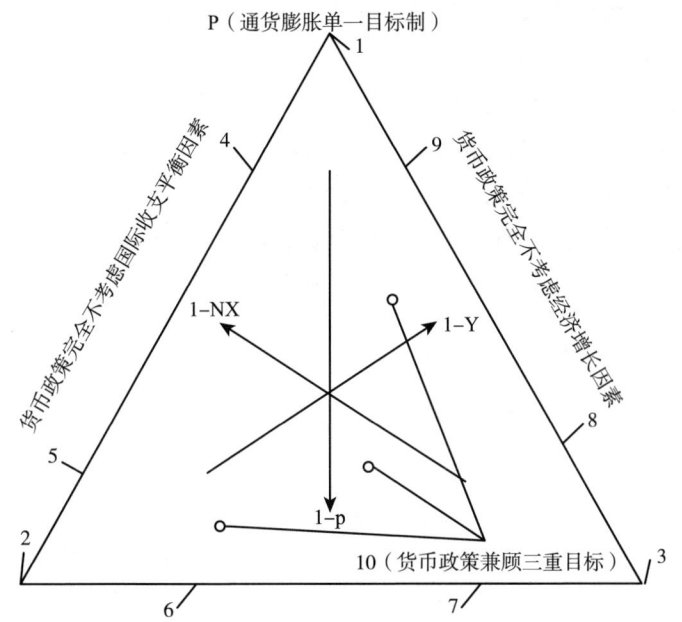

图 2-4 货币政策效能边界和不同的货币政策目标制度的选择

币政策三个目标之间具有一定的替代关系,因此,在货币政策操作中人民银行将根据不同冲击对经济均衡点偏离三个目标的情况,相继采取货币政策操作,尽可能地使中国经济向均衡点移动。

2.4 中国货币政策有效性的界定

中国货币政策有效性指中国人民银行通过窗口指导、存款准备金率、利率、再贴现、公开市场操作等传统货币政策工具,调节货币供给与货币需求,从而影响货币供应量朝着预期以内的方向进行变化,并通过货币供应量的变化引起经济总量、物价水平、国际收支状况得以改善的政策效能。

这个定义有以下五个层次的含义:

第一,货币政策有效性是指传统货币政策的有效性,不包含特殊时期采取的非常规货币政策的有效性。

第二,货币政策中介目标,即货币供应量和利率的可控程度,是中国货币政策有效性的基础和前提。

第三，货币供应量和利率对经济增速、物价指数和国际收支平衡状况的影响程度是判定货币政策有效性的最终标准。

第四，货币政策目标之间存在相互影响和相互替代的关系，在评判货币政策有效性时，不但要测度货币政策操作对某个单一目标的影响进行评价，而且需要综合评估对三个目标的总效应。

第五，金融稳定、资产价格、就业状况目前均不属于中国货币政策调控范畴，因而不能作为评价货币政策有效性的标准，也不在本书的考察范围之内。

第3章 中国货币政策货币供应量目标的可控性分析

货币主义和凯恩斯主义均认为货币供应量是外生变量,而理性预期学派兴起后,货币供应量的内生观点又得到了很多经济学者的拥簇。在中国的宏观经济运行中,中国货币供应量是否可控是人民银行开展货币政策操作和确保中国货币政策有效性的重要前提。为此,对中国货币供应量的可控性进行实证研究分析非常必要。

3.1 中国的高能货币、货币乘数与货币供应量

货币供应量决定于货币乘数 k 与高能货币 H,而 k 又由 Rd(超额存款准备金率)、Rt(定期存款活期存款比率)、Rd(法定存款准备金率)、Rc(现金活期存款比率)共同决定。由于央行能够较为有效地控制 H 与 Rd,所以,货币供应量更多地受 Re、Rc、Rt 影响。本书通过 2001~2014 年的季度数据对中国货币供应量的影响因素进行分析描述。

3.1.1 中国的高能货币、货币乘数与货币供应量

如果 k 相对稳定,则货币供应量更多地由 H 决定。从图 3 - 1 和图 3 - 2 可以看出,H 与 M_1 和 M_2 基本呈现同趋势性变动,k 则无趋势性变动,表现得较为平稳。在变化率方面,M_1 和 M_2 的变化率与 H 的变化率较为一致。从所选取样本的统计特征看,H 的平均值与标准差分别为 0.042315 和 0.057829,狭义乘数 k_1 变化率的均值与标准差为 -0.00712 和 0.044861,广义乘数 k_2 变化率的均值和标准差为 0.000717 和 0.051136。由此可见,在中国货币政策操作中,k 的稳定性比 H 更高。因此,中国的货币供应量更多地由 H 决定。而人民银行完全可以有效地控制 H,所以货币供应呈现较为显著的外生特点。

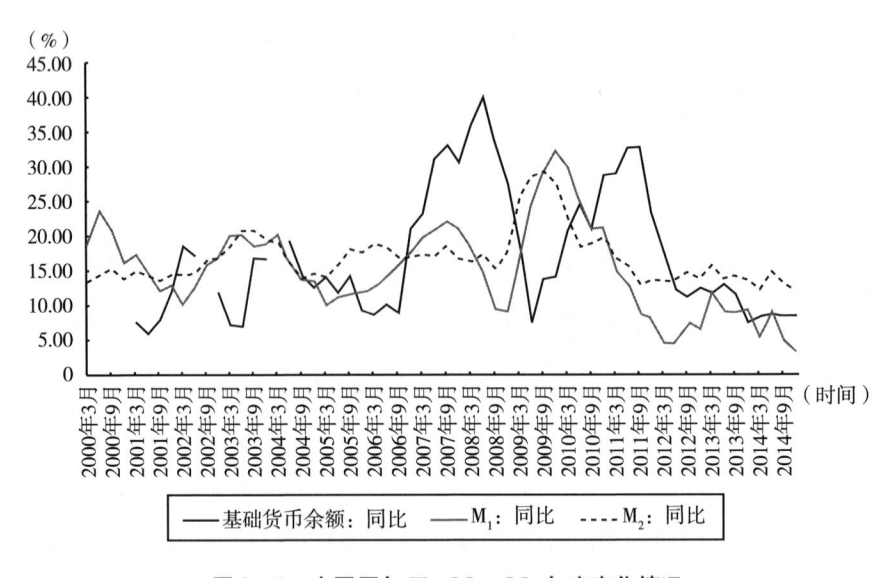

图 3-1 中国历年 H、M_1、M_2 年度变化情况

资料来源：Wind 资讯。

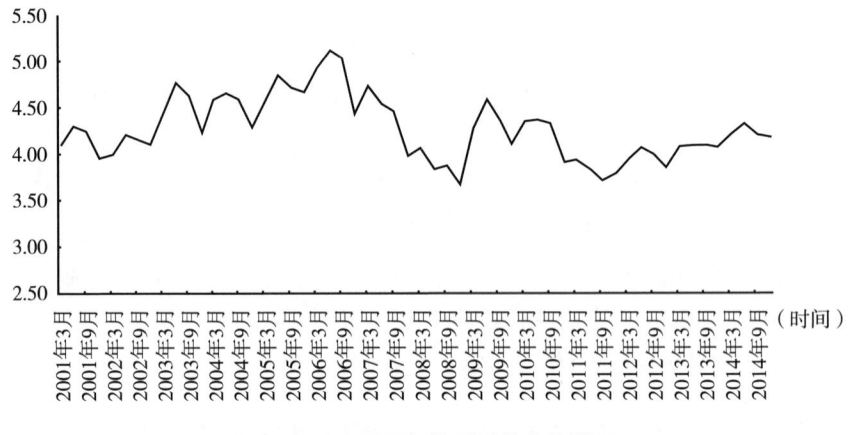

图 3-2 中国历年货币乘数变化情况

资料来源：Wind 资讯。

3.1.2 货币乘数相对稳定是人民银行调控中国货币供应量的重要前提

货币乘数的大小取决于 Rd、Re、Rc、Rt。中国人民银行在这些变量里只能直接控制 Rd，而 Re、Rc、Rt 由企业、居民以及银行的经济行为共同确定。所以，k 表现出较强的随机波动特征。

近年来，随着中国金融市场的发展与完善，商业银行不断拓宽流动性获得渠道，对于备付金、超额存款准备金等低收益金融资产的需求萎缩，Re 总体呈下降趋势。但由于近年来法定准备金率位于高位，因此整个存款准备金率呈现升高态势。中国的 Rc 在 2001~2014 年间呈稳定下降趋势，使 k 具有上升趋势。Rt 则相对稳定，Rc 呈上升趋势，Re 呈下降趋势，其影响效应相互冲销。各个变量对 k 的总效应使 k 在 2001~2014 年间保持稳定。因此，人民银行能够通过调控高能货币供给影响货币供应量。

3.2 货币政策对货币供应量影响程度的实证分析

3.2.1 对狭义货币供应量 M_1 的影响程度分析

表 3-1 说明，M_1 对 H 的弹性系数为 0.878273，即 H 提高 1 个百分点，M_1 提高 0.878273 个百分点；M_1 对 R 的弹性系数为 -0.040374，即 R 每提高 1 个百分点，M_1 降低 0.040374 个百分点；M_1 对 Rc 的弹性系数为 -0.180421，即 Rc 每提高 1 个百分点，M_1 降低 0.180421 个百分点。实证结果显示，H 对 M_1 的影响远远大于 R 和 Rc 的影响，中国的 M_1 主要受到 H 的影响。

表 3-1　　　　　　各个因素对 M_1 的影响程度

被解释变量：LNM_1
方法：最小二乘
日期：04/15/13　时间：20:19
样本：2001:1 2014:4
观测值：48

Variable	Coefficient	Std. Error	t – Statistic	Prob.
LNH	0.878273	0.050238	19.031320	0
R	-0.040374	0.003580	-7.025764	0.0001
Rc	-0.180421	0.001790	-8.185326	0
C	1.901755	0.594813	3.141593	0.0012
R^2	0.999272	Mean dependent var		11.81367
Adjusted R^2	0.998013	S. D. dependent var		0.526889
S. E. of regression	0.027977	Akaike info criterion		-4.865425
Sum squared resid	0.032089	Schwarz criterion		-4.368236
Log likelihood	97.352680	F – statistic		4787.829
Durbin Watson stat	1.213926	Prob（F – statistic）		0.000127

资料来源：笔者整理测算得出。

3.2.2 对广义货币供应量 M_2 的影响程度

从表 3-2 可知，M_2 对 H 的弹性系数为 1.122863，即 H 每提高 1 个百分点，M_2 提高 1.122863 个百分点；M_2 对 R 的弹性系数为 -0.026152，即 R 每提高 1 个百分点，M_2 降低 0.026152 个百分点；M_2 对 Rc 的弹性系数为 -0.088638，即 Rc 每提高 1 个百分点，M_2 降低 0.088638 个百分点。显然，H 对 M_2 的影响超过 R、Rc 对 M_2 的影响，中国的 M_2 主要是受到高能货币的影响。

表 3-2　　　　　　各个因素对 M_2 的影响程度

被解释变量：LNM_2
方法：最小二乘
日期：04/15/13　时间：21:03
样本：2001:1 2014:4
观测值：48

Variable	Coefficient	Std. Error	t – Statistic	Prob.
LNB	1.122863	0.060752	17.80252	0
R	-0.026152	0.004356	-7.55361	0
Rc	-0.088638	0.044284	-1.93862	0.0323
C	1.290167	0.732168	1.73541	0.0126
R^2	0.996849	Mean dependent var		12.71988
Adjusted R^2	0.998691	S. D. dependent var		0.521675
S. E. of regression	0.033562	Akaike info criterion		-3.810831
Sum squared resid	0.047249	Schwarz criterion		-3.664822
Log likelihood	88.158340	F		3516.254
Durbin Watson stat	1.302394	Prob (F – statistic)		0

资料来源：笔者整理测算得出。

3.3 各相关因素对中国货币供应量变动的贡献程度

3.3.1 各个相关因素对中国货币供应量变动贡献率模型的构建

设当期为 t，下期为 t+1。为分离出各有关因素对 M_1 变化率的影响，将影响 M_1 全部因素的增长率分解为：

$$\frac{\Delta H}{H} = \ln H_{t+1} - \ln H_t \tag{3-1}$$

$$\frac{\Delta c}{c} = \ln(Rc_{t+1}+1) - \ln(Rc_t+1)$$
$$- \{\ln[Rc_{t+1}+r_t(1+t_t)] - \ln[Rc_t+r_t(1+t_t)]\} \tag{3-2}$$

$$\frac{\Delta Rt}{Rt} = -\{\ln[Rc_t + r_t(1+Rt_{t+1})] - \ln[Rc_t + r_t(1+Rt_t)]\} \tag{3-3}$$

$$\frac{\Delta r}{r} = -\{\ln[Rc_t + r_{t+1}(1+Rt_t)] - \ln[Rc_t + r_t(1+Rt_t)]\} \tag{3-4}$$

为了分离出各相关因素对 M_2 增长率的贡献程度，本书将影响 M_2 全部因素的增长率分解为：

$$\frac{\Delta H}{H} = \ln H_{t+1} - \ln H_t \tag{3-5}$$

$$\frac{\Delta c}{c} = \ln(Rc_{t+1} + Rt_t + 1) - \ln(Rc_t + Rt_t + 1)$$
$$- \{\ln[Rc_{t+1} + r_t(1+Rt_t)] - \ln[Rc_t + r_t(1+Rt_t)]\} \tag{3-6}$$

$$\frac{\Delta Rt}{Rt} = -\ln(Rc_t + Rt_{t+1} + 1) - \ln(Rc_t + Rt_t + 1)$$
$$- \{\ln[Rc_t + r_t(1+Rt_{t+1})] - \ln[Rc_t + r_t(1+Rt_t)]\} \tag{3-7}$$

$$\frac{\Delta r}{r} = -\{\ln[Rc_t + r_{t+1}(1+Rt_t)] - \ln[Rc_t + r_t(1+Rt_t)]\} \tag{3-8}$$

用货币供应量变化率除以各决定因素变化率，能够得到各因素对货币供应量变动的贡献程度。但需要指出的是，由于样本的观测值是离散的，因此在货币供给的决定方程之中，也许存在因素之间的相互影响。因此，全部因素的变化率之和并不必然等于中国货币供应量的增长率。

3.3.2 各相关因素对中国货币供应量变动贡献率的实证结果

通过以上分析，我们可以得到 2001 年第一季度至 2014 年第四季度各相关因素对中国货币供给变化的贡献率。表 3-3 说明，在中国，H 的变化对货币供给变动的贡献率远大于别的因素。因此，中国货币供给变动主要来自 H 的贡献。本书的实证分析表明，2001~2014 年，中国的 k 相对稳定，货币供给的变化主要源于 H 的变动。人民银行只要能够有效控制 H，就能够控制中国货币供应量。事实表明，人民银行能够有效控制中国的高能货币供给。因此，我国的货币供应量总体上呈现外生性和可控性特征。

表3-3　　　　　相关因素对货币供应量变动的贡献程度　　　　单位:%

货币供应量及其决定因素	M_1	H	Rc	Rt	r
年均增长率	15.813	17.436	-0.362	0.0061	0.878
相对贡献率	100.000	108.451	2.335	-0.0038	-5.482
货币供应量及其决定因素	M_2	H	Rc	Rt	r
年均增长率	16.721	17.424	-0.388	0.0068	0.886
相对贡献率	100.000	108.453	2.361	-0.0039	-5.244

资料来源:笔者整理测算得出。

第4章 中国货币政策利率目标的可控性分析

随着利率市场化的逐步深入,利率作为政策调控中介目标日趋重要。当前,货币政策利率目标调控相关问题并没有彻底解决。我国市场虽已经形成存款利率、贷款利率、银行间同业拆借利率、银行间国债回购利率等较为完善的利率体系,但目前的基准利率仍然难以确定。货币政策仍然缺乏明确的利率指标作为调控中介目标。所以讨论我国基准利率体系是利率中介目标可控性分析的前提。

4.1 央行基准利率的选择与体系构建

4.1.1 发达市场国家利率市场化和基准利率体系构建情况

基准利率是金融市场上具有普遍参照作用的利率,其他利率水平或金融资产价格均可根据这一基准利率水平来确定。基准利率体系构建必须以利率市场化的改革为前提。发达市场国家在利率市场化的过程中,均根据其金融市场的发展特点,构建其相对完善的基准利率体系。本书将就美国、德国、日本、韩国的情况进行梳理,从中寻找适合我国的有益经验。

1. 美国利率市场化和货币政策中介目标转变

美国在基准利率体系构建的过程中,伴随着利率市场化过程逐步进行。1973年,石油危机的爆发造成了全球性通货膨胀,给主要经济体僵化的利率体制造成巨大冲击。其主要表现为固定利率与物价上涨并存,美联储为了维持利率稳定而不得不扩大货币供给,进而强化通货膨胀造成了经济的滞胀。在这一环境下,1975年美国国会通过《第133号联合决议》,美联储将政策目标转向了 M_1 增长率。在货币政策目标转向的前后近20年内,美国对存款利率限制和存款机构的货币市场基金混业业务限制进行了改革。同时，伴随着金融业态多元化，混业经营的逐步放开丰富了金融产品，金融深化导致货币供应量和最终目标之间的关系日益削弱。虽然美联储在1987年10月后，将中介目标扩展到M_2增长率，但数量型目标政策调控并没有持续多久。进入20世纪90年代以后，美联储更多地使用公开市场操作来调整联邦基金利率，即公开市场委员会在例会上确定联邦基金目标利率，纽约联邦储备银行根据公开市场委员会的指令，通过在联邦基金市场买卖政府债券影响银行体系准备金供求使联邦基金利率保持在目标利率的水平上。1993年7月，美联储前主席格林斯潘在美国国会听证时，表示不再将货币供给量设定为货币政策的中介目标。美联储政策目标逐渐转向了实际利率和通货膨胀。

联邦基金利率是美联储基准利率体系的核心，在具体操作上，美联储根据金融机构日均存款情况计算法定存款准备金水平（计算周期为两周，以周一为考核期末时点），并对其进行考核（以上一个计算期为考核依据，以周三作为考核期末时点，考核持续期为天），这样对储备头寸的管理成为影响流动性和市场利率的重要手段。如果目标利率水平低于商业银行间市场利率水平，商业银行之间的拆借就会转向商业银行与美联储之间。因为向美联储拆借的成本低，整个市场的拆借利率就会随之向下。反之，如果美联储提高目标利率，在市场资金比较短缺的情况下，联邦基金利率本身就承受上升的压力；在市场资金比较宽松的情况下，美联储通过在公开市场上抛出国债，吸纳商业银行过剩的超额储备，造成各银行头寸紧张，迫使联邦基金利率与目标利率同步上升。美联储经过反复多次的操作，就会形成合理的市场预期。除联邦基金利率外，商业银行存贷款利率，金融市场工具利率，包括货币市场工具利率和资本市场工具利率也是美联储基准利率体系的主要目标。具体操作层面，美联储会使用再贴现率调节存贷款利率，通过利率走廊稳定银行流动性水平。相对而言，法定存准率的使用较少，近年来，美国银行的存准率普遍保持在10%的水平，这与美国银行先进的流动性管理能力息息相关。

2. 德国利率市场化和货币政策中介目标转变

与美国不同的是，在德国金融业中，银行业占有的比重相对较高，这使德国在利率市场化以及基准利率构建方面表现出了诸多的不同。德国的利率市场化起源于1962年《信用制度法》的修改，到1973年废除储蓄存款标准利率为止，德国经历了10年的利率市场化进程。其主要过程可以概括为解除定期存款利率管制—实施存款利率"标准利率值"—放弃"标准利率"。其中"标准利率"作为管制利率向市场利率过度的中间举措，与我国存贷款基准利率有较大相似之处。

利率市场化后，德国的直接融资规模虽有所扩大，但以间接融资为主的社会融资结构没有发生根本变化。1970年，德国非金融部门负债中有55.2%是银行贷款，到1995年这一比例仍高达52.8%[①]。但是随着利率市场化的推进和20世纪80年代全球金融自由化和创新浪潮的影响，金融产品尤其是证券化产品的增加丰富了居民的投资选择，德国住户部门的金融资产结构发生了显著变化。银行资产占比从70年代的53.9%下降到90年代的32.8%，相应地，保险资产占比从16.9%上升到29.5%，证券资产占比从14.6%上升到28.9%[②]。进入90年代以后，德意志银行在兼顾数量型中介目标的同时，强化公开市场操作对货市场短期利率的引导，建立起数量和价格并重的调控框架。1998年欧洲央行成立后，主要延续了德国央行的调控框架，以维护物价稳定作为单一货币政策目标，在中介目标的选择上采用了德国央行数量与价格并重的模式，在短期以隔夜拆借利率为操作目标，通过建立边际存贷款便利机制，构建起欧洲央行利率走廊。

欧央行主要的货币政策工具包括公开市场操作、备用融资便利和最低准备金要求。具体来看，欧央行主要通过公开市场操作来确定货币市场上短期的基准利率，而通过备用融资便利形成隔夜市场利率的波动范围。由于最低存款准备金制度的使用对货币市场的影响比较剧烈，所以欧央行在使用时比较谨慎，更多只是起到一种补充作用。由于欧央行的再融资操作每周进行一次，所以一周的短期再融资利率就成为实际的货币政策基准利率。短期再融资利率通过投标完成，并按照最高利率优先的方式分配中标量，直至分配完毕，分配的最低中标利率即为边际中标利率。在再融资利率的基础上，备用融资便利和存款便利形成了基准利率体系的上下限。两种操作都是通过事先设定方式，以隔夜拆借和隔夜存款的形式形成央行和金融机构间的资金往来。由于隔夜拆借和隔夜存款利率均高于和低于市场利率，这就在事实上形成了金融机构的边际利率，从而构建了利率走廊。

3. 日本利率市场化和货币政策中介目标转变

日本利率市场化起步较晚。1975年，日本央行开辟国债流通市场，进行国债利率的市场化定价，废除日本银行对贷款利率的指导性限制，并于1977年批准国债自由流通，1978年国债招标公开化，这事实上形成了

[①][②]《德意志联邦银行月度报告》1998年3月刊（Deutsche Bundesbank Monthly Report, March 1998）。

国债利率的市场化。同期，日本还进行了同业拆借利率和票据发行、交易利率市场化。在完成了金融市场利率自由化的改革后，日本将视角转移到商业银行存贷款利率上。1979~1994年，日本围绕着存贷款利率市场化，逐步通过可转让存单利率市场化，可交易化；废除管制利率限制；停止贷款利率窗口指导等一系列举措循序渐进进行改革。其基本遵循了由贷到存，由大到小（先放开大额可转让存单利率管制，最后放开小额存单利率管制）的改革路线，这与我国20年的利率市场化进程具有诸多的相似之处。

伴随着利率市场化，日本银行货币政策调控也经历了从数量型向价格型中介目标的转变。在1997年《日本银行法》颁布前，日本银行事实上只是大藏省（现财务省）的附属机构，无论是金融机构设立、业务范围核准、利率汇率水平决定等都必须得到大藏省的批准，没有任何独立性可言。日本银行在制定货币政策时主要服从于日本政府恢复和发展经济的目标，以保障国内经济高速发展的资金需求为最终目标，货币政策的中介目标是银行信贷量，在货币政策工具的使用方面特别注重具有强烈行政色彩的"窗口指导"和信贷规模控制，利率等价格型工具在货币政策传导中的作用被忽视和弱化。随着金融创新，货币量和经济增长间的关系开始弱化，日本银行逐渐开始关注利率、汇率、资产价格、广义货币等一系列指标。

日本基准利率体系主要以隔夜拆借目标利率作为关键政策利率，以隔夜拆借利率作为操作目标，运用公开市场操作来实现关键政策利率对隔夜拆借利率的引导，进而影响长期利率和货币政策最终目标。2001年以来，日本首次推出量化宽松货币政策，并将数量型的量化宽松政策和基准利率调控结合使用，由于诸多内外因素影响，日本货币政策对利率调控效果较差，表现为长期的"流动性陷阱"（麦金农对日本流动性陷阱的原因进行了深刻的理论论述）。

4. 韩国利率市场化和货币政策中介目标转变

韩国利率市场化改革始于20世纪80年代初，其过程较为曲折和复杂，先后经历了从放开到管制、从管制到重新放开两个阶段。自80年代开始，韩国决定推行利率市场化改革，同时确定了改革整体方针：先同业拆借利率后债券利率、先贷款利率后存款利率；先短期利率后长期利率。第一阶段，韩国进行了"激进式"的利率市场化改革，包括引入无管理利率的商业票据；允许企业债券收益率在一定幅度内波动；降低了一些贷款与优惠贷款间的利差，取消了对重点部门贷款的优惠利率；贷款利率在最高限内的放开；银行间拆借利率和未担保的企业债券发行利率自由化等一系列改革。这些改革导致 1989 年开始经济不稳定。第二阶段，1991 年公布了《对利率放款管制的中长期计划》，提出先短后长、先贷后存、先大后小的总体改革思路。并于 1997 年实现完全利率市场化。

韩国货币政策目标调整也遵循着数量向价格的转变。这也源于利率、汇率和资本项目开放等改革推进。自 1998 年亚洲金融危机以后，韩国建立起以通货膨胀为目标的价格型调控体系，其基准利率围绕拆借利率进行。2008 年，韩国银行将基准利率调整为回购利率，即从隔夜活期利率（无抵押）改变为韩国银行基础利率。基础利率是在韩国银行贷款和存款便利交易时的参考利率。

4.1.2 我国货币政策利率体系建设情况

1. 存贷款基准利率

基准利率体系构建依存于利率市场化发展。我国基准利率体系构建是伴随着利率市场化逐步完善的。1987 年 1 月，中国人民银行下发了《关于下放贷款利率浮动权的通知》，规定商业银行可以基于贷款基准利率上浮 20%。中国利率市场化由此开始启动。2015 年 8 月 26 日，人民银行最终取消存款利率上限限制。在这 28 年的时间内，对于存贷款利率市场化经历了贷款利率上限、存款利率下限、贷款利率下限和存款利率上限限制逐步放松的改革过程。虽然利率市场化成果斐然，但至今由于市场分割的存在（信贷市场和货币债券市场、长期市场和短期市场、正规金融和影子银行），基准利率体系的分割也是当前面临的重要问题，存贷款基准利率体系仍然是央行调控信贷增长的重要目标。

2. 货币市场基准利率

1996 年，中国银行间统一的同业拆借市场成立，形成了中国银行间拆借市场利率（Chibor），央行于年中出台《关于政消同业拆借利率上限管理的通知》，放开了同业拆借利率的管制。但由于 Chibor 是由交易利率计算所得，其受到市场交易情况影响十分显著。因此其作为基准利率的条件也就受到了相应的限制。2007 年，央行推出了上海银行间同业拆放利率（Shibor），由于采取了高信用等级银行组团报价的形式，其具有作为基准利率的技术性优势。加之近年来，同业存单、债券以及一些金融衍生品均以 Shibor 为基准进行定价，作为基准利率属性逐步强化。

银行间回购利率也是我国同业市场主要基准利率。多数研究认为，由于银行间债券市场无论是托管量、现券交易量或回购交易量都在我国债券市场占有绝对比重，较拆借交易量具有较大优势。因此，银行间短期回购利率也是我国利率体系的短端基准。

央票利率一度被学界和实务界认为是货币市场基准利率。这一看法的提出主要集中于 2004~2010 年。由于我国加入世界贸易组织（WTO），外汇占款激增使得央行被动投放了大量的基础货币，导致通货膨胀高企，2007 年 CPI 同比一度高达 106.9[①]。这一时期，央行通过上调准备金率和发行央票的方式回收流动性，期间央票的未到期量最高至 42701.5 亿元[②]，是 2004 年初的十余倍。2007 年 10 月 24 日，央行放开了央票上市交易的限制。使央票利率得以成为货币市场重要的参考指标。这一时期内，央票利率成为基准利率呼声也相对较大。随着我国经济结构和内外环境的变化，伴随着外汇占款减少，央票发行量和未到期量均快速下降，当前的央票未到期量保持在 4000 亿元水平，这使央票利率成为基准利率基础快速弱化。

3. 超额准备金利率、借贷便利、再贷款和再贴现利率

"利率走廊"的需求管理调控方式是美联储和欧洲央行重要操作工具。我国也一度通过改革再贴现和贴现利率的形成机制，形成理论上的货币市场利率上限。近期借贷便利的进一步使用，也形成了事实上对市场利率的引导。但总结过往数据会看到，自 2010 年后，贴现与再贴现利率均难以限制货币市场利率波动，究其原因主要由于贴现或借贷便利由于其交易规模和交易对象的限制使其不具有市场利率基准的普遍性和一般性参考性。超额准备金利率一直以来都被认为具有基准利率下限作用，近年来流动性趋紧使得货币市场利率高企，利率下限并没有较多的发挥空间，相关准备金利率形成机制建设仍为空白。整体来看，我国"利率走廊"建设仍十分落后，对于金融调控日益精细化的要求，建设"利率走廊"应成为基准利率体系建设的重要一环。

4.2　我国货币政策利率的可控性分析

4.2.1　存贷款基准利率调控的可控性分析

本书将使用 VAR 方法实证检验理论分析的结果，判断贷款利率的可控性，并从定量的角度，加强研究结果的指导性。

---

① 资料来源：国家统计局网站。
② 资料来源：Wind 数据库。

本书使用6个月~1年期短期贷款基准利率变动（benchmark loan interest rate，BLIR）、信贷市场利率变动（credit market interest rate，CMIR）、贷款增速（credit growth，CG）、准备金率（reserve ratio，RR）。其中，信贷市场利率选用2008年开始统计的信贷市场加权平均贷款利率，信贷量同比增速选用人民币贷款余额同比增速，准备金率则为大型商业银行准备金率。

本书首先对上述变量进行ADF单位根检验，结果表明，其均在5%置信区间不存在单位根过程，为平稳时间序列。本书首先在模型滞后期选取上，使用Lag Length Criteria检验得到最优滞后期数为2期。由于贷款利率统计缘故，本书数据选取的时间为2008年第四季度到2015年第二季度，为季度数据。通过不存在常数项VAR模型计算结果如表4-1所示。

表4-1　　　贷款基准利率可控性VAR模型计量结果

变量	CMIR	BLIR	RR
CMIR（-1）	-0.072533 (0.28329) [-0.25604]	0.144798 (0.18061) [0.80171]	0.127364 (0.45863) [0.27771]
CMIR（-2）	-0.389951 (0.27636) [-1.41100]	0.061793 (0.17620) [0.35071]	-0.439308 (0.44741) [-0.98188]
BLIR（-1）	0.668826 (0.25353) [1.27472]	0.225972 (0.28915) [0.78151]	0.878794 (0.73423) [1.19689]
BLIR（-2）	0.610597 (0.32008) [0.19429]	-0.243330 (0.20407) [-1.19240]	-0.044969 (0.51819) [-0.08678]
RR（-1）	0.393080 (0.17508) [2.24518]	0.104419 (0.11162) [0.93549]	0.893533 (0.28344) [3.15249]
RR（-2）	0.073198 (0.15139) [0.48349]	0.005839 (0.09652) [0.06049]	-0.302900 (0.24510) [-1.23584]
R^2	0.537097	0.437676	0.621243
Adj. R^2	0.415280	0.289696	0.521570
Sum sq. resids	1.274958	0.518229	3.341579
S. E. equation	0.259043	0.165152	0.419372
F-statistic	4.409057	2.957666	6.232826
Log likelihood	1.726069	12.97921	-10.31806
Akaike AIC	0.341914	-0.558337	1.305445

续表

变量	CMIR	BLIR	RR
Schwarz SC	0.634445	-0.265806	1.597975
Mean dependent	0.051200	-0.009200	0.119600
S. D. dependent	0.338764	0.195957	0.606304
Determinant resid covariance (dof adj.)		0.000109	
Determinant resid covariance		4.77E-05	
Log likelihood		17.95624	
Akaike information criterion		0.003500	
Schwarz criterion		0.881091	

从表 4-1 结果可见，信贷市场利率（CMIR）受到滞后 1 期和滞后 2 期的贷款市场基准利率变动（RR）的影响最为显著（其系数的 t 统计量大于 5% 置信水平）。说明贷款市场利率是政策可控的。相较而言，信贷市场利率（CMIR）则受到滞后 1 期的准备金率的影响显著（其系数的 t 统计量大于 5% 置信水平）。表明基准利率变动对信贷利率的影响的传导机制是通畅的。

图 4-1 为贷款市场利率受准备金率变动和基准利率变动影响的脉冲响应时序图。

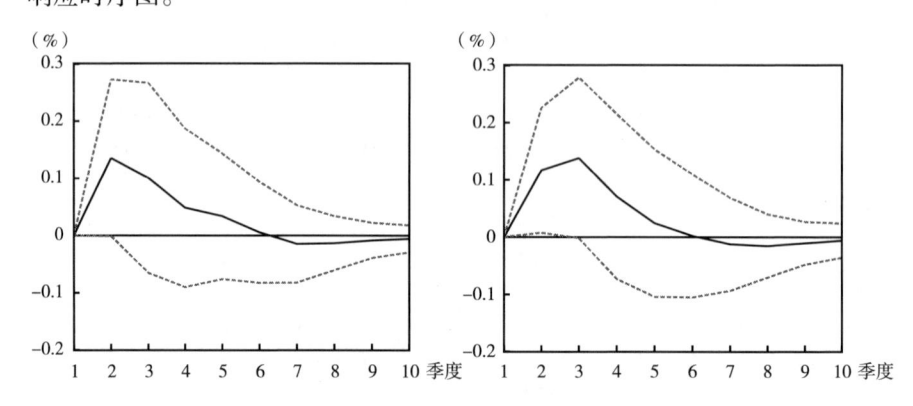

图 4-1 贷款市场利率受准备金率变动和基准利率变动影响的脉冲响应曲线

注：实线分别代表贷款市场利率受准备金率变动和基准利率变动影响的脉冲响应，虚线均表示正负 2 倍标准差偏离带。

从图 4-1 中可以看到，基准利率的提高和准备金率的上升都会使贷款利率提高。准备金方面，当准备金率上升，银行会由于成本的上升，提高贷款供给的价格，从而影响信贷市场均衡。而当央行提高基准利率时，由于通常情况下银行利差较为稳定，这一举措会导致市场中对贷款需求的变动，从而使市场均衡移动。从需求调控的角度看，基准利率的变动可以有效地调控整个经济的信贷需求，而不会受到银行个体行为的影响，这一政策并不依赖于单一的微观基础，从而可以有效精准地调控市场利率。

根据上述的实证结果，可以看到基准利率对于市场利率变动影响是可控的。多年来，我国一直使用存贷款基准利率工具引导市场利率，随着利率市场化和金融市场深化，基准利率工具的调控效能也会出现变动。但总的来说，当前存贷款基准利率仍然是我国最为主要的价格型政策工具。

4.2.2 货币市场基准利率调控的可控性分析

可控性是指可被控制性，由于基准利率贯穿整个金融市场，所谓牵一发而动全身，央行必须保证基准利率的可控性，只有保证其可控性，才能达到利用基准利率调控宏观经济的最终目的。由于央行的一个重要职责就是制定货币政策，通过实施货币政策达到稳定物价、充分就业、经济增长和维持国际收支平稳的目的。作为货币政策的中介目标，人民银行可以通过多种工具调节货币市场利率。本书将从准备金率、再贴现利率和公开市场操作这三种工具出发实证检验 Shibor 利率可控性问题。

自 2007 年 1 月 4 日上海银行间同业拆借利率（Shibor）开始运行以来，作为我国基准利率的培育对象，Shibor 一直受到政府部门、各大金融机构、各大企业以及许多学者的高度关注。作为我国利率市场化进程中的一座重大里程碑，自人民银行推出以来便一直将其作为公开市场回购操作的基础利率；并且在多部门的配合之下，相关的金融衍生工具已经开发出来，并在过去的几年内得到广泛的认可。衍生工具的品种也在不断地丰富，包括利率掉期、货币互换、远期利率合约等具有金融期货性质的金融产品多已作为定价基准利率。

本书选取 2007 年 1 月至 2015 年 8 月公开市场操作和法定存款准备金率的数据，通过 VAR 模型和 Granger 因果检验，考察公开市场操作和法定存款准备金率变动对 Shibor 的影响。同时，由于市场调节的通常是短端利率，分析短端利率向中长端利率传导也是基准利率可控性检验的重要部分。这一部分，本书将选择国债收益率来观察短端利率对中长端利率的引导。

首先，实证检验使用 1 周和 9 个月期限的 Shibor 利率日度数据进行加权平均转换为月度数据，再进行差分处理，公开市场操作数据使用整理后的月度央行公开市场操作净投放额。对上述变量进行 ADF 单位根检验，结果表明，其均在 5% 置信区间不存在单位根过程，为平稳时间序列。

本书首先对 9 个月期限 Shibor 利率月度变动值，准备金率变动值和公开市场操作净投放额加入 VAR 模型,使用 Lag Length Criteria 检验得到最优滞后期数为 2 期,无截距项,其计量结果如表 4-2 所示。

表 4-2　　　　　　　Shibor 的 VAR 模型计量结果

变量	OMNR	RR	SHIBOR_1W	SHIBOR_9M
OMNR (-1)	-0.012426 (0.11207) [-0.11087]	-2.34E-05 (1.3E-05) [-1.81546]	-3.57E-05 (1.8E-05) [-1.96409]	-4.57E-06 (6.5E-06) [-0.70438]
OMNR (-2)	-0.006970 (0.11480) [-0.06071]	-3.91E-06 (1.3E-05) [-0.29696]	-2.73E-05 (3.2E-05) [-0.85562]	2.91E-06 (6.7E-06) [0.43701]
RR (-1)	1053.748 (1098.27) [0.95946]	0.284418 (0.12612) [2.25507]	0.463032 (0.30581) [1.51410]	0.028256 (0.06363) [0.44406]
RR (-2)	-277.9484 (1057.58) [-0.26282]	0.423116 (0.12145) [3.48384]	0.201600 (0.29448) [0.68459]	0.104763 (0.05227) [2.00426]
SHIBOR_1W (-1)	264.9255 (412.651) [0.64201]	-0.045607 (0.04739) [-0.96242]	-0.281840 (0.11490) [-2.45286]	0.036350 (0.02391) [1.52045]
SHIBOR_1W (-2)	282.3309 (405.719) [0.69588]	-0.038028 (0.04659) [-0.81619]	-0.174015 (0.11297) [-1.54033]	0.003666 (0.02351) [0.15595]
SHIBOR_9M (-1)	-2080.358 (2086.78) [-0.99692]	0.120194 (0.23964) [0.50155]	0.114429 (0.58106) [0.19693]	0.705935 (0.12090) [5.83900]
SHIBOR_9M (-2)	785.9689 (1797.68) [0.43721]	-0.077430 (0.20644) [-0.37507]	-0.468827 (0.50056) [-0.93660]	-0.204717 (0.10415) [-1.96558]
R^2	0.005299	0.312057	0.344855	0.534786
Adj. R^2	-0.071217	0.259138	0.079075	0.499000
Sum sq. resids	6.44E+08	8.498531	49.96415	2.163043
S. E. equation	2661.107	0.305599	0.740984	0.154174
F-statistic	0.069250	5.896908	2.202102	14.94413
Log likelihood	-917.0673	-18.94120	-106.6261	48.79348
Akaike AIC	18.68823	0.544267	2.315679	-0.824111
Schwarz SC	18.89793	0.753973	2.525386	-0.614404
Mean dependent	302.6333	0.080808	-0.000101	0.017677
S. D. dependent	2571.128	0.355044	0.772141	0.217818

续表

Determinant resid covariance (dof adj.)	4919.139
Determinant resid covariance	3511.671
Log likelihood	-966.0101
Akaike information criterion	20.16182
Schwarz criterion	21.00065

从表4-2中结果可见,除自身影响外,准备金率和公开市场操作对两种期限利率影响不同。滞后第二期的准备金率变动对9个月期Shibor具有显著的影响,而公开市场操作影响并不显著。而对于期限为1周的Shibor利率,虽然滞后一期的准备金率变动值对其具有一定影响,但影响并不显著,而滞后一期的公开市场操作则影响较为突出,表现出短端拆借利率受市场流动性影响十分显著。

图4-2为两种期限利率受准备金率变动和公开市场操作冲击的脉冲响应时序图。

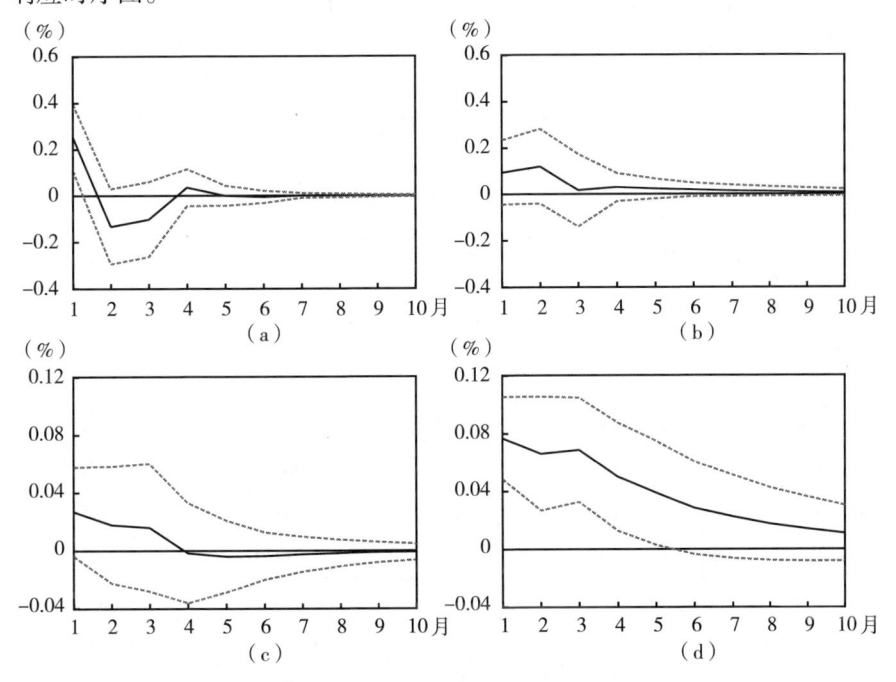

图4-2 两种期限Shibor受公开市场操作和准备金变动冲击的响应曲线

注:虚线均表示正负两倍标准差偏离带;图(a)表示一周期限Shibor受公开市场操作影响的脉冲响应,图(b)表示一周期限Shibor受准备金率变动影响的脉冲响应,图(c)表示9个月Shibor受公开市场操作影响的脉冲响应,图(d)表示9个月Shibor受准备金率变动影响的脉冲响应。

对于公开市场操作脉冲冲击，两种拆借利率出现从正值向均值恢复的过程。但不同的是，期限为1周的拆借利率变动较为迅速，也说明不同期限的交易特征。在公开市场操作正向冲击后，期限为1周拆借利率降低并在第5个月后恢复到冲击前水平。相比9个月期的拆借利率，其受冲击后从正值缓慢下降，曲线较为平缓，恢复到原值的周期长。这一特点在准备金率变动中表现得更为突出。当突然提高准备金率后，金融机构需要迅速调整资产配置，造成短期利率快速上扬。而由于1周期限利率合约期限较短，金融结构可以迅速调整合约价格。而9个月期限的拆借合约到期时间较长，由于难以调整以及预期等因素的影响，其利率的响应图也如图中缓慢下降。

从上述调整的过程中可见，短端和长端利率变动具有较强的时间不一致性。我国公开市场操作合约期限多为7天、14天和28天，这就产生了短端向中长端传导效率和传导机制是否通畅的问题。

本书分别使用1周、1个月期、9个月期Shibor利率，还将2年期和7年期到期国债收益率放入模型中。使用GANGER因果检验方法分析货币政策传导机制通畅性（见表4-3）。

表4-3　　　　　　　　　　GANGER 检验结果

Lags: 8

Null Hypothesis：	Obs	F – Statistic	Prob.
S1M does not Granger Cause S9M	438	3.34551	0.0010
S9M does not Granger Cause S1M		1.37147	0.2070
B7Y does not Granger Cause S9M	438	3.26368	0.0013
S9M does not Granger Cause B7Y		1.08408	0.3731
B2Y does not Granger Cause S9M	438	3.39202	0.0009
S9M does not Granger Cause B2Y		2.39259	0.0157
B7Y does not Granger Cause S1M	438	4.18533	0.0001
S1M does not Granger Cause B7Y		1.21114	0.2907
B2Y does not Granger Cause S1M	438	3.18743	0.0016
S1M does not Granger Cause B2Y		0.43980	0.8970
B2Y does not Granger Cause B7Y	438	1.46022	0.1697
B7Y does not Granger Cause B2Y		0.79359	0.6085

从上述实证结果可见，1个月期 Shibor 是9个月期 Shibor 的格兰杰原因，而9个月期 Shibor 并非1个月期 Shibor 的格兰杰原因，这说明面向短

端利率的公开市场操作能够较好地影响长端利率。但就与国债收益率的分析中发现，Shibor 利率变动并不是国债收益率变动的格兰杰原因，相反，2 年期和 7 年期国债利率都是 1 个月期和 9 个月期 Shibor 利率变动的原因。本书分析认为，一方面，国债收益率代表的是无风险利率，而 Shibor 利率包含了信用风险溢价和流动性风险溢价。在国家调整无风险利率后，风险溢价将随着金融机构资产配置的调整而逐步变化，这一过程是要滞后于无风险利率的调整，所以表现为长期利率成为短期拆借利率的格兰杰原因。另一方面，银行间债券市场和货币市场存在着一定程度的市场分割。这导致短端向长端传导机制并不通畅。从 2014 年 11 月 21 日降息后，货币市场利率高企而债券市场利率低位运行的表现就可以清晰地说明这一点。

第 5 章　中国货币政策对产出影响的实证分析

本章将就从量价两个角度实证分析货币政策对产出的影响。在货币供应量和利率对产出影响的理论模型和传导机制的基础上，根据中国 2000～2015 年的有关数据展开分析研究，并系统研究和考察货币供应量和中国经济产出之间的关系。在本章中，首先使用 ADF 检验判断中国货币供给和贷款利率与产出的时间序列是否平稳，并通过协整的方法检验货币供给以及贷款利率对产出的影响是否长期稳定，接下来通过 Granger 因果检验货币供应量和利率对产出的影响是否显著，最后通过脉冲函数研究了其对产出的影响。

5.1　变量选取与数据说明

本书选取 2004 年第一季度至 2014 年第四季度数据，采用 GDP 作为产出变量，M_0、M_1、M_2 作为货币供应量变量。M_0 为流通中现金，M_1 是狭义货币供应量，M_2 是广义货币供应量。M_1 从现实需要方面反映了货币供给对经济增长的影响，M_2 作为全部可能转化为现实购买力的货币总和，M_0 更多地反映了总需求变化和对未来通货膨胀的压力。本书的 M_0、M_1、M_2 数据来源中国人民银行官网，GDP 数据来源于中国景气月报。为了消除季度数据的波动，对 GDP、M_0、M_1、M_2 序列取对数，记为 LGDP、LM_0、LM_1、LM_2。

5.2　货币量与产出关系的实证研究

5.2.1　货币供给时间序列的平稳性检验

平稳性是对时间序列进行计量分析的基本要求。在对经济变量的时间序列进行计量分析以前，有必要对其进行平稳性检验。只有计量模型中的所有的经济变量具备平稳性时，计量结果才是有效的。模型如果包含非平稳序列，那么通过传统计量方法得出的结论存在错误的可能性。现阶段，ADF 单位根检验方法被普遍地应用于检测时间序列平稳性，其基本原理是运用 n 次差分，将非平稳序列转化为平稳序列，其回归方程为：

$$\Delta Y = \lambda_0 + \lambda_1 t + \lambda_2 Y_{t-1} + \sum_{t-1}^{k} \beta_{t-1} \Delta Y_{t-1} + \varepsilon_1 \quad (5-1)$$

其中，Δ 是差分符号，λ_0 为常数项，ε_1 表示残差。原假设 $H_0 = 0$，备择假设 $H_0 < 0$。如果 ADF 分布的临界值小于 t 检验值，可拒绝原假设，接受备择假设，说明序列 $\{Y_t\}$ 平稳；反之，则可以认为序列存在单位根。平稳序列以均值为中心上下波动，并逐步向其靠拢。表 5-1 说明，M_0、M_1、M_2 与 GDP 的序列并不平稳，对这些序列取对数后 ΔLM_0、ΔLM_1 在 5%，ΔLM_2、$\Delta LGDP$ 在 1% 的显著水平上可以变为平稳。

表 5-1　　　　　　　　ADF 检验结果

变量	ADF 值	检验形式 (c, t, n)	5%临界值	P 值	结论
LM_0	1.109820	(C, 0, 0)	-2.967868	0.9955	非平稳
ΔLM_0	-3.374802 **	(C, 0, 01)	-2.963880	0.0187	平稳
LM_1	-3.661651	(C, 0, 0)	-2.960422	0.9866	非平稳
ΔLM_1	-3.002990 **	(C, 0, 4)	-2.960422	0.0465	平稳
LM_2	1.508531	(C, 0, 0)	-2.945836	0.9991	非平稳
ΔLM_2	-3.715224 ***	(C, 0, 1)	-3.639508	0.0083	平稳
LGDP	0.840253	(C, 0, 0)	-2.955034	0.9855	非平稳
ΔGDP	-13.03931 ***	(C, 0, 2)	-3.646282	0	平稳

注：检验形式 (c, t, n) 中，c、t、n 分别为常数项、时间趋势、滞后期数，**、*** 分别表示在 0.05 和 0.01 显著水平上显著。

5.2.2　M_0、M_1、M_2 和 GDP 的协整关系检验

为了防止发生伪回归，有必要对变量进行协整检验。其原理是：若多个时间序列变量非平稳，但其线性组合却是平稳的，存在长期稳定关系，这就是协整关系。如果不存在协整关系，那么这些变量之间就不存在长期稳定的关系。只有协整的变量才具备长期稳定关系，才能够通过回归方法进行分析。

这里使用 JJ 检验。对 M_0、M_1、M_2 增长率的时间序列取对数，并差分处理后，序列达到平稳，再对其与 GDP 协整性进行检验，检验结果如表 5-2~表 5-4 所示。

表5-2　　　　　　　　M_0 和 GDP 之间协整检验

Hypothesizd No. of CE (s)	Trace Eigenvalue Statistic		0.05 Critical Value Prob.**		λ - Max Statistic	0.05 Critical Value Prob.**	
None*	0.487755	26.87816	18.59462	0.0028	26.42104	19.36482	0.0016
At most 1	0.001474	0.049105	3.841492	0.8367	0.098105	3.831492	0.8367

Trace test indicates 1 cointegrating eqn (s) at the 0.05 level

* denotes rejection of the hypothesis at the 0.05 level

注：** 表示5%显著性水平。

资料来源：中国人民银行官网和中国景气月报。

表5-2说明，在5%的显著性水平上，Trace检验有26.87816 > 18.59462，0.058105 < 3.231492；λ - Max检验有26.42104 > 19.36482，0.098105 < 3.831492，因此，M_0 与 GDP 的时间序列存在协整关系。其协整方程为：

$$GDP = 1.450204 M_0 + 3.835979 \qquad (5-2)$$
$$\underset{[-32.7443]}{(0.04356)}$$

表5-3　　　　　　　　M_1 与 GDP 之间协整检验

Hypothesizd No. of CE (s)	Trace Eigenvalue Statistic		0.05 Critical Value Prob.**		λ - Max Statistic	0.05 Critical Value Prob.**	
None*	0.582725	38.35165	18.49462	0.0002	32.34626	17.36482	0.0001
At most 1	0.000153	0.008156	3.841492	0.9526	0.007156	3.791492	0.9526

Trace test indicates 1 cointegrating eqn (s) at the 0.05 level

* denotes rejection of the hypothesis at the 0.05 level

注：** 表示5%显著性水平。

资料来源：中国人民银行官网和中国景气月报。

表5-3说明，在5%的显著性水平上，Trace检验有38.35165 > 18.49462，0.008156 < 3.791492；λ - Max检验有32.34626 > 17.36482，0.008156 < 3.791492，因此，M_1 与 GDP 的时间序列存在协整关系。其协整方程为：

$$GDP = 1.075621 M_1 + 1.782543 \qquad (5-3)$$
$$\underset{[-22.2761]}{(0.05063)}$$

表5-4　　　　　　　　M_2 和 GDP 之间协整检验

Hypothesizd No. of CE (s)	Trace Eigenvalue Statistic		0.05 Critical Value Prob.**		λ - Max Statistic	0.05 Critical Value Prob.**	
None*	0.526991	28.36822	15.49462	0.0005	26.27582	14.36482	0.0005
At most 1	0.060356	2.175837	3.841492	0.1502	2.175837	3.841492	0.1502

Trace test indicates 1 cointegrating eqn (s) at the 0.05 level

* denotes rejection of the hypothesis at the 0.05 level

注：** 表示5%显著性水平。

资料来源：中国人民银行官网和中国景气月报。

根据表 5-4，在 5% 的显著性水平上，Trace 检验有 28.36822 > 15.49462，2.175837 < 3.841492；λ - Max 检验有 26.27582 > 14.36482，2.175837 < 3.841492。因此，M_2 与 GDP 的时间序列存在协整关系。其协整方程为：

$$\mathop{\text{GDP}}\limits_{\genfrac{[}{]}{0pt}{}{(0.04203)}{-23.9158}} = 1.987731 M_2 + 1.684578 \tag{5-4}$$

从表 5-2、表 5-3、表 5-4 可知，Trace 统计量和 λ - Max 统计量都说明在 5% 的置信程度上，M_0、M_1、M_2 同 GDP 之间存在协整关系。研究结果表明，我国的经济增长与各层次的货币供应量在 2004~2014 年存在均衡关系，且各个层次的货币供应量与产出均为正向关系。

从上述研究结果表明，M_0、M_1、M_2 适合作为中国人民银行调控经济增长时的监测目标，这也符合目前中国的货币政策操作实际。

5.2.3 M_0、M_1、M_2 与 GDP 变动的 Granger 因果检验

上述分析虽然证明了 M_0、M_1、M_2 同 GDP 存在长期稳定的关系，但 M_0、M_1、M_2 是不是产出变化的原因，经济增长又在多大程度上被货币供应量的变化来解释，还需要进行 Granger 因果检验。

协整检验可以验证变量间的长期稳定关系，而 Granger 因果检验则可以验证一个变量是否是引起另一变量变化的原因。Granger 因果检验的基本步骤是：如果所有的 k > 0，基于 $(y_t, y_{t-1}, y_{t-2}, \cdots)$ 预测 y_{t+k} 的均方误差与通过 $(y_t, y_{t-1}, y_{t-2}, \cdots)$、$(x_t, x_{t-1}, x_{t-2}, \cdots)$ 两者得到的 y_{t+k} 的预测的 MSE 相同，则 x 不能 Granger 引起 y。若函数为线性函数，且存在：

$$\text{MSE}[\hat{E}(y_{t+k}|y_t, y_{t-1}, y_{t-2}, \cdots)] = \text{MSE}[\hat{E}(y_{t+k}|y_t, y_{t-1}, y_{t-2}, \cdots, x_t, x_{t-1}, x_{t-2}, \cdots)] \tag{5-5}$$

那么，x 不是 y 的 Granger 原因 (James D. Hamilton, 1999)。

检验方程为：

$$y_t = \sum_{j=1}^m \alpha_j y_{t-j} + \sum_{j=1}^m \beta_j x_{t-j} + \varepsilon_{1t} \tag{5-6}$$

原假设 $H_0: \beta_t = 0$，备择假设 $H_0: \beta_t \neq 0 (i = 0, 1, 2, \cdots, n)$，若 H_0 成立则存在：

$$F = \frac{(\text{RSS}_0 - \text{RSS}_1)}{\text{RSS}_1/(n-m-1)} \sim F(r, n-m-1) \tag{5-7}$$

其中，n 为样本容量，r 为约束条件中的参数个数，m 为无约束回归方程个数，RSS_0 是有约束回归方程的残差和，RSS_1 为无约束回归方程的残差和。

前文已经检验了 M_0、M_1、M_2 同 GDP 存在协整关系，但是 M_0、M_1、M_2 是 GDP 变动的原因，还是 GDP 变动的结果，抑或是互为因果，就有必要对 M_0、M_1、M_2 与 GDP 采取 Granger 检验。分别取滞后 1 期和 2 期，对 M_0、M_1、M_2 与 GDP 采取 Granger 因果检验，结果如表 5-5 所示。

表 5-5　　　　M_0、M_1、M_2 与 GDP 的 Granger 因果关系检验

滞后期	零假设	F 统计量	P 值	结论
1	M_0 不是 GDP 的 Granger 原因	39.9842***	3.6E-0.7	拒绝
	GDP 不是 M_0 的 Granger 原因	0.24030	0.86694	接受
2	M_0 不是 GDP 的 Granger 原因	13.2468***	7.6E-0.5	拒绝
	GDP 不是 M_0 的 Granger 原因	6.97805***	0.00342	拒绝
1	M_1 不是 GDP 的 Granger 原因	39.0762***	4.8E-07	拒绝
	GDP 不是 M_1 的 Granger 原因	8.14596***	0.00732	拒绝
2	M_1 不是 GDP 的 Granger 原因	11.4326***	0.00023	拒绝
	GDP 不是 M_1 的 Granger 原因	1.82535	0.17645	接受
1	M_2 不是 GDP 的 Granger 原因	44.1337***	1.3E-08	拒绝
	GDP 不是 M_2 的 Granger 原因	6.07156***	0.01932	拒绝
2	M_0 不是 GDP 的 Granger 原因	18.7896***	4.8E-07	拒绝
	GDP 不是 M_2 的 Granger 原因	4.08356***	0.02823	拒绝

注：*** 表示 1%显著性水平；P 值列数据中"E-"标明 P 值极小，超出软件显示范围，为软件运行结果的原本形式，此值极小也与 F 统计量在 1%水平显著相互印证。

资料来源：中国人民银行官网和中国景气月报。

从表 5-5 可知，滞后 1 期中，GDP 不是 M_0 的 Granger 原因；滞后 2 期中，GDP 不是 M_1 的 Granger 原因。在 1%的水平上，M_0、M_1、M_2 均为 GDP 的 Granger 原因。在滞后 1 期和 2 期 GDP 与 M_2 互为 Granger 原因。在滞后 2 期，M_1 较 M_2 对 GDP 的影响要弱，即广义的货币供应量与产出的关系更加密切。

5.2.4　GDP 对 M_0、M_1、M_2 的脉冲响应分析

脉冲响应函数法是在 VAR 分析中，通过研究误差项变化或模型受到冲击时整个系统的动态影响，它描述在扰动项上施加一个一次性冲击对内生变量的当前值和未来值所发生的变化。其优点是每个模型都具有相同的滞后结构，并且无须考虑变量是外生的还是内生的。接下来研究货币供给的脉冲冲击对产出的影响。

图 5-1 说明，对 M_0 的随机扰动项施加 1 标准差的冲击时，第 1 期是对产出为不断增强的正向影响。第 2 期虽然也有正向影响，但强度逐渐减弱。

第3期至第7期，M_0对产出呈现轻微的、波动的正向影响。第8期以后，M_0对产出几乎产生相应变化，但一直维持在正值。而对GDP的随机扰动项施加1标准差的冲击时，在第1期至第2期，GDP对M_0的影响由正向不断缩小至负向。在第3期至第5期，负向影响减弱，逐步转正并逐步强化。第6期之后，正向作用在小幅减弱后，维持在均衡水平上。

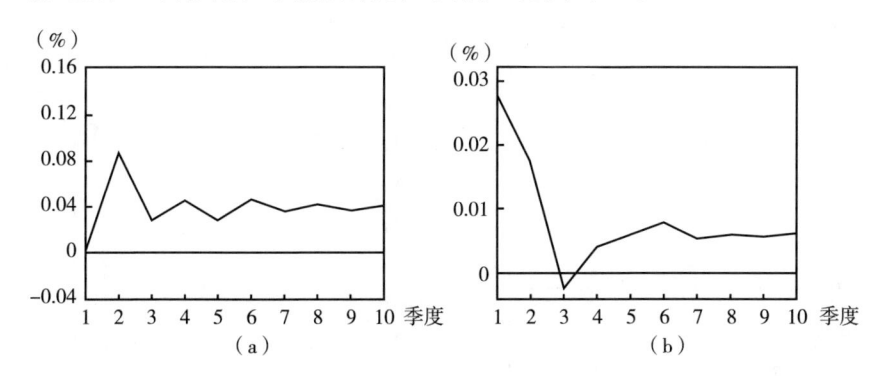

图 5-1 产出对 M_0 脉冲的响应函数

注：图（a）中的线表示GDP受M_0变动影响的脉冲响应；图（b）中的线表示M_0受GDP变动影响的脉冲响应。

图5-2说明，对M_1的随机扰动项施加1标准差的冲击时，第1期，对产出有不断增强的负向影响。第2期，负向影响开始逐渐减弱，并转正；第3期，M_1对产出的正向影响在升至最高点后逐步减弱。第4期后，M_1对产出的影响基本保持在正值。而对GDP的随机扰动项施加1标准差的冲击后，第1期，GDP对M_1影响为正，但强度不断减弱。第2期至第4期，正向影响持续增强。第5期之后，正向作用基本稳定在一个均衡水平之上。

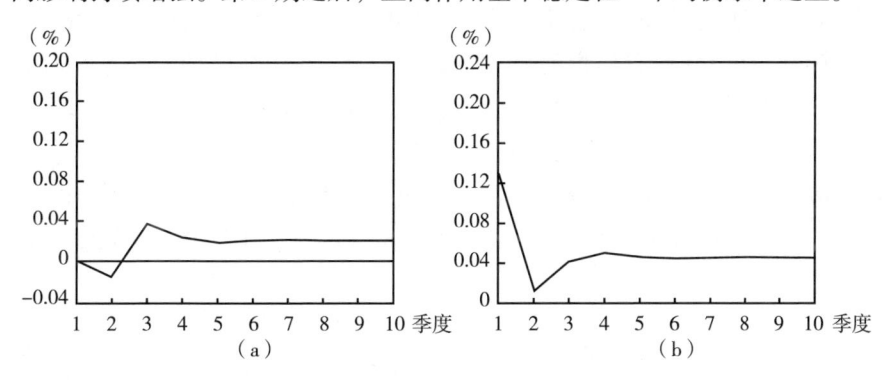

图 5-2 产出对 M_1 脉冲的响应函数

注：图（a）中的线表示GDP受M_1变动影响的脉冲响应；图（b）中的线表示M_1受GDP变动影响的脉冲响应。

图 5-3 说明，当 M_2 的随机扰动项施加 1 标准差冲击时，第 1 期对产出有逐渐增强的负向影响；在第 2 期至第 3 期对产出的负向影响减弱并转正；第 3 期至第 5 期内，M_2 对产出的正向影响逐步扩大至顶点后，开始衰减；第 6 期以后，M_2 对产出的影响稳定在某个正向水平。而对 GDP 的随机扰动项施加 1 标准差的冲击时，第 1 期 GDP 对 M_2 由负向作用逐步缩小为正向作用；在第 2 期至第 4 期，正向作用先扬后抑；第 4 期之后，正向作用基本稳定在一个固定水平。

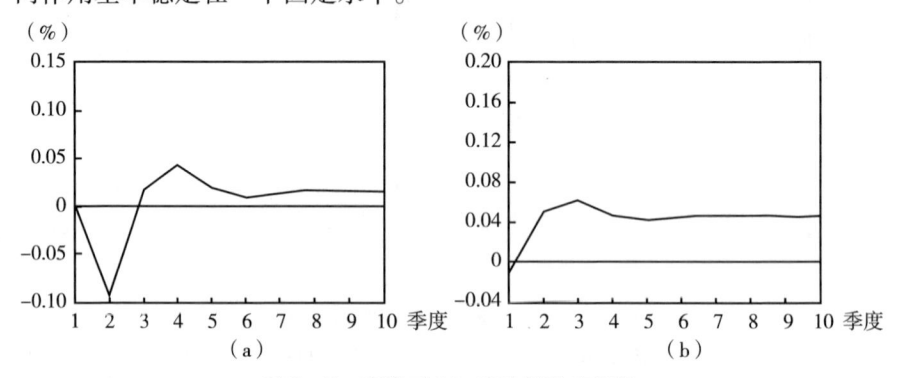

图 5-3 产出对 M_2 脉冲的响应函数

注：图（a）中的线表示 GDP 受 M_2 变动影响的脉冲响应；图（b）中的线表示 M_2 受 GDP 变动影响的脉冲响应。

因此，施加 1 标准差的冲击的随机扰动项在 M_0、M_1、M_2 上时，M_0 对产出波动的正向作用，比 M_1、M_2 的效应更大。对产出的随机扰动项施加 1 标准差冲击时，GDP 对 M_0 的作用由最大正向作用逐步缩小并转负，而后又回升至正向作用并稳定在某个均衡水平，但 GDP 对 M_1 的脉冲影响始终为正，而对 M_2 的影响则是由负转正，并稳定在某一正向均衡水平上。

至此，通过 Granger 检验，证实了货币供给变化能够对中国产出产生显著影响。在 1% 的置信程度上，M_0、M_1、M_2 均是 GDP 的 Granger 原因，而在滞后 1 期和滞后 2 期，GDP 与 M_2 互为 Granger 原因。研究结果说明，2001 年以来，随着人民银行调控水平的提高和货币政策工具的完善，货币供应量变动对调节中国国民经济的作用逐步体现。与此同时，中国货币供给与产出存在着显著的、稳定的、密切的关联性，中国货币供给量能够对产出产生影响。

5.3 利率与产出关系的实证研究

利率是金融市场最重要的价格指标，也是宏观经济政策调控的主要中介目标。由于金融深化和金融创新，货币量与经济产出的稳定的关系正在逐步变化。而直接调控货币量的货币政策也正在向间接调控金融市场价格的方式转变。所以，在关注货币量的同时，提升利率在经济调控中的作用是决策层和学者的重要关注点。

5.3.1 利率与利差时间序列的平稳性检验

利率作为一个能较好反映国家宏观经济的重要指标，决策层和市场一般通过利差的大小和利率的高低来判别和预测经济走势。进而通过利率政策影响市场利率改变市场预期，平稳经济运行。那么利率与经济产出之间是否如货币量一样存在着明确的函数关系呢？

本书选择贷款利率反映利率水平，这主要由于我国是一个以银行和间接融资为主的金融市场，贷款利率能较好地反映实体经济融资成本。再者，利差能较好地反映经济活动状况和市场预期，是央行参考的重要指标。本书选择国债十年期与一年期利差，以及一个月期与一年期 Shibor 利差来作为中长期和短期指标。

图5-4为GDP同比增长率与贷款利率的时序图。从图5-4中可见，贷款利率与GDP增长率大致保持同趋势变动，但值得注意的是，自2011年7月GDP增速大幅下滑后，贷款利率并没有出现下降走势，这使得GDP增长率与贷款利率间的差值快速缩小。而长短期利差与产出增长率的同趋势性关系并不明显，这需要对数据之间的数量关系进行实证考察。本书选

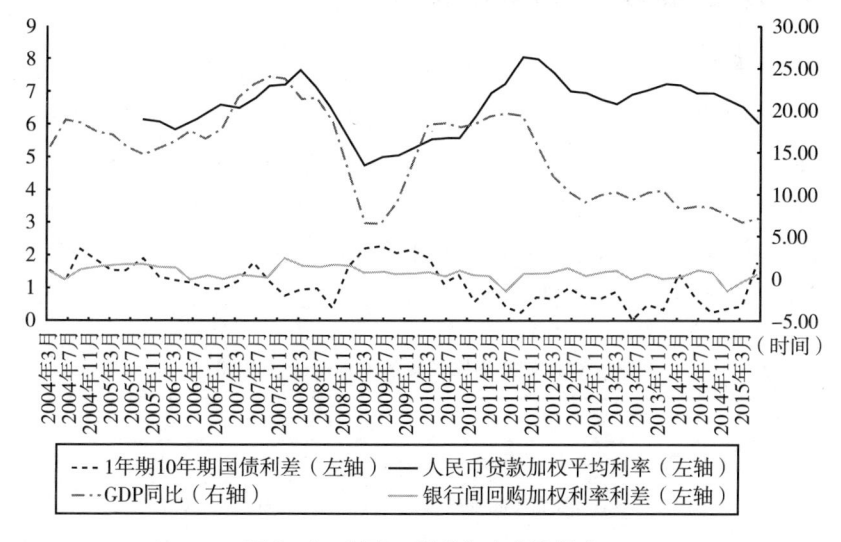

图5-4 利率、利差与产出增长率

资料来源：Wind 资讯。

择 2004 年第一季度至 2015 年第二季度的一年期贷款利率 CR1、利差选择国债十年期与一年期到期收益率利差和银行间回购利率一年期利率与一个月期利率的利差，记为 Spead_Bond，Spead_Repo。GDP 增长率记为 DGDP，贷款利率来自中国人民银行，收益率数据来自中央登记结算有限公司。同时，由于利率和 DGDP 内含通货膨胀元素，并且期限不匹配，这会导致计量结果出现偏误。本书将上述数据剔除价格因素水平，这里使用定基 CPI 表示价格水平，基期为 2004 年第一季度，计算公式为：

$$X\_r = X\_n/(1 + cpi) \qquad (5-8)$$

由于利率对产出的影响有一个传导过程，所以利率的调整对真实经济的影响存在一定时滞。本书先对上述数据进行 ADF 检验。

由表 5-6 中可见，利率的差分项在 1% 的置信区间下拒绝存在单位根过程，为平稳时间序列，利差在 5% 的置信区间内拒绝存在单位根过程，为平稳的时间序列。

表 5-6　　　　　　　　利率与利差的 ADF 检验

变量	ADF 值	检验形式（c, t, n）	5% 临界值	P 值	结论
CR1	-7.761759 ***	(C, 0, 0)	-2.929734	0	平稳
Spead_Bond	-3.028532 **	(C, 0, 0)	-2.928142	0.0398	平稳
Spead_Repo	-4.299614 ***	(C, 0, 0)	-2.928142	0.0013	平稳

注：*** 为 1% 的置信区间，** 为 5% 的置信区间，* 为 10% 的置信区间。

5.3.2　利率与产出的协整关系分析

前文已经检验了 CR1、Spead_Bond、Spead_Repo 都是平稳的，但是 CR1、Spead_Bond、Spead_Repo 是 GDP 变动的原因，还是 GDP 变动的结果，抑或是互为因果，就有必要对 CR1、Spead_Bond、Spead_Repo 与 GDP 采取 Granger 检验。分别取滞后 1 期到滞后 3 期。这主要由于当期利率水平可以有效地反映当前经济状况和政策意图，而由于利差变动均超前于产出波动，具有一定的预期性。对 Granger 因果检验结果如表 5-7 所示。

表 5-7　　　　　利率、利差与产出增长率的 Granger 因果检验

滞后期	零假设	F 统计量	P 值	结论
1	CR1 不是 DGDP 的 Granger 原因	6.41077 **	0.0158	拒绝
	DGDP 不是 CR1 的 Granger 原因	2.66860	0.1111	接受
2	CR1 不是 DGDP 的 Granger 原因	5.55149 ***	0.0084	拒绝
	DGDP 不是 CR1 的 Granger 原因	0.29770	0.7445	接受

续表

滞后期	零假设	F统计量	P值	结论
3	CR1 不是 DGDP 的 Granger 原因	4.22288 **	0.0132	拒绝
	DGDP 不是 CR1 的 Granger 原因	0.15477	0.9258	接受
1	Spead_Bond 不是 DGDP 的 Granger 原因	2.47197 **	0.0774	拒绝
	DGDP 不是 Spead_Bond 的 Granger 原因	1.07234	0.3730	接受
2	Spead_Bond 不是 DGDP 的 Granger 原因	4.33849 **	0.0199	拒绝
	DGDP 不是 Spead_Bond 的 Granger 原因	0.82144	0.4473	接受
3	Spead_Bond 不是 DGDP 的 Granger 原因	7.00711 **	0.0114	拒绝
	DGDP 不是 Spead_Bond 的 Granger 原因	0.34673	0.5591	接受
1	Spead_Repo 不是 DGDP 的 Granger 原因	2.12487	0.1524	接受
	DGDP 不是 Spead_Repo 的 Granger 原因	2.39781	0.1290	接受
2	Spead_Repo 不是 DGDP 的 Granger 原因	0.78061	0.4652	接受
	DGDP 不是 Spead_Repo 的 Granger 原因	2.21964	0.1222	接受
3	Spead_Repo 不是 DGDP 的 Granger 原因	0.97415	0.4156	接受
	DGDP 不是 Spead_Repo 的 Granger 原因	1.63150	0.1992	接受

注：**、*** 分别表示在0.05和0.01的显著性水平上拒绝原假设。

由格兰杰检验结果可见，在滞后1期到滞后3期条件下，一年期贷款利率都是产出增长率的格兰杰原因，而产出增长率却不是贷款利率的格兰杰原因。值得注意的是，滞后2期下，检验的结果在1%的置信水平下显著，表明贷款利率水平优先于产出增长率变动有两个季度的时间。利差检验结果表明，1年期与10年期国债利差是产出增长率的格兰杰原因，而产出增长率并非利差变动的原因。从不同滞后期结果的对比中可见，滞后期为3的检验结果F统计量的结果要显著优于滞后期短的统计量，说明利差的预期特征大于三个季度以上。回购利差与产出增长率在3种滞后期检验下并不存在格兰杰因果关系，这主要由于短端利率水平变动受到短期因素影响较为频繁，而市场分割、参与者属性等诸多因素使得这些影响难以传导至长端利率；同时回购利率相比国债利率包含了溢价成分，溢价波动受到较多短期因素影响。我国的短期资金市场发展并不完善，风险管理能力较差，这都会增大溢价的波动幅度和频率，增强利差变动的不确定性。本书认为长短期国债利差和贷款利率水平都可以有效地影响产出，这对政策选择具有很强的指导意义。

5.3.3 GDP增长率受利率、利差冲击的脉冲响应分析

贷款利率和长短利差都是价格型政策工具调控中介目标。掌握产出对

利率政策反映时域特征，这对于政策制定十分必要。根据上述格兰杰检验的研究结果，使用脉冲响应分析利率和利差对产出增长率的动态影响。

由图 5-5 的脉冲响应图可以看出，贷款利率对产出具有先正后负的影响。当央行提高利率，货币政策的价格效应会推高企业的经营成本，当期导致生产商提高产出商品价格，由此使得统计层面 GDP 增长。这种由价格效应推动的产出增长只是成本型通货膨胀的具体体现。随着时间推移，价格主导下需求的调整会使产出水平逐步下降，贷款需求也会随着需求的减弱而降低。这种自我增强的过程最终会随着需求和供给平衡的过程而逐步调整，最终恢复到政策实施前的状态。所以，从上述脉冲响应可以看到，价格效应在价格型政策工具的使用中应该引起决策层的重点关注。

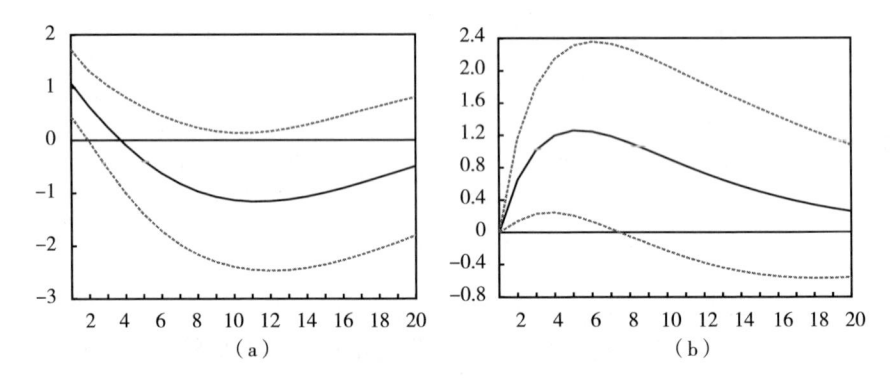

图 5-5　产出增长率受利率、利差冲击的脉冲响应

注：图 (a) 中的实线表示 GDP 增长率受贷款利率变动影响的脉冲响应，图 (b) 中的实线表示 GDP 增长率受利差变动影响的脉冲响应。两图虚线均表示正负两倍标准差偏离带。

利差的增大代表投资者倾向短期投资，收益率曲线斜率增大预示经济繁荣的表现。所以，当利差出现脉冲冲击后，产出增长率并不会迅速上升，而在滞后 5 期达到最大。央行在压低和提高短期利率时，利差会配合市场预期增大和减小，宽松的政策在降低利率刺激投资的同时，也是在给予投资者预期引导。利差的预期属性是政策调控必不可少的环节。

第 6 章　中国货币政策对物价影响的实证分析

《中华人民共和国中国人民银行法》规定：我国的"货币政策目标是保持货币币值的稳定，并以此促进经济增长。"稳定币值、保持物价稳定是政策调控的首要目标。随着金融业态的多元化以及货币政策工具的丰富，货币政策中介目标与物价的传导机制逐步产生变化。所以，当下研究中介目标对物价的影响对政策工具使用和政策目标的制定至关重要。本章将就货币政策中介目标对物价的调控机制进行理论和实证研究。

6.1　货币量调控物价的实证分析

许多国内外学者认为，物价、产出与货币量之间存在非常密切的关系。传统的凯恩斯主义理论认为，无论是短期还是长期，货币政策冲击都对总产出产生重要影响，货币流通速度并不稳定，并且认为在货币政策传导中存在 $M \Rightarrow r \Rightarrow I \Rightarrow Y$ 的作用机制。米尔顿·弗里德曼（Milton Friedman）指出："无论何时何地，通货膨胀都是一种货币现象"，减少货币的供应量是抑制通货膨胀的最为有效的手段。麦坎迪斯和韦伯（McCandless and Weber, 1995）在对 100 多个国家的数据进行研究后认为，物价水平和货币供给相关性很强。在长期，货币供给的变化必将导致物价水平同方向、同幅度的变动。本书通过构建内生增长的 CLA 模型，贵斌威、甄苓（2008）在对中国的相关数据进行研究后认为，货币供给速度加快会导致物价水平上涨，并会对经济增长率产生影响。

6.1.1　建模依据

对 Fisher 交易方程

$$PT = MV \tag{6-1}$$

其中，P 代表价格水平，T 代表实际收入水平，M 代表货币供应量，V 代表货币流通速度。

对式（6-1）两边取自然对数得：
$$\ln P + \ln T = \ln M + \ln V \quad (6-2)$$

在对式（6-2）求关于时间 t 的微分，整理得：
$$\frac{\dot{P}}{P} = \frac{\dot{M}}{M} + \frac{\dot{V}}{V} - \frac{\dot{T}}{T} \quad (6-3)$$

记 $\pi = \frac{\dot{P}}{P}$，$\hat{m} = \frac{\dot{M}}{M}$，$\hat{v} = \frac{\dot{V}}{V}$，$\hat{t} = \frac{\dot{T}}{T}$

则可以将式（6-3）改写为 $\hat{\pi} = \hat{m} + \hat{v} - \hat{t}$，此时，$\hat{\pi}$ 代表通货膨胀率、$\hat{m}$ 代表货币增长率、$\hat{v}$ 代表货币流通速度变化率、$\hat{t}$ 代表产出增长率。因此，物价变动率受货币供应量变动率、货币流通速度变动率和产出增长率共同影响。

6.1.2 指标选择

1. 通货膨胀指标的选择

衡量通货膨胀常用的指标有 CPI、WPI、GDP Deflator 等。国际上通常采用 CPI 来衡量某国的通货膨胀水平。虽然 CPI 存在商品范围较窄，不能完全反映全社会物价变动的缺点，但它同时具备公布较为频繁，透明度高，能够直接反映居民生活成本变化的优势。因此，在权衡利弊之后，本书选取 CPI 作为衡量物价变动的指标。在货币供应量指标的选择方面，本书选取 M_2 作为货币供给的指标，因为 M_2 能够全方位地反映现实及潜在的购买力，并且在中国货币政策调控中更多地将 M_2 作为货币政策中介目标。在产出方面，则选取了 GDP 实际增长率作为测度经济增长的指标。

2. 数据汇总

1990~2014 年我国通货膨胀、经济增长以及货币供给情况如表 6-1 所示。

表 6-1　　　　1990~2014 年中国产出、物价和货币供应情况

年份	GDP（亿元）	M_2（亿元）	GDP 实际增长率（%）	M_2 增长率（%）	CPI
1990	18774.30	15293.40	9.85	27.98	3.1
1991	21895.50	19349.90	16.62	26.52	3.4

续表

年份	GDP（亿元）	M_2（亿元）	GDP实际增长率（%）	M_2增长率（%）	CPI
1992	27068.30	25402.20	23.62	31.28	6.4
1993	35524.30	34879.80	31.24	37.31	14.7
1994	48459.60	46923.50	36.41	34.53	24.1
1995	61129.80	60750.60	26.15	29.47	17.1
1996	71572.30	77265.00	17.08	27.18	8.3
1997	79429.50	90631.83	10.98	17.30	2.8
1998	84883.70	104498.50	6.87	15.30	-0.8
1999	90187.70	119898.00	6.25	14.74	-1.4
2000	99776.30	138356.47	10.63	15.40	0.4
2001	110270.40	158301.92	10.52	14.42	0.7
2002	121002.00	185006.97	9.73	16.87	-0.8
2003	136564.60	221222.82	12.86	19.58	1.2
2004	160714.40	253207.70	17.68	14.46	3.9
2005	185895.80	298755.67	15.67	17.99	1.8
2006	217656.60	345577.91	17.09	15.67	1.5
2007	268019.40	403401.30	23.14	16.73	4.8
2008	316751.70	475166.60	18.18	17.79	5.9
2009	345629.20	610224.52	9.12	28.42	-0.7
2010	408903.00	725851.79	18.31	18.95	3.3
2011	484123.50	851590.90	18.40	17.32	5.4
2012	534123.00	974148.80	10.33	14.39	2.6
2013	588018.80	1106524.98	10.09	13.59	2.6
2014	636138.70	1228374.81	8.18	11.01	2.0

资料来源：Wind资讯。

使用表6-1的数据做CPI与GDP增长率、CPI与M_2增长率的关系图（见图6-1、图6-2）。从图6-1、图6-2可以直观地看出，CPI、GDP、M_2增长率的变动趋势基本吻合，而且呈现一个特点：M_2、GDP的增长变化在前，CPI的变动在后的特点。即CPI变动相对于M_2与GDP变动具有滞后性，这也符合直观的经济现象与经济理论。因此，建立模型时，本书

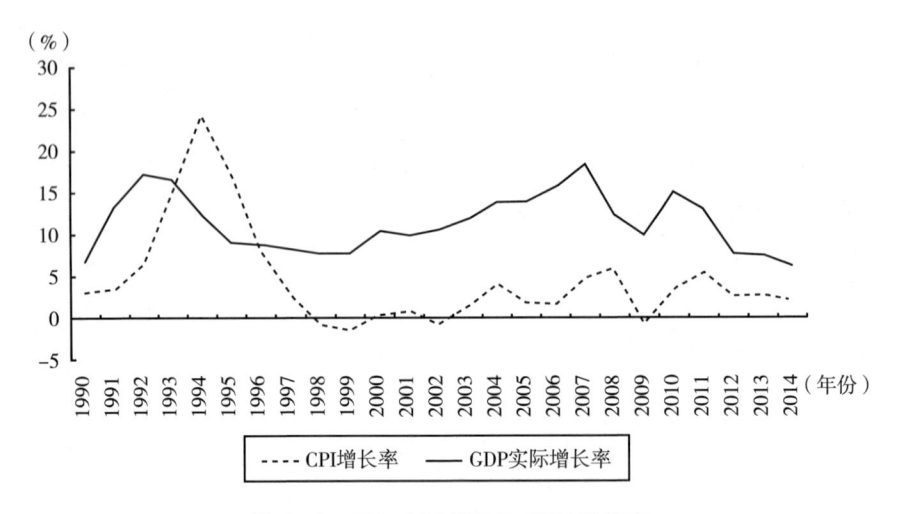

图 6-1 历年中国 CPI 与 GDP 增长率

资料来源：Wind 资讯。

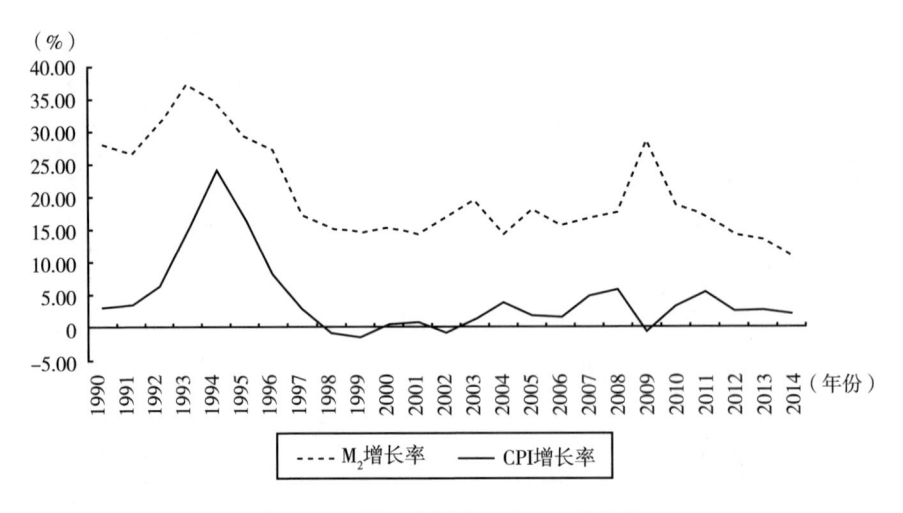

图 6-2 历年中国 CPI 与 M_2 增长率

资料来源：Wind 资讯。

选取了滞后 1 期的变量，即 $M_2(-1)$ 代替 M_2，$GDP(-1)$ 代替 GDP，并得到以下模型：

$$CPI = C(1) + C(2) \times GDP(-1) + C(3) \times M_2(-1) + \varepsilon \quad (6-4)$$

其中，CPI 代表通货膨胀率；$GDP(-1)$ 代表滞后 1 期的 GDP 实际增长率；$M_2(-1)$ 代表滞后 1 期中 M_2 的增长率；$C(1)$ 为常数项；$C(2)$ 则是滞后 1 期时，GDP 对 CPI 的弹性；$C(3)$ 是滞后 1 期中对 M_2、CPI 的弹性；ε 为随机扰动项。

6.1.3 回归分析

本书采用最小二乘法估计模型进行回归,回归结果如表6-2所示。

表6-2　　　　　　　　　　　多元线性回归结果

被解释变量:CPI
方法:最小二乘
日期:04/12/13　　时间:11:1
样本(调整):1991 2011
观测值:21(调整数据端点)

Variable	Coefficient	Std. Error	t-statistic	Prob.
C	-16.089640	3.114762	-5.142134	0.0002
GDP(-1)	0.743918	0.336741	2.148412	0.0356
M_2(-1)	0.685433	0.111165	5.192138	0.0001
R^2	0.794284	Mean dependent var		4.820000
Adjusted R^2	0.775326	S.D. dependent var		6.782348
S.E. of regression	3.296473	Akaike info criterion		5.376281
Sum squared resid	185.178900	Schwarz criterion		5.516827
Log likelihood	-49.539420	F-statistic		31.377430
Durbin Watson stat	1.198196	Prob(F-statistic)		0

1. 经济意义的检验

表6-2显示,滞后1期的M_2增长率的系数为0.685433,GDP增长率的系数为0.743918,均大于0,这与货币供应量的增加与GDP增长,会引起通货膨胀压力的理论一致。

2. 统计意义的检验

在显著性水平为5%时,C(1)、C(2)、C(3)的P值均通过了t检验。通过实证研究表明,本书构建的货币供应量与通货膨胀的模型能够通过回归系数的显著性检验,中国的货币供应量的增加与通货膨胀存在显著的关系。

在回归结果中,F值为31.37743,Prob(F-statistic)=0 << 0.05,因此,此回归模型也通过了整体线性的显著性检验。由于该模型的R^2=0.775326,说明模型具有良好的拟合优度。

3. 经济计量意义的检验

(1)多重共线性。由于该多元模型只有两个解释变量,可以运用相关系数矩阵进行检验。表6-3说明,GDP的实际增长率与M_2增长率的相关系数为 0.542224。也可以作 $M_2(-1)$ 与 GDP(-1) 的辅助回归并观察相应的 R^2 值,从两者的辅助回归方程中可得出 R^2 为 0.282521。可见,此模型中不存在多重共线性。

表 6-3　　　　　　　　　模型各变量之间相关系数

变量	GDP(-1)	$M_2(-1)$	CPI
GDP(-1)	1.000000	0.542224	0.683928
$M_2(-1)$	0.542224	1.000000	0.861597
CPI	0.683928	0.861597	1.000000

(2) 异方差。因为样本容量相对较少,仅为 22 个,且解释变量个数大于 1。包含交叉乘积项的 White 检验的 $Obs \times R^2$ (12.20367) 之后的伴随概率 (0.0317) 小于显著性水平 5%,因此,模型存在异方差问题,有必要通过修正,消除异方差问题。本书采取 WLS 法(加权最小二乘法)进行修正,结果如表 6-4 所示。

表 6-4　　　　　　　　　模型修正结果

被解释变量:CPI
方法:最小二乘法
日期:04/12/13　　　时间:11:13
样本(调整):1991 2014
观测值:22(调整数据端点)
权数系列:1/ABS(E)

Variable	Coefficient	Std. Error	t-statistic	Prob.
C	-17.81623	0.842054	-24.68459	0
GDP(-1)	1.020144	0.112696	8.332445	0
$M_2(-1)$	0.587937	0.046928	12.37621	0
R^2	0.992613	Mean dependent var		3.204126
Adjusted R^2	0.987432	S. D. dependent var		5.021732
S. E. of regression	0.683242	Akaike info criterion		2.165789
Sum squared resid	7.263025	Schwarz criterion		2.284624
Log likelihood	-18.26809	Hannan-Quinn criter		2.143418
F-statistic	498.1657	Durbin Watson stat		1.796231
Prob(F-statistic)	0			

通过对模型进行修正,各变量的 P 值均为 0。所以,在显著水平 5% 上,t 检验均是显著的。F 值为 498.1657,Prob(F-statistic) = 0,明显大

于临界值，所以，模型线性关系显著。修正的 $R^2 = 0.987432$，说明修正后的回归模型拟合更加完美。而且此时包含交叉乘积项的 White 检验的 $OBS \times R^2 (11.02732)$ 后面的伴随概率（0.0962）大于显著性水平 0.05，表明此模型不存在异方差的问题。

（3）自相关。修正后模型样本容量为 22，模型中解释变量的个数为 2，D.W. 值为 1.796231，5% 的显著性水平上，d 的临界值 $du = 1.42888$，$4 - du = 2.571112$，D.W. 落在此区域之内。本模型不存在自相关问题。综上所述，得到包含 CPI、GDP 和 M_2 的方程：

$$\hat{CPI} = -17.81623 + 1.020124 \times GDP(-1) + 0.587937 \times M_2(-1)$$
$$\begin{array}{ccc} (0.742053) & (0.112696) & (0.046928) \\ (-24.68459) & (8.332445) & (12.37621) \\ (0) & (0) & (0) \end{array}$$

$$(6-5)$$

$$\bar{R}^2 = (0.991432), F = (0), D.W = (1.596231) \quad (6-6)$$

通过对 1990~2014 年中国的 CPI、GDP、M_2 的数据进行分析，得出以下论断：通货膨胀在中国一定程度上受 M_2 影响，M_2 变动 1% 的，下一期的物价就会上涨 0.58%。考察期的大部分时间内 M_2 的变化与 CPI 的变化一致，较高的货币供应量变动是诱发通货膨胀的主要原因。此外，GDP 的大幅变化会在倒逼 M_2 增长的同时，会引发 CPI 的迅猛上涨。其政策含义就是：人民银行要抑制通货膨胀，就需要确保中国经济增速保持在合理区间。由于货币供给与产出对物价的影响存在滞后性，人民银行在调控时更要审时度势，妥善地、科学地寻求货币供给、经济增长与物价稳定的最佳均衡点。

6.2 利率调控物价的实证分析

6.2.1 利率调控物价的机理

利率是通过影响企业和居民的经营成本影响货币需求的，因此，利率工具在控制通货膨胀中具有间接性的特点，即不能直接控制货币需求规模，而是通过"诱导"市场主体资金需求的方式，间接控制市场中的货币流通量。利率只具有控制通货膨胀的可能性，而不是必然性。当市场主体能够承受利率工具带来的成本变动时，提高利率就无法控制通货膨胀；反之，当市场主体无法承受利率工具带来的成本变动时，提高利率就能够控制通货膨胀。我国在 2007 年紧缩的货币政策中就出现了通货膨胀不可控的现象。

自 2006 年开始，我国经济逐步出现过热情况。到 2007 年 7 月，央行将"稳中适度从紧的货币政策"转向"从紧的货币政策"，提出"防止经济增长由偏快转为过热，防止价格由结构性上涨演变为明显通货膨胀。如图 6-3 所示，2007 年全年央行多次提高贷款基准利率，金融机构贷款平均利率也在这一阶段稳步上升。但相异的是，CPI 同比值在多次提高基准利率后依旧居高不下且出现快速上涨之势。直到 2008 年出现全球性金融危机，在这一外部冲击下，通货膨胀和利率才出现快速下滑。

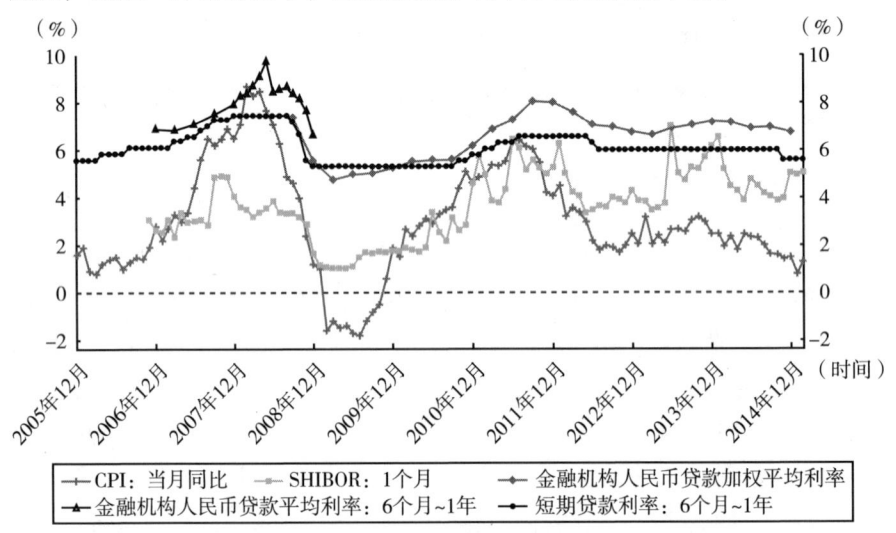

图 6-3 提高贷款利率和价格水平变化

资料来源：Wind 资讯。

自 2009 年下半年开始，货币政策重新回归常态调控，货币政策由"适度宽松"转变为"稳健"，主要是应对刺激政策后出现的通货膨胀问题。期间，央行 5 次提高存贷款基准利率。而这一过程中 CPI 增长率并没有随着基准利率上升而出现下降趋势，反而随着基准利率的提高而加速上升。持续的调息结束后，CPI 增长率在 2011 年初才出现下降。

这一现象被称为"价格之谜（Price Puzzle）"。对这一现象的解释为：名义利率的上升会提高企业的生产成本，因此紧缩性货币政策的通过对供给因素的影响将使总产出下降。紧缩性的货币政策虽然会通过降低总需求来抑制通货膨胀水平，但与此同时也会提高企业的借贷成本，从而使价格水平的下降程度受到抑制，并有可能上升，而货币政策的产出效应将更为明显。研究认为，利率调整不仅对总需求产生影响，也会通过成本引起供给变化，从而对经济施加影响，也就是说，货币政策的变化影响了企业营运资本的利息负担，进而对边际成本和物价水平产生影响。

6.2.2 基于 VAR 模型的实证分析

1. 变量选取

VAR 模型是分析货币政策的常用工具，因为它不需要对模型中货币政策变量的内生性和外生性作出事先的假定。考虑到我国货币政策变量是内生的还是外生的问题一直都存在着争议，本章将采用这一计量模型对我国的货币政策效应进行经验分析。本书的样本区间为 2000 年 1 月至 2015 年 8 月。在利率的选取上，贷款利率数据缺乏月度数据且样本区间较短，考虑到银行间同业拆借市场是我国目前利率市场化程度最高的市场利率，且运行时间较长，本书采用银行间回购加权利率，并进行月度处理。在通货膨胀指标的选取上，本书还将生产者物价（PPI）指标放入模型，主要目的是分别考察生产领域价格水平和消费领域价格水平所表现的结构性问题。最后本书为了分析需要，将产出的数据放入模型中，这主要为了分析在货币政策实施中，产出和价格变动的变动关系，由于缺乏月度 GDP 数据，本书使用月度的工业增加值作为替代变量，并进行季度调整。

关于 VAR 模型中各变量的顺序，我们首先参照陈飞等（2002）的研究结果，即货币政策工具变量对经济的影响存在滞后性。根据菲利普斯曲线，当期的产出可能会对当期的通货膨胀水平产生影响，格拉奇和彭（Gerlach and Peng，2006）对中国的产出缺口和通货膨胀关系的研究结果也肯定了这一点，因此本书将产出排在物价水平之前。从而结合相关研究及我国货币政策传导路径的现实，我们设置变量顺序为：产出—通货膨胀—利率。

2. 变量平稳性检验

为了防止伪回归现象的出现，在估计 VAR 模型时，先对各变量的平稳性进行单位根检验。

由表 6 - 5 可知，CPI、PPI、IAV（工业增加值）自身具有单位根过程，而通过一阶差分后，均在 1% 的置信区间下拒绝存在单位根过程，说明时间序列的变化率是平稳的。而回购利率 REPO 在 1% 的条件下也是平稳时间序列。

表 6 - 5　　　CPI、PPI、工业增加值和回购利率的单位根检验

变量	ADF 值	检验形式（c, t, n）	5%临界值	P 值	结论
ΔCPI	- 6.095348 ***	(c, 0, 11)	- 2.967868	0	平稳
ΔPPI	- 6.068324 ***	(c, 0, 1)	- 2.877012	0	平稳
ΔIAV	- 10.56525 ***	(c, 0, 2)	- 2.882279	0	平稳
REPO	- 3.465392 ***	(c, 0, 0)	- 2.876843	0.0021	平稳

注：*** 表示 1% 显著性水平。

关于滞后阶数的选择，一方面滞后阶数应足够大，这样才能充分反映模型的动态特征；而另一方面又要考虑自由度的问题，但随着滞后阶数的增加，模型的自由度便会减少，因此必须在二者之间进行权衡。一般采用 AIC 准则（Akaike）和 SIC 准则（Schwartz – Bayesian）来确定，选择的阶数应使两个准则的值越小越好。本书经过检验，发现滞后阶数为 2 时，AIC 和 SIC 值都最小，所以检验选择滞后阶数为 2 的 VAR 模型。对 AR 根检验发现，此时所有参数矩阵的模型都小于 1，说明滞后阶数为 2 的 VAR 模型是稳定的。

3. 计量结果分析

表 6 – 6 列出回购利率关于 CPI 和 PPI 回归所得参数。

表 6 – 6　　　　　　　　　　VAR 模型估计结果

变量	CPI	PPI	Repo
CPI（-1）	0.933415 (0.07736) [12.0665]	0.245936 (0.08050) [3.05529]	0.029194 (0.01535) [1.90133]
CPI（-2）	0.019331 (0.07952) [0.24312]	-0.192171 (0.08274) [-2.32252]	-0.016027 (0.01578) [-1.01544]
PPI（-1）	0.124335 (0.05418) [2.29500]	1.555493 (0.05638) [27.5919]	0.011489 (0.01075) [1.06840]
PPI（-2）	-0.125893 (0.05390) [-2.33566]	-0.610966 (0.05609) [-10.8930]	-0.012313 (0.01070) [-1.15089]
CREDIT（-1）	0.801472 (0.37309) [2.14821]	1.002792 (0.38823) [2.58298]	1.290008 (0.07406) [17.4195]
CREDIT（-2）	-0.828350 (0.37125) [-2.23122]	-1.165434 (0.38632) [-3.01674]	-0.345130 (0.07369) [-4.68346]
C	0.283229 (0.60604) [0.46734]	0.897909 (0.63064) [1.42381]	0.289584 (0.12029) [2.40728]

续表

变量	CPI	PPI	Repo
R^2	0.926573	0.977944	0.960268
Adj. R^2	0.924112	0.977205	0.958936
Sum sq. resids	66.638900	72.157830	2.625517
S. E. equation	0.610151	0.634914	0.121110
F – statistic	376.466900	1322.787000	721.035200
Log likelihood	–168.462000	–175.861700	132.301000
Akaike AIC	1.886688	1.966255	–1.347323
Schwarz SC	2.008087	2.087654	–1.225924
Mean dependent	2.293333	1.467688	5.855108
S. D. dependent	2.214883	4.205261	0.597658

从参数中可以看到，滞后一期和滞后二期的回购利率 Repo 对 CPI 和 PPI 影响分别在 5% 的条件下显著，滞后一期的系数为正，滞后二期的系数为负值。说明利率的正向冲击短期内会使得 CPI 和 PPI 上升，而随着时间推移，利率上升会降低 CPI 和 PPI 数值。

图 6-4 为 CPI 和 PPI 增长率受利率变动影响的脉冲响应。图 6-4（a）中，当利率出现脉冲冲击后，CPI 增长率迅速上升，在第 4 个月后达到正向峰值。随后，CPI 指标开始下降，第 11 个月后，CPI 增长率出现负值变动，随后慢慢收敛至初始值。该过程表现出的长期累积效应，"价格之谜"的持续期达到 10 个月之久。图 6-4（b）PPI 的变动较 CPI 幅度更大，时间更快。PPI 增长率的超调量达 0.3，远高于 CPI 的 0.15。时间方面，PPI 在冲击后 9 个月由正转负，短于 CPI 调节时间。这主要是由于随着利率的上升，企业的利息负担必然增加，而在成本加成定价的条件下，企业必将这一负担转嫁到产品价格之上。同时，由于工业品价格变动对消费品具有传导机制，所以工业品价格向消费品价格传导具有一定的时滞。且由于成本提升后，企业往往会通过其他方式对冲成本的上升，对下游产品价格的影响会随着产业链的延伸会减弱，企业在价格传导中具有缓冲作用。这些原因都导致了 CPI 较 PPI 波动更小且更慢。所以，货币政策在调控物价过程中，应重点关注产业链的价格弹性，即产业链中企业对成本传导的缓冲作用，如果企业成本管理等能力提升可以有效地对冲价格上升，那么反映在终端的物价水平就会受到较小的影响。同时，金融业对冲风险产品应成为价格风险管理的重要一环，丰富金融产品也会降低价格波动。这些措施

都会降低货币政策干预经济的频次,提高市场出清效率,这也是宏观调控所需要考虑的重要一环。

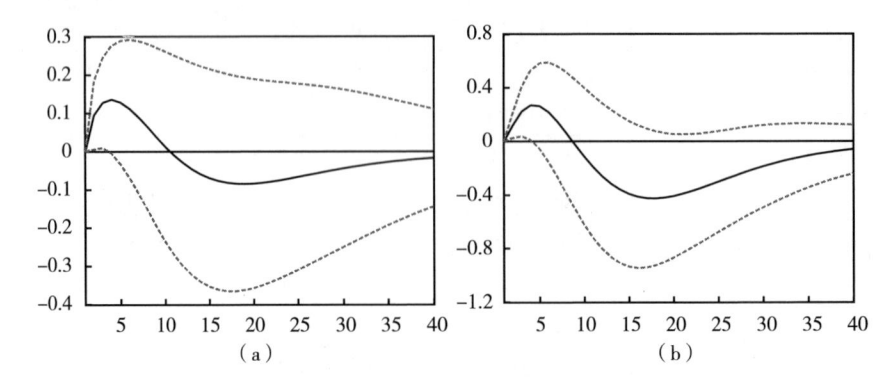

图6-4 价格水平受利率影响的脉冲响应

注:图(a)中实线表示CPI增长率受利率变动影响的脉冲响应,图(b)中实线表示PPI增长率受利率变动影响的脉冲响应;两图虚线均表示正负2倍标准差偏离带。

以上经验结果说明,利率政策的变化不仅会对物价水平产生"总量效应"特点,其由成本黏性所导致的"价格之谜"特征也十分突出。考虑到"价格之谜"现象产生的理论和在我国的现实表现,预示着中央银行不应该只是盯住单一的中介目标,而是建立一个中介目标体系,并采取更加循序渐进的方式来实现宏观调控的四大目标。为此,中央银行在目前和未来一段时间内,应继续完善以价格型工具的中介目标框架体系,处理好短期、中期、长期目标关系,提升工具目标的协同性,以充分发挥货币政策调控的联结和导向作用,并更好地贯彻货币政策意图,从而进一步提高货币政策有效性。

第7章 中国货币政策对国际收支影响的实证分析

7.1 1982年以来中国国际收支的基本情况

7.1.1 国际收支的总体变化情况

经常项目、资本项目、外汇储备、误差与遗漏这四项内容共同构成国际收支的一级科目。其中，外汇储备的变动可以用来衡量经常账户与金融资本账户的差额变动。中国国际收支按照一级科目的变化特点可以被分为四个阶段：

第一个阶段：1982~1993年。这一阶段中国严重缺少外汇储备，国际收支基本呈现"顺差+逆差"或"逆差+顺差"结构。其中1983年、1984年、1985年外汇储备呈现连年减少的态势。

第二个阶段：1984~2004年。这一阶段的各项目变化相对平稳，中国的国际收支开始出现"双顺差"。同时，误差与遗漏呈现负值。

第三个阶段：2006~2011年。这段时期国际收支继续表现为"顺差+顺差"的"双顺差"结构，同时有一些新的特点有别于前一阶段。第一，资本和金融项目的波动幅度逐渐加剧；第二，经常项目出现巨额顺差；第三，由于资本市场的大进大出现象，净误差与遗漏项逐年加大，并由正转负。

第四个阶段：2012~2014年。我国经历了前期双顺差的阶段后，经常项目差额趋于稳定。而资本和金融项目差额出现剧烈的波动，主要由于这一阶段资本从净流入向净流出的趋势性转变。净误差与遗漏持续负增长也反映了这一趋势（见图7-1）。

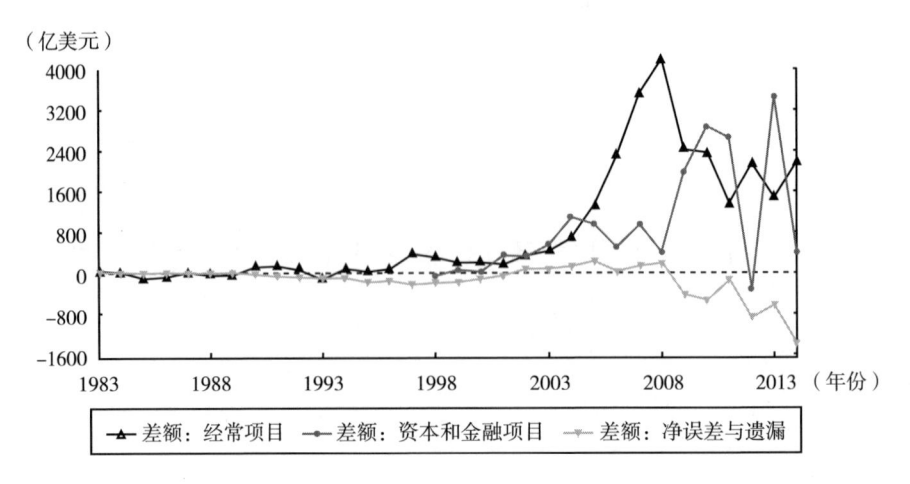

图 7-1 1983~2013 年国际收支的一级科目

资料来源：国家外汇管理局。

7.1.2 国际收支的二级科目变化情况

从经常账户方面看，1982~2014 年，中国经常项目变化主要可以被划分为两个阶段：第一个阶段是 1982~1993 年，其主要特点是经常项目下各账户流量规模很小且为逆差；第二个阶段是 1994~2014 年，其特点是各账户的流量呈现逐年增加。其中货物与服务 21 年来连年顺差。由于引进外资战略的影响，收益差额项目在 1994~2014 年仅有两年出现顺差，究其原因是受到引进外资战略影响。经常项下的国际收支的特征总的可以概括为三点：一是货物和服务差额连年顺差；二是货物和服务的差额占主导地位；三是收益差额的逆差冲抵了部分货物和服务差额的顺差（见图 7-2）。

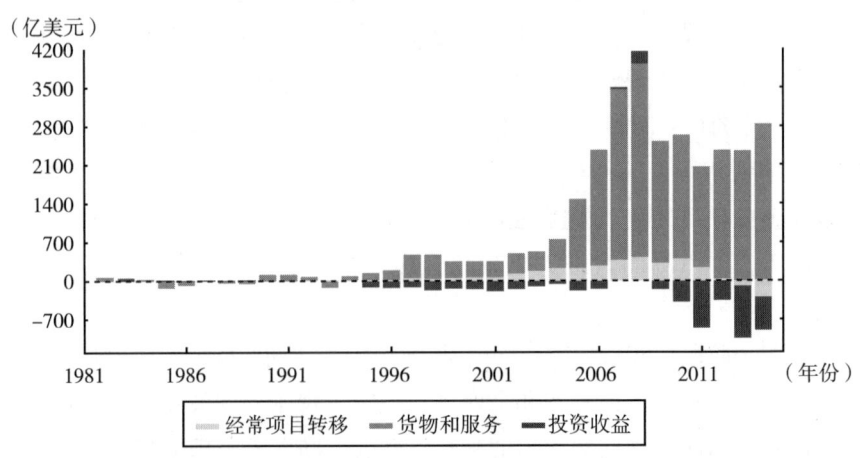

图 7-2 1981~2011 年国际收支结构账户中的经常账户结构

资料来源：国家外汇管理局。

在金融账户方面。由于金融项目是资本与金融项目的主要组成部分，资本与金融项目曲线基本重合。金融账户呈现持续顺差（除1990年、1992年、1998年外），比经常项目变动更大。金融项目可划分为3个阶段：第一阶段是1982~1993年，流量规模相对较小。第二阶段是1994~2011年，此阶段金融项目顺差和波动幅度都有所增大，2008~2011年更是出现了井喷式的增长。第三阶段是自2012年开始，这一阶段的资本与金融项目差额剧烈波动（见图7-3和表7-1）。

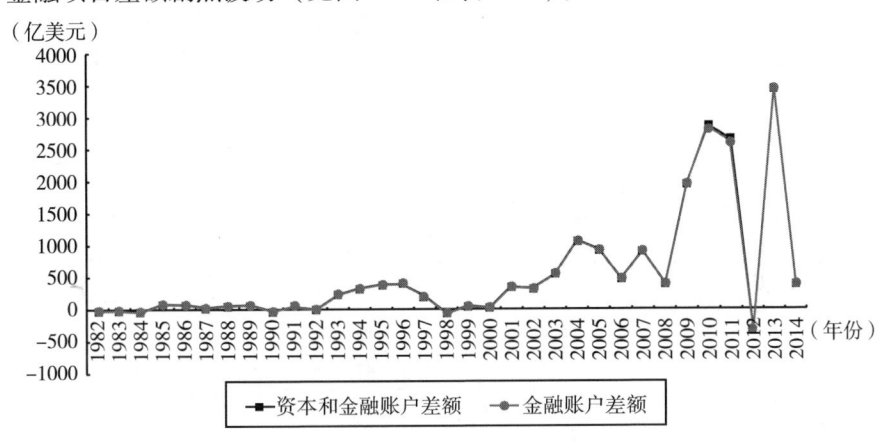

图7-3　1982~2014年国际收支结构中的资本和金融账户结构

资料来源：国家外汇管理局。

表7-1　　　　　1982~2014年货物差额与误差遗漏项目的比值　　　　单位：亿美元

年份	货物差额	净误差与遗漏	占比
1982	42	2.79	0.0657
1983	20	-1.73	-0.0869
1984	0	11.91	85.0714
1985	-131	-24.90	0.1897
1986	-91	-12.32	0.1348
1987	-17	-13.71	0.8254
1988	-53	-10.11	0.1902
1989	-56	0.92	-0.0164
1990	92	-31.34	-0.3420
1991	87	-67.61	-0.7733
1992	52	-82.52	-1.5921
1993	-107	-98.03	0.9201
1994	73	-97.75	-1.3409
1995	181	-178.30	-0.9878
1996	195	-155.47	-0.7959

续表

年份	货物差额	净误差与遗漏	占比
1997	462	-222.54	-0.4815
1998	466	-187.24	-0.4017
1999	360	-177.88	-0.4944
2000	345	-118.93	-0.3450
2001	340	-48.56	-0.1427
2002	442	77.94	0.1765
2003	444	82.24	0.1854
2004	590	129.67	0.2198
2005	1342	229.21	0.1708
2006	2177	36.28	0.0167
2007	3159	132.90	0.0421
2008	3606	188.44	0.0523
2009	2495	-413.83	-0.1659
2010	2542	-529.36	-0.2083
2011	2435	-137.66	-0.0565
2012	3216	-870.74	-0.2706
2013	3599	-629.25	-0.1748
2014	4760	-1401.37	-0.2944

资料来源：国家外汇管理局。

7.1.3 国际收支三级科目的变化情况

三级账户是二级账户下的子账户，包括货物差额、服务差额、直接投资、证券投资和其他投资等。

在货物与服务项目方面，表7-2、图7-4说明货物差额情况基本决定了货物与服务总额是顺差还是逆差，即 $\frac{货物差额}{货物和服务差额} > 0$（1987年除外）。服务差额变化分为两个阶段，1982~1993年是第一阶段，在本阶段中国的服务表现为顺差，而货物则表现为连年逆差；1994~2014年是第二阶段，在本阶段，除1994年外，中国的服务连年逆差，最大时能够占到贸易与服务差额总额的23%。

资本和金融项目差额与金融市场的运行关系密切。直接投资方面，从1982年开始，直接投资项目始终呈现顺差，其中6年的 $\frac{直接投资}{金融项目差额} < 0$，说明这些年份除金融项目呈现逆差，其他项目均表现为顺差。这是由于证券投资和其他投资项下的资本流出。

表7-2　　　　1982～2014年货物差额与误差遗漏项目的比值　　　单位：亿美元

年份	货物 货物和服务	服务 货物和服务	直接投资 金融项目差额	证券投资 金融项目差额	其他投资 金融项目差额
1982	0.883	6.708	-0.222	0.054	1.234
1983	0.774	-0.309	-0.600	-0.755	1.147
1984	0.259	-0.140	-0.342	-1.275	0.906
1985	1.050	0.141	0.156	2.281	0.487
1986	1.237	0.246	0.274	0.874	0.486
1987	-5.708	-0.037	0.611	0.630	0.004
1988	1.309	0.097	0.445	0.374	0.389
1989	1.140	0.009	0.407	-0.069	0.621
1990	0.859	-0.509	-0.958	-0.091	1.871
1991	0.754	-0.113	0.754	0.068	0.195
1992	1.037	-0.079	-28.510	-0.008	29.283
1993	0.903	-0.063	0.985	0.132	-0.115
1994	0.991	-0.174	0.974	0.111	-0.082
1995	1.509	-0.194	0.875	0.023	0.104
1996	1.113	-0.211	0.952	0.046	0.004
1997	1.079	-0.181	1.981	0.167	-1.311
1998	1.063	-0.239	-6.553	-0.091	6.958
1999	1.174	-0.153	7.104	-0.304	-3.946
2000	1.194	-0.077	19.148	-0.106	-16.110
2001	1.211	-0.042	1.073	-0.519	0.485
2002	1.181	-0.026	1.447	-0.221	-0.127
2003	1.239	-0.034	0.900	0.231	-0.109
2004	1.153	-0.133	0.556	0.328	0.262
2005	1.077	-0.140	0.990	-0.052	0.061
2006	1.042	-0.339	2.212	-0.683	0.299
2007	1.026	-0.387	1.526	0.118	-0.707
2008	1.034	6.708	3.096	0.304	-3.036
2009	1.133	-0.309	0.448	0.311	0.413
2010	1.140	-0.140	0.658	0.129	0.257
2011	1.339	0.141	0.891	0.085	0.034
2012	1.387	0.246	-9.063	0.250	12.328
2013	1.529	-0.529	0.636	0.154	0.210
2014	1.676	-0.438	5.449	2.151	-6.601

资料来源：国家外汇管理局。

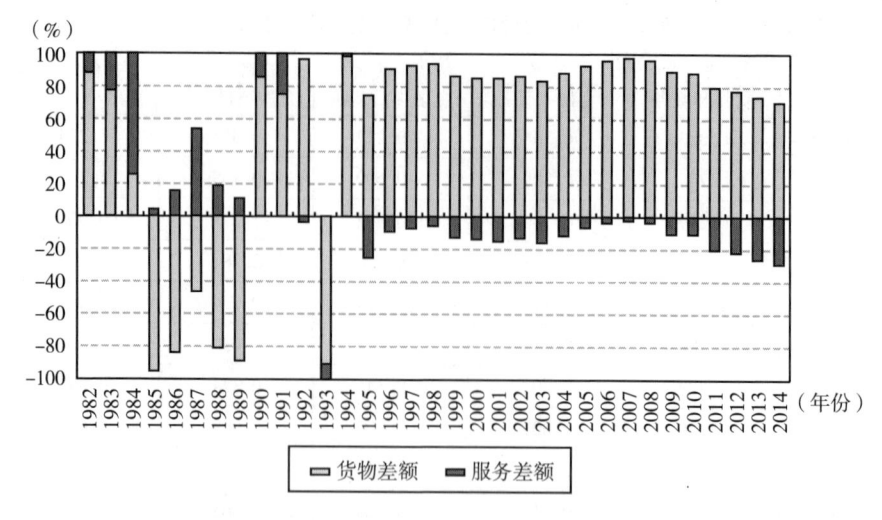

图 7-4　1982～2014 年国际收支结构中的三级账户各子项目占比情况
资料来源：国家外汇管理局。

其他投资项目在 1982～2014 年这 32 年中有 15 年呈现逆差。其中 1982～1992 年，金融项目中，除其他投资外的其余各子项目的合计大于零，而金融项目有 5 年表现为逆差，说明在其期间逆差主要因为其他投资项目下的资本流出导致。证券投资在金融项目下的 3 个子项目当中，无论从差额还是从基数来看都是最小的，但可以断定，随着世界资本市场的开放，该项目下的资本流动会越来越大。如 2006 年，证券投资与金融项目的比高达 25%（见图 7-5 和表 7-2）。

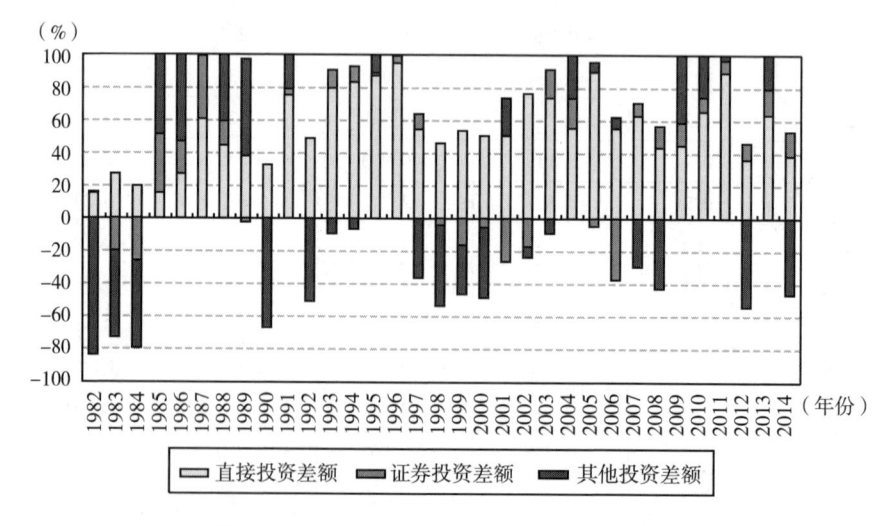

图 7-5　1982～2014 年国际收支结构中的金融项目中各子项目占比
资料来源：Wind 资讯。

7.2 货币政策影响国际收支的经验考察

7.2.1 货币供应量变化对国际收支总额及其结构的影响

通过消除了货币供给、经常项目、资本与金融项目、外汇储备的趋势项，图7-6说明，货币供给对经常项目影响显著，而且货币供应量大幅变化会带来经常项目更大幅度的波动。如1999～2002年，货币供给减少导致了中国经常项目2000～2004年出现大幅度下降；而货币供给同金融和资本项目的关系则基本呈现正相关；货币供给与外汇储备也呈现为同向变化。2007年中国人民银行为了应对国际金融危机，采取非常规货币政策后表现得更为明显。

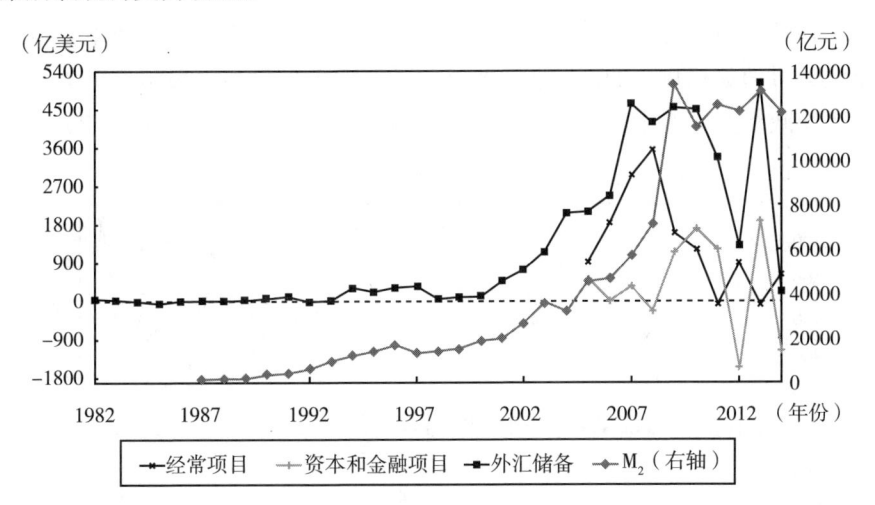

图7-6 1982～2014年去除趋势项的中国国际收支各项目同货币供应量的关系
资料来源：Wind资讯。

货币政策在不同阶段的不同政策取向，导致国际收支面临不同的宏观调控背景，为了更为准确地分析货币供给与国际收支的关系，将1982～2014年划分为三个阶段。

第一阶段（1982～1993年）。在此期间，中国货币政策的目标更倾向于防止通货膨胀和促进经济增长，并兼顾了国际收支平衡，该时期货币供应量对经常项目的影响并不明显，原因是这段时期的货币政策缺乏足够的独立性所致。

第二阶段（1994~2004年）。在此期间，国际收支表现为双顺差。外汇储备增速加快，并且各个账户流量规模明显增大。货币供应量增速放缓，经常项目的增速也处于相对低位，货币供给与经常项目呈现较强的相关性，与金融账户则呈现较强的负相关关系，亚洲金融危机导致资本账户出现过外流情况，1999~2000年中国货币供给与资本账户呈现正相关关系。

第三阶段（2005~2014年）。在此期间，国际收支虽然呈现"双顺差"，各账户的流量规模更进一步增大。货币供给与经常项目顺差同时出现了井喷式增长，并且呈正相关（但国际金融危机爆发后2009~2010年经常项目出现大幅下降，此时虽然货币供应量大幅增长依然无法逆转经常项目颓势）。由于此时，人民币汇率开始进入上升通道，所以货币供给对金融资本账户的影响不能简单地给予判断，需要将汇率纳入考察因素。

7.2.2 汇率政策的演进对国际收支的影响

1982~2014年，汇率政策经三个阶段先后进行了两次大的改革。本书继续通过消除趋势项的国际收支平衡表的各有关项目与人民币汇率关系图就汇率政策变化对中国国际收支结构影响进行实证研究（见图7-7）。

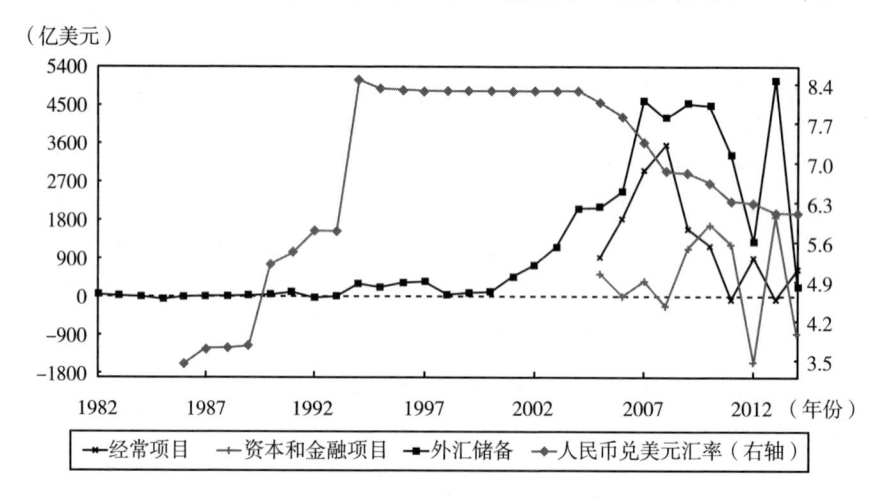

图7-7 中国1982~2014年去除趋势项的中国国际收支各项目同汇率的关系
资料来源：Wind资讯。

第一阶段（1982~1993年）：在此期间，我国外汇储备短缺，国际收支呈现"逆差+顺差"或"顺差+逆差"。因此，为了刺激出口，增加外汇储备，人民币实行复汇率制。图7-7显示，这段时期，人民币汇率的变化对经常项目影响显著，汇率上升会减少经常项目差额，资本流入与汇率变动方向大致相同。

第二阶段（1994~2004年）：1994年1月1日，"以市场为基础、单一的、有管理的浮动汇率体制"确立，这是中国政府对人民币汇率制度进行的一次重大改革。图7-7显示，该次汇改强化了汇率政策对经常项目和金融资本账户的影响，也对国际收支无论是规模和结构上产生了显著影响。经常项目、资本和金融项目以及外汇储备变动幅度扩大，外汇储备增加，国际收支出现"双顺差"。

第三阶段（2005~2014年）：2005年7月21日，人民币汇率形成机制演进为"以市场为基础，参考一篮子货币进行调节的、有管理的浮动汇率制度"。这次汇改使国际收支对汇率的敏感性在原来基础上又一次大幅度提升。与此同时，经常项目和资本与金融项目差额进一步放大，外汇储备增长进一步加快。至2014年，中国外汇储备余额达到3.31万亿美元。

通过上述分析不难发现，汇率政策对中国国际收支总量以及结构的影响非常显著。

7.2.3 利率政策对国际收支的影响

作为三大传统货币政策工具之一，利率在宏观调控中的作用毋庸置疑，本书接下来将详细分析，利率在调节国际收支方面的政策效果。

由图7-8可知，利率的变动方向与经常项目的变动方向一致。调高利率不但不会减少经常项目顺差，反而增加了经常项目顺差，这与M-F Model模型中利率与经常项目反向变动的结论相悖。是什么原因导致了现实与理论的矛盾，本书将在下面进行深入分析。

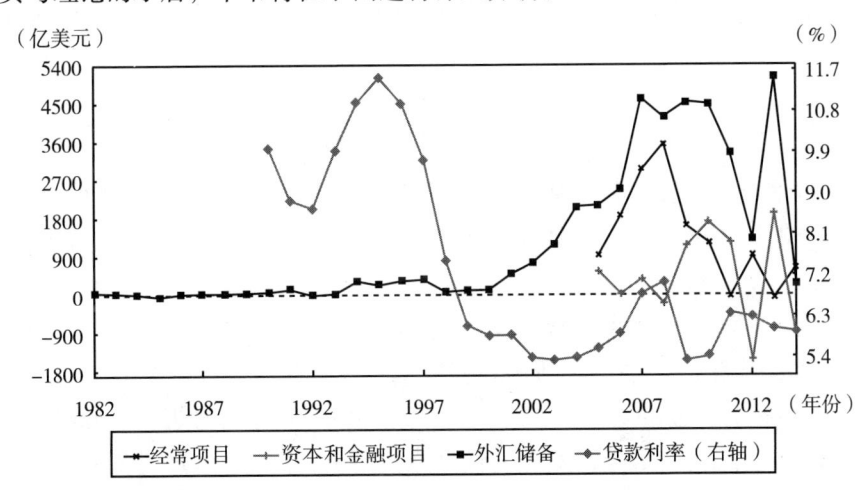

图7-8 中国1982~2014年去除趋势项的中国国际收支各项目同利率的关系
资料来源：Wind资讯。

7.3 中国货币政策对国际收支影响的实证分析

货币政策能够通过多种政策渠道对国际收支产生影响。M－F Model 表明，利率变化、汇率波动、信贷规模变动和资产价格调整都会对国际收支产生影响。比如，信贷规模扩张往往导致经常项目以及资本与金融项目顺差；人民币汇率波动也会显著地影响中国国际收支状况；等等。

纵观三十余年中国货币政策操作以及国际收支变化情况，货币供应量变动对国际收支结构的影响显著。而汇率政策方面，虽然很长一段时间内，人民币汇率制度实际上是固定汇率，但就是在这种环境下，汇率的小幅变化仍能显著影响中国国际收支。2005年汇改之后，人民币汇率对中国国际收支影响更为明显。利率与经常项目呈现很强的正相关关系，对资本与金融项目影响并不显著，有待进一步验证。为此，本书根据 M－F Model 模型，建立中国货币政策与国际收支的实证分析模型。

在变量选择方面，其主要的变量有 y（国内生产总值）、m（货币供给）、s（人民币对美元汇率）、rr（真实利率）。由于国内生产总值主要受货币供给，真实利率和汇率的影响。所以，建立模型时，本书考虑 m、s、rr 3 个变量对国际收支的影响。国际收支平衡表中的各差额为因变量，用 d_i 代替。可得中国货币政策对国际收支影响的实证模型：

$$d_i = \alpha + \lambda m + \theta s - \sigma rr \quad (7-1)$$

θ、λ、$\sigma > 0$，α 为常数，该模型反映 m、s、rr 对国际收支表中各项目差额 d_i 的效应。

7.3.1 计量模型

本书选取能够充分反映系统内部结构行为的时间序列/截面数据模型，以求能够更为全面地反映中国货币政策操作对国际收支各个子项目变量的影响。

为了更清楚地描述建模思路，现说明如下：

如果因变量 y_{it} 与 $1 \times k$ 维解释变量 x_{it} 关系为线性，且 $y_{it} = \alpha_{it} + x_{it}\beta_{it} + u_{it}$，$i = 1, 2, \cdots, N$，$t = 1, 2, \cdots, T$。其中，T 为观测期数，为截面 N 个体个数，$\alpha_{it}$ 为常数项，β_{it} 为 x_{it} 的维系数向量，k 表示解释变量个数。ε_{it} 为随机误差项，满足相互独立、零均值和等方差。可将其化简为 $y_i = \alpha_i + x_i\beta_i + \varepsilon_i$，$i = 1, 2, \cdots, N$，其矩阵形式为：

$$\begin{bmatrix} y_1 \\ y_2 \\ y_3 \\ \cdots \\ y_N \end{bmatrix} = \begin{bmatrix} \alpha_1 \\ \alpha_2 \\ \alpha_3 \\ \cdots \\ \alpha_N \end{bmatrix} + \begin{bmatrix} x_1 & 0 & 0 & \cdots & 0 \\ 0 & x_2 & 0 & \cdots & 0 \\ 0 & 0 & x_3 & \cdots & 0 \\ 0 & 0 & 0 & \cdots & 0 \\ 0 & 0 & 0 & \cdots & x_5 \end{bmatrix} \begin{bmatrix} \beta_1 \\ \beta_2 \\ \beta_3 \\ \cdots \\ \beta_N \end{bmatrix} + \begin{bmatrix} \varepsilon_1 \\ \varepsilon_2 \\ \varepsilon_3 \\ \cdots \\ \varepsilon_N \end{bmatrix} \quad (7-2)$$

其中，y_i 是 $T \times 1$ 维被解释变量，x_i 是 $T \times k$ 维解释变量，y_i 和 x_i 的各分量是个体成员的经济指标时间序列。α_i 是截距项，α_i 相同时，模型是不变系数模型，否则，为变系数模型。对于 β_i 其取值受结构变化影响。ε_i 为零均值、等方差的随机误差。

时间序列/横截面数据模型能够同时反映个体变化和结构变化。本书通过构建以1982~2014年的数据为样本区间，以国际收支平衡表的基本结构为横截面，以货币供给、人民币兑美元汇率以及各项目差额为指标的时间序列/横截面数据模型，通过三维分析，全面地反映货币政策对国际收支规模和结构的影响。由于中国货币政策主要通过 m_t、rr_t、s_t 三个变量渠道，为此，我们建立如下的货币政策对国际收支的时间序列横/截面模型，$d_t = (d_{1t}, d_{2t}, d_{3t}, \cdots, d_{14t})$ 表示国际收支平衡表中相关年度的各个项目差额，而 m_t、rr_t、s_t 分别表示样本区间内各个年度的货币供应量和汇率和利率，如下：

$$d_t = \lambda_t + m_i \theta_1 + s_t \theta_2 + rr_t \theta_3 + \varepsilon_t \quad i = 1,2,\cdots,31 \quad (7-3)$$

7.3.2 模型数据选取及平稳性检验

1. 模型数据选取

本书从 M-F Model 出发，利用1982~2014年的国际收支、M_2、利率以及人民币对美元汇率，建立模型。在模型中，将国际收支按照科目层级划分为总体、次级和三级科目。模型中的被解释变量层级、具体科目和缩写如表7-3所示。解释变量分别为 M_2、rr 以及 S。样本区间为1982~2014年，全部数据均来自国家外汇管理局和中国人民银行、国家统计局官网。

表7-3　　　　　　　　国际收支结构差额名称

科目层级	科目名称	缩写
一级科目	经常项目	_JC1
	资本和金融项目	_ZBJR1
	储备资产	_CB1
	净误差与遗漏	_WCYL1

续表

科目层级	科目名称	缩写
二级科目		
	货物和服务差额	_HWFW2
	收益	_SY2
	转移支付	_ZYZF2
	资本项目	_ZB2
	金融项目	_JR2
三级科目		
	货物	_HW3
	服务	_FW3
	直接投资	_ZJTZ3
	证券投资	_ZQTZ3
	其他投资	_QTTZ3

2. 模型数据

为了确保模型结论的可靠性，防止虚假回归，得到准确的分析结果，需要检测面板数据是否平稳，并验证变量之间是否存在协整关系。本书根据面板数据特征，采用有截距项无趋势项的 ADF 法对整体面板数据进行检验，并使用 Schwarz Criterion 确定滞后阶数。在 ADF 检验中 t 值为 69.2822，能够在 0.95 的置信度下拒绝面板数据非平稳的假设。所以，面板数据序列平稳（见表 7-4）。

表 7-4 对模型面板数据的检验结果

Null Hypothesis: Unit root (individual unit root process)

Series: D_JC1, D_ZBJR1, D_CB1, D_WCYL1, D_HWFW2, D_SY2, D_ZYZF2, D_ZB2、D_JR2, D_HW3), D_FW3, D_ZJTZ3, D_ZQTZ3, D_QTTZ3

ADF	Level test	
	Statistic	Prob.**
ADF - Fisher Chi - square	69.2822	0.0003
ADF - Choi Z - stat	-0.29625	0.3956

注：** 表示 5% 显著性水平。

7.3.3 中国货币政策操作对国际收支影响的实证分析

本书采取 Hausman 法探讨随机效应和固定效应，而后通过对输出结果的分析，研究中国货币政策对国际收支产生的政策效应。

1. 模型类型的选取

因为本书采用变系数模型来分析货币政策同中国国际收支的关系问题。因此，无法进行随机效应分析，只能通过 F 检验，在固定效应模型和混合回归模型中作出选择。对面板数据在似不相关回归假设性进行的 F 检验。结果如表 7-5 所示。F 检验在 0.95 的水平上拒绝了 "接受混合效应模型估计" 的原假设，因此，使用变系数固定效应模型研究货币政策与国际收支的效应更准确、科学。

表 7-5　　　　　固定效应模型与混合回归模型选择的 F 检验

Redundant Fixed Effects Tests			
EffectsTest	Statistic	d. f.	Prob.
Cross – section F	31.921568	(13325)	0

2. 变系数固定效应模型的回归结果

由于国际收支会受到除货币政策之外的其他宏观经济因素的影响。为此，在建立变系数固定效应模型对中国货币政策对国际收支的影响研究时，容许截面异方差和同期相关，并相应地采取了 GLS 法对模型进行估计。从表 7-6 可知，模型估计结果为：

$$d_{it} = 164823.3 + m_i\theta_{1i} + s_t\theta_{2i} + rr_t\theta_{3i} + \varepsilon_{it} \quad i = 1, 2, \cdots, 31$$

表 7-6　　　　　　　θ_{1i}、θ_{2i}、θ_{3i} 系数的估计结果

国际收支结构	θ_{1i}	P	θ_{2i}	P	θ_{3i}	P
经常项目_JC1	168730.71	0	-86321.90	0.0001	15632.56	0.0107
资本和金融项目_ZBJR1	109.26	0.2407	-3.14	0.9902	3.52	0.9672
储备资产_CB1	-1799.24	0.0001	887.48	0.0001	-148.33	0.0461
净误差与遗漏_WCYL1	1.48	0.9821	-14.01	0.6284	-20.341	0.2106
货物和服务差额_HWFW2	1352.62	0.0001	-689.82	0	128.69	0.0308
收益_SY2	192.34	0.0001	-101.53	0.0001	24.87	0.0021
转移支付_ZYZF2	168.39	0.0002	-78.95	0	2.37	0.6286
资本项目_ZB2	14.76	0.0001	-6.95	0	1.82	0.2517
金融项目_JR2	92.67	0.3065	6.76	0.9351	1.82	0.9998
货物_HW3	1488.26	0	-672.59	0	143.26	0.0264
服务_FW3	-28.63	0.0002	4.75	0.2738	5.27	0.1090
直接投资_ZJTZ3	308.253	0.0001	-94.67	0.0031	22.68	0.1869
证券投资_ZQTZ3	78.26	0.2693	-50.08	0.2387	22.46	0.3850
其他投资_QTTZ3	-282.37	0.0026	149.04	0.0214	-40.98	0.2276

7.3.4 中国货币政策对国际收支影响的结果分析

现根据模型输出结果，分别从货币供给、汇率变动、利率调整三个方面，详细剖析中国货币政策对国际收支的政策效应。

1. 货币供给对国际收支的政策效应

在一级科目方面，货币供给对经常项目、资本和金融项目存在显著的正政策效应，M_2 增长将导致经常项目、资本和金融项目大顺差；由于在中国的国际收支平衡表中储备资产用负数表示，因此 M_2 对储备资产的负效应为负。M_2 与误差与遗漏的影响不存在相关性。M_2 对经常项目的影响为 168730.71，远大于对其他项目的影响，说明货币供给增加将显著扩大经常项目顺差。在二级科目方面，货币供给对二级科目影响显著（金融项目除外），并呈现正相关。对货物与服务项目的影响为 1352.62，远大于对其他次级项目，货币供给增加能够促进货物与服务的出口。在三级科目方面，货币供给对除与其他三级科目影响显著（证券投资除外）。M_2 与货物、直接投资两个项目正相关并且对货物项目影响最大，为 1488.26，这表明货币供给增加会进一步扩大货物项目顺差。因为，货币供给增加会提高对国外服务的需求，并有可能促使资本流出，因此 M_2 与服务、其他投资项目呈现负相关。总的来看，货币供给变化会显著改变中国国际收支状况，M_2 增加能够有力地促进中国商品出口并吸引外国直接投资，但与此同时，也会造成服务与其他投资项目的逆差，但从总效应上看，提高货币供给，有利于提高国际收支顺差，并增加外汇储备。

2. 汇率变动对国际收支的政策效应

模型结果显示，在一级科目来看人民币汇率与经常项目负相关，与储备资产项目正相关，与其他两个一级科目关系不显著。这与经典的 M-F Model 结论相悖，人民币汇率提高并不会缩小经常账户顺差，反倒会扩大经常项目顺差，并增加外汇储备。这种现象与具体国情有关①。从二级科

---

① 造成这种貌似不符合经济规律的原因主要有：(1) 中国长期依靠出口来促进经济增长的发展策略。由于大量优惠政策持续向出口企业倾斜，人民币升值虽然造成国内货物的出口价格相对下降，压缩了出口企业的利润空间，但出口政策却有可能弥补了这部分的利润损失。(2) 中国的城乡二元经济结构。由于中国的出口贸易中，加工贸易占比很高，由于城乡的二元经济结构的存在为加工贸易提供了大量的廉价的劳动力，从而导致中国出口商品生产成本远低于世界其他发达国家的水平。因此，即使人民币处于升值状态，导致该部分商品仍旧具备价格上的绝对优势。(3) 中国出口产品结构。近年来，中国充当着世界工厂的角色。在中国出口贸易中，有 60% 以上的货物贸易属于再加工，其原料依赖进口。人民币的升值不但会影响货物成品出口价格，同时也会影响货物的原材料进口价格，当人民币升值引起出口商品价格下跌时，进口原材料的价格也相应下降。(4) 人民币汇率形成机制仍不够完善，人民币汇率长期处于被低估的状态，这也是货币升值造成货物贸易差额的重要原因。

目来看，人民币汇率对二级科目下各项目呈现显著反向关系（金融项目除外）。从三级科目来看，人民币汇率的其他三级项目的影响均是显著的（服务、证券投资除外），在效应方向上，除其他投资外，与其他三级科目的差额均为反向关系。

3. 利率变动对国际收支的政策效应

模型结果显示，利率与经常项目、资产储备两个一级科目显著正相关，但同其他两个科目的关系并不显著。从二级科目上看，利率与货物和服务、收益两个科目显著正相关。而在三级科目方面，利率同服务、货物两个科目显著正相关。因此，人民银行调整存贷款基准利率使经常项目及其项目下的二、三级账户同向变动。但模型结果同时显示，利率对金融与资本及其项下其他二、三级科目的影响不显著。这是因为，虽然人民币存贷款基准利率的变动会影响总供给和总需求，却不能有效影响资产价格①。

通过对模型输出结果的全面分析，可以认为，目前，中国的货币政策能够通过多个渠道调节国际收支。如增加货币供给能够有效促进中国商品出口和国外直接投资，提高外汇储备；推动人民币升值有利于发展货物贸易和吸引直接投资；降低基准利率也可以通过改善经常项目差额，进而优化国际收支状况。因此，中国货币政策对国际收支影响是有效的，科学地、合理地、及时地进行货币政策操作能够显著改善国际收支平衡状况。

---

① 这与 M - F Model 的结论看似矛盾，下面将详细论证。在本书简单指出造成这种现象的主要原因是：（1）中国的国际资本金融账户尚未完全开放，仍然存在较为严格的资本管制。（2）中国利率市场化程度相对较低。资产价格高估或者低估的现象较为普遍。

第8章 基于 DSGE 的中国货币政策效应分析

关于货币政策问题的研究，目前学术界越来越多地采用基于具有严格微观基础的动态随机一般均衡（DSGE）模型的分析范式，而 DSGE 模型是一种含有理性预期的结构化分析框架，同时又是一种优化模型，其利用动态优化方法分析一般均衡条件下经济主体的跨期优化问题和资源配置问题的效果较好。另外，DSGE 模型还可以很方便地引入包括货币政策和财政政策等在内的多种外生冲击，非常有利于宏观调控政策的效果分析，目前 DSGE 已成为分析货币政策效应的主流工具。本章将对 DSGE 模型的发展、构建、经济内涵以及求解等方面展开论述，在此基础上，将货币政策分为预期到的货币政策和未预期到的货币政策并纳入 DSGE 模型，基于模型分析这两类货币政策的调控宏观经济的有效性。

8.1 DSGE 模型的发展与特征

8.1.1 DSGE 模型的发展历程

动态随机一般均衡（dynamic stochastic general equilibrium，DSGE）模型起源于基德兰和普雷斯科特（Kydland and Prescott, 1982）提出的真实经济周期（RBC）模型，这在学界已达成共识。然而，关于 DSGE 模型本身所具有的"一般均衡"和"动态分析"的思想却有更久的发展历史。经济学分析中的"一般均衡"概念可以说是历史悠久，早在18世纪法国重农主义者亚当·斯密的《国富论》中就有所体现。虽然"一般均衡"的概念已经提出，但是其重要作用在当时的经济学中并没有表现出来，直到瓦尔拉斯（Walras）在《纯经济学的元素》中对"一般均衡"理论做了进一步表述后，该理论才获得经济学分析的充分重视，该书也由此奠定了当代均衡理论的基础（李霜，2010）。尽管早期的"一般均衡"概念涉及了实体经济中各个市场的同时均衡，但是早期给出的"一般均衡"概念没有包括货币市场，直到帕廷金（Patinkin）引入实际货币余额的概念之后，商品市场与货币市场之间建立了联系，这为后期分析货币政策的宏观效应奠定了理论基础。

由于缺少有效的数学工具和方法，在瓦尔拉斯提出均衡理论之后的多年间，关于一般均衡理论的分析仅仅停留在静态分析的状态，而没有涉及动态分析，这大大降低了一般均衡分析对具有显著动态特征的实际经济的解释能力。到了20世纪50年代后，随着应用数学中递归方法的迅速发展以及卡尔曼滤波和动态规划等方法的广泛应用，为一般均衡的动态分析提供了有力的技术支持，使得一般均衡的动态分析成为可能。需要指出的是，在20世纪60年代，这些数学方法引入的主要目的是为宏观经济学分析构建微观理论基础。

穆特（Muth，1961）和卢卡斯（Lucas，1972）提出的理性预期思想在宏观经济分析中逐渐占据主流地位，由于递归方法的应用使得含有理性预期的宏观模型求解很容易实现。后来，学者们在构建宏观模型进行经济分析时，越来越多地加入了理性预期，同时还考虑了一些外生经济扰动（Lucas，1987）。

基德兰和普雷斯科特（1982）通过将前人的工作加工整理并引入随机的外生冲击，首次构建了现代意义上的动态一般均衡（DSGE）模型。但是在基德兰和普雷斯科特所给出DSGE模型中存在"完全竞争"和"灵活价格"两个前提假设。而含有这两个前提假设的模型分析属于真实经济周期（RBC）理论的分析范式，因此这类DSGE模型通常被称为RBC框架下的DSGE模型或者RBC模型。基德兰和普雷斯科特的研究使动态一般均衡的分析达到了一个新高度，并将整个学术界的目光引向了新的方向，即基于DSGE建模分析经济问题，基德兰和普雷斯科特也因此获得了2004年诺贝尔经济学奖。

RBC模型主要用于经济波动分析，由于模型本身对"灵活价格"的假设，使研究结论普遍认为技术进步是经济周期的主要驱动力量，而名义变量不影响实体经济波动（Kydland and Prescott，1982；Long and Plosser，1983）。此外，早期的RBC模型忽略了货币因素（这也是RBC模型受批评最多的地方），因此无法对货币、名义产出以及价格之间的关系给出合理的解释。后来，有学者尝试在RBC模型框架中引入货币和银行，研究发现货币仍然呈现中性，货币政策的作用微乎其微（King and Plosser，

1984）。之所以得出如上结论，主要因为"灵活价格"假设的存在。

如上所述，RBC 理论分析总是基于"完全竞争"和"灵活价格"这两个前提假设。然而，灵活价格会导致货币中性的出现，从而使 RBC 模型在宏观经济政策分析中不能够得到广泛地应用。进入 20 世纪 90 年代，一些学者，如云（Yun, 1996）、古德弗兰德和金（Goodfriend and King, 1997）等在模型中添加了不完全竞争和名义黏性等因素，使 RBC 理论下的 DSGE 模型变得更加丰富。名义黏性和实际刚性的引入使得经济主体对外生冲击无法迅速进行调整以适应新的经济环境，呈现价格调整的迟缓和工资调整的滞后。因此，加入各种黏性之后的模型呈现了新凯恩斯理论的特征，拓展后的模型被称为"新凯恩斯 DSGE 模型"。需要指出的是，正是由于这些名义或实际刚性的存在，使新凯恩斯 DSGE 模型具有很强的解释实际经济数据的能力，同时使新凯恩斯 DSGE 模型在货币政策分析过程中发挥着越来越重要的作用。后来有学者基于新凯恩斯 DSGE 模型证实了货币因素在经济周期中的重要作用，结论与克里斯蒂安诺和艾兴鲍姆（Christiano and Eichenbaum, 1992）基于卢卡斯（Lucas, 1990）和富尔斯特（Fuerst, 1992）等所给模型得出的结论相一致。

除了 DSGE 模型设定不断发展变化外，模型参数选取方法也在动态变化中。从最初由基德兰和普雷斯科特（Kydland and Prescott, 1982）开创的校准法，到目前流行的新凯恩斯 DSGE 模型参数估计的贝叶斯估计法，模型参数的确定方法越来越严谨，模型参数的选择结果越来越稳健，这无疑增强了基于 DSGE 模型对经济解释结论的可信性。

早期的 DSGE 模型构建相对简单，省去了许多可能影响货币政策效应极为重要的因素，比如个人的消费习惯和偏好，消费者之间的异质性、企业面临的融资约束和投资行为、政府的财政支出以及金融市场状况等。近年来，新凯恩斯 DSGE 模型在以上许多方面得到了有益的扩展，并且这样的扩展每天都在继续，本书后续章节会对新凯恩斯 DSGE 模型进行若干扩展。限于篇幅本节仅对若干拓展形式进行描述，更详尽的阐述可参看沃什（2004）、福德（Woodford, 2003）以及伽利和格特勒（Gali and Gertler, 2007）。

（1）个人消费习惯形成的引入。个人消费习惯形成的引入会对家庭消费的跨期最优决策产生影响，进而使消费习惯形成对货币政策的实施产生一定的影响。既有的研究表明，个人消费习惯的形成对货币政策效应的持续性具有强化作用（Bouakez et al., 2005）。关于个人消费习惯形成引入新凯恩斯 DSGE 模型的具体途径以及消费习惯形成对货币政策影响的进一步分析，在本书后续章节会有详细的探讨。

（2）金融市场的引入。标准新凯恩斯 DSGE 模型中假设金融市场具有完全竞争性，不存在摩擦，同时模型中还缺乏对不同金融机构决策行为的详细描述，使货币政策通过金融市场传导的问题分析无法进行。另外，随着金融市场的迅猛发展，金融市场越来越对实体经济的发展产生深远影响。金融市场的不稳定可能会导致整个经济体系的不稳定。鉴于以上金融市场的重要意义，有学者开始把不完全竞争的金融市场引入新凯恩斯 DSGE 模型。从引入的形式看，既有研究中多数采取伯南克等（1999）提出的"金融加速器"模型（或者称为 BGG 模型）。

（3）新凯恩斯 DSGE 模型拓展到开放经济。随着经济全球化的发展，国际间的经济交流日益密切，影响一国内部经济的因素增多，因此仅仅构建封闭经济状态下的新凯恩斯 DSGE 模型已经不能满足当前经济分析的需要。近年来，学界与发达国家央行开始着手构建开放经济下的 DSGE 模型，所构建的开放经济下 DSGE 模型多用来研究汇率波动、贸易冲击、石油价格冲击，以及国外政策冲击等对国内经济的影响（De Walque et al., 2005；Bodenstein et al., 2014）；另外，还有将开放经济下的新凯恩斯 DSGE 模型用于研究国际货币政策协调问题（Clarida, Gali and Gertler, 2002）。

过去的几年里，在 DSGE 模型的构建和参数估计等方面都取得了显著的进展，无论是发达国家的中央银行还是新兴市场经济体的中央银行都对 DSGE 模型在宏观分析和预测方面的作用怀有极大的兴趣（Tovar, 2009）。这也是本书基于 DSGE 模型研究货币政策问题的动机之一。

8.1.2 DSGE 模型的主要特征

动态随机一般均衡（DSGE）模型的主要特征概括起来主要包括动态性、随机性和一般均衡性三个方面。每个特征的具体含义如下：

首先是 DSGE 模型的动态性。动态性旨在体现经济中资源的跨期配置特征，比如家庭消费的跨期配置，使家庭消费趋于平滑。而模型中主要体现家庭消费平滑的是消费的欧拉方程。另外，企业的跨期投资策略也是资源跨期配置的一种，模型中呈现这一动态性的主要是企业的投资方程。

其次是 DSGE 模型的随机性。实际经济的发展过程中经常会出现一些外生随机扰动，这些扰动通常会影响经济的平稳发展，有些扰动推动经济增长（比如技术变革和扩张性的宏观经济政策的实施），而有些扰动会阻碍经济增长（比如生产成本突然增加和紧缩性宏观调控政策的实施）。为了刻画实际经济中的波动特征，DSGE 模型中引入了外生冲击（扰动），这些冲击可以使经济变量偏离其均衡值。因而可以借助 DSGE 模型分析经济变量受到外生冲击波动并回归其均衡值的动态调整过程。由于模型中所引入的冲击具有随机性，使整个模型经济呈现随机特征。

最后是 DSGE 模型的一般均衡特征。DSGE 模型构建过程中主要包含了劳动市场、商品市场、债券市场和货币市场。在 DSGE 模型求解过程中，会关注产品价格和数量、家庭和企业的最优决策行为以及产品市场、劳动市场、货币市场和债券市场的出清。DSGE 模型最终的分析需要基于所有这些市场共同达到均衡状态，因此一般均衡成为了 DSGE 模型的一个基本特征。

8.2 基准 DSGE 模型

随着研究内容的不断拓展，学者们在 DSGE 模型框架中引入了不同的经济摩擦和外生冲击，使目前的 DSGE 模型的表现形式非常丰富，但是万变不离其宗，DSGE 模型中的基本结构为所有 DSGE 模型变体所共有。因此，为了便于说明 DSGE 模型的构建，经济意义和求解过程，本章引入了沃什（2004）第 5 章第 4 节给出的基本模型（一个新凯恩斯 DSGE 模型）作为本书分析的基准模型。福德（Woodford，2003）的分析中也涉及了与该基准模型相似的模型。下面将按照标准做法给出包含家庭、企业和中央银行三部门的基准 DSGE 模型。

模型中的家庭通过最优选择其消费水平和劳动供给水平以最大化其终生效用；生产企业通过选择合适的价格来最大化其利润；政府（央行）通过实施有效的货币政策调控宏观经济，所有市场出清时，整个经济系统达到均衡。

8.2.1 家庭部门的构建

代表性家庭从消费中获得正效用，从劳动付出中获得负效用，并通过选择消费和劳动供给最大化起如下期望折现效用：

$$E_t \sum_{t=0}^{\infty} \beta^t \left(\frac{C_t^{1-\eta_1}}{1-\eta_1} - \chi \frac{n_t^{1-\eta_3}}{1-\eta_3} \right) \quad (8-1)$$

这里，$\beta \in (0,1)$ 为主观贴现因子，E_t 是基于 t 时期信息的期望算子，η_1，η_3 分别表示消费的曲率参数和劳动的供给弹性，χ 表示效用函数中赋予劳动供给的权重，C_t，n_t分别表示t时期代表性家庭消费水平和劳动供给水平，其中C_t为家庭对不同商品i消费的加总，而商品i分布在一个单位区间内，即$i \in [0,1]$，根据迪克西特和斯蒂格利茨（Dixit and Stiglitz, 1977）设定，家庭总消费C_t具体形式如下：

$$C_t = \left(\int_0^1 C(i) di \right)^{\frac{\eta}{\eta-1}} \quad (8-2)$$

其中，参数$\eta > 1$表示不同商品之间的替代弹性。

代表性家庭在t时期面临如下预算约束：

$$P_t C_t + B_t = W_t n_t + (1 + r_{t-1}) B_{t-1} + D_t + T_t \quad (8-3)$$

其中，D_t为t时期代表性家庭从企业获得的收益分红，B_t表示t时期代表性家庭购买的无风险债券数量，r_{t-1}为t-1时期的名义利率，T_t表示t时期家庭收到的一次性转移支付，P_t表征t时期总的商品价格指数，其形式如下：

$$P_t = \left(\int_0^1 P_t(i)^{1-\eta} di \right)^{\frac{1}{1-\eta}} \quad (8-4)$$

$P_t(i)$表示t时期商品i的价格。

对于代表性家庭的决策问题，一般通过如下两个阶段完成。第一个阶段，对给定的消费水平C_t，代表性家庭会通过对不同商品i的购买决策以最小化家庭支出，该阶段意味着代表性家庭对商品i的消费需求为：

$$C_t(i) = \left(\frac{P_t(i)}{P_t} \right)^{-\eta} C_t \quad (8-5)$$

从式（8-5）可以看出，当$\eta \to \infty$时，不同商品i几乎可以完全替代，此时单个企业几乎没有什么市场力量。

第二个阶段，对于给定的家庭支出，代表性家庭将选择最优的消费水平C_t和劳动供给水平L_t，以最大化家庭效用。基于效用函数（8-1）和约束条件（8-3）得到如下消费和劳动供给的最优水平：

$$C_t^{1-\eta_1} = E_t \left[\beta (1 + r_t) \frac{P_{t+1}}{P_t} C_{t+1}^{1-\eta_1} \right] \quad (8-6)$$

$$\frac{\chi n_t^{-\eta_3}}{C_t^{-\sigma}} = \frac{W_t}{P_t} \quad (8-7)$$

其中，式（8-6）为消费的欧拉方程，该方程旨在说明代表性家庭消费的跨期替代或者消费平滑性。式（8-7）表示代表性家庭劳动供给选择的条件。

8.2.2 企业部门的构建

经济中存在连续的生产企业 $i \in [0,1]$，每个企业生产出差异化的商品。假设企业 i 的产出 $Y_t(i)$ 为技术 Z_t 和劳动雇佣 $n_t(i)$ 的函数，并采用如下线性生产技术：

$$Y_t(i) = Z_t n_t(i) \quad (8-8)$$

其中，技术 Z_t 服从一个带漂移的随机游走过程：

$$\ln(Z_t) = (1-\rho_z)\ln(z) + \rho_z\ln(Z_{t-1}) + \varepsilon_{z,t} \quad (8-9)$$

这里的 $z > 1$ 表示稳态的技术（生产率）水平，随机冲击 $\varepsilon_{z,t}$ 序列不相关且服从均值为零，标准差为 σ_z 的正态分布。

从式（8-8）可知，生产函数没有考虑资本存量。但这不影响基于本模型对经济的研究，主要是因为，科格利和纳森（Cogley and Nason, 1995）研究指出，资本存量和投资对技术冲击的反应对 DSGE 模型内部的动态过程几乎不存在影响。随后，麦卡勒姆和纳尔逊（McCallum and Nelson, 1999）分析认为，至少在较短的周期内，资本存量对商业周期的形成和传播机制不产生实质性影响，这进一步论证了 DSGE 模型中生产函数不包含资本存量的合理性。在本书后续各章的研究中，将继续采用略去资本存量的生产函数。

除了以上给出的生产技术式（8-8）外，企业生产过程还将面临如下两个约束：一个是企业 i 会面临的由式（8-5）给出的商品需求曲线：$C_t(i) = \left(\dfrac{P_t(i)}{P_t}\right)^{-\eta} C_t$，即面临一个需求约束；另一个是为了在模型中引入价格黏性，假设一部分企业或者全部企业不能够在每一期进行产品的最优定价，因此，企业会面临一个调价约束，这使企业的定价行为呈现时间依赖性（time dependent）。

关于在 DSGE 模型中引入价格黏性，主要是为了使构建的 DSGE 模型能够更好地刻画实际经济。这是因为实际经济中存在一些客观因素使现实经济确实存在价格黏性。首先是经济主体的行为因素，如企业为了维护与消费者良好的关系或者为了维持所占据的市场份额，在生产成本可接受的范围内，会保持产品价格在一定时期内的稳定，从而使产品价格呈现一定的黏性。其次是企业可获得的信息方面的因素。在垄断竞争的环境下，单个企业所能够获得的市场信息是有限的，企业很难把握多少的价格变化才能达到最优定价，因此一般不去随意改变价格。再次是企业调价本身所带来的成本因素。如果调价带来的收益不够大或者小于调价带来的成本，那么企业会保持原有的价格水平不变。最后是企业所订立合同方面的因素。这个因素对价格黏性的影响很明显，由于企业间合同的订立使商品价格提前若干期被确定下来，并会持续一定的时期，最终使得商品价格呈现一定的黏性。

除了刻画实际经济外，在 DSGE 模型中引入价格黏性也是研究货币政策宏观效应的需要。由于 RBC 模型中忽略价格黏性因素，使得货币政策呈现中性特征，因此无法基于不具有价格黏性的结构模型进行货币政策宏观效应的分析。后来发展起来的新凯恩斯 DSGE 模型正是由于引入了价格黏性适应了货币政策宏观效应分析的需要而变得越来越流行。

由于价格黏性的存在，企业必须在既定的价格水平下，准备充足的商品以满足任何市场需求，这与完全竞争的市场特征不一致，因此模型还需要引入不完全竞争的商品市场。需要说明的是，本基准模型所引入的商品市场正是一个垄断竞争市场。

对于价格黏性的引入，主要借助既有的定价模型，而在宏观经济学中主要涉及三种定价模型，即 Calvo 定价模型、Rotemberg 凸状调整成本模型、Taylor 滞后合同模型。在实际研究过程中前两种定价模型较为常见，而本书后续研究主要采用 Rotemberg 凸状调整成本模型。因此本书将着重介绍 Calvo 定价模型和 Rotemberg 调价成本模型，并基于这两种定价模型分别给出本章基准模型的菲利普斯曲线。对 Taylor 滞后合同模型仅做简单介绍。

（1）Calvo 定价模型。

由 Calvo（1983）给出的定价模型假定企业具有连续性，并且在每一时期的开始，有一定比例 $0 \leq \omega < 1$ 的企业没有收到调价信号，该部分企业将基于前期的定价生产以满足市场需求，而剩余的 $(1-\omega)$ 部分企业会收到调价信号，这部分企业会根据生产成本和市场需求等经济状况并具有前瞻性地对产品重新进行最优定价，以求实现企业利润最大化。

云（Yun，1996）对 Calvo 定价模型进行了适当改进，使其适用于离散时间情形。改进后的定价模型假定在每一时期初，每个企业都有一定的概率 ω 没有收到调价信号，仍采取前期的定价进行生产活动，同时每个企业又以一定的概率 $(1-\omega)$ 收到可以重新进行最优定价的信号，此时收到调价信号的企业将根据企业经营实际重新进行最优定价。

在实际的经济分析过程中，参数 ω 看作是价格名义刚性的测度，ω 越大表明每一时期能够调价的企业越少，这就意味着经济中的价格黏性越强，而企业定价策略应更具有前瞻性。

考虑企业成本最小化问题：

$$\min \frac{W_t}{P_t} n_t(i) \tag{8-10}$$

结合企业面临的生产约束条件 $Y_t(i) = Z_t n_t(i)$，构建如下企业最优化问题：

$$\min \frac{W_t}{P_t} n_t(i) + \varphi_t [Y_t(i) - Z_t n_t(i)] \tag{8-11}$$

关于 $n_t(i)$ 求偏导得到企业生产的边际成本：

$$\varphi_t = mc_t = \frac{(W_t/P_t)}{Z_t} \tag{8-12}$$

Calvo 定价模型的思想意味着，在 t 时期确定的价格在 t+j 时期仍然有效的概率为 ω^j，企业的定价决策表现为通过最优选择 $P_t(i)$ 以最大化如下收益：

$$E_t \sum_{j=0}^{\infty} \omega^j Q_{t,t+j} \left[\left(\frac{P_t(i)}{P_{t+j}} \right) C_{t+j}(i) - \varphi_{t+j} C_{t+j}(i) \right] \tag{8-13}$$

其中，$Q_{t,t+j} = \beta^j (C_{t+j}/C_t)^{-\sigma}$ 为随机折现因子（或定价核）。

虽然单个企业生产不同的产品，但是所有企业采用相同的生产技术，面临相同的生产约束，除了当前价格是在不同的时期设定外，企业之间本质上具有等同性，即在 t 进行调价的所有企业会面临共同的问题。因此，所有调价的企业会设定相同的最优价格水平 P_t^*。

关于 $P_t(i)$ 一阶求导，并令 $P_t(i) = P_t^*$ 整理得：

$$\frac{P_t^*}{P_t} = \frac{\eta - 1}{\eta} \frac{E_t \sum_{j=0}^{\infty} \beta^j \omega^j C_{t+j}^{-\sigma} \varphi_{t+j} \left(\frac{P_{t+j}}{P_t} \right)^{\eta}}{E_t \sum_{j=0}^{\infty} \beta^j \omega^j C_{t+j}^{-\sigma} \left(\frac{P_{t+j}}{P_t} \right)^{\eta-1}} \tag{8-14}$$

社会的总价格指数应为占企业总量 $1-\omega$ 的企业在 t 调整后的价格和占企业总量 ω 的未调价企业的原始价格的加权平均，具体形式为：

$$P_t^{1-\eta} = (1-\omega)(P_t^*)^{1-\eta} + \omega P_{t-1}^{1-\eta} \tag{8-15}$$

（2）Rotemberg 凸状调整成本模型。

Calvo 交错定价模型虽然能够模拟实际经济中价格的动态特性，但其没能够从微观主体的最优化行为出发，分析企业不能调整价格的根本性原因。然而，调价成本概念的提出却可以较好地解释以上微观问题。涉及调价成本的模型非常多，但是在当前经济学分析中广泛应用的是由罗腾贝尔（Rotemberg，1982）提出的二次方调价成本模型。

罗腾贝尔通过在模型中引入二次方调价成本以约束企业的调价行为。

罗腾贝尔调价成本模型假设每个中间品生产企业调整其名义价格时会面临如下一个二次调整成本：

$$\frac{\varphi}{2}\left(\frac{P_t(i)}{P_{t-1}(i)\pi}-1\right)^2 Y_t \tag{8-16}$$

其中，参数 φ 为价格黏性的测度，π 为稳态时的通货膨胀率。

从式（8-16）可以看出，每一时期企业的调价成本与社会总产出有关，并且随着产出 Y_t 的增加而成比例增加。调价成本式（8-16）很好地刻画了价格调整对企业和消费者之间关系的负向影响（Rotemberg，1982）。调价成本的存在会使得单个商品的名义价格对外生的名义冲击仅仅进行缓慢的反应，从而使货币政策至少短期内对产出具有明显效应。

调价方程的引入使代表性的生产企业决策行为呈现显著的动态性。每一时期 t，代表性企业将通过对劳动雇佣 $n_t(i)$，产出 $Y_t(i)$ 和产品价格 $P_t(i)$ 的合理决策，以最大化其如下市场价值：

$$E_0 \sum_{t=0}^{\infty} \Lambda_t D_t(i) \tag{8-17}$$

式（8-17）中的 $\Lambda_t = 1/R_t$ 表示代表性家庭从企业收益中获得利润分成所带来的边际效用，$D_t(i)$ 表征代表性家庭 t 时期从企业获得的利润分成，其结构为：

$$D_t(i) = (P_t(i) - MC_t)Y_t(i) - \frac{\phi}{2}\left(\frac{P_t(i)}{P_{t-1}(i)}-1\right)^2 P_t Y_t \tag{8-18}$$

最优化的一阶条件如下：

$$\left[1 - \eta(P_t(i) - MC_t)\left(\frac{P_t(i)}{P_t}\right)^{-\eta-1}\frac{1}{P_t}\right]Y_t(i)$$
$$= \phi\left(\frac{P_t(i)}{\pi P_{t-1}(i)}-1\right)\frac{P_t Y_t}{\pi P_{t-1}(i)} - \frac{\phi}{R_t}E_t\left(\frac{P_{t+1}(i)}{\pi P_t}-1\right)\frac{P_{t+1}^2 Y_{t+1}}{\pi P_t^2(i)}$$
$$\tag{8-19}$$

另外，从罗腾贝尔给出的二次方成本函数式（8-16）中还可以看出，企业在调价过程中不需要关注过去的通货膨胀水平，其定价行为仅具有前瞻性，这使得基于该定价模型所构建的菲利普斯曲线无法刻画实际经济中通货膨胀的惯性特征，为了克服这个问题爱尔兰（Ireland，2011）对罗腾贝尔所给出的价格调整成本函数进行了扩展，使其具备了后顾性。扩展后的成本函数为：

$$\frac{\phi}{2}\left(\frac{P_t(i)}{\pi_{t-1}^{\alpha}\pi^{1-\alpha}P_{t-1}(i)}-1\right)^2 Y_t \tag{8-20}$$

其中，参数 $\alpha \in [0,1]$ 测度了企业定价行为的后顾性程度，当 $\alpha = 0$ 时，企业定价行为完全不受过去通货膨胀的影响,其定价行为具有纯粹的前瞻性;当 α=1 时,企业定价行为受到过去通货膨胀水平的充分影响,其定价行为呈现纯粹的后顾性;当 0<α<1 时,企业的调价行为既具有后顾性又具有前瞻性。

(3) Taylor 滞后合同模型。

Taylor 滞后合同模型在近年来的文献中已不常见,模型假设经济中存在大量的企业,在时期 t,企业总量中有比例为 1/N 的企业重新设定其价格,设定后的价格在 t 至 t+N 期内保持不变。进入 t+1 期后,又有 1/N 的部分企业重新设定价格,并且在 t+1 至 t+N+1 期内不变,如此不断进行下去。因此,在每一时期仅有占比 1/N 的企业可以重新调整其价格。

8.2.3 政府部门(央行)的构建

为了探讨央行的货币政策调控对宏观经济的影响,同时也是为了封闭模型,模型中需要引入货币政策规则,因此模型构建过程需要引入中央银行部门。需要指出的是,此时央行的货币政策操作并不一定是按照最优方式实施,即不考虑央行的最优决策问题,模型中只是引入了货币政策(利率)规则。本基准模型与多数研究保持一致,引入如下利率(泰勒)规则:

$$\ln r_t/r_{t-1} = \rho_\pi \ln(\pi_t/\pi) + \rho_g \ln(g_t/g) + \varepsilon_{rt} \quad (8-21)$$

其中,

$$g_t = Y_t/Y_{t-1} \quad (8-22)$$

为产出的增长率。π,g 分别表示通货膨胀和产出增长率的稳态值,ε_{rt} 表示货币政策冲击,服从均值为零,方差为 σ_r 的正态分布。

另外,国内外还有一些学者在构建 DSGE 模型中的货币政策函数时,参考了麦卡勒姆(McCallum,2000)研究,引入货币供给量规则,该规则的构建形式整体上类似于式(8-22),但是引入规则的货币政策变量为货币供给增长率 $\zeta_t = M_t/M_{t-1}$(相关研究可参看 Ireland,2003;Sargent and Surico,2011)。

基于新凯恩斯 DSGE 模型研究货币政策宏观经济效应的过程中,总是给模型施加一定单位大小的货币政策冲击,然后考察产出、通货膨胀等对货币政策冲击的反应程度(脉冲响应分析),以及产出和通货膨胀的波动中多少是可以有货币政策冲击给出解释(方差分解分析),从中评价货币政策的宏观经济效应。然而要实现上述分析需要对构建的 DSGE 模型进行求解,模型的求解一般比较烦琐。

8.2.4 一般均衡分析

当市场达到对称均衡时,所有的中间品生产企业会作出相同的决策,使 $Y_t(i) = Y_t$, $P_t(i) = P_t$, $n_t(i) = n_t$, $D_t(i) = D_t$, $i \in [0,1]$,与此同时,产品市场、货币市场和债券市场出清,即 $Y_t = C_t$, $M_t = M_{t-1} + T_t$ 和 $B_t = B_{t-1} = 0$。把以上均衡条件施加到原模型系统得到均衡的方程系统。当经济中不存在外生冲击时,经济将收敛到稳态的增长路径,此时所有的稳态变量将保持不变,即 $Y_t = Y$, $C_t = C$, $P_t = P$, $W_t = W$, $n_t = n$, $r_t = r$, $MC_t = MC$, $Z_t = Z$, $D_t = D$。基于稳态方程系统可以得到如下稳态关系式(这些关系式在模型线性化过程会用到):

$$\beta = \frac{1}{1+r}$$

$$MC = \frac{W}{Z}$$

$$n = \left(\frac{WC^{\eta_1}}{P\chi}\right)^{\eta_3}$$

$$\frac{\eta}{P}(P - MC) = 1 \qquad (8-23)$$

8.2.5 模型求解

式(8-6)、式(8-7)、式(8-9)、式(8-12)、式(8-15)、式(8-19)、式(8-21)和式(8-22)共同组成了一个动态经济系统,然而这个经济系统属于非线性动态系统,其解析解一般很难得到,多数情况下只能求出其数值解,并且其数值解一般要通过迭代法和搜索寻找不动点法得到。为了求出数值解,通常需要对非线性的模型系统围绕系统的稳态值做线性化处理。而将非线性的经济系统转化为线性的经济系统,需要基于模型的均衡系统求出稳态值。需要指出的是,线性化的系统中通常含有理性预期变量,使传统的消元和迭代方法失去了作用,因此有学者开始探讨新的求解方法(Blanchard and Kahan, 1980; Juillard, 1996; Uhlig, 1995; Christiano, 2002)。本章节我们将沿着稳态值的求解、模型线性化、基于布朗查德和卡汉(Blanchard and Kahan, 1980)方法的模型求解以及模型参数的校准和估计等几个方面展开分析。

1. 模型的线性化

关于模型线性化,方法不唯一,而目前的研究中最流行是对数线性化法。考虑如下等式:

$$f(X_t, Y_t) = f(Z_t) \quad (8-24)$$

结合等式 $X_t = \exp(\ln(X_t))$，上述等式（8-24）可以重新写成：

$$\ln[f(e^{\ln(X_t)}, e^{\ln(Y_t)})] = \ln[f(e^{\ln(Z_t)})] \quad (8-25)$$

对式（8-25）两端分别围绕其稳态值 $\ln(X)$，$\ln(Y)$，$\ln(Z)$ 进行一阶泰勒近似展开，可得，

$$\ln f(X_t, Y_t) \approx \ln[f(X,Y)]$$
$$+ \frac{f_1(X,Y)X[\ln(X_t) - \ln(X)] + f_2(X,Y)Y[\ln(Y_t) - \ln(Y)]}{f(X,Y)}$$

$$(8-26)$$

$$\ln f(Z_t) \approx \ln[f(Z)] + f'(Z)Z[\ln(Z_t) - \ln(Z)]/f(Z) \quad (8-27)$$

为了便于表述，定义变量对其稳态值的对数偏离如下：

$$\hat{X}_t = \log\left(\frac{X_t}{X}\right) \quad (8-28)$$

其中，X 为变量 X_t 的稳态值。对数偏离实质上是变量对其稳态值百分比偏离的逼近，即：

$$\hat{X}_t = \log\left(\frac{X_t}{X}\right) = \log\left(1 + \frac{X_t - X}{X}\right) \approx \frac{X_t - X}{X} \quad (8-29)$$

因此，对数线性化后的模型系数一般表示弹性。

根据式（8-28）并结合式（8-26）、式（8-27）得到如下对数线性化的一般形式：

$$f_1(X,Y)X\hat{X}_t + f_2(X,Y)Y\hat{Y}_t \approx f'(Z)Z\hat{Z}_t \quad (8-30)$$

事实上，在实际应用研究中，会出现一些非常复杂的非线性方程系统，这无疑会增加对数线性化的运算难度。后来有学者乌利格（Uhlig, 1995）等就对数线性化的方法进行了系统归纳，使对数线性化的运算过程大大简化，归纳出的简洁运算公式如下：

$$X_t = X(1 + \hat{X}_t) \quad (8-31)$$

$$X_t Y_t = XY + (1 + \hat{X}_t + \hat{Y}_t) \quad (8-32)$$

$$F(X_t) = F(X)\left(1 + \frac{F'(X)X}{F(X)}\hat{X}_t\right) \quad (8-33)$$

基于式（8-31）、式（8-32）、式（8-33）对原方程系统式（8-6）、式（8-7）、式（8-9）、式（8-12）、式（8-15）、式（8-19）、式（8-21）、式（8-22）进行对数线性化可以得到如下数线性化后模型系统：

$$\hat{y}_t = E_t \hat{y}_{t+1} - \frac{1}{\eta_1} E_t(\hat{r}_t - \hat{\pi}_{t+1}) \qquad (8-34)$$

$$\gamma \hat{n}_t - \eta_1 \hat{c}_t = \hat{w}_t \qquad (8-35)$$

$$\hat{\pi}_t = \frac{(1-\omega)(1-\omega\beta)}{\omega} \hat{mc}_t + \beta E_t \hat{\pi}_{t+1} \qquad (8-36)$$

式（8-36）由 Calvo 定价模型导出

$$\hat{mc}_t = (\sigma + \eta) \hat{y}_t - (1+\eta) z_t \qquad (8-37)$$

$$\hat{\pi}_t = \beta E_t \hat{\pi}_{t+1} + \frac{\eta-1}{\phi} \hat{mc}_t \qquad (8-38)$$

式（8-38）由 Rotemberg 二次方调价成本模型导出

$$\hat{z}_t = \rho_z \hat{z}_{t-1} + \varepsilon_{z,t} \qquad (8-39)$$

$$\hat{r}_t - \hat{r}_{t-1} = \rho_\pi \hat{\pi}_t + \rho_g \hat{g}_t + \varepsilon_{rt} \qquad (8-40)$$

$$\hat{g}_t = \hat{Y}_t - \hat{Y}_{t-1} \qquad (8-41)$$

其中，线性方程系统式（8-34）~式（8-41）中小写且带尖帽的字母表示原方程系统中对应变量对其稳态值的偏离（本书后续各章出现的小写且带尖帽的字母表示含义与此相同）。另外，$\hat{w}_t$，$\widehat{mc}_t$ 分别为实际工资 $\frac{W_t}{P_t}$ 和实际边际成本 $\frac{MC_t}{P_t}$ 对其稳态值的偏离。式（8-34）为 IS 曲线；式（8-35）刻画了劳动、消费和实际工资之间的关系；式（8-36）和式（8-38）分别为基于 Calvo 定价模型和 Rotemberg 二次方调价成本模型导出的菲利普斯曲线，虽然所基于的定价模型不同，但是最终得出的菲利普斯曲线形式相同，唯一的差异表现在成本加成上，这也是两种不同定价模型均得到广泛应用的一个原因；式（8-40）为央行货币政策反应函数的对数线性化方程；式（8-39）和式（8-41）分别为技术冲击方程和产出增长率方程的对数线性化形式。

2. 线性化模型系统的求解

从以上线性化系统可以看出，系统中带有预期变量。既有的文献中提供了多种求解带预期线性系统的方法，贾德（Judd, 1998）对既有的求解方法进行了较为全面的总结。在既有的研究方法中，较常见的求解方法是由布朗查德和卡恩（Blanchard and Kahn, 1980）所给出的 BK 分解法，后来学者克莱因（Klein, 2000）对 BK 分解法进行了改进给出了目前最为广泛应用的广义 Schur 分解法。另外，还有其他一些相对常用的求解方法，比如西姆斯（Sims, 2002）的 QZ 分解法以及乌利格（Uhlig, 1995）的待定系数法。从最近几年的研究看，克莱因的广义 Schur 分解法用得比较多，另外本书的后续分析中也主要基于广义 Schur 分解法，因此，接下来本节将结合本章构建的基准模型对克莱因的广义 Schur 分解法进行阐述。

上述对数线性化的模型系统可以写成如下更紧凑的形式：

$$A_0 E_t X_{t+1}^0 = B_0 X_t^0 + C_0 \xi_t \qquad (8-42)$$

其中，$X_t^0 = [x_t', u_t']'$ 是 $(n_k + n_c) \times 1$ 维的内生变量向量，x_t 表示下标为 t-1 所有内生变量组成的向量，u_t 为下标 t 所有内生变量组成的向量。假设外生状态变量服从如下过程：

$$\xi_{t+1} = P_\xi \xi_t + \varepsilon_{\xi,t+1} \qquad (8-43)$$

因此，可以重写上述方程系统为：

$$A E_t S_{t+1} = B S_t \qquad (8-44)$$

其中，

$$A = \begin{bmatrix} A_0 & 0 \\ 0 & I \end{bmatrix}, B = \begin{bmatrix} B_0 & C_0 \\ 0 & P_\xi \end{bmatrix}$$

$$S_{t \atop ((n_s+n_c) \times 1)} = \begin{bmatrix} s_t \\ {\scriptstyle (n_s \times 1)} \\ u_t \\ {\scriptstyle (n_c \times 1)} \end{bmatrix} = \begin{bmatrix} x_t \\ \xi_t \\ u_t \end{bmatrix} \qquad (8-45)$$

克莱因的广义 Schur 分解法的目的就是求出方程系统如下形式的解：

$$\begin{bmatrix} x_t \\ \xi_t \end{bmatrix} = \begin{bmatrix} M_{xx} & M_{x\xi} \\ 0 & P_\xi \end{bmatrix} \begin{bmatrix} x_{t-1} \\ \xi_{t-1} \end{bmatrix} + \begin{bmatrix} 0 \\ \varepsilon_\xi \end{bmatrix} \qquad (8-46)$$

$$u_t = \begin{bmatrix} \Pi_{ux} & \Pi_{uz} \end{bmatrix} \begin{bmatrix} x_t \\ \xi_t \end{bmatrix} \qquad (8-47)$$

方程系统 $AE_t S_{t+1} = BS_t$ 的具体求解过程见附录 4。

3. 模型参数的校准和估计方法

基于 DSGE 模型的动态模拟分析前需要对模型系统中的相关结构参数进行确定。而关于 DSGE 模型中结构参数的确定，从既有研究所采取的方法看一般要通过以下三个渠道获得：第一，参考既有研究文献中的相关参数设定；第二，通过对实际经济运行数据进行简单运算选取参数值；第三，结合实际经济数据并借助 GMM 法、最大似然法、最小距离估计法以及贝叶斯法等计量方法中的一种进行估计。目前，随着计算机技术和卡尔曼滤波方法的普及，贝叶斯方法已在 DSGE 模型的估计过程得到广泛地应用（Schorfheide 2000；Smets and Wouters，2003，2007；Negro et al.，2007）。关于贝叶斯估计的具体内容限于篇幅，本书仅给出简要的概述，有关具体和更详尽的估计过程，读者可以参看安和绍尔夫海德（An and Schorfheide, 2007）。由于本书后续章节关于模型的参数估计主要采用的是贝叶斯方法，因此本章节余下的内容将对贝叶斯估计方法做简要介绍。

贝叶斯技术原理是，首先根据不同模型的结构特点得出用于估计的状态空间模型，然后结合研究者所掌握的待估参数的先验信息和有限的几列观测数据估计出参数的后验分布。贝叶斯估计的基本步骤如下：首先，以 T 时刻的观测数据 Y^T 和参数 θ_A 的先验数值集为条件，并结合 Kalman 滤波算法求出后验概率分布；其次，求解出一组使得对数后验概率达到最大时的参数值作为结构参数 θ_A 的后验众数（posterior mode）；最后，以后验众数为起点进行随机抽样，并借助 MH 算法生成马尔可夫链以模拟出模型结构参数的后验密度，进一步运算求出结构参数的后验分布均值和置信区间等。从以上分析可以看出贝叶斯估计方法有效地综合了先验分布和似然函数的信息，这也是贝叶斯估计技术得以广泛应用的一个原因。

8.3 基于拓展 DSGE 模型的我国货币政策宏观效应分析

货币政策的正确制定和实施的一个前提条件是厘清货币政策对宏观经济的影响（沃什，2004）。本章考察预期到的货币政策和未预期到的货币政策对于经济的影响。既有研究中所提到的货币政策冲击多指未预期到的货币政策冲击，即由巴罗（Barro, 1977）所定义的意料之外的货币政策冲击。这样的货币政策冲击概念显然忽略了一个事实，即当今社会是一个信息量巨大且能迅速传播的网络社会，公众对未来时期货币政策的预测能力逐渐增强，使一些货币政策调控通常是可以被公众通过各种渠道提前若干期了解到相关信息或者预期到。那么在中国，以采用"数量型"工具为主而实施货币政策的经济体内，预期到的货币政策是否会对宏观经济波动产生影响？影响机制是什么？未预期到的货币政策的宏观经济影响又如何？厘清这些问题除了实证货币政策的有效性之外，毫无疑问也将对我国货币政策的有效制定和实施有重要的参考价值。

另外，既有文献中在研究方法方面多采用 VAR、SVAR 以及简约化的结构模型。然而，这些模型框架存在一个共同且明显的不足，即此类模型设定具有很强的主观性，模型缺乏微观基础。此外，由于此类模型本身的固有特征，使预期到的与未预期到的货币政策不能够融入统一框架下做比较分析（Leeper et al., 2008），并且有关货币政策影响宏观经济波动的机理基于以上这些模型也不能够进行有效的分析。

基于以上分析，本章节对基准新凯恩斯 DSGE 模型进行拓展，使其包含预期到的和未预期到的"数量型"货币政策，并采用贝叶斯技术对拓展后的模型参数进行估计，在考察模型参数稳健性的基础上识别出预期到的和未预期到的货币政策，并分析两类货币政策对我国宏观经济波动的影响。

8.3.1 模型构建

本章节借鉴爱尔兰（Ireland，2011，2003）等的建模思想，并基于所构建的基准模型框架拓展出了一个以货币供给调控经济的新凯恩斯 DSGE 模型。具体拓展措施包括：在家庭部门的效用函数中引入名义货币余额、家庭偏好冲击和实际货币需求冲击；在企业部门引入成本加成冲击；在政府部门（央行）引入预期到的与未预期到的"数量型"货币政策调控等。

1. 代表性家庭

家庭部门向中间品生产企业提供差异化劳动以获取工资，并分享中间品生产企业的净利润。另外，家庭会向最终品生产企业购买消费品，同时家庭以购买政府债券的形式进行储蓄。

本模型构建中，假定家庭从商品消费和货币持有中获取正效用，从劳动供给中收到负效用。家庭将最大化如下跨期期望效用函数：

$$E_0 \sum_{t=0}^{\infty} \beta^t \left\{ a_t [\eta_c/(\eta_c - 1)] \ln \left[C_t^{(\eta_c-1)/\eta_c} + e_t^{1/\eta_c} \left(\frac{M_t}{P_t} \right)^{(\eta_c-1)/\eta_c} \right] - \chi n_t \right\} \quad (8-48)$$

其中，C_t，M_t 和 n_t 分别表征 t 时期家庭的实际消费，名义货币余额和劳动供给，P_t 为 t 时期家庭所购买消费品的综合价格指数。$\beta \in (0,1)$ 为主观折现因子，$\eta_c > 0$ 表示实际货币需求的利率弹性绝对值，$\chi > 0$ 为家庭劳动供给获得负效用的权重。a_t、e_t 分别为家庭偏好冲击和实际货币需求冲击，且分别遵循如下稳定的一阶自回归过程：

$$\ln(a_t) = \rho_a \ln(a_{t-1}) + \varepsilon_{a,t} \quad (8-49)$$

$$\ln(e_t) = (1 - \rho_e) \ln(e) + \rho_e \ln(e_{t-1}) + \varepsilon_{e,t} \quad (8-50)$$

这里，$0 \leq \rho_a < 1$，$0 \leq \rho_e < 1$ 分别为家庭偏好冲击和货币需求冲击的自回归系数。假定 $\varepsilon_{a,t}$ 和 $\varepsilon_{e,t}$ 是相互独立的白噪声扰动。

家庭的经济行为会面临如下的预算约束：

$$C_t + \frac{M_t + B_t/R_t}{P_t} \leq \frac{M_{t-1} + T_t + B_{t-1} + W_t n_t + D_t}{P_t} \quad (8-51)$$

其中，D_t 表示 t 期家庭从中间品生产企业那里获得的利润份额，T_t 为央行对家庭的一次性转移支付，B_t 表征 t 期家庭购买债券的数量，R_t 表示债券毛利率或名义总利率，W_t 为家庭通过提供单位劳动供给后从企业获取的名义工资。

家庭在预算式（8-51）的约束下会通过最佳选取 C_t、n_t、M_t 和 B_t 以最大化其跨期期望效用函数式（8-48）。由此导出家庭最优化决策的一阶条件：

$$a_t = \Lambda_t C_t^{1/\eta_c} \left[C_t^{(\eta_c-1)/\eta_c} + e_t^{1/\eta_c} \left(\frac{M_t}{P_t} \right)^{(\eta_c-1)/\eta_c} \right] \quad (8-52)$$

$$n_t = \Lambda_t \frac{W_t}{P_t} \quad (8-53)$$

$$a_t e_t^{1/\eta_c} = \left(\frac{M_t}{P_t} \right)^{1/\eta_c} \left[C_t^{(\eta_c-1)/\eta_c} + e_t^{1/\eta_c} \left(\frac{M_t}{P_t} \right)^{(\eta_c-1)/\eta_c} \right] \left[\Lambda_t - \beta E_t \left(\frac{\Lambda_{t+1} P_t}{P_{t+1}} \right) \right] \quad (8-54)$$

$$\Lambda_t = \beta R_t E_t \left(\frac{\Lambda_{t+1} P_t}{P_{t+1}} \right) \quad (8-55)$$

由式（8-52）、式（8-54）、式（8-55）进一步整理可得：

$$C_t^{1/\eta_c} e_t^{1/\eta_c} = \left(\frac{M_t}{P_t} \right)^{1/\eta_c} \left(1 - \frac{1}{R_t} \right) \quad (8-56)$$

2. 生产企业

本章节假设经济中仅包含两类生产企业，即中间品生产企业和最终品生产企业。其中，中间品生产企业处于垄断竞争的市场中，从家庭租赁资本和雇佣劳动，生产出具有差异化的中间商品，然后以一定的加成比率出售给最终产品生产企业。最终品生产企业处于完全竞争的市场之中并借助规模报酬不变的生产技术生产用于消费和投资的最终产品。

（1）最终品生产企业。

每一时期 t，最终品生产企业会以单位价格 $P_t(i)$ 购买由中间品生产企业 i 生产的 $Y_t(i)$ 单位的中间品作为生产要素，以规模报酬不变的生产技术生产 Y_t 单位的最终商品。生产函数采用如下常替代弹性（CES）的形式：

$$Y_t = \left[\int_0^1 Y_t(i)^{(\eta_t-1)/\eta_t} di \right]^{\eta_t/(\eta_t-1)} \quad (8-57)$$

这里，η_t 是中间品生产企业对产品的价格加成的随机冲击，爱尔兰（Ireland，2011）将其作为一种成本冲击引入新凯恩斯 DSGE 模型。本章节将其作为价格加成冲击引入模型，并假设 η_t 遵循稳定的一阶自回归过程：

$$\ln(\eta_t) = (1-\rho_\eta)\ln(\eta) + \rho_\eta\ln(\eta_{t-1}) + \varepsilon_{\eta,t} \quad (8-58)$$

其中，$0 \leqslant \rho_\eta < 1$，$\eta > 1$，随机扰动向 $\varepsilon_{\eta,t}$ 服从均值为零，标准差为 σ_η 的正态分布。基于最终产品生产企业的利润最大化问题可以导出 t 时期的总价格水平为：

$$P_t = \left[\int_0^1 P_t(i)^{1-\eta_t} di\right]^{1/(1-\eta_t)} \quad (8-59)$$

（2）中间品生产企业。

中间品生产企业 i 从家庭雇佣劳动，并采用规模报酬不变的技术生产中间品。企业的生产技术和面临的调价成本等与基准模型相同。

中间品生产企业将通过优化选择 $P_t(i)$ 来最大化其总的市场价值：

$$E_0 \sum_{t=0}^\infty \beta^t \Lambda_t \left(\frac{D_t(i)}{P_t}\right) \quad (8-60)$$

这里，Λ_t/P_t 表示家庭从企业获得单位利润所带来的家庭效用的增加量，$D_t(i)$ 表征企业 i 在 t 期的利润，其具体构建形式为：

$$D_t(i) = (P_t(i)/P_t)^{1-\eta_t} P_t Y_t - (P_t(i)/P_t)^{-\eta_t}(W_t Y_t/Z_t)$$
$$-\frac{\phi}{2}[P_t(i)/\pi P_{t-1}(i) - 1]^2 P_t Y_t \quad (8-61)$$

进一步得到中间品生产企业最优决策的一阶条件：

$$(\eta_t - 1)(P_t(i)/P_t)^{-\eta_t}$$
$$= \eta_t (P_t(i)/P_t)^{-\eta_t-1}(W_t Y_t/Z_t) - \phi[P_t(i)/\pi P_{t-1}(i) - 1](P_t(i)/\pi P_{t-1}(i)) + \beta\phi E_t\{(\Lambda_{t+1}/\Lambda_t)[P_{t+1}(i)/\pi P_t(i) - 1](P_{t+1}(i)/\pi P_t(i))(P_t Y_{t+1}/P_t(i) Y_t)\} \quad (8-62)$$

3. 中央银行

结合我国货币政策操作实际，本章节选用数量型工具表征我国货币政策，参考麦卡勒姆（McCallum，2000）的做法，选用货币供给增长率作为数量型工具的代理变量。借鉴萨金特和苏里科（Sargent and Surico，2011）等关于货币政策函数构建思想，并结合前文的分析，本节建立如下带有预期到的货币供给冲击的货币政策反应函数：

$$\ln\left(\frac{\vartheta_t}{\vartheta}\right) = \phi_m \ln\left(\frac{\vartheta_{t-1}}{\vartheta}\right) - (1-\phi_m)\left[\phi_\pi \ln\left(\frac{\pi_{t+1}}{\pi}\right) + \phi_x \ln\left(\frac{g_t}{g}\right)\right] + \varepsilon_{m,t} + \upsilon_t^{news}$$
$$(8-63)$$

其中，$\vartheta_t = M_t/M_{t-1}$，$g_t = Y_t/Y_{t-1}$，$\vartheta$、$\pi$ 和 g 分别是货币供给增长率、通货膨胀和经济增长率的稳态值。系数 ϕ_m 为货币政策反应函数中赋予货币供给增长率的权重,用于度量了货币政策的连贯程度;而系数 φ_π、φ_x 分别表示货币政策反应函数中赋给通货膨胀和产出增长率的权重。

此处需要特别说明的是,$\varepsilon_{m,t}$ 表示未预期到的货币供给冲击,其满足序列不相关且服从均值为零,标准差为 σ_m 的正态分布。υ_t^{news} 表示预期到的货币供给冲击中,其具体表达形式如下①:

$$\upsilon_t^{news} = \sum_{h=1}^{H} \upsilon_{t-h}^h \qquad (8-64)$$

这里,υ_{t-h}^h 表示公众(或代理人)提前 h 期,即在 t-h 期得到的关于未来第 t 期的货币供给冲击信息,H 为公众可以获得的关于货币供给调控信息的最大提前期。另外,本节假定预期到的货币供给冲击 υ_{t-h}^h 满足序列不相关且服从均值为零,标准差为 σ_{mh},h = 1,2,…,H 的正态分布。

8.3.2 模型参数校准和贝叶斯估计

1. 模型参数校准

由于受观测数据可得性的限制,新凯恩斯 DSGE 模型中的参数不可能完全通过计量方法估计得到,因此,模型中的部分参数需要采用校准的方法获取。关于模型参数的校准,既有研究一般要通过以下两个渠道获得:第一,参考既有研究文献中的相关参数的赋值进行设定;第二,根据实际经济运行数据的统计特征,进行适当选取。出于我国无可用的完整就业数据考虑,关于家庭效用函数中的劳动供给权重 ζ,本节根据李春吉等(2010)的选取结果设定为 0.001。此外,本章节通过对所选取的样本序列进行季节性调整和取平均值等措施得到消费的均衡值 c,利率均衡值 R 以及实际货币余额的均衡值 m 分别为 5.012,1.027,7.825。关于主观贴现因子 β 的选取,国内外大多文献研究中一般使 β 约等于 1/R,因此,实际取值通常在 0.96~0.99。为此,结合以上利率稳态值的选取,本节选取 β 值为 0.97。

2. 模型参数的贝叶斯估计

除了以上模型参数需要校准外,对于模型中的其余参数,本章节将主要基于贝叶斯技术进行估计。贝叶斯技术的主要原理为:首先根据不同模型的特点构建出服务于参数估计的状态空间模型,其次结合研究者所掌握的待估参数的先验信息和有限的几列观测数据给出待估参数的后验均值和

---

① 这里关于预期到冲击的构建借鉴了可汗和苏卡拉斯(Khan and Tsoukalas,2011),米拉尼和特雷德韦尔(Milani and Treadwell,2011),藤原等(Fujiwara et al.,2011)等的建模思想。

后验分布。目前，贝叶斯方法已广泛地应用 DSGE 模型的估计。

设 Θ 为包含模型结构参数的向量，非样本信息以密度函数为 $p(\Theta)$ 的先验分布的形式给出。构建包含了样本信息的似然函数 $p(Y_T|\Theta,M_i)$，其中 Y_T 表示观测数据样本，M_i 表征不同的 DSGE 模型形式。需要指出的是，这里的似然函数允许参数 Θ 的先验分布更新。结合贝叶斯理论得到模型参数的后验分布：

$$p(\Theta|Y_T,M_i) = \frac{p(Y_T|\Theta,M_i)p(\Theta)}{p(Y_T|M_i)} \qquad (8-65)$$

其中，$p(Y_T|M_i) = \int p(\Theta,Y_T|M_i)d\Theta$ 为与模型具体形式 M_i 有关的边际数值密度（marginal data density）。在应用贝叶斯理论进行分析时，边际数值密度通常用于测度模型的拟合度，而模型的拟合度通常用来评价模型的优劣，模型拟合度数值越大表明模型拟合得越好，即最大边际数值密度所对应的模型为我们要选择的最佳模型（Khan and Tsoukalas，2011；An and Schorfheide，2007）。

本章节需要估计的参数向量为：

$$\Omega = [\varphi,\eta_c,\eta,\phi_m,\phi_\pi,\varphi_x,\rho_a,\rho_\eta,\rho_e,\sigma_a,\sigma_\eta,\sigma_e,\sigma_z,\sigma_m,\sigma_{m1},\cdots,\sigma_{mH}] \qquad (8-66)$$

观测样本 Y_T 由实际产出缺口、实际消费缺口、环比通货膨胀率、实际货币余额缺口和利率 5 个时间序列构成。其中，以上各个观测变量形成过程中涉及的产出由实际季度 GDP 表示，消费由季度社会消费品零售总额衡量，货币余额使用 M_2 衡量，利率由银行间 7 天同业拆借利率的加权值表征。观测数据中的名义变量均需要通过除以同季度的环比 CPI 得到对应的实际变量。本章节选取的观测样本区间为 1998 年第一季度至 2011 年第一季度。另外，贝叶斯估计前所有变量均经过季节性调整和 H-P 滤波（去除趋势）处理。数据来源于 Wind 资讯、中国人民银行网站、国家统计局网站以及 RESSET 金融研究数据库。

进行贝叶斯估计时，需要首先给出待估参数的先验均值和先验分布，而相应参数的先验均值和先验分布一般从既有的研究中获取或者从数据本身的统计特征中获取。本章节待估参数的先验均值和先验分布的选取如下：对于价格黏性的测度 φ、货币需求的利率弹性 η_c 两个参数，本章节参照李春吉等（2010）的估计结果，对二者的先验均值分别设定为 28.9 和 0.11，并设定其分别服从 Gamma 分布和 Beta 分布。关于价格加成冲击的稳态值 η，本章节参考爱尔兰（Ireland，2003）估计结果设定其先验均值为 6.5，且服从 Normal 分布。对于通货膨胀缺口权重 ϕ_π，货币供给增长权重 ϕ_m，产出增长权重 ϕ_x，本章节主要借鉴萨金特和苏里科（Sargent and Surico，2011）与马文涛和魏福成（2011）等估计结果，将这些参数的先验均值分别设定为 1.1、0.86 和 1.2，其分布均设定为 Normal 分布。对于家庭偏好冲击的 AR（1）系数 ρ_a，货币需求冲击的 AR（1）系数 ρ_e，价格加成冲击的 AR（1）系数 ρ_η，由于既有研究中均假定这些外生冲击是平稳过程，因此既有文献中关于这些参数的取值一般都介于 0～1，同时结合斯梅茨和沃特斯（Smets and Wouters，2003，2007）的设定和估计结果，本章节将这些参数的先验均值统一设定为 0.65，并将其先验分布统一设定为 Beta 分布。另外，本章节参考可汗和苏卡拉斯（Khan and Tsoukalas，2011），米拉尼和特雷德韦尔（Milani and Treadwell，2011），藤原等（Fujiwara et al.，2011）以及吴化斌等（2011）研究文献中的选取和估计结果，分别给出未预期到的和预期到的货币供给冲击的标准差的先验均值和先验分布，具体选取见表 8-2。最后，本章节还参考以上研究文献关于先验分布的标准差的设定，分别设定了本模型待估参数的标准差。

除了对以上待估参数的先验均值和先验分布进行适当设定之外，由于本章节引入了预期到的货币供给冲击，因此还需要对进入模型的关于获得未来货币供给信息的提前期 h 做一个适当的选取。从现有文献看，既有的研究中关于 h 的选择比较随意，而对最大提前期 H 一般设定为 12 个，即公众最多可以提前 12 个季度预期到未来的货币供给冲击状况，并对此适当调整自己的经济行为。

基于以上给出的边际密度概念，对包含不同提前期预期到的货币供给冲击信息的模型进行最优选取。本章节主要遵循以下步骤进行：首先本节依次对仅包含一个预期到的货币供给冲击 υ_{t-h}^h，h = 1，2，…，H 的模型进行估计；其次本章节对同时包含若干个连续提前期的预期到的货币供给冲击的模型进行估计，同时考虑到如果模型中预期到冲击的引入过多，会使模型的状态空间维数不断增大，导致相关计算不具有可行性，因此，本章节参考米拉尼和特雷德韦尔（Milani and Treadwell，2011），藤原等（Fujiwara et al.，2011）估计思想，此时仅计算到 H = 8 的情形；最后本章节对预期到的货币供给冲击每隔 4 个季度进入模型的情形进行了估计。另外，为了便于说明引入预期到的货币政策后模型的优劣，本章节还估计了不包含任何预期到的货币政策冲击的基本模型的边际数值密度。具体的计算结果如表 8-1 所示。

表8-1　　　　模型边际数值密度（marginal data density）比较

模型类别	边际数值密度		边际数值密度
基本模型	-346.76		
基本模型+预期到的货币供给冲击			
h=1	-344.93	h=1, 2	-345.41
h=2	-347.35	h=1, 2, 3	-345.67
h=3	-345.15	h=1, 2, 3, 4	-343.66
h=4	-345.00	h=1, 2, 3, 4, 5	-341.87
h=5	-344.92	h=1, 2, 3, 4, 5, 6	-345.08
h=6	-344.97	h=1, 2, 3, 4, 5, 6, 7	-345.36
h=7	-345.33	h=1, 2, 3, 4, 5, 6, 7, 8	-342.28
h=8	-344.82	h=1, 4	-344.70
h=9	-345.23	h=4, 8	-345.62
h=10	-345.20	h=1, 4, 8	-341.83
h=11	-345.12	h=4, 8, 12	-347.98
h=12	-345.41	h=1, 4, 8, 12	-344.54

从表8-1中容易看出，当引入预期到的货币供给冲击对基本模型进行适当扩展后，新模型所对应的边际数值密度明显增加，即扩展后的模型对经济的拟合程度增加，因此，引入预期到货币供给冲击后模型能够更好地刻画经济实际。同时，我们还发现，当模型仅包含提前1个季度，4个季度，8个季度预期到的货币供给冲击时，模型的边际数值密度最大，达到-341.83，即表明此时的模型对经济拟合最好，此模型也正是本节所要选定的分析框架。下面给出包含不同预期到的货币政策提前期的模型参数的贝叶斯估计结果。另外，为了确保模型参数估计的稳健性，本节对多种不同模型情形下的参数进行了估计（见表8-2）。关于估计参数的具体描述如表8-3所示。

表8-2　　　　　　　　模型参数的贝叶斯估计

参数	先验分布	先验均值	后验均值			
			模型1	模型2	模型3	模型4
φ	Gamma	28.00	—	—	28.9544 [28.95, 29.50]	28.9518 [28.41, 29.41]
η_c	Beta	0.21	0.3346 [0.22, 0.45]	0.3368 [0.22, 0.45]	0.3191 [0.19, 0.41]	0.3099 [0.20, 0.40]
η	Normal	6.00	4.6761 [3.36, 5.91]	4.6871 [3.31, 5.76]	4.9066 [3.86, 5.88]	4.6738 [3.56, 6.01]

续表

参数	先验分布	先验均值	后验均值 模型1	后验均值 模型2	后验均值 模型3	后验均值 模型4
ϕ_m	Normal	0.86	0.9766 [0.96, 0.99]	—	0.9765 [0.96, 0.99]	0.9532 [0.90, 0.99]
ϕ_π	Normal	1.10	1.1249 [0.96, 1.27]	—	1.1261 [0.95, 1.29]	1.1391 [0.99, 1.30]
ϕ_x	Normal	1.20	1.1706 [1.00, 1.34]	—	1.1336 [0.99, 1.29]	1.1464 [0.98, 1.30]
ρ_a	Beta	0.65	0.4671 [0.35, 0.60]	0.4740 [0.35, 0.59]	0.4819 [0.36, 0.61]	0.4898 [0.38, 0.61]
ρ_η	Beta	0.65	0.6400 [0.48, 0.80]	0.6477 [0.48, 0.81]	0.6404 [0.46, 0.77]	0.6625 [0.50, 0.83]
ρ_e	Beta	0.65	0.4472 [0.35, 0.55]	0.4381 [0.32, 0.54]	0.4260 [0.32, 0.51]	0.4392 [0.32, 0.54]
σ_a	InvGamma	0.05	0.0473 [0.04, 0.05]	0.0476 [0.04, 0.06]	0.0470 [0.04, 0.06]	0.0487 [0.04, 0.06]
σ_η	InvGamma	0.08	0.0738 [0.02, 0.15]	0.0721 [0.02, 0.15]	0.0667 [0.02, 0.12]	0.0815 [0.02, 0.17]
σ_e	InvGamma	5.07	9.0647 [6.59, 11.78]	9.2378 [6.69, 12.09]	8.8388 [6.93, 11.57]	8.5654 [6.36, 10.84]
σ_z	InvGamma	1.25	1.1091 [0.93, 1.27]	1.1484 [0.96, 1.33]	1.1337 [0.97, 1.29]	1.0209 [0.81, 1.24]
σ_m	InvGamma	0.43	0.1898 [0.11, 0.26]	0.2743 [0.22, 0.32]	0.1853 [0.11, 0.25]	0.1669 [0.10, 0.23]
σ_{m1}	InvGmamma	0.01				0.0650 [0, 0.14]
σ_{m4}	InvGamma	0.01				0.0079 [0, 0.01]
σ_{m8}	InvGamma	0.01				0.0078 [0, 0.01]

注：(1) 模型1指代基本模型中价格黏性测度 φ 进行校准而不估计的情形；模型2指代基本模型中价格黏性测度 φ，货币供给平滑度 ϕ_m，通货膨胀系数 ϕ_π，产出缺口系数 ϕ_x 等参数直接校准，不进行估计的情形；模型3指代基本模型，即不包含预期到冲击的经典新凯恩斯DSGE模型；模型4指代加入提前1个、4个、8个季度预期到的货币供给冲击后的扩展模型。

(2) 此处之所以称谓4类不同的模型，主要是因为模型中待估参数不同，形成的状态空间就不同，每种情形下进行的参数估计就是不同的一次贝叶斯估计。

(3) 表中后验均值下面对应的方括号标记参数估计的95%置信区间。所有参数估计的T统计量表明均能在5%的显著性水平下显著。参数估计过程中的观测样本见附录2，参数估计的先验和后验分布见附录3，另外，参数估计所基于的软件平台见附录5。

表8-3　　　　　　　　　由贝叶斯估计参数的具体描述

参数	参数说明
φ	价格黏性测度
η_c	货币需求的利率弹性
η	加成冲击稳态值
ϕ_m	货币供给平滑度
ϕ_π	通货膨胀权重
ϕ_x	产出增长率权重
ρ_a	偏好冲击 AR（1）系数
ρ_η	成本加成冲击 AR（1）系数
ρ_e	货币需求冲击 AR（1）系数
σ_a	偏好冲击标准差
σ_θ	成本加成冲击标准差
σ_e	货币需求冲击标准差
σ_z	技术冲击标准差
σ_m	货币供给冲击标准差
σ_{m1}	提前1期预期到的货币供给冲击标准差
σ_{m4}	提前4期预期到的货币供给冲击标准差
σ_{m8}	提前8期预期到的货币供给冲击标准差

表8-2中模型4对应的是本节所基于的分析框架。表8-2中关于价格黏性测度 φ 的估计值与李春吉等（2010）所给出估计值比较接近。关于家庭偏好冲击的 AR（1）系数 ρ_a，价格加成冲击的 AR（1）系数 ρ_η 等的估计与杰拉里等（Gerali et al.，2010）估计结果一致；而货币需求冲击的 AR（1）系数 ρ_e 的估计值为 0.4392 小于 1，这与爱尔兰（Ireland，2003）的估计结果相一致。另外，本书对货币政策反应函数中关于货币供给平滑度 ϕ_m，通货膨胀权重 ϕ_π，以及产出增长率权重 ϕ_x 的估计值分别为 0.9532、1.1391、1.1464，与马文涛和魏福成（2011）的估计结果比较接近。

3. 模型参数的稳健性检验

本节在对基本模型（模型3）进行估计的基础上又估计了另外三种情形，即模型1、模型2和模型4，目的是评估模型参数估计结果的稳健性。其中模型1、模型2指的是在基本模型基础上对部分待估参数直接进行校准，即增加了校准参数的数量而减少了需要估计的参数数量的情形。模型1中所增加的校准参数为价格黏性测度 φ，模型2中所增加的校准参数为

价格黏性测度 φ，货币供给平滑度 ϕ_m，通货膨胀系数 ϕ_π，产出缺口系数 ϕ_x。以上这些参数均是模型构建过程中相对重要的参数，根据既有文献的估计结果把它们的校准值分别选取为 28.9，0.9，1.2 和 1.1。模型 4 是在基本模型中加入预期到的货币供给冲击后的新模型。对于模型 4，需要校准的参数与基本模型（模型 3）相同，但是待估计参数与基本模型相比增加了提前 1 期、4 期、8 期预期到的货币供给冲击的标准差。以上各种模型的贝叶斯估计结果见表 8-2。由表 8-2 可以容易看出，所有参数的估计结果在四类不同的模型情形下均未出现明显变化，并且所有参数估计的置信区间基本稳定，这充分说明本节模型的参数估计具有很强的稳健性。根据估计结果进行的经济分析具有可靠性。

4. 模型评价

为了说明本章节分析过程中所基于模型对实际经济的解释能力，我们参考了尼马克（Nimark, 2009）有关 DSGE 模型的经济解释力的评价方法，即基于由贝叶斯技术估计后的模型，进行提前一期的样本内预测，然后比较预测值与实际值，若预测值与实际值拟合得很好，则说明以上所选取的模型具有很强的经济解释能力，对本节所构建的模型进行了评价。关于本章节模型的具体评价结果如图 8-1 所示。

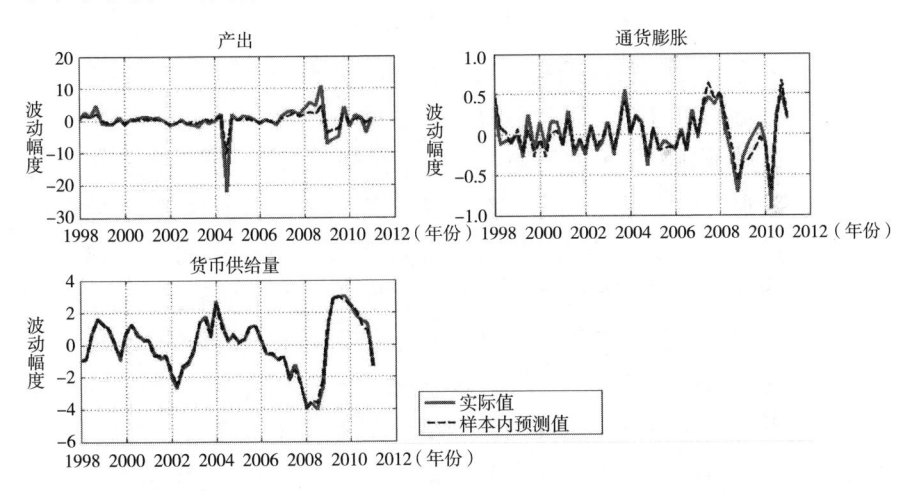

图 8-1 1998~2012 年实际值与模型样本内预测值比较

图 8-1 描绘了基于带有提前 1 期、4 期、8 期预期到的货币供给冲击的新凯恩斯 DSGE 模型，在样本期 1998 年第一季度至 2011 年第一季度内，分别对产出、通货膨胀和货币供给量进行向前一期预测的预测值与对应的实际经济数据波动相拟合的状况。图 8-1 显示，基于本章节模型对主要

宏观经济变量的样本内预测值与实际值整体拟合得非常好。由此可以认为，本章节分析过程中所基于的模型框架可以用于刻画中国经济波动，研究预期到的货币供给冲击、未预期到的货币供给冲击以及货币需求冲击等对中国宏观经济波动的影响。

8.3.3 脉冲响应和方差分解分析

基于前文对模型的构建，模型参数估计以及模型评价，本章节我们将基于数值模拟技术分析预期到的与未预期到的货币供给冲击对产出和通货膨胀的影响，同时为了做比较分析，本书还分析了货币需求冲击的相应影响。分析过程中本章节主要从脉冲响应和方差分解两个层面展开讨论。其中，脉冲响应主要是用来定量和定性分析预期到的与未预期到的货币供给冲击以及货币需求冲击对产出和通货膨胀等变量的当前和未来一段时期的影响；而方差分解主要用于刻画以上三个有关的货币冲击在影响产出和通货膨胀波动过程中的相对重要程度。

1. 脉冲响应分析

图8-2刻画了产出波动和通货膨胀波动对预期到的与未预期到的货币供给冲击以及货币需求冲击三个外生冲击的动态反应路径。由图8-2（a）可以看出，给定一单位标准差大小为8.5654的正向货币需求冲击，实际产出（缺口）首先出现负向偏离，然后快速回升，并于第六个季度时回归稳态值。对货币需求冲击后产出的反应之所以出现如此波动特征，主要是由于货币需求冲击发生的当期将减少居民消费的边际效用，因此，正向的货币需求冲击引起了消费减少，最终使实际产出出现负向的偏离。另外，根据表8-2的估计结果容易看出，货币需求冲击的AR（1）系数为0.4392，即表明货币需求冲击的持久性偏低，从而导致货币需求冲击之后的短期内货币需求的影响就完全消失了，而居民消费的边际效用则开始增加，进而消费增加，产出逐渐回归稳态值。然而，给定一单位标准差大小为0.1669的正向货币供给冲击后，产出即期出现正向偏离，然后逐渐向稳态值回归，这与货币需求冲击对产出波动的影响形成了鲜明的对比。产出波动呈现如此特征，其主要机理可归纳为：正向货币供给冲击会引起利率降低和居民消费的边际效用增加，从而促使居民消费增加，最终使得产出增加。接下来分析由预期到的货币供给冲击对产出波动的影响。在标准差大小分别为0.065、0.0079、0.0078的提前1期、4期、8期的预期到的货币供给冲击共同影响下，产出出现了与未预期到的货币供给冲击影响下类似的波动特征，只是在预期到的货币供给冲击影

响下产出的波动幅度略微偏小和反应的持续性偏弱。这里预期到的货币供给冲击对产出波动的影响机理与未预期到的货币供给冲击的影响机制有所不同，预期到的货币供给冲击主要是通过改变居民对未来消费和投资的预期而产生作用。

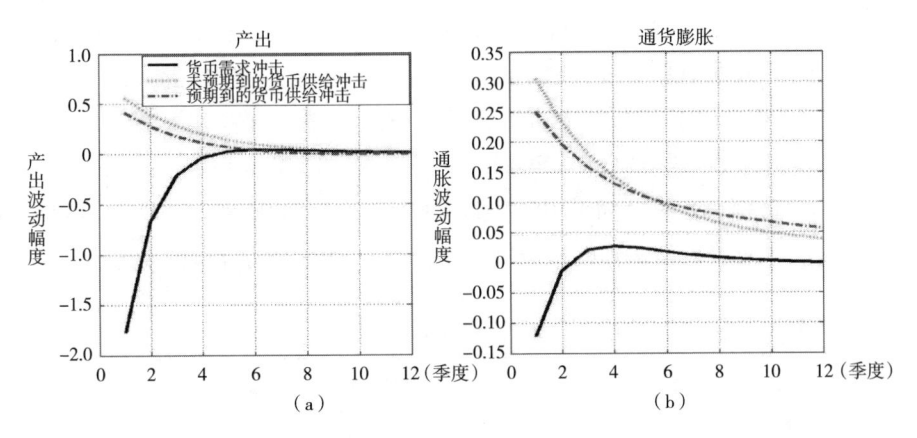

图 8-2 产出波动与通货膨胀的脉冲响应

图 8-2（b）描述了通货膨胀对预期到与未预期到的货币供给以及货币需求等外生冲击的动态反应路径。给定一单位标准差大小为 8.5654 的正向货币需求冲击，在类似于货币需求冲击对产出的影响机制下，货币需求冲击使得通货膨胀即期出现负向偏离，然后回升并于第 2 个季度末开始出现略微的正向反应，最终于第 10 个季度后回归稳态。给定一单位标准差大小为 0.1669 的未预期到的货币供给冲击和在标准差大小分别为 0.065、0.0079、0.0078 的提前 1 期、4 期、8 期的预期到的货币供给冲击共同影响下，通货膨胀呈现了与产出一致的动态路径。但是通过比较图 8-2 左、右两个子图可以发现，预期到的与未预期到的货币供给冲击以及货币需求冲击对产出波动与通货膨胀波动的影响存在显著的差异性。首先，预期到的与未预期到的货币供给冲击对产出波动的影响总体小于货币需求冲击的影响，然而二者对通货膨胀波动的影响大于货币需求冲击的影响。其次，相比未预期到的货币供给冲击对产出和通货膨胀的影响预期到的货币供给冲击的影响均偏小。

识别出预期到的与未预期到的货币供给冲击以及货币需求冲击对产出波动与通货膨胀波动的影响，不仅论证货币政策的有效性，也对制定和实施货币政策有重要的经验借鉴意义。关于这三类外生冲击对产出和通货膨胀波动贡献度的大小比较，将在下一小节方差分解部分做进一步的讨论。

· 145 ·

2. 方差分解分析

由于影响一国宏观经济波动的因素比较多，预期到的货币供给冲击、未预期到的货币供给冲击以及货币需求冲击等只是其中的若干影响因素，因此，仅通过脉冲响应分析不能充分描绘这些外生冲击对宏观经济波动的影响，而方差分解可以从各种冲击对宏观经济波动的贡献度这一层面关于预期到的货币供给等冲击对宏观经济波动的影响做进一步分析。

表8-4给出了对产出波动和通货膨胀波动进行方差分解的结果。表中的字母组合 P-Shock、R-Shock、J-Shock、T-Shock、U-Shock 以及 E-Shock 分别表示外生冲击中的偏好冲击、货币需求冲击、成本加成冲击、技术冲击、未预期到的货币供给冲击以及预期到的货币供给冲击。

表8-4 方差分解

变量	外生冲击					
	P-Shock	R-Shock	J-Shock	T-Shock	U-Shock	E-Shock
产出	88.32	7.40	0	2.41	1.26	0.60
通货膨胀	8.64	2.30	0.01	27.99	32.68	28.38

注：表中关于预期到的货币供给冲击对产出和通货膨胀波动的贡献度，是提前1期、4期、8期预期到的货币供给冲击分别对产出和通货膨胀波动贡献之和。

从表8-4可以看出，在本章节所考察的模型经济中预期到的货币供给冲击和未预期到的货币供给冲击是引起通货膨胀波动的主要因素，这两类冲击分别可以解释28%和32%以上的通货膨胀波动。然而，这两类冲击对产出波动的解释力均偏小，二者对产出波动的总的解释力度不足2%。家庭偏好冲击可以解释产出波动的88%以上，是产出波动的主要因素。关于货币需求冲击的影响，其对产出波动的解释力大于对通货膨胀波动的解释力，但就其对产出波动的解释力而言也不足8%。

从以上方差分解的分析中可以看出，两类货币供给冲击虽然是通货膨胀波动的主要外生冲击源（两类冲击共同作用可以解释61%以上的通货膨胀波动），但是对产出波动的解释力不够强。货币需求冲击虽然可以对产出波动和通货膨胀波动产生影响，一定程度上会减弱货币供给调控对宏观经济的影响，但这种影响有限。另外，尤其令人惊奇的是，这里的分析发现，预期到的货币供给冲击与未预期到的冲击一样对通货膨胀的波动产生了显著的影响。这些结论对货币政策的制定和实施都将具有重要的借鉴意义。

8.3.4 一个经验分析

对许多国家进行各种各样的 VAR 经验分析表明，产出对货币政策冲击的反应遵循一种驼峰形态，即峰值反应在受到货币政策冲击后的几个季度后出现（沃什，2004）。这种驼峰形态是一种普遍发现，比如，利珀，西姆斯和查（Leeper, Sims and Zha, 1996）基于美国数据发现了这一现象，而西姆斯（Sims, 1992）基于德国、日本、美国、英国等多个国家数据研究也均证实存在产出"驼峰形"反应的经济现象。

国内学者通过实证分析不仅发现我国货币政策具有宏观经济效应而且还发现产出对货币政策冲击的反应轨迹呈现驼峰形态，这与国外学者基于发达国家数据的研究结果相一致。王君斌（2010）采用三变量结构向量自回归法，并结合中国宏观季度数据实证分析了中国货币政策的宏观经济效应。选取的三个变量分别为产出，通货膨胀和货币供给量增长率，样本区间为 1992 年的第一季度至 1997 年的第四季度，VAR 模型的滞后阶数选取为 4。王君斌的具体经验分析结果见图 8-3。

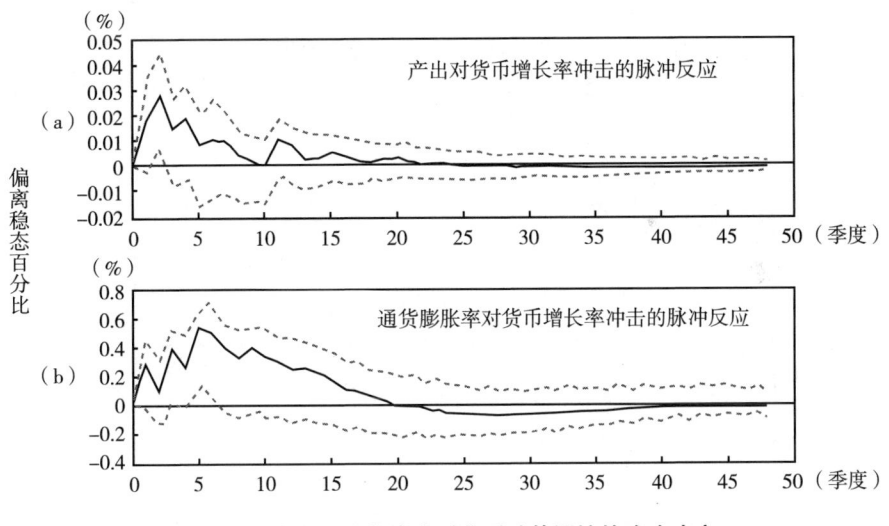

图 8-3 产出和通货膨胀对货币政策调控的脉冲响应

资料来源：王君斌：《通货膨胀惯性、产出波动与货币政策冲击：基于刚性价格模型的通货膨胀和产出的动态分析》，载于《世界经济》2010 年第 3 期。

如图 8-3 所示，实施宽松的货币政策调控后，产出开始出现温和增长，大约在第 2 个季度时达到反应的峰值，然后逐渐下降回归初始值，整个反应过程呈现驼峰形态，并且产出对货币供给冲击的反应表现出强烈的不对称性，即下降过程需要历经的时间大于上升过程的时间。另外，从

图8-3可以看出,通货膨胀在受到正向的货币增长率冲击后,整个变化过程也呈现了"驼峰形"特征。需要说明的是图8-3中的虚线是基于Bootstrap技术进行2000次重复抽样得到的置信区间。随后,王君斌、郭新强和蔡建波（2011）基于中国1992年第一季度至2009年第四季度数据并运用SVAR的分析方法同样发现,扩张性货币政策会使得产出呈现出"驼峰形"反应。实证过程中仍采用货币供给量增长率标记货币政策。具体的分析结果如图8-4和图8-5所示。

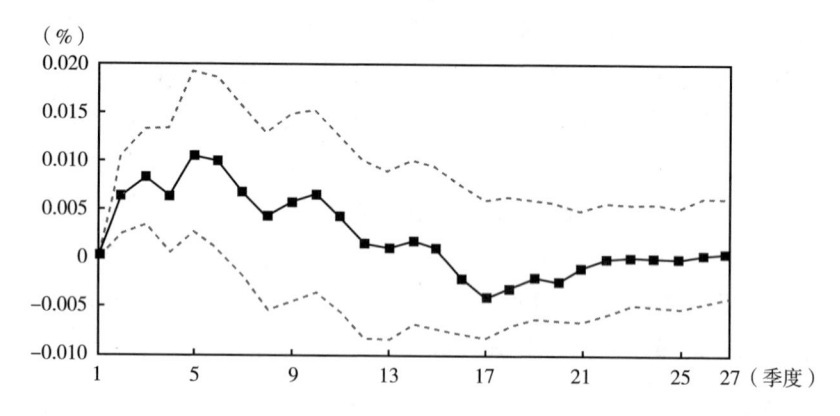

图8-4 产出对货币政策调控的反应曲线

资料来源：王君斌、郭新强和蔡建波：《扩张性货币政策下的产出超调、消费抑制和通货膨胀惯性》,载于《管理世界》2011年第3期。

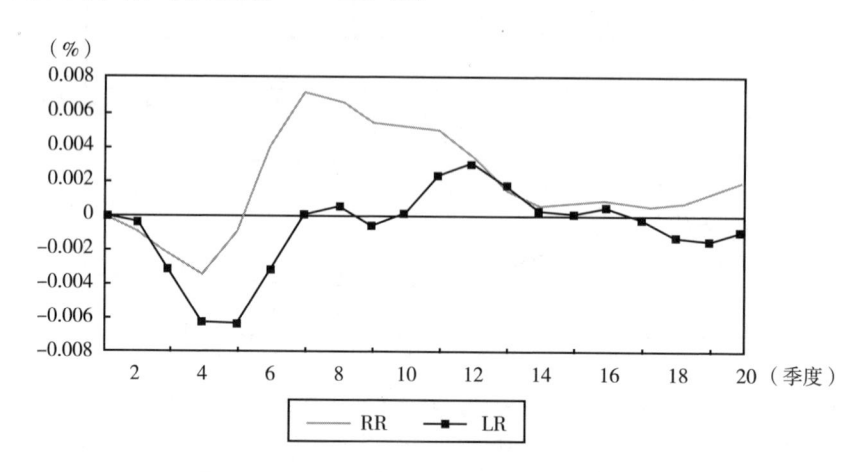

图8-5 产出对货币政策调控的动态反应曲线

资料来源：冀志斌、周先平：《中国的货币政策有效吗?》,载于《中南财经政法大学学报》2008年第5期。

图8-4中的实线表示产出对货币供给冲击的脉冲响应,与反应曲线对应的上下两条虚线表示95%的置信区间,是基于Bootstrap技术的1200

次抽样得到。由图8-4容易发现，产出对货币供给冲击有明显反应，且反应曲线呈现"驼峰形"。

值得注意的是，以上学者分析货币政策效应过程中均选取了"数量型"货币政策工具。那么对中国"价格型"货币政策工具是否会产生类似的效应呢？冀志斌和周先平（2008）的研究对此给出的是肯定的回答。冀志斌和周先平基于1996~2008年的季度数据运用向量自回归模型，并选用法定存款准备金率（RR）和一年期贷款基准利率（LR）指代货币政策，分析我国货币政策的宏观经济效应。其具体分析结果如图8-5所示。

由图8-5可知，紧缩性的货币政策对产出的作用明显，无论是调高存款准备金率还是调高一年期贷款款利率，都会使得产出出现倒"驼峰形"反应，并且使产出反应的持续时间超过一年。冀志斌和周先平的分析结论，显然表明我国"价格型"货币政策调控使得产出出现"驼峰形"反应。

比较我们基于新凯恩斯DSGE模型对我国货币政策效应的模拟结果与国内学者经验分析的结果，我们发现了差异，我们的研究结论没能够有效地拟合经验分析中关于产出对货币政策调控的"驼峰形"反应。这个差异是我们特别关心的问题，造成这一差异的，或许也正是影响货币政策有效性的重要因素。对此，我们查阅和比较了既有文献发现，麦卡勒姆和纳尔逊（McCallum and Nelson，1999）以及荣格（Jung，2004）等给出的解释是所构建的模型中家庭偏好缺乏消费习惯特征，因此家庭的消费不具有平滑性，产出的反应就不具有驼峰形态，一旦在模型的家庭偏好中融入消费习惯形成，模型的模拟结果便可以较好地拟合经验分析中产出的"驼峰形"反应。后来学者，比如布瓦凯兹等（Bouakez et al.，2005），皮尔齐奥赫和耶内尔（Pierdzioch and Yener，2007），拉文等（Ravn et al.，2010）都发现，在结构模型中引入消费习惯形成后能够使得模型的分析结果拟合经验分析中产出的驼峰形反应。为此，在第9章我们将消费习惯形成引入了模型中。

8.4 本章小结

本章回顾了新凯恩斯DSGE模型的发展轨迹，并对DSGE模型的特征进行了分析。通过一个基准DSGE模型，从模型的构建、求解和参数估计等方面着重阐述了新凯恩斯DSGE模型的数量分析方法。本章还对模型中各个部门的构建以及价格黏性的引入等的经济内涵均作了详细的介绍，厘清了模型的微观基础。模型的求解部分，本章详细阐述了广义 Schur 分解法，这也是本书后续研究用到的方法。

另外，作为新凯恩斯 DSGE 模型的一个应用分析，本章通过在基准模型中引入预期到的与未预期到的货币供给冲击和货币需求冲击等对基准模型进行了拓展，基于拓展后的模型分析了我国货币政策的宏观经济效应。结论表明，预期到的与未预期到的货币供给冲击对产出波动和通货膨胀波动产生了同向的影响，整体上对通货膨胀波动的影响都比较显著。然而，对产出波动影响均偏弱，二者的解释力均不足 2%。

通过比较分析我们发现以下重要经济现实：中央银行货币政策制定和实施的透明化有助于增强货币政策的有效性。这是因为，在我国预期到的货币供给冲击能够对宏观经济波动产生显著的影响，而央行货币政策的透明化，将有利于引导公众形成合理化预期，从而增强货币政策对宏观经济的影响力，提高货币政策宏观调控的有效性。这一发现对我国当前货币政策制定和实施将有重要的政策借鉴意义。

尽管本章得出了一些非常有意义的结论（论证了货币政策中性论和货币政策无效性命题论在中国都不成立），但是本章的分析过程与经典的货币经济理论和国外既有研究出现了差异，主要表现在本章的脉冲响应分析部分。根据经典的货币经济学理论与国外既有经验实证，从货币政策的实施至政策产生最大化的宏观经济效应之间一般会存在一定的时滞。具体而言，产出等经济变量对货币政策冲击的反应曲线应具有"驼峰形"。然而，从本章的图 8-2 中发现产出对货币政策冲击的反应未呈现"驼峰形"。因此，从这个层面分析，本章的分析结论与传统的货币经济理论存在一定的差异性。这也正好为我们考察影响货币政策有效性因素提供了研究基础。产生这一差异性的主要原因可能正是没有考虑代表性家庭消费习惯形成的影响，进而忽略了家庭消费的平滑性可能对货币政策产出效应带来的影响。为了验证这一点，同时也为了找出影响货币政策效应的重要因素，我们将在下一章拓展新凯恩斯 DSGE 模型，把家庭消费习惯形成融入模型，考察消费习惯形成引入后产出对货币政策冲击的反应是否会出现经典的"驼峰形"反应；同时我们还将进一步分析家庭消费习惯形成对货币政策效应的其他潜在影响。将个人消费习惯形成引入模型，我们认为符合未来中国经济驱动力向消费拉动转型的经济现状，且具有理论的前瞻性。

第9章 消费习惯形成对货币政策效应的影响

具有不同消费习惯形成的家庭其消费行为会存在明显的差异性，使具有不同消费习惯形成的家庭对相同的货币政策调控可能会作出不同的反应。同时，作为微观经济主体的家庭是货币政策传导过程中的重要一环，对货币政策调控的不同反应就会使得消费习惯形成可能对货币政策的宏观效应产生影响。那么，消费习惯形成会对货币政策效应产生哪些影响，其影响机制又是什么呢？另外，从上一章的分析可知，预期到的货币政策可以使得消费者提前进行消费和对劳动供给等行为进行调整，进而对宏观经济产生实质性影响。如果消费习惯形成，影响了货币政策效应，那么预期到的货币政策是否会减轻消费习惯形成的影响？

此外，既有研究在模型中引入消费习惯形成的一个主要目的是，使消费和产出等对外生冲击的反应路径能够呈现"驼峰形"，从而使得由模型模拟出的结果与经验理论相吻合。然而，既有研究中关于消费习惯形成程度的选取比较固定且通常在 0.5 以上取值。那么就产生了如下疑问，即既有的研究结论是否会受消费习惯形成程度的影响，消费习惯形成的引入是否一定会引起产出和消费对货币政策调控的"驼峰形"反应？

为了回答上述问题，本章借鉴了拉文等（Ravn et al., 2006）的建模思想，构建了同时包含表层消费习惯形成和深层消费习惯形成的新凯恩斯 DSGE 模型。基于构建的模型研究不同的消费习惯形成对两类货币政策（预期到的与未预期到的）宏观效应的影响。若影响出现差异性，本章将进一步探讨产生差异性的原因。

9.1 模型构建

本章模型构建的基础是，本书构建的包含预期到的货币供给冲击的新凯恩斯 DSGE 模型。与之相比的主要不同之处是，在模型中引入了表层消费习惯形成和深层消费习惯形成，同时，由于不同消费习惯形成的表达形式具有差异性，本章还适当调整了家庭预算约束中消费支出项的表达形式，而预算约束的主要内容保持不变。因此，本章模型框架也是之前所建立的基准模型的拓展。

9.1.1 家庭

社会中分布着连续的家庭 j，家庭从商品消费和货币余额持有中获得正效用，从家庭劳动供给中获得负效用。下面借鉴拉文等（Ravn et al.，2006）和利恩等（Leith et al.，2014）的建模思想，分别在模型中引入社会家庭的表层消费习惯形成和深层消费习惯形成。

1. 具有表层消费习惯形成的家庭消费

当家庭具有表层消费习惯形成时，意味着家庭的消费习惯形成是基于总的商品消费层面，家庭从对经习惯调整（habit-adjusted）后的复合商品 H_t^j 的消费中获得正效用，而 H_t^j 的具体形式为：

$$H_t^j = C_t^j - \theta C_{t-1} \tag{9-1}$$

其中，$\theta \in [0,1]$ 为表层消费习惯形成程度的测度，C_t^j 为家庭 j 在 t 时期对连续的最终商品 $i \in [0,1]$ 的总消费：

$$C_t^j = \left(\int_0^1 (C_{it}^j)^{\eta-1/\eta} di\right)^{\frac{\eta}{\eta-1}} \tag{9-2}$$

这里，C_{it}^j 表征 t 时期家庭 j 对商品 i 的消费，$\eta > 1$ 表示商品 i 之间的替代弹性。C_{t-1} 为 t−1 期社会家庭的平均消费，表达式为：

$$C_{t-1} \equiv \int_0^1 C_{t-1}^j dj \tag{9-3}$$

假设每个家庭 j 基于支出的最小化，对"消费篮子"内的商品构成进行决策，从而得到家庭 j 对商品 i 的总需求：

$$C_{it}^j = \left(\frac{P_t(i)}{P_t}\right) C_t^j \tag{9-4}$$

而社会对商品 i 的总需求，可以通过对每个家庭 j 的需求加总得到：

$$C_{it} = \int_0^1 C_{it}^j dj = \left(\frac{P_t(i)}{P_t}\right)^{-\eta} C_t \tag{9-5}$$

其中，P_t 表示 t 时期总的价格指数，定义如下：

$$P_t = \left(\int_0^1 P_t^{1-\eta}(i) di\right)^{\frac{1}{1-\eta}} \tag{9-6}$$

2. 具有深层消费习惯形成的家庭消费

对于具有深层消费习惯形成的家庭，每个家庭 j 从对经过习惯调整的连续商品 i 的总消费 H_t^j 中获得正效用，H_t^j 构成为

$$H_t^j = \left[\int_0^1 (C_{it}^j - \theta C_{it-1})^{\frac{\eta-1}{\eta}} di \right]^{\frac{\eta}{\eta-1}} \quad (9-7)$$

其中，C_{it}^j 同上，$C_{it-1} = \int_0^1 C_{it-1}^j dj$ 表示 t-1 时期，社会家庭对商品 i 的平均消费，$\eta > 1$ 表征经习惯调整后的商品 i 之间替代弹性，$\theta \in [0,1]$ 为关于商品 i 深层消费习惯形成程度的测度。

家庭 j 根据支出最小化，得到家庭 j 对商品 i 的需求函数：

$$C_{it}^j = \left(\frac{P_t(i)}{P_t} \right)^{-\eta} H_t^j + \theta C_{it-1} \quad (9-8)$$

对所有家庭关于商品 i 的消费进行加总，得到商品 i 的社会总需求函数：

$$C_{it} = \left(\frac{P_t(i)}{P_t} \right)^{-\eta} H_t + \theta C_{it-1} \quad (9-9)$$

比较式（9-5）和式（9-9）可以发现，对于深层消费习惯形成的情形，社会对商品 i 的总需求呈现显著的动态性。这是因为，在深层消费习惯形成情形下，对商品 i 需求不仅依赖于当前的市场因素而且还依赖于对其滞后的消费水平，进而会影响到生产商品 i 企业的定价行为。产品 i 的生产企业为了下一时期获得更多的市场份额，一般不增加当前商品的价格，以便尽量扩大当前市场对商品 i 的消费。然而对于表层消费习惯形成情形下的需求函数却不具有相应的动态性。不同消费习惯形成的具体影响，本章会在余下内容中给出分析。

3. 家庭的效用函数和预算约束

本章假设具有消费习惯形成的家庭从对经消费习惯调整后的消费组合的消费中获得正效用，从货币余额持有中取得正效用，从家庭劳动供给中收到负效用。代表性家庭 j 在每一时期 t = 1, 2, 3, …，向企业提供劳动 n_t^j 和一定数量的资本，然后从企业获得名义工资 W_t 和利润分红 D_t。另外，家庭在每一期收到来自央行的一次性转移支付 T_t，家庭以购买政府债券的形式进行储蓄，并购买 C_t^j 单位的消费品，购买价格为 P_t。每一期初，家庭 j 会持有货币余额 M_{t-1}^j 和上一期购买的无风险债券 B_{t-1}^j。同样家庭 j 会持有 M_t^j 单位的货币进入 t+1 期，并于 t 至 t+1 期之间购买 B_t^j 单位的债券，债券购买的单位价格为 $1/R_t$。家庭通过优化选择消费、货币持有和劳

动供给以最大化其预期一生总效用：

$$E_0 \sum_{t=0}^{\infty} \beta^t \left[\frac{(H_t^j)^{1-\eta_1}}{1-\eta_1} + \frac{\gamma(M_t^j/P_t)^{1-\eta_2}}{1-\eta_2} - \frac{(n_t^j)^{1-\eta_3}}{1-\eta_3} \right] \quad (9-10)$$

家庭面临的预算约束为：

$$\int_0^1 P_t(i) C_{it}^j di + B_t^j + M_t^j = M_{t-1}^j + W_t n_t^j + R_{t-1} B_{t-1}^j + D_t + T_t$$

$$(9-11)$$

这里 E_t 为基于 t 时期可获得信息的期望，$\beta \in (0,1)$ 为期望折现因子；η_1，η_2，$\eta_3 > 0$ 分别表示消费的曲率参数（风险规避参数），货币的需求弹性和劳动供给弹性的倒数，$\gamma > 0$ 为货币持有偏好的参数。

因为本模型中每个家庭之间相互对称，因此为了表述方便，下面的分析中将统一使用总体变量，即去掉上标 j。家庭通过合理选择经习惯调整后的消费组合 H_t、货币余额 M_t、劳动供给 N_t 以及债券 B_t 等，最大化预期一生的效用，从而得到如下一阶条件：

$$H_t^{-\eta_1} = \beta E_t \left[H_{t+1}^{-\eta_1} \frac{R_t}{\pi_{t+1}} \right] \quad (9-12)$$

$$n_t^{\eta_3} = \frac{W_t}{P_t} H_t^{-\eta_1} \quad (9-13)$$

$$\gamma \left(\frac{M_t}{P_t} \right)^{-\eta_2} = H_t^{-\eta_1} - E_t \left(\frac{H_{t+1}^{-\eta_1}}{\pi_{t+1}} \right) \quad (9-14)$$

$$\frac{1}{R_t} = \beta \left(\frac{H_{t+1}}{H_t} \right)^{-\eta_1} \frac{P_t(i)}{P_{t+1}(i)} \quad (9-15)$$

9.1.2 生产企业

每一时期 t = 0，1，2，3，…，代表性中间品生产企业 i 向家庭雇佣 $n_t(i)$ 单位劳动，借助规模报酬不变的生产技术生产 $Y_t(i)$ 单位中间品。具体生产函数形式为：

$$Y_t(i) = Z_t n_t(i) \quad (9-16)$$

式（9-16）中的 Z_t 服从一个带漂移的随机游走过程：

$$\ln(Z_t) = (1-\rho_z)\ln(z) + \rho_z \ln(Z_{t-1}) + \varepsilon_{z,t} \quad (9-17)$$

其中，z > 1 为稳态的生产率冲击，随机冲击序列 $\varepsilon_{z,t}$ 不相关且服从均值为零，标准差为 σ_z 的正态分布。

假设生产企业面临一个二次型调价成本函数：

$$\frac{\phi}{2} \left[\frac{P_t(i)}{\pi P_{t-1}(i)} - 1 \right]^2 Y_t \quad (9-18)$$

这里，$\phi>0$ 是调价成本参数，测度了经济中的价格黏性，π 表示通货膨胀率的平均值或者稳态值。由于调价成本的存在，使得中间品生产企业的定价问题呈现动态性。中间品生产企业将通过最优选择 $P_t(i)$ 和 $Y_t(i)$ 来最大化其总的实际市场价值：

$$E_0 \sum_{t=0}^{\infty} \Lambda_t D_t(i) \qquad (9-19)$$

其中，$\Lambda_t = 1/R_t$ 为随机折现因子，$D_t(i)$ 表示企业 i 在 t 时期的利润，其具体表达形式为：

$$D_t(i) = (P_t(i) - MC_t)Y_t(i) - \frac{\phi}{2}\left(\frac{P_t(i)}{\pi P_{t-1}(i)} - 1\right)^2 P_t Y_t \qquad (9-20)$$

从商品 i 的需求函数可知，生产企业所面临的约束条件在不同的消费习惯形成条件下不同。

在表层消费习惯形成情形下，生产企业面临的约束条件为：

$$Y_t(i) = \left(\frac{P_t(i)}{P_t}\right)^{-\eta} Y_t \qquad (9-21)$$

在此约束下，一阶条件为：

$$\left[1 - \eta(P_t(i) - MC_t)\left(\frac{P_t(i)}{P_t}\right)^{-\eta-1}\frac{1}{P_t}\right]Y_t(i)$$

$$= \phi\left(\frac{P_t(i)}{\pi P_{t-1}(i)} - 1\right)\frac{P_t Y_t}{\pi P_{t-1}(i)} - \frac{\phi}{R_t}E_t\left(\frac{P_{t+1}(i)}{\pi P_t} - 1\right)\frac{P_{t+1}(i)P_{t+1}Y_{t+1}}{\pi P_t^2(i)} \qquad (9-22)$$

对于深层消费习惯形成的情形，生产企业面临的约束条件为：

$$Y_t(i) = \left(\frac{P_t(i)}{P_t}\right)^{-\eta} Y_t + \theta Y_{t-1}(i) \qquad (9-23)$$

基于此约束的一阶条件为：

$$Y_t(i) = v_t(i)\left[\eta\left(\frac{P_t(i)}{P_t}\right)^{-\eta-1}\frac{H_t}{P_t}\right] + \phi\left(\frac{P_t(i)}{\pi P_{t-1}(i)} - 1\right)\frac{P_t Y_t}{\pi P_{t-1}(i)}$$

$$- \frac{\phi}{R_t}E_t\left(\frac{P_{t+1}(i)}{\pi P_t} - 1\right)\frac{P_{t+1}(i)P_{t+1}Y_{t+1}}{\pi P_t^2(i)} \qquad (9-24)$$

其中，$v_t(i) = (P_t(i) - MC_t) + \theta E_t\left(\frac{v_{t+1}(i)}{R_t}\right)$ 为关于上述约束条件的拉格朗日乘子。

9.1.3 中央银行

中央银行主要负责货币政策的制定和实施，而货币政策操作工具主要有价格型和数量型两种，国外多采用价格型货币政策工具。而我国在货币政策操作过程中，数量型工具和价格型工具并用，且以数量型工具为主。为此，本章选用数量型工具表征我国货币政策，并根据麦卡勒姆（McCallum，2000）选用货币供给增长率作为数量型工具的指标变量。按照前述货币政策函数构建思想，本章给出如下带预期到的货币供给冲击的货币政策反应函数：

$$\ln\left(\frac{\zeta_t}{\zeta}\right) = \varphi_m \ln\left(\frac{\zeta_{t-1}}{\zeta}\right) - (1-\varphi_m)\left[\varphi_\pi \ln\left(\frac{\pi_{t+1}}{\pi}\right) + \varphi_y \ln\left(\frac{g_t}{g}\right)\right] + \varepsilon_{m,t} + \upsilon_t^{news} \quad (9-25)$$

其中：$\zeta_t = M_t/M_{t-1}$，$g_t = Y_t/Y_{t-1}$，ζ 表示货币供给增长率的稳态值，π 表示通货膨胀的稳态值，g 表示经济增长率的稳态值。参数 φ_m，φ_π，φ_y 为货币政策反应函数中的权重。$\varepsilon_{m,t}$ 表征未预期到的货币供给冲击，υ_t^{news} 表示预期到的货币供给冲击：

$$\upsilon_t^{news} = \sum_{k=1}^{K} \upsilon_{t-k}^k \quad (9-26)$$

这里，υ_{t-k}^k 表征公众（或代理人）提前 k 期，即在 t-k 期获得的关于未来第 t 期的货币供给冲击，K 表示公众可以获得关于货币供给调控信息的最大提前期数。另外，与第 8 章类同，假定预期到的货币供给冲击序列 υ_{t-k}^k 满足序列不相关且服从均值为零，标准差为 σ_{mk}，k = 1, 2, ⋯, K 的正态分布。

关于最大提前期 K 一般设定为 12，即可以提前 12 个季度预期到未来的货币供给冲击。而关于 k 的选取，既有研究中多数比较随意。根据第 8 章基于边际密度的概念并通过估计结果的比较，最终选取 k 的值分别为 1、4、8。

9.1.4 模型的对数线性化系统

为求解模型，根据第 3 章的介绍需将上述非线性系统围绕稳定状态线性化，借助第 8 章介绍的方法对上述模型系统进行对数线性化如下：

$$\hat{H}_t = (1-\theta)^{-1}(\hat{y}_t - \theta \hat{y}_{t-1}) \quad (9-27)$$

$$\hat{H}_t = E_t(\hat{H}_{t+1}) - \frac{1}{\eta_1}E_t(\hat{r}_t - E_t\hat{\pi}_{t+1}) \quad (9-28)$$

$$\eta_1\hat{H}_t + \eta_3\hat{n}_t = \hat{w}_t \quad (9-29)$$

$$\left(\frac{1}{\pi}-1\right)\eta_2 \hat{m}_t = -\eta_1\hat{H}_t + \frac{1}{\pi}E_t(\eta_1\hat{H}_{t+1} + \hat{\pi}_{t+1}) \quad (9-30)$$

$$\hat{\pi}_t = \beta E_t\hat{\pi}_{t+1} + \frac{\eta-1}{\phi}\hat{mc}_t \quad (9-31)$$

式（9-31）表层消费习惯下的菲利普斯曲线。

$$\hat{\pi}_t = \beta E_t \hat{\pi}_{t+1} + \frac{1}{\phi}(\hat{Y}_t - \hat{\omega}_t - \hat{H}_t) \qquad (9-32)$$

式（9-32）深层消费习惯下的菲利普斯曲线。

$$\hat{mc}_t = \eta_1 \hat{H}_t + \eta_3 \hat{Y}_t - (1+\eta_3)\hat{z}_t \qquad (9-33)$$

$$\hat{\omega}_t = -\frac{mc}{\omega}\hat{mc}_t + \beta\theta E_t(\hat{\omega}_{t+1}) + \beta\theta\eta_1[\hat{H}_t - E_t(\hat{H}_{t+1})] \qquad (9-34)$$

$$\hat{Y}_t = \hat{z}_t + \hat{n}_t \qquad (9-35)$$

$$\hat{\zeta}_t = \varphi_m \hat{\zeta}_{t-1} - (1-\varphi_m)[\varphi_\pi \hat{\pi}_{t+1} + \varphi_y \hat{g}_t] + \varepsilon_{m,t} + \upsilon_t^{news} \qquad (9-36)$$

$$\hat{\zeta}_t = \hat{m}_t - \hat{m}_{t-1} \qquad (9-37)$$

$$\hat{g}_t = \hat{Y}_t - \hat{Y}_{t-1} \qquad (9-38)$$

$$\hat{z}_t = \rho_z \hat{z}_{t-1} + \varepsilon_{z,t} \qquad (9-39)$$

式（9-27）为消费习惯形成方程；式（9-27）和式（9-28）相结合表示包含消费习惯形成的新凯恩斯IS曲线；式（9-29）表示劳动供给方程，从方程中可以看出，代表性家庭的劳动供给会受到实际工资和家庭消费习惯形成的影响；式（9-30）表示货币持有；式（9-31）和式（9-32）分别表示表层消费习惯形成下的菲利普斯曲线和深层消费习惯形成下的菲利普斯曲线，比较式（9-31）和式（9-32）可以发现，不同的消费习惯形成对消费品价格指数的影响不同，然而需要指出的是，在不同的消费习惯形成下，边际成本相同，如式（9-33）所示。但是在深层消费习惯形成情形下，根据上述分析，深层消费习惯形成会通过改变企业的定价行为，降低产品的定价加成。具体的影响机制可以从式（9-34）中看出。式（9-35）表示生产函数，式（9-36）为货币政策函数，式（9-37）和式（9-38）分别表示货币供给增长率和产出增长率；式（9-39）为外生的技术冲击方程。

9.2 模型参数校准与估计

为了求解上述线性方程系统，需要确定方程系统中的系数，而方程系数是模型中各参数的函数，因此，本章节的目的就是确定模型中的相关参数。模型参数通常需要采取校准和估计的方法给予确定。

9.2.1 模型参数校准

关于消费习惯形成程度的测度参数 θ，卡尔罗，奥弗兰和韦伊（Carroll, Overland and Weil, 2000）分析认为，由于消费习惯形成程度过大会使得较小资本波动引发储蓄率较大程度的波动，因此关于居民消费习惯形成程度的测度参数在 0.1~0.75 取值比较适宜。然而，在实际的研究过程中，基于宏观经济数据对 θ 的估计结果从斯梅茨和沃特（Smets and Wouter, 2003）估计的 0.59 至布瓦凯兹等（Bouakez et al., 2005）估计的 0.98 跨度幅度相当大，在所有模型参数估计中比较罕见。随后的研究中，阿文娜（Ravina, 2005）于微观数据对消费习惯形成程度又重新进行了估计，结果认为 θ 应在 0.29~0.5 进行取值。吕朝凤和黄梅波（2011）通过模型试验发现 θ 取值在 0.2~0.65 比较合理。鉴于以上的分析结论，本章选取 θ 的基准值为 0.6。在近期的研究中，利思等（Leith et al., 2014）也选择了 0.6 为居民消费习惯形成的程度。产品之间的边际替代弹性 η 一般在 10 附近取值（Bouakez et al., 2005; Leith et al., 2014），本章选取 η 等于 11。关于主观贴现因子 β 的选取，国内外大多文献研究中一般使其约等于 1/R，实际取值在 0.96~0.99。结合我们所选取的利率样本序列的利率稳态值，本章选取 β 的值为 0.97。最后，对于通货膨胀稳态值 π，本章用金融危机爆发后至样本期末的通货膨胀季度环比平均值 1.03 替代，这是因为这段时间内物价相对比较理性，物价指数具有很强的代表性。另外，国内外也有不少的研究选取近似 1.03 通货膨胀稳态值。具体的校准结果见表 9-1。

表 9-1　　　　　　　　　模型参数校准值

参数	参数描述	校准值
θ	消费习惯形成程度	0.60
η	商品之间的替代弹性	11.00
β	贴现因子	0.97
π	通货膨胀稳态值	1.03

9.2.2 模型参数估计

本章模型参数的估计方法和观测样本与第 8 章相同，待估参数的先验分布和均值选取如下。

进行贝叶斯估计首先需要确定待估参数的先验均值和先验分布，而相应的先验均值和先验分布一般从既有的研究中或从数据本身的统计特征中获取。价格黏性的测度 φ，本章参照李春吉等（2010）、毛彦军和王晓芳（2012）的估计结果，将 φ 的先验均值分别设定为 28.9，并设定其分布分别为 Gamma 分布。消费的曲率参数 η_1，货币需求弹性 η_2 和劳动供给弹性 η_3，本章根据布瓦凯兹等（Bouakez et al.，2005）的经验分析结论，将这三个参数的先验均值分别选取为 2，3，2，先验分布统一设定为 Beta 分布。技术冲击 AR（1）回归系数，本章依据毛彦军和王晓芳等（2012）的分析结论，选取其先验均值为 0.5，先验分布为 Beta 分布。对于货币政策反应函数中通货膨胀缺口权重 φ_π，货币供给的平滑参数 φ_m，产出增长率权重 φ_y，本章借鉴萨金特和苏里科（Sargent and Surico，2011），马文涛和魏福成（2011）以及毛彦军和王晓芳（2012）等研究，把这些参数的先验均值分别设定为 1.1、0.86 和 1.2，并且把三个参数的先验分布统一设定为 Normal 分布。另外，本章参考可汗和苏卡拉斯（Khan and Tsoukalas，2011），米拉尼和特雷德韦尔（Milani and Treadwell，2011），藤原等（Fujiwara et al.，2011）以及吴化斌等（2011）的对应参数的选取，分别给出未预期到的外生冲击（技术冲击以及未预期到的货币供给冲击）和预期到的货币供给冲击等标准差的先验均值和先验分布，具体选取如表 9-2 所示。最后本章根据既有研究中对标准差的设定，分别设定了本模型待估参数的标准差。

表 9-2　　　　　　　　　具有消费习惯形成的模型参数估计

参数	先验分布	先验均值	后验均值 θ=0.6 表层习惯形成	后验均值 θ=0.6 深层习惯形成
φ	Gamma	28.9	28.9337 [28.44, 29.43]	29.0127 [28.55, 29.44]
η_1	Normal	2.0	1.7935 [1.61, 1.95]	1.9468 [1.87, 2.02]
η_2	Normal	3.0	2.9824 [2.81, 3.12]	2.993 [2.84, 3.13]
η_3	Normal	2.0	1.9757 [1.80, 2.14]	1.9744 [1.78, 2.14]
ρ_z	Beta	0.55	0.2621 [0.16, 0.36]	0.3194 [0.19, 0.43]
ϕ_m	Normal	0.95	0.9498 [0.93, 0.97]	0.9651 [0.95, 0.97]

续表

参数	先验分布	先验均值	后验均值 θ=0.6	
			表层习惯形成	深层习惯形成
ϕ_π	Normal	1.1	1.0283 [0.90, 1.17]	1.0477 [0.85, 1.23]
ϕ_y	Normal	1.2	1.2175 [1.05, 1.36]	1.2233 [1.06, 1.37]
σ_z	Inv-gamma	20	22.1553 [18.01, 25.51]	36.8144 [30.48, 42.42]
σ_m	Inv-gamma	0.6	1.4482 [1.11, 1.76]	1.3290 [1.06, 1.63]
σ_{1m}	Inv-gamma	0.01	0.5719 [0.46, 0.67]	0.6643 [0.54, 0.79]
σ_{4m}	Inv-gamma	0.01	0.0075 [0, 0.01]	0.0067 [0, 0.01]
σ_{8m}	Inv-gamma	0.01	0.0070 [0, 0.01]	0.0079 [0, 0.01]

注：表中后验均值下面对应的方括号标记了参数估计的95%置信区间，参数估计的先验和后验分布见附录3，所基于的软件平台见附录5。

表9-2显示的是包含表层消费习惯形成和深层消费习惯形成的DSGE模型参数的贝叶斯估计结果。由表9-2可以看出，在表层消费习惯形成与深层消费形成两种模型情形下，模型主要参数的估计结果呈现较强的稳健性。比如，价格黏性的测度ϕ在表层消费习惯形成情形下的估计值为28.9337，而在深层消费习惯形成条件下估计值为29.0127，估计结果基本稳定，同时与第8章不包含消费习惯形成情形下的估计值28.9518相比变化不大，并且三种情形下估计的置信区间也比较相似。消费的曲率参数η_1、货币需求弹性η_2、劳动供给弹性的倒数η_3三个参数在表层与深层两种消费习惯形成下的估计值分别在1.79、2.98和1.97附近，基本保持稳定且对应的置信区间变化甚微。对于货币政策反应函数中的各权重φ_m、φ_π、φ_y等主要参数在表层与深层两种消费习惯情形下的后验估计均值和置信区间也基本一致。另外，需要指出的是，模型中的关于技术冲击的AR(1)回归系数和标准差的估计，在两种不同的消费习惯形成情形下出现了差异，这主要与模型中引入不同的（外部）消费习惯形成后，模型结构发生变化有关。从模型参数估计结果的整体比较看，本章模型参数的估计具有较好的稳健性。

9.3 消费习惯形成影响下的货币政策效应分析

本章所涉及的消费习惯形成主要表现为一种消费的"攀比效应",即个人从消费中获得的效用会受他人消费现状的影响。因此,这种消费的外部性会影响到家庭的消费行为,进而影响货币政策的宏观经济效应。本章节将基于由贝叶斯技术估计的 DSGE 模型,并借助数值模拟技术分析消费习惯,形成对货币政策宏观效应可能造成的影响,以及预期到的货币政策是否会减小这种影响等方面的问题。另外,本章节分析过程还将着重比较分析表层消费习惯形成和深层消费习惯形成对两类货币政策宏观效应影响的差异性及其内在原因。

9.3.1 货币政策产出效应

本小节主要分析消费习惯形成对货币政策产出效应的影响。为此,给经济体分别施加大小均为 1% 的正向未预期到的和预期到的货币供给冲击,考察产出在不同的表层消费习惯形成程度和深层消费习惯形成程度下对两类货币政策冲击的动态反应路径,以分析不同的消费习惯形成对两类货币政策产出效应的影响。具体的数值模拟结果如图 9 - 1 和图 9 - 2 所示。

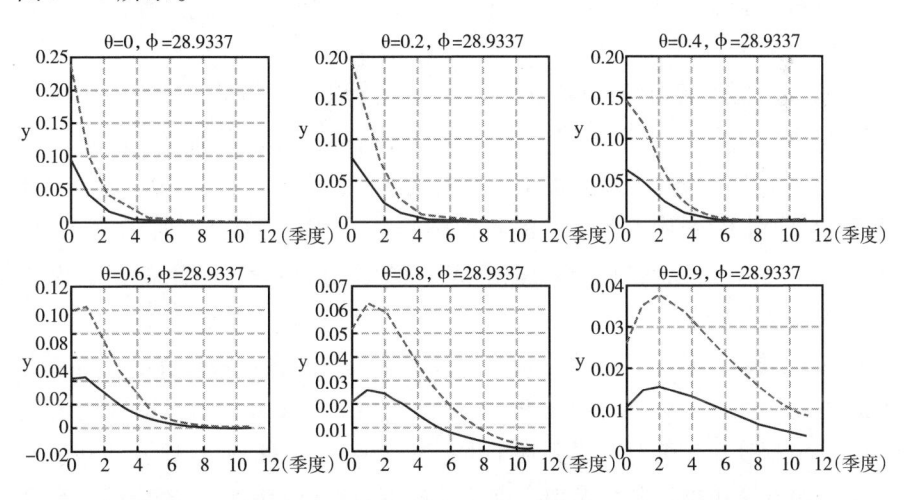

图 9 - 1　表层习惯形成影响下产出对货币供给冲击的动态反应路径

注:实线表示产出对未预期到的货币供给冲击的动态反应路径;虚线表示产出对预期到的货币供给冲击的动态反应路径。其中,预期到的货币供给冲击的影响为提前 1 期、4 期、8 期预期到的货币供给冲击影响的加总。

图 9-1 显示了在不同的表层消费习惯形成程度下，产出对未预期到的和预期到的货币供给冲击的动态反应路径（货币政策产出效应的变化曲线）。如图 9-1 所示，当给经济体施加 1% 的正向货币供给冲击后，无论是预期到的还是未预期到的货币供给冲击，产出均出现向上的波动。这说明，预期到的与未预期到的货币政策均具有产出效应，即我国货币政策非中性。另外，对于未预期到的和预期到的货币供给冲击，当价格黏性保持不变时，随着居民消费习惯形成程度 θ 由 0~0.9 逐渐增大，可以明显地注意到产出对两类货币政策冲击的反应路径呈现如下四种明显的变化特征。

（1）随着表层消费习惯形成程度 θ 的增大，当受到货币政策冲击后，产出的动态反应路径逐渐呈现"驼峰形"。从图 9-1 可以明显看出，当居民的消费不存在习惯形成时（$\theta=0$），或者习惯形成程度较低时（$\theta=0.2$），产出对货币政策冲击的反应不具有"驼峰形"。然而，当消费习惯形成程度进一步增加后（$\theta=0.4$），产出的反应路径开始出现"驼峰形"的变化趋势；当消费习惯形成程度 θ 增加到本章校准值 0.6 时，产出的波动路径才出现轻微的"驼峰形"。然而，随着 θ 的进一步增加，即当 $\theta=0.8$ 和 $\theta=0.9$ 时，产出对货币政策冲击的反应呈现经典的"驼峰形"反应曲线。

从以上结果分析可以归纳出，至少从我国经济实际出发，只有足够强的消费习惯形成才可以促使产出对货币政策供给冲击的反应路径呈现"驼峰形"。

（2）表层消费习惯形成程度越强，产出对货币政策冲击的反应的波动幅度越小。从图 9-1 中可以看出，产出对预期到的和未预期到的货币供给冲击的即期反应的波动幅度从不具有消费习惯形成（即 $\theta=0$）时的 0.1 和 0.25 分别下降到具有较强消费习惯形成（即 $\theta=0.9$）时的 0.01 和 0.025。因此，可以认为消费习惯形成会改变产出对货币政策冲击反应的波幅大小。

（3）随着表层消费习惯形成程度 θ 的增大，产出对两类货币政策冲击反应的持续性逐渐增强。由图 9-1 可知，当 $\theta=0$、0.2 时，即表层消费习惯形成程度比较低时，受到货币供给冲击后，产出即期出现波动并于冲击后的第 6 个季度回归稳态值，即货币政策对产出的影响大致持续 6 个季度；然而，当消费习惯形成程度 θ 增加到 0.6 时，产出波动对货币供给冲击的动态反应于冲击后的第 8 个季度回归稳态，即此时货币政策对产出的影响持续了 8 个季度；随着习惯形成程度的进一步增加，即当 $\theta=0.8$、

0.9时，产出对两类货币供给冲击的动态反应在第11个季度后才逐渐回归稳态，此时货币政策的持续效应已大于11个季度。由此看来，消费习惯形成会显著地影响产出对货币政策冲击反应的持续性。

（4）产出对预期到的货币政策冲击反应的波幅大于对未预期到的货币政策冲击的反应波幅，且随着θ的增大，产出对预期到的货币政策冲击的反应表现出更强的持续性。从图9-1可以看出，在任何表层消费习惯形成程度下，产出对预期到的货币供给冲击的反应曲线均处在其对未预期到的货币供给冲击的反应曲线之上。另外，从图9-1中还可以发现，虽然当θ≤0.4时，两条曲线回归稳态的时间比较接近，但是当θ≥0.6时，两条曲线回归稳态的时间出现了较大的差异，其中产出对预期到的货币供给冲击的反应曲线回归稳态的时间相对滞后。由此可以认为，表层消费习惯形成对预期到的和未预期到的货币政策冲击的产出效应影响不同。这一反应现象意味着，家庭会根据预期到的货币政策对自身消费行为等做出适当调整，家庭的这一反应实质上减弱了表层消费习惯形成对货币政策产出效应的影响。

从以上分析发现，基于整个消费品层面的消费习惯形成——表层消费习惯形成对货币政策产出效应产生了明显的影响。而基于单个商品层面的消费习惯形成——深层消费习惯形成是否会对货币政策产出效应产生同样的影响呢？本节余下的内容将着重分析深层消费习惯形成对货币政策产出效应的影响。

图9-2描述了深层消费习惯形成对货币政策产出效应的影响。由图9-2可知，随着深层消费习惯形成程度的增加，产出对货币供给冲击的反应与表层消费习惯形成影响下类似，即出现了反应波幅减小，反应持续性增加，反应曲线逐渐出现"驼峰形"等特征。这意味着深层消费习惯形成同样会对两类货币政策的产出效应产生显著的影响。

尽管深层消费习惯形成对货币政策的产出效应的影响与表层消费习惯形成情形下的相关影响类似，但是比较图9-1和图9-2可以发现，在不同类别的消费习惯形成的影响下，产出对货币政策冲击的反应也呈现了一定的差异性，主要表现在如下两个方面：

（1）对于相同的消费习惯形成程度，在深层消费习惯形成的影响下，产出对两类货币政策冲击反应的波幅均偏小。比如，当θ的取值为0.6时，图9-1表明，产出对预期到的和未预期到的货币政策冲击的反应波幅分别为0.1和0.04，而图9-2则表明产出对两类货币政策冲击的反应的波幅分别为0.08和0.031；当θ的取值为0.8时，同样表现出类似的差异性。

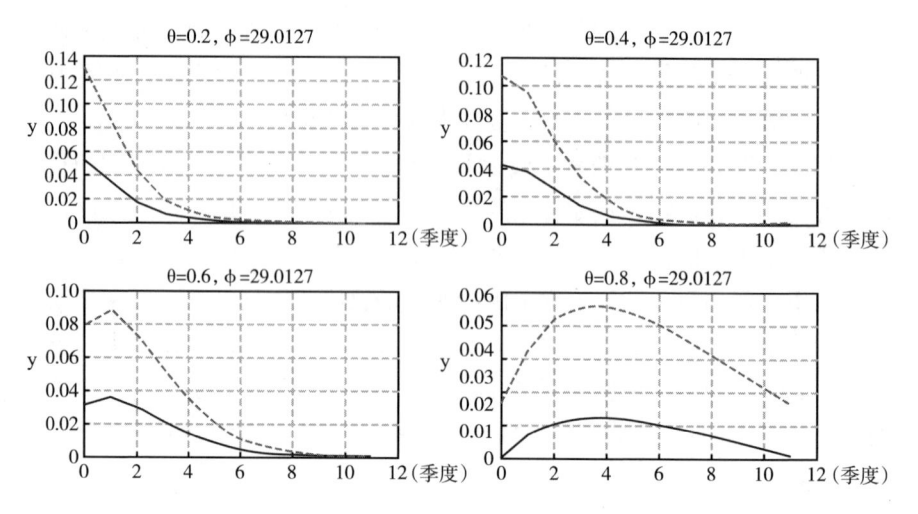

图9-2 深层习惯形成影响下产出对货币供给冲击的动态反应路径

注：实线表示产出对未预期到的货币供给冲击的动态反应路径；虚线表示产出对预期到的货币供给冲击的动态反应路径。其中，预期到的货币供给冲击的影响为提前1期、4期、8期预期到的货币供给冲击影响的加总。

（2）对于相同的消费习惯形成程度，深层消费习惯形成的影响使产出对两类货币政策冲击反应的持续性更加明显。比如，当 θ 的取值为 0.6 时，深层消费习惯形成影响下产出波动在第 10 个季度后才回归稳态值，而在表层消费习惯形成的影响下产出波动于第 8 个季度便回归稳态值。因此，产出反应的持续性在不同类型的消费习惯形成影响下存在明显的差异性。

9.3.2 货币政策价格效应

本章节分析消费习惯形成对货币政策价格效应的影响，将着重分析在不同的消费习惯形成类别和不同的消费习惯形成程度下通货膨胀对预期到的和未预期到的货币政策冲击的动态反应路径。

图9-3显示了表层消费习惯形成对货币政策价格效应的影响。由图9-3可知，随着表层消费习惯形成程度的增加，通货膨胀对预期到的和未预期到的货币政策调控的反应变化不够显著，既没有出现如产出那样的"驼峰形"反应，也没有出现反应持续性的显著改变，仅在反应的波幅变化方面有所呈现。通货膨胀对预期到的和未预期到的货币政策的反应波幅从不含表层消费习惯形成时的 0.56 和 0.23 分别降低到具有很强表层消费习惯形成时（θ=0.9）的 0.4 和 0.18。由此，可以认为表层消费习惯形成对货币政策价格效应的影响不够显著。

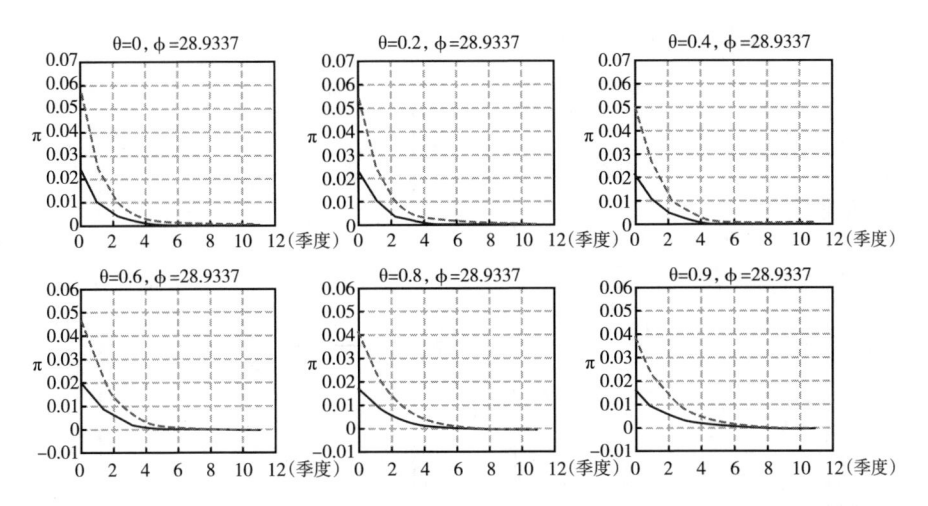

图9-3 表层习惯形成影响下通货膨胀对货币供给冲击的动态反应路径

注：实线表示通货膨胀对未预期到的货币供给冲击的动态反应路径；虚线表示通货膨胀对预期到的货币供给冲击的动态反应路径。其中，预期到的货币供给冲击的影响为提前1期、4期、8期预期到的货币供给冲击影响的加总。

对于表层消费习惯形成没有带来两类货币政策价格效应的"驼峰形"反应和反应的强持续性效应的原因，正如布瓦凯兹等（Bouakez et al.，2005）分析内部消费习惯对货币政策价格效应影响时所指出的那样，本章模型构建过程中采用了前瞻型新凯恩斯菲利普斯曲线，这弱化了货币政策价格效应的持续性和平滑性。另外，通货膨胀对两类货币供给冲击反应波幅随着表层消费习惯形成程度的增加而有所变化，这主要是由于通货膨胀主要受边际成本影响，而边际成本会随着消费习惯形成程度的变化而变化，本章余下的内容中将会探讨消费习惯形成对边际成本的影响。

以上内容分析了表层消费习惯形成对两类货币政策价格效应的影响。由上述分析可知，表层消费习惯形成的概念主要是基于整个消费层面，而基于单个消费层面的深层消费习惯形成与表层消费习惯形成的一个显著的不同是，深层消费习惯形成会直接影响社会对单个商品i的需求，进而影响企业的调价决策，最终会影响货币政策的价格效应。那么深层消费习惯形成是否会显著影响货币政策的价格效应，其影响与表层消费习惯形成的影响有何不同？接下来，本章将着重分析深层消费习惯形成对货币政策价格效应的影响。

图9-4给出了不同的深层消费习惯形成程度下通货膨胀对预期到的和未预期到的货币政策冲击的动态反应路径。从图9-4可以看出，随着深层消费习惯形成程度的增加，通货膨胀对预期到的和未预期到的货币供

给冲击的反应比较明显，主要呈现如下特征：

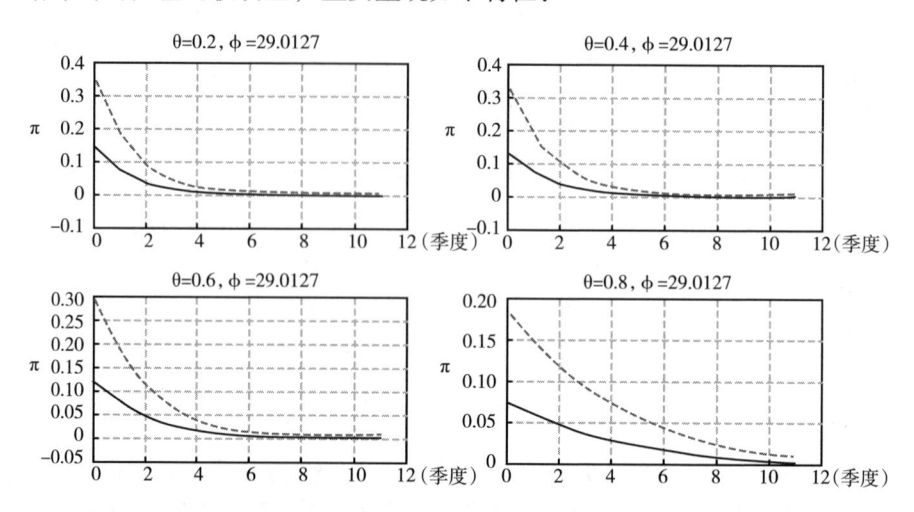

图9-4 深层习惯形成影响下通货膨胀对货币供给冲击的动态反应路径

注：实线表示通货膨胀对未预期到的货币供给冲击的动态反应路径；虚线表示通货膨胀对预期到的货币供给冲击的动态反应路径。其中，预期到的货币供给冲击的影响为提前1期、4期、8期预期到的货币供给冲击影响的加总。

（1）通货膨胀的反应波幅随着深层消费习惯形成程度的增加而逐渐降低。当深层消费习惯形成程度比较低时，比如 θ 取值为0.2，通货膨胀对预期到的和未预期到的货币政策调控的反应波幅分别为0.35和0.15，然而当 θ 取值为0.8，即深层消费习惯形成程度很强时，通货膨胀对两类货币政策调控的反应波幅分别降为0.175和0.075。这里通货膨胀反应波幅的降低原因与表层消费习惯形成影响情形不相同，即主要原因是边际成本在深层消费习惯形成影响下出现了波动。

（2）通货膨胀对两类货币政策冲击反应的持续性随着深层消费习惯形成程度的增加逐渐增强。由图9-4可以清楚地看到，当深层消费习惯形成程度 θ 取值为0.2时，通货膨胀受到货币政策冲击后出现的波动在第6个季度恢复到稳态值，这意味此种情形下的货币政策价格效应的持续期为6个季度；然而，随着深层消费习惯形成程度的增加，当 θ 的取值为0.8时，通货膨胀对未预期到的货币政策冲击的反应持续到了第10个季度，而对预期到的货币政策调控的反应在11个季度后才开始逐渐向稳态值回归。显而易见，随着深层消费习惯形成程度的增加货币政策价格效应的持续性显著增强。这一点与表层消费习惯形成影响下的情形明显不同。

（3）通货膨胀对预期到的货币政策调控的反应比较积极且持续性更加显著。从图9-4中所刻画出的各种深层消费习惯形成程度下通货膨胀对两类货币政策冲击的动态反应曲线可以明显地观察出，通货膨胀对预期到的货币政策冲击反应的波幅偏大，反应的持续性更强。

然而，观察图9-4还可以发现通货膨胀对两类货币政策冲击的反应随着深层消费习惯形成程度的增加并没有出现"驼峰形"反应曲线。对这一现象的解释与表层消费习惯形成情形不相同。

9.4 消费习惯形成影响货币政策效应的机制分析

通过上节有关消费习惯形成对货币政策宏观效应影响的模拟研究可以发现，消费习惯形成会明显地改变货币政策的宏观经济效果。那么消费习惯形成是通过什么渠道或者机制影响货币政策宏观效应的呢？塞金（Seckin，2001）基于跨期的消费—休闲选择模型分析了消费习惯形成对消费—休闲选择的影响。研究认为，消费习惯形成增加了消费与休闲之间的跨期替代弹性以及当前休闲和未来休闲之间的替代弹性。当经济中存在消费习惯形成时，消费与休闲之间存在明显地向相反方向运动的趋势。此外，由于消费习惯的存在，居民为了实现消费的平滑会对劳动供给进行调整，而劳动供给的调整，一方面直接影响产出，另一方面会通过影响实际工资进而影响边际成本的机制最终影响物价水平。另外，根据表层消费习惯形成和深层消费习惯形成对企业产品需求的影响分析，这两种消费习惯形成还会影响企业定价过程中的成本加成，进而对物价水平产生影响。

本小节将从定量分析的视角分析表层与深层消费习惯形成影响货币政策效应的内在机制。基于以上理论分析，本小节着重分析不同消费习惯形成程度下消费、劳动供给、边际成本以及成本加成对预期到的与未预期到的货币供给冲击的动态反应路径。

9.4.1 影响产出效应的机制分析

消费习惯形成最直接的影响是家庭的消费行为，这是由于消费习惯形成的存在使家庭的消费具有平滑性，进而使家庭消费对货币政策的敏感性降低，同时，家庭在面对货币政策调控时，为了平滑消费，一般会通过劳动供给的调整加以实现。因此，消费习惯形成会通过需求和供给两个层面影响产出，进而影响货币政策的产出效应。具体分析如下：从需求方面看，消费习惯形成影响家庭消费，使消费具有平滑性，而家庭消费水平会影响社会产出，最终使得产出表现出一定的平滑性，故而影响了货币政策的产出效应。从供给层面分析，在消费习惯形成存在的条件下，家庭为了维持或者增加自身效用，保持消费的平滑性会进行家庭劳动供给的调整，而劳动供给的调整将会影响社会产出，因此，影响货币政策的产出效应。

以上是基于理论层面分析了消费习惯形成对货币政策产出效应的影响机制，那么以上分析的机制是否存在，下面将通过数值模拟技术对上述机制做进一步的验证。表层消费习惯形成与深层消费习惯的形成在影响货币政策产出效应的机制上具有共性，因此，为了简化分析，下面着重就表层消费习惯形成对货币政策产出效应的影响机制进行数值模拟分析。

基于需求层面分析消费习惯形成影响货币政策产出效应的机制。在本书的分析中，着重验证不同消费习惯形成程度下，消费对预期到的和未预期到的货币政策冲击的动态反应，比较消费对两类货币政策冲击反应的动态路径是否与产出的反应相一致，如果一致，说明以上所分析的需求层面的影响机制具有合理性。为了进行比较分析，本书选取了消费习惯形成程度 θ 分别为 0.2、0.6、0.8 三种情形，分别代表了偏低的消费习惯形成，一般的消费习惯形成，较高的消费习惯形成。然后考察在三种不同消费习惯形成程度影响下，消费对 1% 正向货币政策冲击的动态反应。

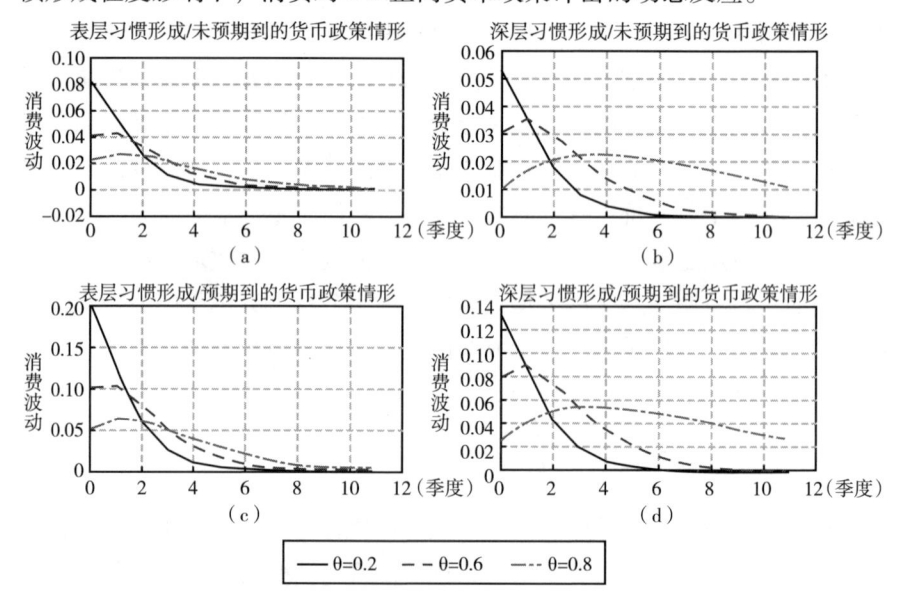

图 9-5 不同消费习惯形成程度下消费对货币政策调控的反应

图 9-5 描述了三种不同表层消费习惯形成程度下，消费对两类货币政策调控的动态反应路径。观察图 9-5 (a)，随着表层消费习惯形成程度的增加，消费对未预期到的货币政供给冲击的反应呈现如下变化特征：

· 168 ·

首先是反应波幅逐渐减小，其次是反应的持续性逐渐增加，最后是反应曲线的"驼峰形"特征越来越明显。这些特征与产出对未预期到的货币政策冲击反应特征一致。同时观察图9-5中的其他子图均呈现以上特征，并且与图9-1中的对应消费习惯形成程度下的产出波动特征保持一致。因此，可以认为存在一个需求层面的机制使消费习惯形成影响货币政策的产出效应。

下面从供给层面考察表层消费习惯形成对货币政策产出效应的影响机制，如上给定1%的正向预期到的与未预期到的货币供给冲击，分析家庭劳动供给在不同的消费习惯形成程度 $\theta=0.2$、0.6、0.8 下对货币政策冲击的动态反应路径。如果劳动供给的动态路径与图9-1中的产出反应路径具有一致性，那么可以认为存在相应的供给层面的机制，使表层消费习惯形成影响货币政策的产出效应。

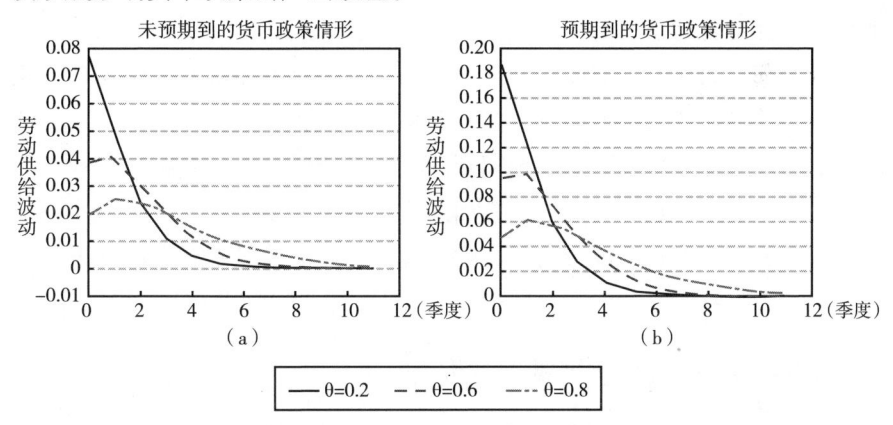

图9-6 表层习惯形成下劳动供给对货币政策调控的动态反应路径

图9-6描述了表层消费习惯形成程度 θ 等于0.2、0.6、0.8时劳动供给对未预期到的和预期到的货币供给冲击的动态反应路径。由图9-6(a)可知，家庭劳动供给在不同表层消费习惯形成程度下，对大小为1%的正向未预期到的货币供给冲击的反应呈现明显的差异性。当经济中表层消费习惯形成比较低时，劳动供给对未预期到的货币供给冲击的反应波幅较大，但是反应持续性比较低，并且没有呈现"驼峰形"的路径特征。当 θ 取值为0.6，即家庭具有一定的表层消费习惯形成时，劳动供给对未预期到的货币供给冲击反应波幅相比 θ 等于0.2时，明显降低，但是反应曲线呈现近似"驼峰形"，同时反应的持续性有所增强。随着表层消费习惯形成程度的增加，当 θ 取值为0.8时，即家庭消费表现出相当强的表层消费习惯时，家庭劳动供给对未预期到的货币供给冲击的反应波幅进一步减

弱,但是此时的反应曲线出现了明显的"驼峰形",并且反应的持续性更加显著。

图9-6(b)为家庭劳动供给在不同的表层消费习惯形成条件下对预期到的货币供给冲击的动态反应路径。纵观家庭劳动供给对预期到的货币供给冲击的反应路径,可以发现,在不同的表层消费习惯形成程度下,反应曲线的调整方向与未预期到的货币供给冲击影响下的情形相一致,即随着表层消费习惯形成程度 θ 的增加,反应曲线呈现了反应波幅逐渐降低,反应曲线趋于"驼峰形",反应的持续性逐渐增加等特征。另外,图9-6的(a)、(b)两个子图中存在的一个明显不同是,对应于每个表层消费习惯形成程度,家庭劳动供给对预期到的货币供给冲击的反应总是大于对未预期到的货币供给冲击反应。这主要是因为,当居民能够获得相关宽松货币政策实施的信息后,从自身效用最大化出发,为了确保消费平滑会更加积极地进行劳动供给调整。

以上分析意味着,家庭劳动供给对两类货币政策冲击的反应受到了家庭消费习惯形成的影响。同时,比较图9-1与图9-6可以发现,家庭劳动供给与产出对未预期到的和预期到的货币供给冲击的反应路径在反应波幅、持续性和是否具有驼峰形等方面的变化具有高度的一致性。由此可以认为,表层消费习惯形成会通过影响家庭劳动供给的机制对货币政策的产出效应产生影响。

9.4.2 影响价格效应的机制分析

根据式(9-31)~式(9-33)可知,通货膨胀水平主要决定于通货膨胀的预期水平、边际成本以及成本加成,而边际成本会受到消费习惯形成程度的影响,由此看来,消费习惯至少会通过影响边际成本的机制影响物价水平。这种影响机制属于供给层面的机制。另外,由上节可知,消费习惯形成会影响家庭的消费行为,而家庭消费行为又会进一步影响物价,因此消费习惯形成在需求层面也存在一个影响货币政策价格效应的机制。需要指出的是,以上消费习惯形成影响货币政策价格效应的机制对表层消费习惯形成和深层消费习惯形成来说具有共性。但是,比较分析图9-3和图9-4可以发现,对不同程度的两种消费习惯形成而言,通货膨胀在深层消费习惯影响下对两类货币政策冲击的反应波幅总是偏小。其原因在比较分析式(9-5)和式(9-8)时已经涉及了,即深层消费习惯形成会直接影响商品 i 需求,进而影响企业家的定价决策,使企业家在定价决策时,为了获得更多的未来市场份额,在生产成本可接受的范围内,尽可能降低成本加成，确保价格稳定。

下面以表层消费习惯形成影响下的边际成本的动态反应路径为例进行模拟分析，旨在说明存在这样一个成本机制，使消费习惯形成对货币政策价格效应的影响得以实现。

图9-7描述的是在表层消费习惯形成下，当施加大小为1%正向的货币供给冲击后，边际成本的动态反应路径。其中，图9-7（a）为在不同表层消费习惯形成程度下边际成本对未预期到的货币供给冲击的反应。由图9-7（a）可知，当受到货币供给冲击后，边际成本即时出现向上波动，即边际成本增加。另外，观察图9-7（a）还可以发现，随着消费习惯形成程度θ的增加，边际成本对未预期到的货币供给冲击的反应波幅不断减小。

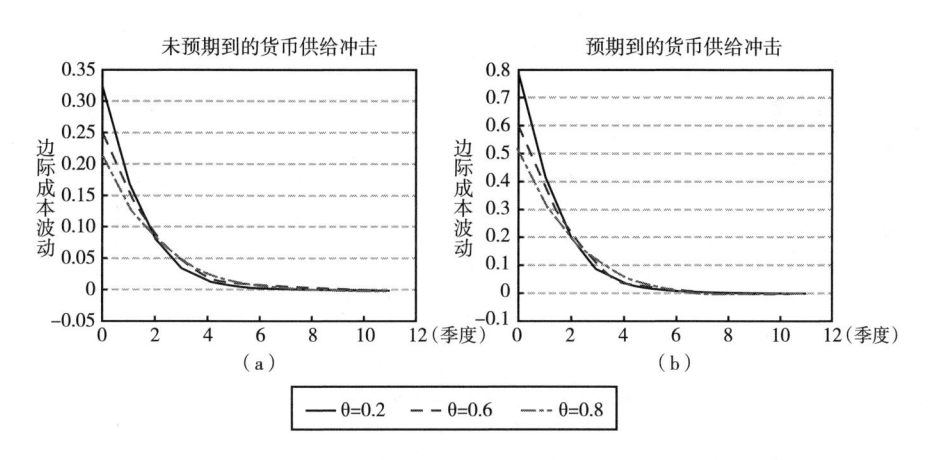

图9-7 表层消费习惯形成下边际成本对货币政策冲击的动态反应路径

图9-7（b）为边际成本在不同表层消费习惯形成程度θ下，对预期到的货币供给冲击的动态反应曲线。随着θ的增加，动态曲线的变化趋势与边际成本对未预期到的货币供给冲击反应相同，但是对每个不同的表层消费习惯形成，边际成本对预期到的货币供给冲击的反应总是大于对未预期到的货币供给冲击的反应。出现此波动差异性的主要原因是，当居民在能够获得央行实施宽松的货币政策信息后，从个人效用最大化出发，会自觉增加消费，促使边际成本更加明显地增加。

比较图9-7与图9-3可以发现，施加1%的正向货币供给冲击后，边际成本对货币政策冲击的反应曲线与通货膨胀对货币政策冲击的反应曲线在不同消费习惯形成程度下变化趋势保持一致，因此可以认为，存在边际成本机制使消费习惯形成影响了货币政策的价格效应。

通过以上分析，进一步明确了消费习惯形成会影响货币政策的价格效应。然而，比较图9-3和图9-4发现，表层消费习惯形成与深层消费习惯形成对货币政策价格效应的影响出现了一定的差异性。基于理论模型的分析，这主要是因为两类不同的消费习惯形成对企业定价过程中的成本加成产生不同的影响，在深层消费习惯形成影响下，企业为获得更多市场份额有明显降低成本加成的倾向。为证实这一理论观点，下面基于数值模拟技术，对企业的成本加成的动态变化轨迹进行刻画。

图9-8描述了在表层消费习惯形成和深层消费习惯形成下，成本加成对两种货币政策调控的动态反应路径。本书在模拟过程中，表层消费习惯程度与深层消费习惯程度均取本章的校准值0.6，两种货币政策冲击的大小和方向均与前文相同选取1%的正向货币供给冲击。

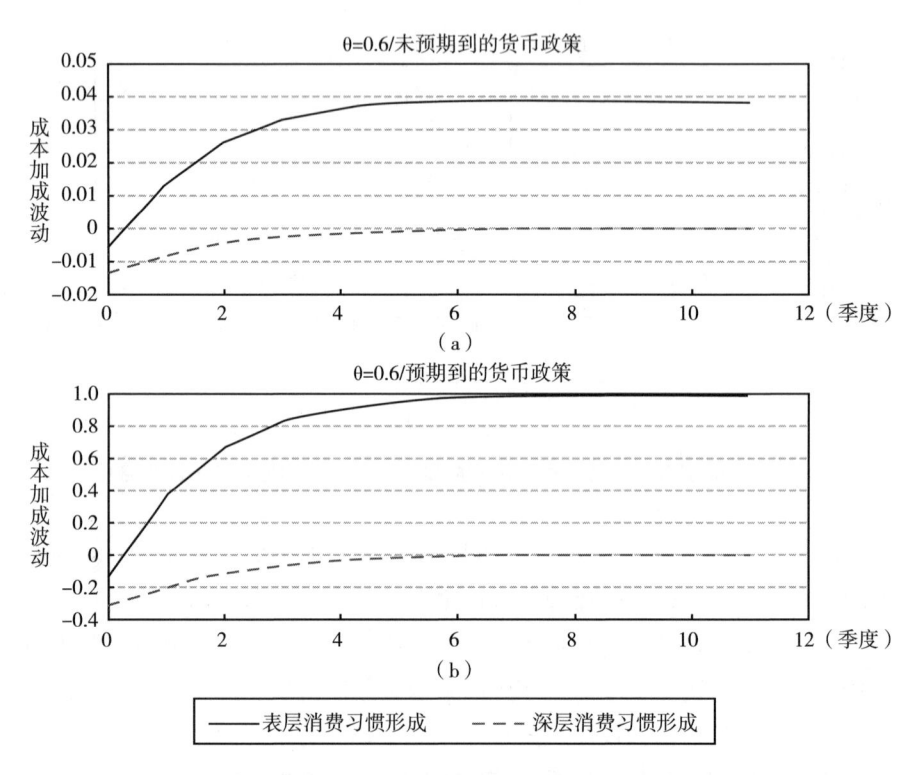

图9-8　不同消费习惯形成下成本加成对货币政策冲击的反应路径

图9-8（a）显示，在表层消费习惯形成影响下，受到正向的未预期到的货币政策冲击后，边际成本出现了向下的波动，随后开始快速上升并出现正向波动，最终趋向于0.4的成本加成水平。然而，在相同程度的深层消费习惯形成影响下，成本加成受到未预期到的正向货币政策冲击后，

出现了更大的负向反应,然后缓慢上升,并且此时成本加成的反应轨迹始终处于稳态值线以下,最终回归稳态值。即在深层消费习惯形成的影响下,企业一般不采用正的成本加成,并且偏爱于低成本加成的定价策略,以价格优势赢得市场。

图9-8(b)表明,当受到预期到的货币政策冲击后,成本加成在两类消费习惯形成影响下均出现了负向反应,并且在深层消费习惯形成影响下的成本加成始终小于在表层消费习惯影响下的成本加成。这一点与未预期到的货币政策冲击的影响相一致。但是比较图9-8的(a)、(b)两个子图可以发现,在预期到的货币政策影响下,对于两类不同的消费习惯形成情形,成本加成均出现了更大的负向波动。导致以上反应出现差异性的主要原因是,在预期到的货币政策影响下,企业家为了获得更多的市场份额,会主动地降低成本加成,且主动降低成本加成的幅度会大于被动地降低成本加成的幅度。

通过以上分析可以在一定程度上认为,由于表层消费习惯形成和深层消费习惯形成对企业的成本加成产生了不同的影响,使两类不同消费习惯形成对货币政策价格效应的影响出现了差异性。

9.4.3 价格黏性因素分析

既有的经验研究认为,在模型中引入价格黏性是为了确保货币政策非中性。事实上,之所以能够达到货币政策非中性的预期目标,主要是价格黏性的存在使得企业不能够对货币政策冲击作出充分的调整,因此出现了产出波动。也就是说价格黏性是货币政策产出效应存在的基础。如果不存在价格黏性,那么货币政策最终只体现在价格上。价格黏性对货币政策的产出效应如此重要,那么价格黏性是否会改变消费习惯形成对货币政策产出效应的影响呢?本小节将通过数值模拟技术对此问题进行探讨。

为了便于比较分析,本书选取了 $\theta=0.4$、0.6 两个不同的表层和深层消费习惯形成程度,同时在表层消费习惯形成情形下分别选取了 $\phi=0.0001$、28.9337、50 三个不同的价格黏性程度,在深层消费习惯形成情形下分别选取了 $\phi=0.0001$、29.0127、50 三个不同的价格黏性程度,考察在不同的价格黏性程度下,产出对未预期到的和预期到的货币供给冲击的动态反应路径。

图9-9描述的是价格黏性在表层消费习惯形成影响货币政策产出效应过程中的作用。图9-9(a)子图显示,当 θ 取值为0.4,即家庭表层消费习惯形成程度比较低时,产出对未预期到的货币供给冲击的反应随着

价格黏性的增加而逐渐呈现"驼峰形"趋势。图9-9中的浅色虚线为本章估计的价格黏性程度28.9337所对应的产出反应曲线，根据4.3.1节的分析，此时由于表层消费习惯形成程度比较低，因此产出的反应曲线"驼峰形"趋势不明显，然而，当价格黏性进一步提高到50，产出的反应路径开始呈现明显的"驼峰形"趋势。再观察图9-9的（b）子图，其中的灰色虚线对应的是价格黏性取值28.9337，习惯形成程度θ取值为0.6，即家庭具有更大的表层消费习惯形成时的产出反应曲线。由前面的分析可知，此时产出开始呈现"驼峰形"的反应趋势，但是"驼峰形"还不够明显，然而，从图9-9可以发现，当价格黏性增强至50后，产出对货币供给冲击的反应已经出现了明显的"驼峰形"。另外，从图9-9还可以发现，在不同的表层消费习惯形成程度下，产出对未预期到的货币供给冲击反应的持续性也随着价格黏性的增加而增大。

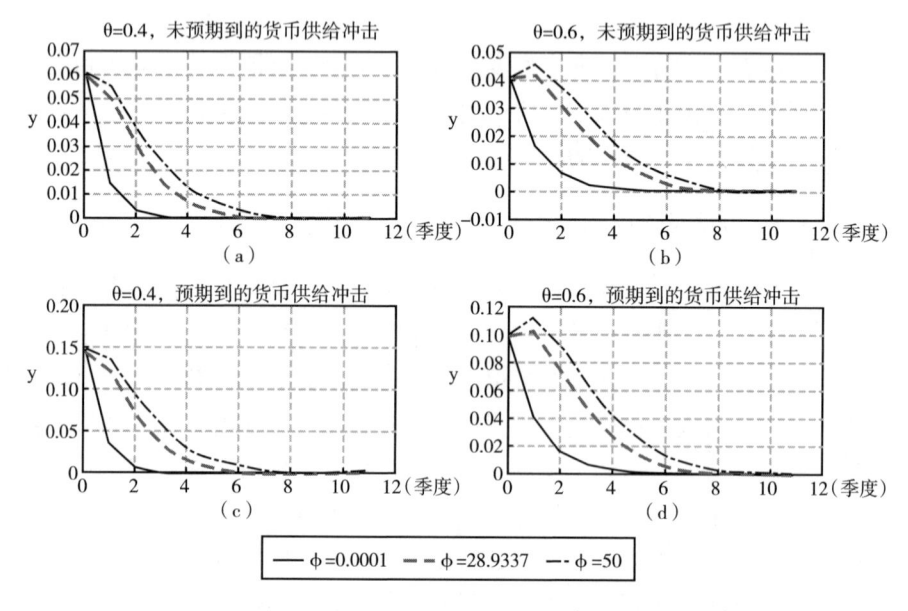

图9-9 表层消费习惯形成情形下价格黏性的影响

图9-9中的（c）、（d）两个子图为对应的表层消费习惯形成程度下，产出在不同的价格黏性程度下对预期到的货币供给冲击的动态反应路径。对比图9-9中的四个子图可以发现，产出对预期到的货币供给的反应，随着价格黏性的变化趋势与对未预期到的货币政策冲击的反应趋势相同，然而反应的波幅在预期到的货币政策影响情形下偏大，这与预期到的货币供给冲击的影响特征有关。

图9-10描述了价格黏性在深层消费习惯形成影响货币政策产出效应

过程中的作用。在模拟分析图9-10的过程中,同样选取了θ等于0.4和0.6两种深层消费习惯形成程度,并分别选取了0.0001、29.0127、50三个不同的价格黏性程度,分别表示较低的价格黏性、本章估计出的价格黏性和较高的价格黏性。观察图9-10可以发现,在同样的深层消费习惯形成程度下,随着价格黏性的增强,产出对两类货币政策冲击反应的"驼峰形"更加明显,反应的持续性进一步增强。这与表层消费习惯形成影响货币政策产出效应过程中价格黏性发挥的作用相同。另外,图9-10中还显示,随着价格黏性的变化,产出反应的波幅也出现了明显的变化,这一点与图9-9展示的结果显著不同,为什么会产生这样的差异性,这将是我们未来研究的一项重要内容。

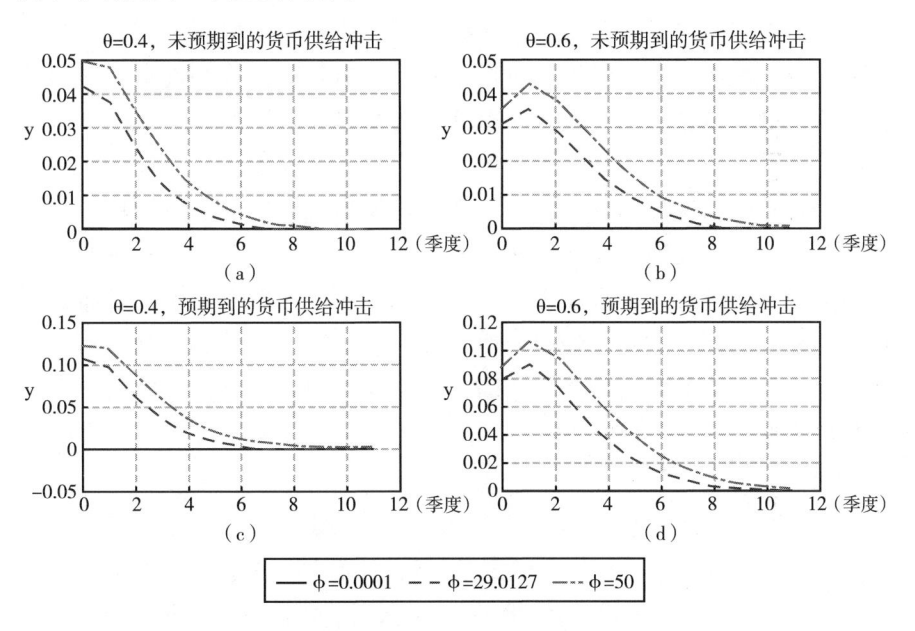

图9-10 深层消费习惯形成下价格黏性的影响

另外还需要着重指出的是,尽管随着价格黏性的增加,产出对货币政策冲击反应的"驼峰形"特征逐渐明显,但是"驼峰形"的出现并不决定于价格黏性,而是决定于消费习惯形成,关于这一点可从第4章4.3.1节中的分析过程中看到。

基于以上分析可以发现,价格黏性在表层和深层消费习惯形成对货币政策产出效应影响过程中扮演着重要角色。一方面,价格黏性进一步推动了产出的"驼峰形"反应,另一方面,价格黏性也进一步提高了产出对货币供给冲击反应的持续性。总之,价格黏性在消费习惯形成影响货币政策产出效应的过程中具有明显的促进作用。

9.5 本章小结

本章发展出了一个新凯恩斯 DSGE 模型，发展后的模型具有表层消费习惯形成，深层消费习惯形成以及以货币供给调控经济的货币政策反应函数。其中，货币政策反应函数中，不仅包含了未预期到的货币供给冲击，而且还包含了预期到的货币供给冲击。基于中国市场数据并采用贝叶斯技术对模型中大部分参数进行了估计，参数的估计结果比较稳健。

基于贝叶斯估计的模型并采用数值模拟技术，本章探讨了表层消费习惯形成和深层消费习惯形成对货币政策产出效应、价格效应的影响及其影响机制。结论表明，随着两类消费习惯形成程度的增强，产出对货币政策冲击反应波幅逐渐变小，但是反应的持续性增强，并且产出对预期到的货币供给冲击的反应在任何消费习惯形成程度下都比较积极。在表层消费习惯形成的影响下，通货膨胀对货币供给冲击的反应波动幅度有明显的减弱趋势，但是反应的持续性随着消费习惯形成程度增加的变化不明显。然而，在深层消费习惯形成的影响下，通货膨胀对两类货币政策冲击的反应波幅出现明显减弱，同时反应的持续性显著增加。这主要是因为在不同的消费习惯形成情形下，货币政策调控对价格加成的影响不同。

另外，整个过程中，产出和通货膨胀对预期到的货币供给冲击的反应在反应波幅和持续性等方面，都显著大于对未预期到的货币供给冲击的反应。同时分析发现，表层消费习惯形成和深层消费习惯形成通过影响消费和劳动供给的机制影响货币政策的产出效应，并通过影响边际成本的机制和影响成本加成的机制影响货币政策的价格效应。

本章最后还分析了价格黏性在两种不同消费习惯形成影响货币政策产出效应过程中的作用，模拟分析发现，价格黏性显著地促进了两种消费习惯形成对货币政策产出效应的影响。

第10章 开放经济条件下提高中国货币政策有效性的路径探析

前面几章的分析显示,在封闭经济条件下,中国货币政策无论是对货币政策中介目标还是最终目标都会产生影响,具有一定的有效性。但这种有效性并不充分,受到一些因素的影响与制约。本章的主要任务是,探讨在开放经济条件下,制约中国货币政策有效性的主要因素,并提出提高货币政策有效性的路径。

10.1 从修正的 Mundell – Flemming MODEL 看货币政策的有效性

M – F MODEL 是在开放经济的假设条件下,分析和研究一国货币政策与财政政策效能的经典理论模型。该模型的分析结果认为,浮动汇率制下,货币政策呈现很强的有效性,而财政政策的有效性却差强人意,但在固定汇率制度下,却呈现强有力的财政政策和疲弱无力的货币政策。从经济现实来看,该模型结论的确能够在一定程度上解释和描述相关经济现象。不过由于模型假设的资本完全自由流动条件与我国现实存在较大的出入,同时我国汇率制度是实际意义的"爬行盯住制",这与固定汇率和浮动汇率的模型条件又存在一些不同。所以传统的 M – F MODEL 不能直接用来分析中国货币政策有效性问题,有必要对其进行修正。

10.1.1 基准利率曲线 $i = i^*$ 代替 BP 线

由于目前中国依旧处于利率市场化进程中,存在利率管制情况。其主要表现为存贷款基准利率设定。因此,人民银行的基准利率是使商品市场与货币市场同时达到均衡水平的关键价格要素。所以,在 M – F MODEL

中将 BP 线用基准利率曲线 $i=i^*$ 取代，更契合中国实际。

1. 对利率管制和资本管制的分析

在利率高度市场化的国家中，利率高低完全由金融市场供求决定。中央银行在执行货币政策时，往往通过行政手段直接干预利率走势，存贷款基准利率（虽然央行逐渐取消了基准利率浮动区间限制，但在实际中上下限依然发挥作用。如贷款利率 90% 的浮动下限在实际贷款中依然使用）就是行政干预的具体表现。在基准利率既定的条件下，中国存贷款利率水平受其影响十分显著。而在利率设定的前提下，增加货币供给又难以影响贷款利率水平。此外，中国资本项目仍未完全放开，资本无法在国内和国际市场间自由流动，这使即使不满足利率平价关系的国内外利差存在，也无法出现大规模的套利行为和资本流动。

2. M–F MODEL 的修正

人民银行制定的基准利率既是中国的法定利率，也是金融市场交易的重要参照利率，它可以完全独立于国际利率水平。正是在基准利率这样的非市场行为确定的资金价格的行政手段下，中国货币市场和商品市场被动达到均衡。所以，中国并不符合经典 M–F MODEL 中的 BP 线存在的假设。中国的实际情况是：只有基准利率才能够使商品市场和货币市场同时达到均衡。要想使 M–F MODEL 符合中国国情，需要用基准利率曲线 $i=i^*$ 取代经典 M–F MODEL 中的 BP 线。从图 10–1 可以看出，曲线 $i=i^*$ 与 X 轴平行，并且商品市场和货币市场的共同均衡点（IS、LM 线的交点）落在该曲线之上。经过这样改进的 M–F MODEL 就更加符合中国实际，通过它分析中国汇率制度对货币政策有效性的影响也就更科学，更具有针对性。

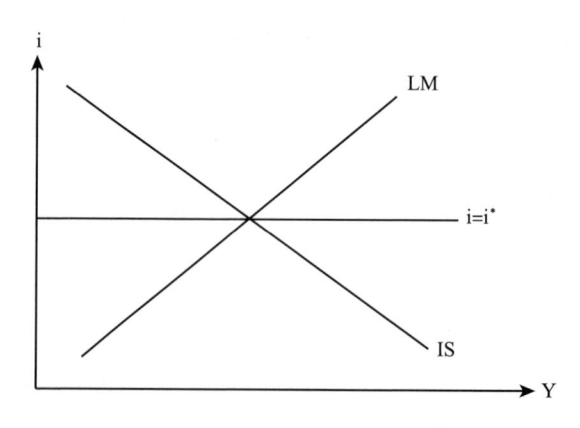

图 10–1　修正的 M–F MODEL

10.1.2 M-F MODEL 的修正与货币政策有效性

1. 修正方式1——利率管制下的 M-F MODEL

在利率尚未完全市场化的大背景下，人民银行对货币政策操作最主要通过两种方式进行：一是调整存贷款基准利率；二是在既定的存贷款基准利率水平下，调整货币供应量。这又包括调整存款准备金率和采取公开市场操作两种手段。

方式1：主动调整存贷款基准利率。当人民银行将存贷款基准利率由 i_1^* 调整至 i_2^* 时，存贷款基准利率曲线会从 $i^* = i_1^*$ 下移至 $i^* = i_2^*$，直至存贷款基准利率的下一次变动。存贷款基准利率的变动会影响整个模型稳定性。IS 线方面，因为 C（Y，i）和 I（i）与利率负相关，利率降低会推动均衡点由 E_1 移动至 E_2。LM 线方面，由于存贷款基准利率变动会增强交易性货币需求，进而促使企业和居民对金融机构的贷款需求增加。由于投机性需求是利率的减函数，利率下调会增强企业和居民对货币的投机性需求。货币需求的增加会使 LM_1 适右移至 LM_2，最终 IS、LM、存贷款基准利率曲线三线交点，由 E_1 移动至 E_2，产出由 Y_1 增加到 Y_2。因为中国资本项下仍存在较强的外汇管制，存贷款基准利率的变化不易引发大规模的国际套利，并不会对人民币汇率产生较大冲击，中国人民银行不需要对外汇市场进行干预，进而中国货币供应量保持稳定，LM 线不会发生逆转性左移，如图 10-2 所示。

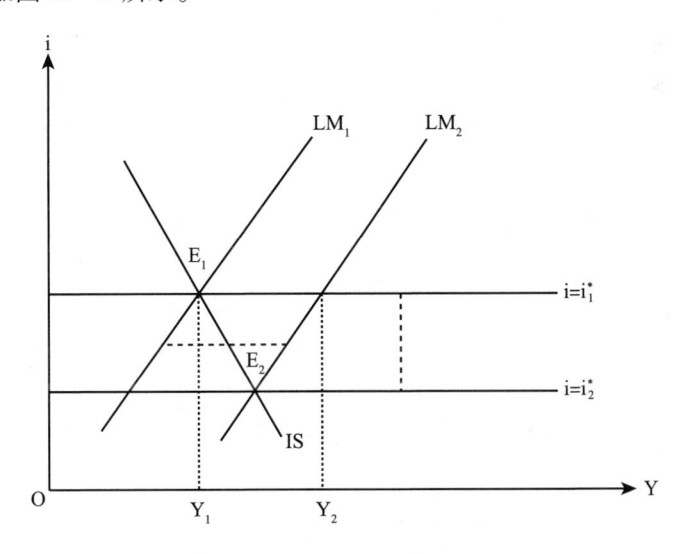

图 10-2 主动调整存贷款基准利率

通过上述分析，尽管人民币汇率呈现相对固定的特征，不过在资本项目尚未完全放开和利率尚未完全市场化的背景下，中国人民银行对基准利率的掌控能力强，能够有效地控制货币供应量，进而决定 LM 线的位置，可以得出中国货币政策有效的结论。

方式 2：既定利率水平下调整货币供给。在经济发展预期乐观、货币需求强烈的情况下，人民银行可以在既定的利率水平下，通过加大货币供给，刺激经济增长。如图 10-3 所示，与初始均衡 E_1 对应的存贷款基准利率和产出分别为 i^*、Y_1。中国人民银行为应对货币需求增加扩大货币供给会推动 LM_1 右移至 LM_2。但由于存在利率管制，货币供给变动并不会引起利率下降。利率稳定会使投机性货币需求保持稳定，在此背景下，新增的货币将更多地用来满足消费、投资等交易性货币需求。在图中显示为，IS_1 逐步右移至 IS_2，IS、LM、i 的交点右移至 E_2，推动经济总产出增加到 Y_2。

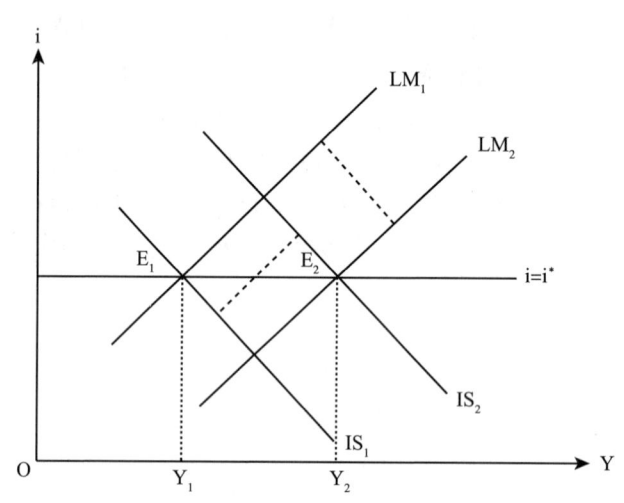

图 10-3　既定利率水平下调整货币供给

上述分析表明，由于中国存贷款利率基本为官定利率，货币供给与利率相关性较差，进而货币供给变化不会导致资本大幅流动，因此不会对人民币汇率构成影响，LM 也不会逆转性左移。所以，尽管人民币汇率政策表现为对美元的爬行盯住，但由于外汇管制和利率管制，货币政策也相对有效。

2. 修正方式 2——折弯的 BP 线模型

（1）不对称资本管制。目前，中国资本项目管制政策可以简单地概括为"流入容易、流出困难，长期容易、短期困难"。这种特征就是中国资本项目管理的不对称性的基本描述。而这种资本管制的不对称性对财政政策、货币政策的调控效果会产生深刻影响。因此，必须根据这个特点对 M-F MODEL 进行修正，才能更客观地解释中国实际问题。

（2）管制不对称下的资本流动线（CF）。一国资本项下的资金流动主要源于利差。当国内与国外利差为正时会引起外资流入，反之，利差为负时会引起资本流出。当然，资本项目管制也能直接影响一国资本流动方向和规模。资本项目无管制时，不同国家金融产品完全替代，各国利率水平趋于相同，类似于完全竞争市场，任何利差都会引起巨幅资本流出或流入直至利差为零。资本完全管制情形下，国内、国际市场被严格割裂为两个市场，任何利差都无法引发资本流动。而当存在一定程度的资本管制时，虽然国内、国外金融产品不是完全替代，但仍存在一定程度的替代，利差大小决定资本流动规模。在这种情况下，资本项目差额与利差正相关。那么资本流动净额（CF）可以描述为：

$$CF = CF(i - i_f), dCF/di > 0 \qquad (10-1)$$

其中，i 代表中国利率，i_f 表示国际利率，假定两者存在线性关系，则 $dCF/di = a > 0$，a 代表资本管制水平。如图 10-4 所示，a 越小，资本管制越严格，CF 线越陡峭；当 a 越趋于 0，越倾向于完全资本管制，此时，CF 为垂线；当 a 趋于 $+\infty$ 时，则代表资本完全不管制，此时 CF 为水平直线。

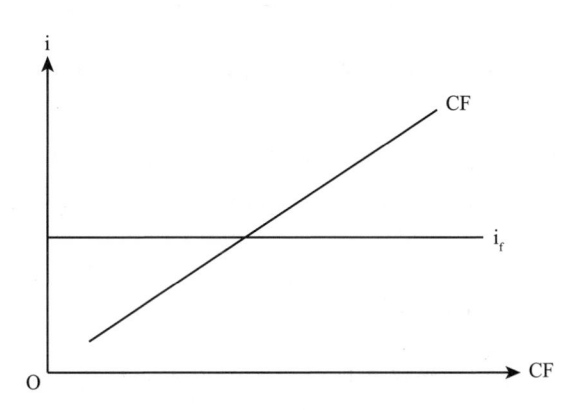

图 10-4 存在资本管制下的 CF 曲线

政府为了确保国内经济的平稳发展，中国对资本流出的管制远大于对资本流入的管制，这种资本管制的不对称性用数学语言描述为：

当 $i > i_f$ 时，$dCF/di = a$；当 $i_f > i$ 时；$dCF/di = b$ （10-2）

其中，$a > 0$，$b > 0$。

即 $i > i_f$ 时，资本流入，此时的管制水平为 a；

当 $i_f > i$ 时，资本流出，此时的管制水平为 b。

当 a > b 时，资本流出的管制水平高于资本流入；

当 a = b 时，表示不存在资本管制不对称；a < b 时，表示对资本流入管制程度高于资本流出的管制程度。式（10 - 2）又能表述为：

$$dCF/di = \frac{a+b}{2} + \left(\frac{a-b}{2} \times \frac{|i-i_f|}{i-i_f}\right) \qquad (10-3)$$

其中，a + b 是资本管制总体程度，a - b 是管制不对称程度，当存在资本管制不对称时 CF 线为一条折线。从图 10 - 5 可以看出，由于中国资本管制方面流出比流入更为严格，因此 a > b。在图形上表现为，CF 线上半部分看上去较为平坦，而下半部分看上去更为陡峭。

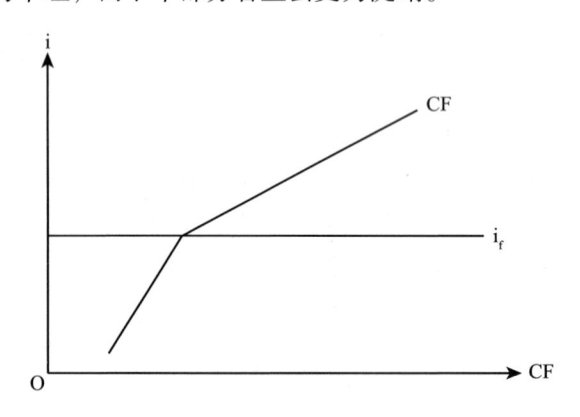

图 10 - 5　资本管制不对称下的折弯的 CF 曲线

通常情况下，短期资本流出与利差相关性更强，与之相比，但长期资本流出对利差的反映则相对滞后，根据式（10 - 3），我们可以得出下面结论：

$$CF = \frac{a+b}{2}(i-i_f) + \frac{a-b}{2}|i-i_f| \qquad (10-4)$$

式（10 - 4）说明，当资本项目存在流出入的管制不对称，资本项目差额不仅与利差高低有关，而且与其绝对值大小有关。

（3）不对称资本管制下的 IS - LM - BP 模型。

假定价格不变，M - F MODEL 三个基本方程如下。

$Y = A(Y, i) + T(Y, E) + G$；其中，$A_1 = \partial a/\partial y > 0$，$A_2 = \partial A/\partial i < 0$；$T_1 = \partial T/\partial Y < 0$，$T_2 = \partial T/\partial E > 0$

$M = L(Y, i)$；其中，$L_1 = \partial L/\partial Y > 0$，$L_2 = \partial L/\partial i < 0$

$B = T(Y, i) + C(i)$；其中，$C_1 = dL/dY > 0$

方程中符号含义为：Y 代表总产出，i 代表国内利率水平，E 为人民币汇率水平，A 代表总吸收，T 代表经常项目差额，G 代表中国政府支出，M 代表国内货币供给，L 代表国内货币需求量，B 代表国际收支差额，C 代表资本项目差额。

基于上述模型框架，本书通过 IS、LM、BP 线的变动解释同汇率制度对货币政策的影响。LM 与 BP 线斜率为 $\partial i/\partial Y = -L_1/L_2$，$\partial i/\partial Y = -T_1/C_1 > 0$。当 $L_1C_1 > L_2T_1$ 时，BP 线比 LM 线更平坦。反之，LM 线比 BP 线更平坦。中国的实际情况是当国内外利差为正时，资本项目主要表现为流入，此时资本管制较弱，资本流动的利率弹性较高，BP 线比 LM 线更平坦（$L_1C_1 > L_2T_1$）。反之，当国内外利差为负值时，资本项目主要表现为流出，此时资本管制水平较高，利率弹性较低，此时 BP 线比 LM 线陡峭（$L_1C_1 < L_2T_1$）。

(4) 修正的 M-F MODEL 与货币政策有效性。

图 10-6 说明，当 $L_1C_1 > L_2T_1$ 时，BP 线较 LM 线更为平坦，宽松的货币政策使 LM 右移至 LM_1，LM_1 与 IS 线的交点为 Q_1，此时国际收支呈现逆差。固定汇率制度下，为了稳定汇率，中央银行需要在外汇市场上购进本币，抛售外币，降低货币供给。这将导致 LM_1 逆转性左移至 LM 处。因此，在此背景下，货币政策无论对利率还是产出均不构成影响，货币政策无效。图 10-7 说明，$L_1C_1 < L_2T_1$ 时，BP 线比 LM 线陡峭，宽松的货币政策，推动 LM 右移至 LM_2，LM_2 与 IS 线的交点为 Q_2，国际收支仍然表现为赤字状态（位于 BP 线右下方），货币政策仍然无效。

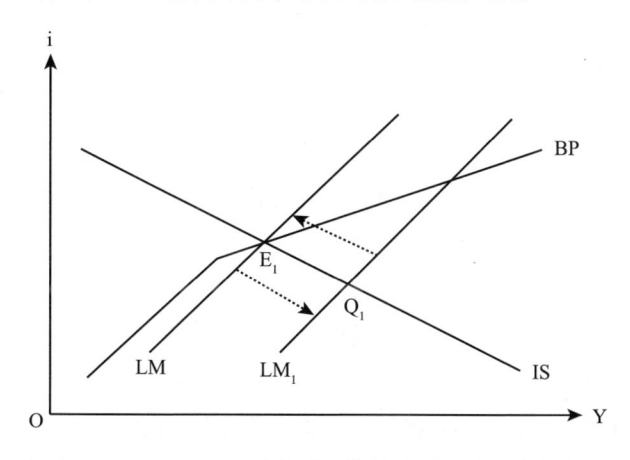

图 10-6　$L_1C_1 > L_2T_1$ 时货币政策操作对利率和产出的影响

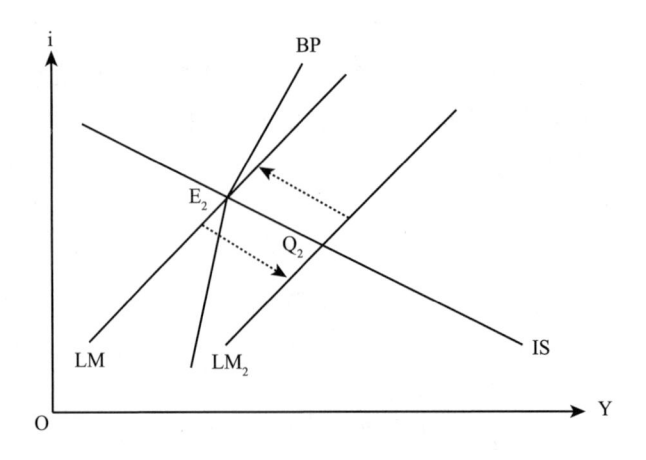

图 10 – 7　$L_1C_1 < L_2T_1$ 时货币政策操作对利率和产出的影响

10.1.3　对修正的 M – F MODEL 的进一步思考

基于上述的两种修正的 M – F MODEL，对中国货币政策是否有效这个问题，给出了截然不同的两个回答。其原因是，这两种修正方式的假设前提仍然和中国现实存在一定偏差。

偏差一：在修正方式 1 中，假定中国利率完全固化为基准利率，并且存在资本项目下的完全管制，资本完全不能在国内和国际间进行流动，并在此基础上认为中国货币政策有效。但事实是，在外汇管制方面，中国资本项目并不是完全管制的，资本项下仍然存在相当大程度的资本流动。在利率管制方面，伴随着利率市场化改革，金融市场能够在一定程度上影响到各种利率，这与模型假设存在很大的出入。

因此，当人民银行下调存贷款基准利率时，由于资本项目并非完全管制，存在一定规模的资本流动，利率变化会诱发一定程度的套利行为，这会对人民币汇率产生压力。人民银行需要在外汇市场上抛售外汇，购入人民币，进而货币供给会有所减少。与之相适应，LM 线也会向左逆转移动，但存在较长时滞，在短期内逆转程度有限，只能回复到 LM_3。这说明，在实际操作中，虽然中国货币政策有效，但效果相对较弱（见图 10 – 8）。

图 10 – 9 显示，人民银行在保持基准利率稳定的前提下，通过扩大货币供给实施宽松的货币政策时，由于金融市场供求能在一定程度上影响市场利率，货币供给增加会导致利率出现一定程度的变动。而利率变动又会导致资本项目恶化，进而对汇率产生压力，人民银行在外汇市场上抛售外汇、购入人民币，LM 线因此会小幅左移至 LM_3 处。这说明，通过这种方

式实施货币政策进行宏观调控，仍然会有一定的政策效果，但是其程度也打了折扣。

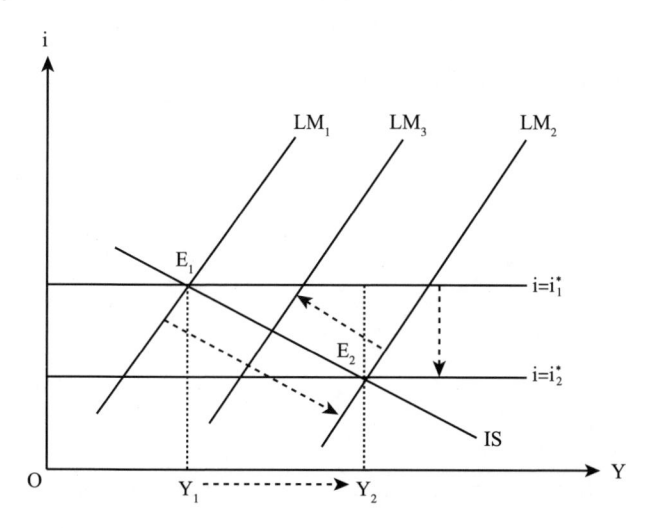

图 10-8 完全利率管制下利率变化的政策效应（1）

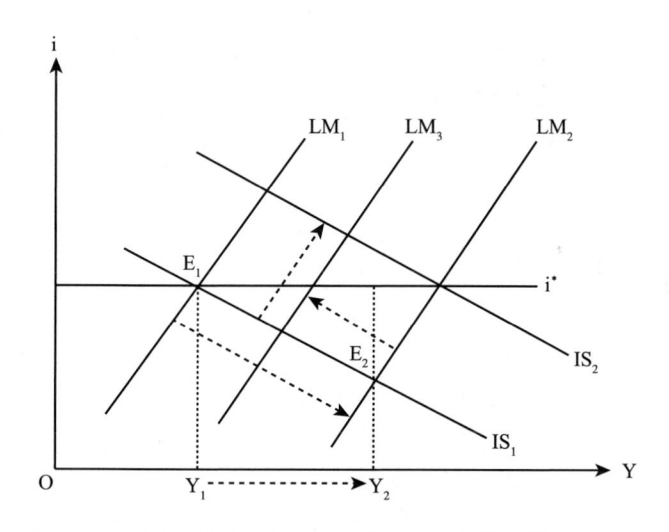

图 10-9 不完全利率管制下货币供应量变化的政策效应（2）

偏差二：在运用完善途径 2 分析中国货币政策有效性时，没有考察中央银行冲销政策对货币供给的影响，因此忽略了冲销政策对货币供给的影响，为此有必要加入冲销因素进行更为深入和贴近现实的分析。

图 10-10 显示，当 $L_1C_1 > L_2T_1$ 时，BP 线比 LM 线平坦，人民银行实施宽松的货币政策，使得 LM 移动到 LM_1，与 IS 线相交于 Q，此时国际收支呈现逆差，为保持汇率稳定，人民银行需要在外汇市场上购入人民币，

抛售外汇，若不存在冲销政策，此举将直接降低货币供给。但事实上，人民银行会实施冲销政策，即在外汇市场上出售外币的同时，并采取其他措施维持货币供给稳定，从而确保 LM 线停留在 LM_1 处。此时，货币政策操作会影响利率与产出，货币政策有效。

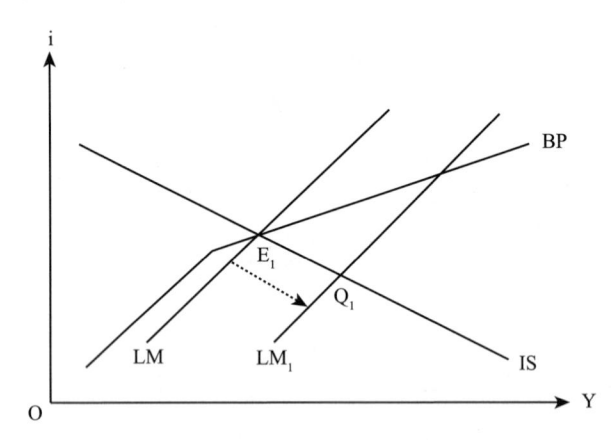

图 10-10　$L_1C_1 > L_2T_1$ 时实施冲销政策后货币供应量变化的政策效应

图 10-11 显示，当 $L_1C_1 < L_2T_1$ 时，LM 线比 BP 线平坦，人民银行实施的宽松的货币政策推动 LM 右至 LM_2，并与 IS 线相交于 Q_2，国际收支仍然呈现为逆差状态，与上面分析类似，由于冲销政策存在，货币政策有效。

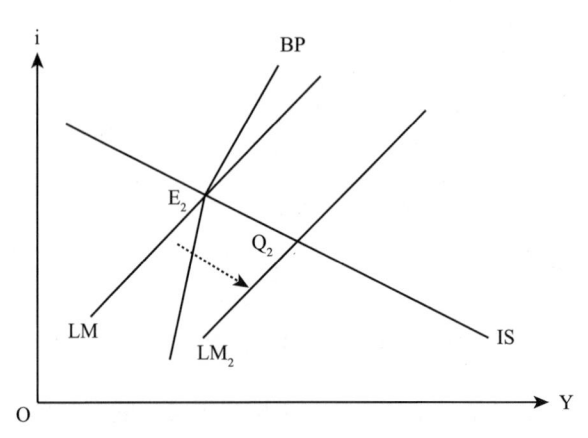

图 10-11　$L_1C_1 < L_2T_1$ 时实施冲销政策后货币供应量变化的政策效应

因此，通过两种途径修正的 M-F MODEL 分析结果均显示：在目前人民币汇率形成机制下，中国货币政策呈现一定的有效性，但有效性相对较弱。

作为一个拥有14亿人口的泱泱大国,没有高度独立、强力有效的货币政策的后果是不言自明的。这种能力可以通过两种途径来实现:一是使汇率自由浮动;二是加大对外汇以及国际资本流动的管制。在当前国际经济一体化,以及中国国民经济外向程度不断加深的情况下,再回到原来严格外汇管制的老路上是行不通的。为此,如今的中国和25年前的澳大利亚一样,除了使人民币汇率自由浮动之外,没有第二种方案可供选择。

10.2　中国货币政策的传导机制

通过深入分析货币政策传导机制,可以剖析货币政策操作如何通过影响金融变量变动并对实体经济产生影响。在具体的货币政策操作实践中,由于不同国家的经济金融环境,经济主体与客体的行为模式,金融体系结构与金融制度安排等方面呈现很大的差异性。因此,货币政策传导问题呈现很强的地域、时间和动态特征。目前,经济学界通常根据不同金融资产的替代性,把货币政策传导机制划分为货币渠道(money channel)和信贷渠道(credit channel)两大类。

10.2.1　货币渠道

如果所有金融资产可以完全替代,那么所有金融资产(现金、存款、债券、股票和银行贷款等)可以分为两大类:债券类和货币类。债券类有利息收入,而货币类没有利息收入。在这种背景下,中央银行通过控制货币供给调节利率,进而影响经济产出。这种传导途径被称为"货币渠道"。货币渠道又按照具体传导路径的差异,又可以被分为利率子渠道、资产市场子渠道、财富效应子渠道、流动性效应子渠道、信息子渠道等多种表现形式。

(1)利率子渠道。利率子渠道货币政策传导渠道中最基本、最重要的传导途径,是其他传导途径的基础。其传导机理为:货币供给增加,导致市场利率下降,进而增加了利率敏感性投资,并提高产出。用公式可以表示为:

$$M\uparrow \Rightarrow i\downarrow \Rightarrow I\uparrow \Rightarrow Y\uparrow \qquad (10-5)$$

(2)资产市场子渠道。在资产市场上货币政策操作主要是通过托宾q效应、居民的财富效应、流动性效应进行传导的。

托宾q是企业的市场价值与资本重置成本的比值,q<1时企业不会

购置新的厂房和设备。而 q > 1，企业更倾向于弃旧购新。其传导途径可以概括为：

$$M\uparrow \Rightarrow i\downarrow \Rightarrow P_e\uparrow \Rightarrow q\uparrow \Rightarrow I\downarrow \Rightarrow Y\uparrow \qquad (10-6)$$

（3）财富效应子渠道。居民总财富可以被划分为金融财富和非金融财富。金融财富增加会提高居民的总财富水平，进而扩大居民的消费支出，从而推动总产出提高。哈伯勒、庇古和帕廷金等（Haberler, Pigou and Patinkin et al.）认为货币供给变化会对居民消费构成影响，这又被称为实际余额效应和庇古效应。莫迪利安尼（Modilianni）提出的生命周期假说和米尔顿·弗里德曼（Milton Friedman）提出的持久收入假说也认为财富变动会影响家庭消费产生相应变动。这充分说明财富变动引致消费变动确定无疑。财富效应子渠道可以概括为：

$$M\uparrow \Rightarrow i\downarrow \Rightarrow P_e\uparrow \Rightarrow C\uparrow \Rightarrow I\downarrow \Rightarrow Y\uparrow \qquad (10-7)$$

（4）流动性效应子渠道。消费者的资产负债状况，是评价自身由于流动性而陷入财务困境概率的重要因素①。一般而言，住宅、汽车等耐用品缺乏流动性，而金融资产富有流动性。因此，流动性效应理论认为，消费者在资产选择时会考虑流动性因素，如果消费者预期自身由于流动性而陷入财务困境的可能性增大，他会减持缺乏流动性的耐用品而增持富有流动性的金融资产。相反，由于大宗耐用消费品的金额较大，购买时多采用分期付款或抵押贷款形式，这会对消费者形成债务负担。因此，流动性效应会更多地对大宗耐用消费品的支出产生影响。因此，资本市场货币政策传导机制的流动性效应可以表述为：

$$M\uparrow \Rightarrow i\downarrow \Rightarrow P_e\uparrow \Rightarrow FR\uparrow \Rightarrow 资产组合流动性\uparrow \Rightarrow FD\downarrow \Rightarrow 大宗耐用消费品支出\uparrow \Rightarrow C\uparrow \Rightarrow I\uparrow \Rightarrow Y\uparrow \qquad (10-8)$$

（5）信息子渠道。麦昆和里斯（Mankiw and Reis）认为，经济信息在传播时会受到信息黏性的影响，信息黏性会造成货币幻觉，会导致居民只认识到名义工资的提高，而忽略消费品和劳务价格的变动，这会误导居民提高劳动供给和消费。这会使经济在更低的实际工资和更低的失业率处达到均衡，从而扩大整个经济的产出水平。其传导效应可以表示为：

$$M\uparrow \Rightarrow 信息黏性 \Rightarrow 货币幻觉 \Rightarrow C\uparrow, I\uparrow \Rightarrow Y\uparrow \qquad (10-9)$$

10.2.2 利率管制与货币政策有效性分析

当银行贷款与股票、债券不完全替代时，货币供应量的变化会通过银

---

① 出现财务困境（FD）的可能性可以用财务困难系物（消费者个人负债额与金融财富的比）来衡量。

行信贷规模的变化,进而影响总需求,这就是所谓的信贷渠道。它与货币渠道具有一定的互补性。在货币渠道存在阻滞时,货币政策仍然能够通过它影响产出。信贷渠道重视货币政策传导中银行体系的作用。这是因为,虽然商业银行宏观调控的调控对象,但同时又作为金融交易的重要主体。特别是在是金融市场发展相对滞后、利率市场化程度相对较低的国家,信贷渠道更是货币政策传导的主要渠道。

(1)信贷配给子渠道。斯蒂格利茨(Stiglitz,1977)和韦斯(Weiss,1981)认为,当存在着逆向选择和道德风险的情况下,金融机构提高贷款利率有可能迫使低风险的借款人退出信贷市场,并有可能促使借款人将贷款投资于更高风险的项目。所以,提高利率的结果可能反倒是降低了金融机构的预期收益。因此,金融机构会选择在一个相对低的贷款利率上只满足一部分借款人的贷款需要,而非在一个较高的水平上满足全部借款人的贷款需求。因为存在信息不对称,逆向选择与道德风险无处不在,所以金融机构信贷配给行为是一种均衡状态下的常态。因此,当采取扩张性货币政策时,降低利率虽然能够提高货币需求,但并不一定能够引起信贷规模的扩张,要使产出提高,最主要的是要设法提高贷款的可得性(L),减少超额信贷需求,从而推动投资,并推动产出增长。其传导效应可以表示为:

$$M\uparrow \Rightarrow L\uparrow \Rightarrow C\uparrow, I\uparrow \Rightarrow Y\uparrow \qquad (10-10)$$

(2)资产负债表子渠道。资产负债表渠道也是源于信息不对称。由于存在信息不对称,融资时,借款人的净值越大,融资能力越高,融资成本越低,借款人投资能力越强。而中央银行的货币政策能够引起利率变动,影响借款人的股价,并造成借款人净值发生变动,进而影响借款人的融资能力。这里所说的净值(Net Value,NV)是借款人流动资产与可抵押物品价值的总和,是伯南克和格特勒(Bernanke and Gertler,1989)提出的一个能够综合反映借款人资产负债表的状况的一个概念①。其传导效应可以表示为:

$$M\uparrow \Rightarrow i\downarrow \Rightarrow P_e\uparrow \Rightarrow NV\uparrow \Rightarrow AS, MH\downarrow \Rightarrow L\uparrow \Rightarrow I\uparrow \Rightarrow Y\uparrow \qquad (10-11)$$

其中,AS、MH 分别表示逆向选择和道德风险。

---

① 与"净值"相关的另外一个概念是"金融加速"(financial accelerator),它是指在经济景气时,股票市场高涨,借款人的净值增长,融资能力增强,投资支出增加。而在衰退时期,股票市场低迷,企业净值下降,投资减少,净值决定的投资的波动将使经济原来的走势具有一种自我加强的惯性效应。

10.3 利率管制下货币政策有效性分析

10.3.1 利率管制下货币政策有效性理论分析

从我国的实际来看，信息不对称所带来的逆向选择不仅仅信贷配给产生的原因。其表现国有和私人部门的所有制配给具有不同于西方国家信贷市场的特点。我国存贷款基准利率作为利率传导机制的起点。经典的货币经济学理论认为，利率作为信贷市场出清的中介要素，是供给和需求均衡的调节器。

从供给角度理解，银行作为信贷供给主体，其贷款供给多少不仅受到贷款利率的影响，同时受到贷款风险的制约。利率的逆向选择作用就是银行行为选择的具体诠释。逆向选择效应认为愿意支付更高利率的借款人平均来说可能有更大的偿债风险，他们之所以愿意支付较高的利率，缘于预期自己偿还这笔贷款的概率较低。因此，随着利率的变动，借款行为人的行为会发生变化，这种需求端行为主体的变化会进一步影响供给的行为选择。图 10-12 是银行基于单位贷款的期望效益曲线。

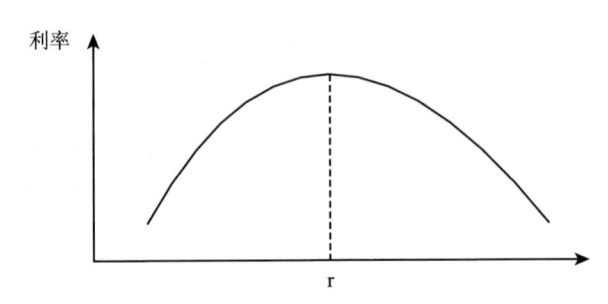

图 10-12　银行单位贷款期望收益曲线

在曲线左侧时，利率上涨带来的收益大于因为逆向选择带来的风险。这一阶段，银行会扩张信贷。高利率会带来更大的收益。当利率大于 r 时，这时再增加贷款利率贷款的期望收益会下降，表现为风险潜在损失大于利息的增长。我国的存贷款基准利率的设定为银行带来稳定的利差收入（近年来已经取消了贷款利率下限，但在实际中，银行贷款依然使用 90%的贷款利率下限，这保持了实际上稳定的利差），由于国有部门贷款"无风险"特性，国有部门单位贷款收益只会与银行的存贷利差相关，即其单位收益曲线为平行于横轴的直线,所以曲线特征主要由私人部门贷款特性所表征。由于实际中,多数私人部门贷款利率均处于上浮状态(早在2004年,贷款上浮限制已经取消),其遵循图10-12中曲线变动规律。所以总体来说,银行贷款单位收益存在最优利率点,且其受到了管制贷款利率影响。鉴于投资拉动经济增长的需要,管制利率的设定保持了长期低利率(保证国有部门可以获得低利率贷款)且相对稳定的利差环境,银行贷款利率长期在图10-12中期望最大值r左边点变动,这使得提升贷款利率的行为往往导致银行信贷意愿的扩张。

由于国有部门和私人部门的内在所有制属性和预算约束的差异,贷款需求者的属性会影响到贷款供给的策略。图10-13是贷款供给和需求曲线可以清晰地表现这一特点。

如图10-12单位贷款收益所示,银行的贷款收益最大时,其贷款供给欲望最强。在贷款利率为r时,贷款需求强于贷款供给,这种状态事实上长期存在于我国信贷市场中,是导致以民间金融为代表的影子银行繁荣的重要因素。需求曲线Ld则为随利率上升而渐进于L_1曲线,渐近线L_1表现国有企业刚性融资需求(部分国有部门在利率上升时依然能够保持融资需求)。而从信贷供给来看,当利率上升时,由于逆向选择导致对私人部门的贷款供给减小,但对国有企业,其内生的预算软约束属性依然使银行能够保持对其稳定贷款供给。

从图10-13中看到,最优利率决定了银行的贷款供给量,而这并不是供给与需求,即信贷市场出清的平衡点。所以,在基准利率调控最优利率过程中,可能会导致供给需求的均衡利率与最优利率的关系发生变化(我国贷款需求长期大于供给,但利率上升有可能改变这种关系),从而影响政策调节效果。

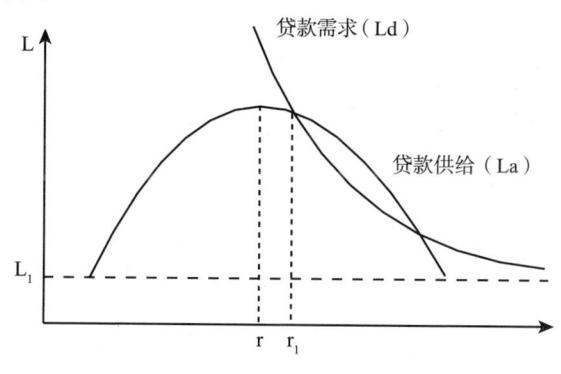

图10-13 贷款供给和需求曲线

为了分析方便,我们假设贷款需求曲线不变(非利率的外部因素不变)。如图 10-14 所示,当前贷款供给利率为 r_1,这时贷款需求大于供给,信贷市场并没有出清。当经济放缓时,央行降低基准利率,由于利率下降,逆向选择问题弱化,风险溢价也会随之减小。银行会重新评估市场溢价情况,寻找新的最优贷款利率点 r_3,并相应提高贷款供给量。当经济过热、央行提高基准利率时,如果基准利率上升并没有导致最优利率 r_2 小于 r 时,贷款供给依然小于需求,信贷量和贷款利率依然由供给决定。当 r_2 大于 r 时,贷款利率则为 r 且贷款量由贷款需求者决定。

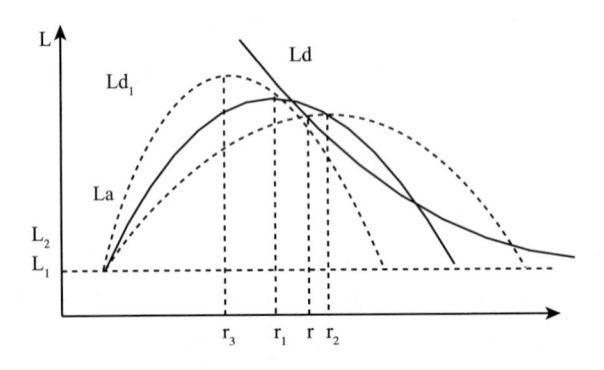

图 10-14 管制利率变动后贷款供给和需求曲线

如图 10-15 所示,需求减弱使原有贷款利率下的信贷需求量大幅萎缩,需求曲线由 Ld 向 Ld_1 移动,同时国家为了稳定经济增速,提升国有部门的信贷需求,这使国有部门信贷需求刚性进一步强化(利率敏感性降低,曲线斜率绝对值下降,变化更为平缓),渐近线 L_1 上升为 L_2,表示国有部门刚性需求量上升。同时银行作为贷款供给者,由于风险溢价上升,信贷供给曲线左偏移为 La_1,即最优贷款利率 r 下降为 r_1。这里 r_1 并非由

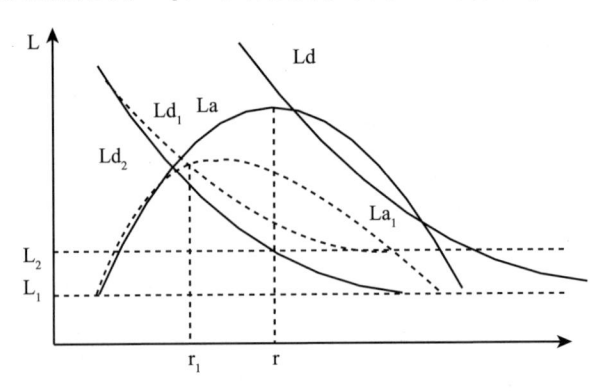

图 10-15 需求决定下的贷款供给和需求曲线

银行最优贷款利率所决定,而取决于贷款需求。而由于刺激措施使整体贷款的利率敏感性降低,加之国有部门刚性需求量上升,再次降息较难提升信贷增量。

值得注意的是,如果国家不通过财政刺激等措施提升国有部门贷款需求时,贷款需求曲线会由 Ld 向 Ld$_2$ 移动。这时贷款供需的交点将低于 r$_1$ 处的交点。对比来看,刺激政策提升国有部门贷款需求虽然能够提升整体信贷增量,但是这一行为却导致私人部门贷款减小。

从上述的理论分析可知,新常态以来实行的货币政策会因为对国有部门的财政刺激政策而出现效能下降、调整效果不佳的现象,甚至会导致国有部门对私人部门的信贷挤出的出现。基于这些结论,本书需要进一步通过实证分析检验基准利率传导对市场利率和信贷量的影响。

10.3.2 利率管制下货币政策有效性实证分析

从上述的理论分析中可见,管制利率调控虽然会对信贷量产生反向的影响,而国有和私人部门则受影响程度存在显著的差异。本书将使用 VAR 方法实证检验理论分析的结果,从定量的角度获取政策调控弹性,加强研究结果的指导性。

本书使用 6 个月至 1 年期短期贷款基准利率变动(benchmark loan interest rate,BLIR)、信贷市场利率变动(credit market interest rate,CMIR)、票据融资利率变动(bill rate,BR)、准备金率(reserve ratio,RR)。其中,信贷市场利率选用 2008 年开始统计的信贷市场加权平均贷款利率,票据融资利率也是同时期开始统计的票据融资利率,信贷量同比增速选用人民币贷款余额同比增速,准备金率则为大型商业银行准备金率。

其中,贷款基准利率反映政策利率,信贷市场利率表征市场利率水平。由于无法区分国有部门和私人部门的获取贷款利率,这里用票据利率间接反映私人部门贷款利率。这主要由于多数私人部门由于缺乏抵押,只能诉诸于票据融资这种短期融资。方军雄(2007)、王国刚、蔡真(2010)等研究认为,国有部门获取的贷款期限较长,而私人部门通常只能获取短期贷款。所以,从贷款增长量的角度,即短期贷款余额增速和中长期贷款余额增速也可间接反映两部门信贷增长变动情况,虽然这种分类精度较低。由于贷款利率统计缘故,本书数据选取的时间为 2008 年第四季度到 2015 年第二季度,为季度数据。

本书对上述变量进行 ADF 单位根检验,结果表明其均在 5% 置信区间不存在单位根过程，为平稳时间序列。本书在模型滞后期选取上，使用 Lag Length Criteria 检验得到最优滞后期数为 2 期。通过不存在常数项 VAR 模型计算结果如表 10-1 所示。

表 10-1　　　　　　　　利率 VAR 模型计量结果

变量	BR	BLIR	RR	CMIR
BR (-1)	0.511315 (0.49643) [1.02998]	-0.030261 (0.08878) [-0.34085]	0.250630 (0.24335) [1.02991]	0.261570 (0.12315) [2.12397]
BR (-2)	0.003366 (0.69041) [0.00488]	0.037824 (0.12347) [0.30633]	0.463672 (0.33844) [1.37003]	0.129499 (0.17127) [0.75610]
BLIR (-1)	4.310505 (3.44800) [1.25015]	-0.034770 (0.61664) [-0.05639]	2.754877 (1.69021) [1.62990]	1.707024 (0.85536) [1.99568]
BLIR (-2)	2.961467 (3.33469) [0.88808]	-0.032170 (0.59638) [-0.05394]	2.424562 (1.63466) [1.48322]	0.794791 (0.82725) [0.96076]
RR (-1)	1.644941 (0.63513) [2.58994]	0.202050 (0.11359) [1.77881]	1.893991 (0.31134) [6.08337]	0.496996 (0.15756) [3.15436]
RR (-2)	-1.684118 (0.64025) [-2.63041]	-0.207243 (0.11450) [-1.80994]	-0.915226 (0.31385) [-2.91613]	-0.510983 (0.15883) [-3.21719]
CMIR (-1)	-3.992024 (3.20823) [-1.24431]	0.167395 (0.57376) [0.29175]	-1.979934 (1.57268) [-1.25896]	-1.512785 (0.79588) [-1.90077]
CMIR (-2)	-2.695818 (3.23437) [-0.83349]	9.14E-05 (0.57844) [0.00016]	-2.770239 (1.58549) [-1.74725]	-0.819456 (0.80236) [-1.02130]
R^2	0.615779	0.584794	0.966022	0.732686
Adj. R^2	0.385246	0.335670	0.945635	0.572297
Sum sq. resids	11.96365	0.382647	2.874825	0.736254
S. E. equation	0.893072	0.159718	0.437784	0.221548
F - statistic	2.671113	2.347405	47.38464	4.568190

续表

变量	BR	BLIR	RR	CMIR
Log likelihood	-26.26093	16.77051	-8.437412	8.589732
Akaike AIC	2.900874	-0.541641	1.474993	0.112821
Schwarz SC	3.388425	-0.054090	1.962543	0.600372
Mean dependent	0.084400	-0.009200	19.07320	0.051200
S. D. dependent	1.139031	0.195957	1.877591	0.338764
Determinant resid covariance (dof adj.)		2.30E-05		
Determinant resid covariance		1.79E-06		
Log likelihood		-11.93168		
Akaike information criterion		4.954534		
Schwarz criterion		7.392286		

从表 10-1 结果可见，票据融资利率（BR）受到滞后一期和两期的准备金率变动（RR）的影响最为显著（其系数的 t 统计量大于 5% 置信水平）。相较而言，BR 受到基准利率变动（BLIR）的影响则不显著。表明基准利率变动对短期信贷利率的影响的传导机制并不通畅。而从贷款加权平均利率变动（BLIR）计量结果可以看到，在受到准备金率影响显著外 [RR(-1), RR(-2) 的 T 统计量绝对值均大于 5% 置信值]，其受到滞后一期的基准利率变动的影响也十分突出。这说明基准利率调整对于市场贷款利率影响是显著的。

除了价格角度，本书还将信贷量同比增速（credit growth, CG）和货币政策调控进行计量分析。在信贷量增速数据的处理中，这里使用短期贷款同比增速和长期贷款同比增速。这主要由于众多学者研究认为，短期贷款多投向了私人部门和中长期贷款多投向国有部门的研究结论（方军雄，2007；王国刚、蔡真，2010），两种贷款增速的波动事实上也部分反映了货币政策调控效应变化的问题。

由图 10-16 可见，自 2010 年 6 月后，短期和中长期贷款余额同比增速从同向向反向变动的趋势性变化应该引起货币政策执行者的关注。这里将对阶段数据和整体数据进行计量分析，以求能够真实地反映这一变化和政策利率工具的调控效能。

首先对短期贷款余额和中长期贷款余额同比增速进行单位根检验，发现中长期贷款余额增速在 5% 的条件下存在单位根过程，而短期贷款则存在单位根过程。这里将两种期限贷款增速同时一阶差分处理，而准备金率和贷款利率也进行一阶差分处理。分别表示为 DSCG 和 DLCG。

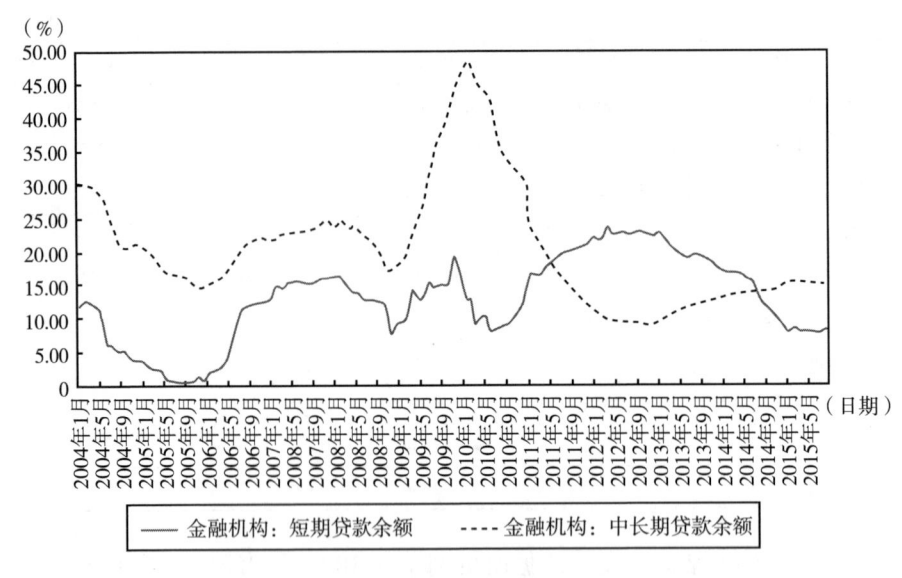

图 10-16　短期和中长期余额贷款同比增速

本书首先在模型滞后期选取上，使用 Lag Length Criteria 检验得到最优滞后期数为 2 期。带有常数项 VAR 模型结果如表 10-2 所示。

表 10-2　　　　　　　　贷款量 VAR 模型计量结果

变量	RR	BLIR	DLCG	DSCG
RR（-1）	0.215163 (0.08812) [2.44173]	0.148106 (0.04505) [3.28728]	-0.563171 (0.38633) [-1.45774]	0.210946 (0.43929) [0.48020]
RR（-2）	0.194605 (0.08206) [2.37152]	-0.014121 (0.04196) [-0.33657]	-0.705677 (0.35977) [-1.96149]	-0.292641 (0.40908) [-0.71536]
BLIR（-1）	0.803896 (0.17824) [4.51011]	0.331747 (0.09113) [3.64023]	-0.131782 (0.78146) [-0.16864]	1.123232 (0.88858) [1.26408]
BLIR（-2）	-0.071317 (0.18960) [-0.37615]	-0.003008 (0.09694) [-0.03103]	0.407729 (0.83124) [0.49051]	-0.431595 (0.94518) [-0.45663]
DLCG（-1）	0.010554 (0.02064) [0.51128]	-0.005112 (0.01055) [-0.48441]	0.447351 (0.09050) [4.94324]	0.004065 (0.10290) [0.03950]

续表

变量	RR	BLIR	DLCG	DSCG
DLCG（-2）	-0.015253 (0.02026) [-0.75303]	0.006730 (0.01036) [0.64984]	0.140963 (0.08881) [1.58730]	-0.125724 (0.10098) [-1.24504]
DSCG（-1）	0.027125 (0.01899) [1.42825]	0.014008 (0.00971) [1.44256]	-0.124718 (0.08327) [-1.49784]	0.062965 (0.09468) [0.66503]
DSCG（-2）	0.008760 (0.01908) [0.45902]	-0.004643 (0.00976) [-0.47588]	0.161158 (0.08367) [1.92621]	0.158769 (0.09513) [1.66888]
C	0.048576 (0.02348) [2.06888]	-0.014795 (0.01200) [-1.23242]	0.061167 (0.10294) [0.59421]	-0.029288 (0.11705) [-0.25022]
R^2	0.381251	0.269341	0.383352	0.061602
Adj. R^2	0.342879	0.224029	0.345110	0.003406
Sum sq. resids	8.429334	2.203556	162.022800	209.487200
S.E. equation	0.255624	0.130697	1.120710	1.274336
F-statistic	9.935650	5.944120	10.024420	1.058533
Log likelihood	-2.921537	89.652000	-206.886900	-224.614700
Akaike AIC	0.172776	-1.168870	3.128795	3.385721
Schwarz SC	0.363684	-0.977962	3.319703	3.576629
Mean dependent	0.079710	-0.005145	-0.112609	-0.032681
S.D. dependent	0.315340	0.148369	1.384870	1.276512
Determinant resid covariance (dof adj.)	0.001828			
Determinant resid covariance	0.001395			
Log likelihood	-329.6133			
Akaike information criterion	5.298743			
Schwarz criterion	6.062375			

从表10-2中的计量结果可以看出，短期贷款余额增长率受到准备金率调整的影响并不显著。而长期贷款余额增长率受准备金率调整影响的t统计量在5%置信区间下显著。两种贷款增长率受到基准利率调整的影响均不突出。除此之外，两种贷款余额增速的自相关性较强，这主要由于余额同比增速属于年化增长率数据，不会受到季节等因素影响，其自身波动主要表现为较强的惯性和周期性特征。从上述分析结果可见，中长期贷款

增长受到准备金率的影响较为显著,而对利率调整则不敏感。这一结论与我们普遍关于货币政策信贷传导机制的认知存在差异。是什么原因造成这一偏差呢?回顾图10－16,短期贷款和中长期余额同比增速从同向变动变为反向变动,这种突变性具有结构变点的特征。因此,本书还将分别对结构变点(2010年6月)后的数据进行分别计量分析,对这一偏差进行进一步分析(见表10－3)。

表10－3　　　　　结构变点后贷款量 VAR 模型计量结果

变量	BLIR	DLCG	DSCG	RR
BLIR (−1)	0.043157	−2.067793	1.849958	0.771156
	(0.11736)	(1.02745)	(0.93421)	(0.26923)
	[0.36774]	[−1.96713]	[1.98024]	[2.86429]
DLCG (−1)	−0.010242	0.416519	−0.104885	−0.014678
	(0.01147)	(0.10432)	(0.09130)	(0.02631)
	[−0.89302]	[3.99267]	[−1.14880]	[−0.55783]
DSCG (−1)	0.008081	−0.220290	0.225959	0.078686
	(0.01582)	(0.14386)	(0.12590)	(0.03628)
	[0.51094]	[−1.53127]	[1.79469]	[2.16859]
RR (−1)	0.198943	−1.007693	0.226845	0.253830
	(0.04958)	(0.45094)	(0.39465)	(0.11374)
	[4.01281]	[−2.23463]	[0.57479]	[2.23174]
R^2	0.301408	0.400686	0.218129	0.355925
Adj. R^2	0.265887	0.370212	0.178373	0.323175
Sum sq. resids	0.609939	50.462860	38.651110	3.210153
S. E. equation	0.101676	0.924826	0.809385	0.233258
F − statistic	8.485204	13.148610	5.486680	10.868070
Log likelihood	56.689080	−82.403370	−74.003510	4.376580
Akaike AIC	−1.672669	2.742964	2.476302	−0.011955
Schwarz SC	−1.536597	2.879036	2.612374	0.124117
Mean dependent	−0.011270	−0.450635	−0.030952	0.015873
S. D. dependent	0.118669	1.165367	0.892931	0.283530
Determinant resid covariance (dof adj.)		0.000293		
Determinant resid covariance		0.000225		
Log likelihood		−93.01936		
Akaike information criterion		3.460932		
Schwarz criterion		4.005220		

· 198 ·

从计量结果可以看到，短期贷款余额同比增速与中长期贷款余额同比增速对贷款基准变动的 t 统计量在 5% 的置信区间下均是显著的。但有趣的是，从系数可以看到，长期贷款增速随着贷款基准利率上升而下降，这与我们对货币政策实施效果的认知相符。而短期贷款增速则出现贷款利率上升而上涨的表现，这与我们的传统认知具有一定的偏差。本书认为，这一异常表现主要受到两方面原因所致。其一，前述中银行供给的变化，即当央行提高利率时，银行偏向于提供短期贷款，这样可以降低银行因为贷款利率上升而带来的长期贷款收益的损失。这一点主要受到银行基于利益最大化的供给行为所致。其二，多数的长期贷款提供给了国有部门或与国有部门相联系具有"较优资质"企业。虽然国有部门由于所有制以及隐性担保的原因，经营中对贷款利率并不敏感，但由于其所有制属性，其作为执行国家宏观调控政策的主要角色，经营扩张或收缩的动机较多地受到国家调控意志的左右。在国家收缩宏观政策时，其也会贯彻国家政策走向而收缩业务（企业经营者不仅是职业经理人，更是官员，其身份的政治属性更突出）。因此，其投资贷款需求降低，导致长期贷款需求下降。反观私人部门收到的制约较小，经济过热会激发这些企业的投资或投机热情，由于私人部门获取长期贷款的成本较高，这就增加了部门的短期贷款需求。

图 10-17 为两种贷款增速基准利率变动的脉冲响应。当基准利率突然提高时，长期贷款增速会经历由正向负再逐渐向零值回归的过程，长期贷款同比增速会在利率调整后的第二个月达到最低值，此后会缓慢调整。相对长期贷款，短期贷款增速变化在调整后的一个月达到最大值，其达到超调量的时间明显短于长期贷款。表明当经济过热时，提高利率不仅能够抑制投资，更多的是产生投机效应，加速泡沫积累。

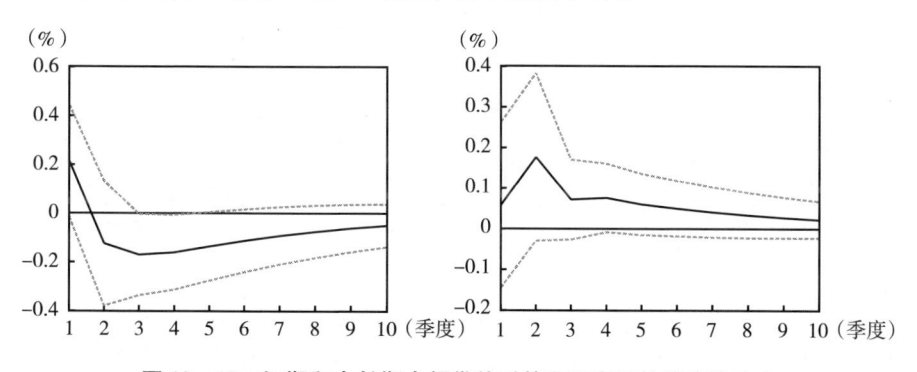

图 10-17 短期和中长期余额贷款受基准利率调整的脉冲响应

综上所述，本书研究认为，自 2010 年 6 月后，出于供给和需求调整的因素，利率上升会加大短期贷款增长速度。这一条件下降低利率会导致私人部门信贷增量的下降，这与前述关于信贷挤出的理论论述是相符的。这也说明，货币政策调控的结构性问题十分突出，信贷传导机制需要决策当局重新审视和梳理。

10.4 人民币汇率形成机制改革与货币政策有效性

10.4.1 采取更富有弹性的浮动汇率制度能够有效提升中国货币政策有效性

克鲁格曼（Krugman）认为，开放经济中，一个国家无法同时实现固定汇率、资本自由流动、货币政策独立，这三个目标至多可以实现两个，为此必须在这三个目标中进行取舍。克鲁格曼这个理论被称为"三元悖论"（trilemma），该理论可以用"不可能三角"来形象地进行描述（见图 10 - 18 和表 10 - 4）。

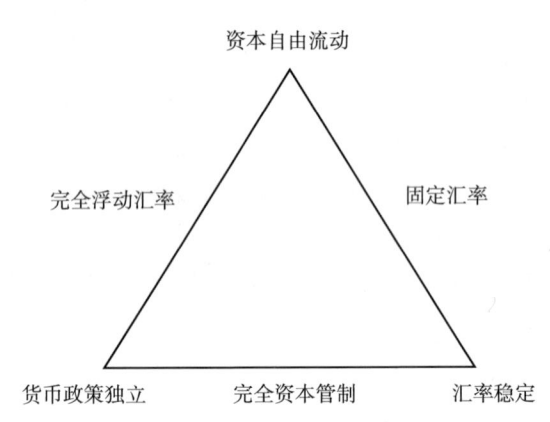

图 10 - 18 不可能三角

表 10 - 4　　　　　　　　开放经济体三元冲突

类别	货币政策	汇率政策	资本市场
政策组合 A	有效	固定	管制
政策组合 B	有效	浮动	开放
政策组合 C	无效	固定	开放

正是基于上述分析框架，2005 年 7 月，在人民币汇率制度改革之前，

中国人民银行为在保持人民币兑美元汇率稳定的同时，确保货币政策的有效性和独立性，国际收支实施了较为严格的管制。

克鲁格曼所提出的传统的三元悖论认为，如果在固定汇率、资本自由流动、货币政策独立中选择了两个目标，那么第三个目标必须完全放弃。根据传统的三元悖论，在中国，如果要确保人民币汇率的稳定和货币政策的有效性和独立性，那么无论经常项下、资本项下都不能存在资本流动。如果存在资本流动，那么另外两个政策目标就无法很好地实现。但事实上，早在1996年，中国就实现了经常项下的可兑换。因此，中国的实际情况属于非角点情况①。本书借鉴易纲、汤弦建立的扩展的不可能三角模型（见图10-19）分析框架，对中国实际进行了进一步分析。研究结果表明，若要改善中国货币政策的有效性，必须加大人民币汇率形成机制建设，即实施更富弹性的浮动汇率制度。人民银行对汇率的干预程度越低，中国货币政策的有效性越强。在图10-19中表示，若线段K②长度给定，线段E越长，线段M越短。

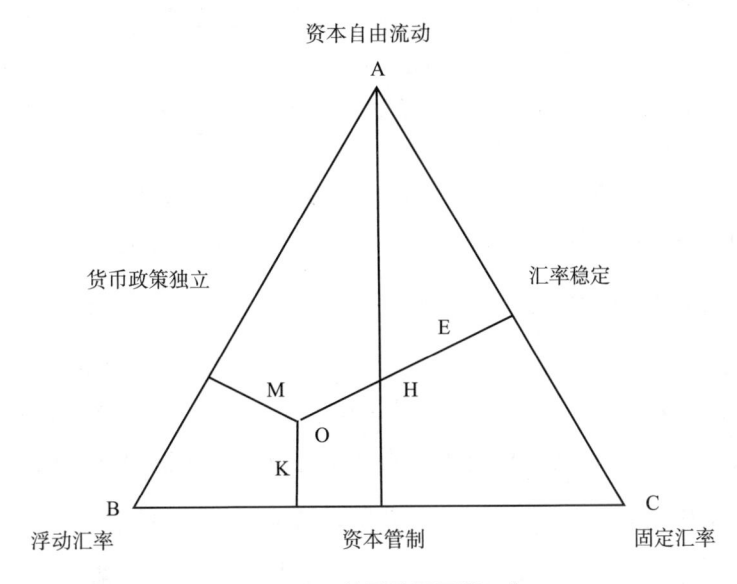

图10-19 扩展的不可能三角

---

① 在克鲁格曼"三元悖论"中假设条件是一个小国经济的极端状态，如汇率完全自由浮动，绝对的货币政策独立，或汇率的绝对固定等，所以只研究角点的情况。但它并没有否认中间状态的存在。关于"三元悖论"在中间状态和大国经济下的实用性问题请参阅弗兰克尔（Frankel, 1999），利维·耶亚提和斯特辛格（Levy - Yeyati and Sturzenegger, 1999），马森（Masson, 2000）。

② K为O点到边BC的距离，M和E分别为O点到边AB和AC的距离。

10.4.2 采取更富有弹性的浮动汇率制度能够疏通货币渠道

为了说明人民币汇率形成机制与货币政策有效性直接的机理，本书假定世界上只存在两个国家，一个为本国，用字母 D 表示，其货币为 D¥；另一个为外国，用字母 F 表示，其货币为 F$，两国商品劳务完全同质，货币能够进行兑换。且 F 国货币为国际货币，即在经常项下和资本项下均可以自由兑换。D 国有一个企业 A。

1. 疏通托宾 q 效应

在开放经济背景下，A 企业若要进行直接融资，既可以在 D 国也可以在 F 国上市。此时，由于两国货币不同，但能够兑换，因此该企业存在两个重置成本（RC）。当名义汇率 E 等于购买力平价（PPP）确定的均衡利率 E^* 时①，$q_0^D = q_0^F$。

假设有一个货币 D¥ 冲击，导致名义汇率 E 偏离由 PPP 决定的均衡汇率 E^*。

情景1：D 国对经常项下和资本项下同时实施管制。此时，因为 $E \cdot RC_1^D = RC_1^F$，$E \cdot MV^D = MV^F$。因此，$q_1^D = q_1^F$。

情景2：D¥ 在经常项下可自由兑换，但在资本项下存在外汇管制。因为经常项下可自由兑换，当 $E < E^*$（D¥ 高估）时，A 在 F 国购买设备、雇用劳务的价格更低。此时，对于 A 企业存在两个重置成本，一个是 D 国采购设备、雇用劳务的重置成本 RC_1^D，一个是在国外购买机器、设备、雇用外国劳动力的 RC_1^F，此时，$E \cdot RC_1^D > RC_1^F$（$\Theta E < \frac{P^F}{P^D}$），这说明，对于 A 来说国内重置的成本大于国际重置成本。但在资本项下存在外汇管制，企业无法海外上市。因此，$E \cdot MV_1^D = MV_1^F \Rightarrow q_1^D > q_1^F$。只要 D¥ 被高估，且 $q_1^D > 1$，A 就会一直在国内资本上融资，并从国外采购设备、雇用劳务，其结果是导致 D 国物价 P^D 下跌，F 国物价 P^F 上涨，直至 $E = \frac{P^F}{P^D}$，此时 $q_2^D = q_2^F$。虽然此时国内外经济实现了新的均衡，但 D 国出现了资本外流、经常项下逆差和通货紧缩。当 $E > E^*$ 时，由于国内重置成本低于国际重置成本，A 不会去海外采购设备、雇用劳务，因此不会打破原有均衡，也不会出现国际收支逆差。

---

① 汇率决定理论有购买力平价说、利率平价说、国际收支说、资产市场说等。为简化分析，本书中使用的汇率决定理论是购买力平价理论，无论采取何种汇率决定理论均不会对本书结论产生影响。

情景3：D¥在经常项和资本项下可自由兑换，在 $E < E^*$ 的情况下，与情景2相同。但当 $E > E^*$ 时，D国仍会出现资本流出和国际收支赤字。究其原因是 $E > \frac{P_1^F}{P_1^D}$，所以，$E \cdot MV_1^D < MV_1^F$。此时，在F国上市，并在D国采购设备、雇用劳务是A最佳选择，此时有 $E \cdot EC_1^D = RC_1^F \Rightarrow q_1^D < q_1^F$。只要D¥被低估，且 $q_1^F > 1$，A就会在F国资本市场融资，并在D国国内商品市场和劳务市场采购设备、雇用劳务，这造成F国股指 P_e^F 下跌，D国商品价格上涨，直到 $E = \frac{P^F}{P^D}$，此时 $q_2^D = q_2^F$，国内外经济实现了新的均衡，D国出现了资本净流入、通货膨胀。

上述分析只假设D国存在企业A，而F国不存在企业，这与现实情况不符，为使分析结果更契合现实，现在假设F国存在企业B。

情景1：此时，若D¥高估，B不会在D国购买设备、雇用劳务，由于资本管制，也无法在D国资本市场融资，此时有 $q_1^D = q_1^F$，国际经济保持均衡；但若D¥低估，B就会从D国购买设备、雇用劳务，但不会在D国资本市场上筹资。此时，D国会出现贸易盈余，NX增加，进而产出增加，但物价 P^D 上涨。

情景2：$E < E^*$ 时，经济均衡变化情况与假设修订前类似，但经济波动幅度会倍增；而在 $E > E^*$ 时，D国会出现经常项下顺差，GDP快速增长，通货膨胀①。

情景3：$E < E^*$ 时，B会在D国资本市场上进行融资，D国资本项下的顺差会冲抵A在F国购买设备、雇用劳务带来的经常项下的逆差。$E > E^*$ 时，B会在D国购买设备、雇用劳务，这会冲抵A在F国资本市场融资对D国资本项目差额产生的影响。

但若D¥的汇率形成机制科学而富有弹性，则始终存在 $E = E^*$，那么始终有 $q^D = q^F$，微观主体决策不会对D国货币政策产生冲销作用。

2. 疏通财富效应

在开放经济背景下，居民金融财富可被划分为本币金融财富和外币金融财富两大类。因此，汇率变化会影响消费者的财富总额进而影响消费支出。本书继续假定世界上只存在两个国家，一个为本国，用字母D表示，其货币为D¥；另一个为外国，用字母F表示，其货币为F$，D¥对F$的

---

① 中国目前就是这种情况——资本大量涌入，国际收支巨额顺差，GDP增长迅速，通货膨胀有加速迹象。但按照理论分析，在汇率自由化和资本完全自由流动前，切勿人为高估人民币，否则对中国经济带来沉重打击。

汇率采取直接标价法。

情景1：当D国消费者持有的以D¥计价的金融资产的比重大于以F$计价的金融资产时，若E上升（D¥贬值）将导致C的财富总量减少，进而降低C的消费支出，这又将降低D国的产出水平。反之，若E下降（D¥升值），会促使D国的产出提高。

情景2：当D国消费者C持有的以D¥计价的金融资产的比重小于以F$计价的金融资产时，若E上升（F$升值）将导致C的财富总量增加，进而提高C的消费支出，这又将提高D国的产出水平。反之，若E下降（F$贬值），会促使D国的产出下降。

情景3：D国消费者C持有的以D¥计价的金融资产的比重等于以F$计价的金融资产时，E的变动不会引起C财富总量变化，进而消费支出保持稳定，从而D国的产出保持稳定。

但若D¥的汇率形成机制科学而富有弹性，则始终存在$E=E^*$，由于PPP存在，C名义财富量将始终与其实际财富量保持一致，进而其消费将始终等于其实际财富量内在决定的最优消费量，避免因对自己财富误判而引起的消费过度或者消费不足，从而不会造成D国居民的福利损失。

3. 疏通信息渠道

在开放经济背景下，信息黏性造成的货币幻觉，会蔓延到国际市场。当 $|\Delta E| > \left|\dfrac{P_e^F}{P_e^D}\right|$ 时，那么C对F$标价的商品的货币幻觉大于用D¥标价的商品的货币幻觉，而在 $|\Delta E| < \left|\dfrac{P_e^F}{P_e^D}\right|$ 时，C对F$标价的商品的货币幻觉小于用D¥标价的商品的货币幻觉①。当$E=E^*$时，C对F$标价的商品的货币幻觉与用D¥标价的商品的货币幻觉保持一致。对国内和国际货币幻觉的不同会直接影响C的消费决策，进而影响C的福利水平，若D¥的汇率形成机制科学而富有弹性，则始终存在$E=E^*$，确保C在既定强度信息黏性下的福利最大化。

10.4.3 采取更富有弹性的浮动汇率制度能够疏通信贷渠道

在开放经济背景下，汇率变化将直接影响企业净值。通常企业的资产

---

① 财富效应和信息渠道不同：第一，假设有所不同。财富效应是假设为外国D和外国F物价水平不变，而信息渠道则是假设在本国物价发生变动。第二，理论依据有所不同。财富效应对消费行为产生影响是源于消费者财富总量的消长，其理论依据是"持久收入假说"和"生命周期假说"，但信息渠道对消费行为的影响源于消费者对消费品价格的货币幻觉，理论依据是"价格理论"。

由金融资产实物资产构成。当 E 上升时，企业实物资产和本币金融资产用外币表示的价格下降，造成企业外币净值下降，海外筹资能力降低（国内融资能力不变），当 E 下降时，企业的外币净值增加，海外筹资能力提高（国内融资能力不变）。

当一国货币的汇率形成机制不够科学并缺乏弹性时，$E \neq \frac{P_e^F}{P_e^D}$ 作为一种常态存在的，该国企业外币表示的净值长期偏离其购买力平价内在决定的真实净值。$E < \frac{P_e^F}{P_e^D}$ 时，外币表示的净值会高于其购买力平价内在决定的真实净值，企业存在在国际市场上的融资的冲动，融资规模也会高于其购买力平价内在决定的真实净值确定的最优水平，过度的融资不但会影响经济效率而且也会增加一国经济体系的脆弱性。

通过上述分析，本书认为，当资本项目可兑换时，清洁浮动制是一个国家货币汇率形成机制的最优方案。清洁浮动能够使 E 在受到外部冲击后第一时间恢复至由 PPP 确定的 E^* 的水平上。但若受到其他体制机制约束，暂时无法实现资本项下可兑换时，一国货币的汇率应采取真正意义上的有管理的浮动，即在图 10 - 13 中，满足 0 < k < 1，0 < E < 1，M→0，M + K + E = 1 的政策组合点。

10.5 实证分析——从澳元汇率制度演进看汇率形成机制与货币政策有效性的关系

澳元汇率制度与人民币汇率制度非常相似，先后经历钉住英镑、钉住美元、钉住有效汇率（"一篮子"货币）、爬行钉住最后实现自由浮动，历经 5 种汇率制度。澳元汇率形成机制的改革对澳大利亚储备银行（reserve bank of australia，RBA）其货币政策的有效性产生了深远的影响。研究澳大利亚的经验，看看澳元汇率制度的演进，尤其是由爬行钉住汇率制（即管理浮动汇率制）向自由浮动汇率制切换过程中的经验教训，对于完善人民币汇率形成机制，疏通货币政策传导机制，增强货币政策有效性，具有非常重要的现实意义。

10.5.1 澳元简史

澳大利亚在殖民时期主要使用西班牙和英国的货币。1901 年，澳大利亚结束殖民统治，1910年开始联邦宪法准许各州发行自己的货币，新南威尔士银行、澳大利亚伦敦银行等银行纷纷发行名为"澳大利亚镑"的货币。1920年，澳大利亚联邦银行货币发行部成立，并负责统一发行澳大利亚镑钞票。1960年，RBA成立并以澳大利亚联邦名义发行了四个面值的钞票。1966年，RBA开始以联邦名义发行澳元，并流通至今。目前，澳大利亚共有5澳元、10澳元、20澳元、50澳元、100澳元5种面值的纸币，并有5澳分、10澳分、20澳分、50澳分、1澳元、2澳元6种面值的铸币。1988年1月27日，澳大利亚发行了世界上第一张塑料钞票——10澳元纪念钞，开创了世界印钞史的新篇章。1992~1996年，澳大利亚完成了现钞纸币向现钞塑币的过度，实现了全部钞票的塑币化。

10.5.2 澳元汇率制度的演进

澳元汇率制度的演进经历了固定汇率制度、爬行钉住汇率制、自由浮动汇率制三个阶段：

1. 固定汇率制度（1931年12月至1976年11月）

钉住英镑（1931~1971年）。1931年起，澳元汇率开始钉住英镑，布雷顿森林体系建立后，澳元延续了该汇率制度。钉住英镑的汇率政策反映了当时英国作为经济大国以及英镑作为国际贸易中主要货币的地位。这也从一个侧面表明，与其他英联邦国家相比，澳大利亚与英国的关系更为密切。在该汇率体系中，商业银行扮演了RBA代理人的角色。钉住美元（1971~1974年）。第二次世界大战后，随着美国作为世界第一经济大国地位的确立，国际贸易越来越多地使用美元进行计价结算，美元成为了世界各国最重要的储备货币，英镑的地位逐渐被美元取代。澳大利亚也不例外，英镑在澳大利亚外汇储备中的比重由1950年的90%减少至1968年的45%，美元则从10%上升至55%。与此同时，澳大利亚商业银行的美元交易比例也由1963年的22%上升至1969年的33%。基于上述背景，1971年12月，RBA将澳元汇率改为钉住美元，直至1974年布雷顿森林体系解体。钉住有效汇率（1974~1976年）。1974年9月25日，澳元汇率改为钉住有效汇率，有效汇率是根据澳大利亚的主要贸易伙伴的20种货币汇率，并根据各贸易伙伴与澳大利亚的贸易状况进行"一篮子"加权后计算得出。钉住"一篮子"货币除了能够更为有效地避免钉住单一货币时的投机性攻击外，还能够根据澳大利亚国际收支状况自动调整，确保澳大利亚在国际贸易中的竞争力，并赋予了RBA实施货币政策时更大灵活性。不过这种钉住篮子货币的汇率制度的缺点也显而易见。首先，澳元汇率每时每刻都需要根据篮子货币中的货币汇率变动进行调整，这在实际操作中非常困难，并且工作量极大，特别是在计算机技术不发达的20世纪70年代，工作难度可想而知。其次，虽然根据贸易权重指数（TWI）确定的钉住篮子货币的汇率能够稳定名义有效汇率，但受到澳大利亚本国及其贸易伙伴相对通货膨胀率变动的影响，澳元实际有效汇率仍处于频繁波动之中，这不仅不能稳定实际澳元有效汇率，反倒为投机提供了可乘之机。基于上述缺陷，在该汇率制度机制下，澳元汇率面临巨大的贬值压力，1976年11月29日，RBA将TWI由105.3下调至86.9，澳元有效汇率贬值17.5%，兑美元汇率由1.12329贬值到1.0174。此次贬值是一个里程碑，澳元的固定汇率制度自此结束。

2. 爬行钉住汇率制（1976年11月至1983年12月）

澳元20世纪70年代中期的实践经验说明，虽然固定汇率制度能够有效稳定双边汇率，促进国际贸易，但面对外汇市场上日益浓厚的投机气氛，固定汇率制度应对投机冲击方面缺乏应有的弹性。在1976年澳元大幅贬值后，澳元汇率进入爬行钉住时代。为了避免国际外汇市场对澳元汇率长期大幅变化的预期，并使汇率成为澳大利亚宏观调控中更富弹性的调控工具，1976年11月，RBA宣布澳元采取更为灵活的汇率制度，即所谓爬行钉住汇率制。作为过渡阶段，在澳元实施爬行钉住汇率制的期间，RBA外汇管理主要任务是确保本国国际收支平衡，澳元汇率则被用于应对通货膨胀。与此同时，澳大利亚采用了与中国20世纪末21世纪初类似的外汇管理措施。从1980年开始，由于在澳元爬行钉住汇率制下，存在有效汇率频繁变动的预期，澳元汇率又开始面对巨额投机的冲击，外汇市场风险加剧，RBA也由于应对投机、稳定汇率，丧失了货币政策独立性。投机冲击带来的利率频繁而剧烈的波动，影响了澳大利亚的经济增速，并造成了严重的就业问题。1983年初，面对日益增大的政治性投机，澳大利亚资本大规模流出，汇率持续贬值。在这样的背景下，当时澳元的爬行钉住汇率制和澳大利亚的外汇管制的必要性和有效性遭到空前的质疑（见表10-5）。

3. 自由浮动汇率制（1983年12月后）

20世纪40年代至80年代初，澳大利亚堪称世界上金融管制最为严格的国家。这种严格的金融管制在特定历史时期的确对澳大利亚经济的发展起到过积极的作用。但随着国际经济和金融环境的发展，这些管制措施的弊端日益明显。以1980年12月RBA取消银行存款利率上限，以及1981年11月金融制度调查委员会发表坎贝尔报告为标志，澳大利亚金融自由化改革全面铺开。

1983年12月12日，RBA取消了爬行钉住汇率制，开始允许澳元汇率自由浮动。与此同时，还取消对金融市场、资本流动等许多方面金融的管制，并允许澳大利亚国内资金自由流出。此举作为澳大利亚金融自由化的里程碑，在此之后，澳元迅速发展成为世界上交易最为活跃的货币之一，澳元汇率真正由外汇市场供求决定，只有在澳大利亚国内通货膨胀压力加大或澳元汇率由于投机冲击等原因出现剧烈波动的情况下，RBA才会进行适度干预。此外，放松外汇管制并允许更多的外资银行进入，极大地推动了澳大利亚金融市场国际化进程（见表10-5）。

表10-5　　　　　　　　澳元汇率变动情况

(a) 平均绝对月度变化百分比

类别	时间		贸易加权指数	澳元/美元	澳元/欧元[a]	澳元/日元	澳元/英镑
钉住英镑	从1月-50	至11月-71	n.a.	0.2	0.4	0.2	0.1
钉住美元	12月-71	9月-74	1.6	1.1	2.6	1.9	2.3
钉住TWI	10月-74	11月-76	0.7	1.5	2.3	1.5	2.2
爬行钉住TWI	12月-76	11月-83	0.8	1.3	2.2	2.2	2.1
浮动汇率制	12月-83	8月-05	2.2	2.3	3.0	3.0	2.8

(b) 平均变化幅度

类别	时间		贸易加权指数[d]	澳元/美元	澳元/欧元[a]	澳元/日元	澳元/英镑
钉住英镑	从1月-50	至11月-71	14.4	7.0	21.0	7.9	19.7
钉住美元	12月-71	9月-74	21.8	24.4	32.8	26.4	41.6
钉住TWI	10月-74	11月-76	17.6	27.4	32.5	26.3	35.5
爬行钉住TWI	12月-76	11月-83	21.2	31.0	44.3	46.1	30.1
浮动汇率制	12月-83	8月-05	67.5	68.1	130.0	172.7	92.3

(c) 最大日均变化百分比

类别	时间		贸易加权指数[d]	澳元/美元	澳元/欧元[a]	澳元/日元	澳元/英镑
钉住英镑	从1月-50	至11月-71	7.4	1.5	4.4	5.4	16.8
钉住美元	12月-71	9月-74	12.6	12.0	11.8	11.5	12.1
钉住TWI	10月-74	11月-76	17.5	17.5	17.6	17.6	17.6
爬行钉住TWI	12月-76	11月-83	7.6	10.0	9.4	8.9	9.0
浮动汇率制	12月-83	8月-05	4.2	4.5	5.6	5.1	5.9

注：a为德国马克（DEM）1999年以前；d为1983年12月前，TWI的最大值逐月调整。
资料来源：Reserve Bank of Australia。

10.5.3 澳大利亚货币政策有效性的变化情况

1. 货币供应量与实际 GDP 正相关

1969 年 9 月至 1976 年 11 月，货币供应量增长率①与实际 GDP 增长率②毫无相关性可言。即 1976 年 11 月至 1983 年 12 月（爬行钉住阶段），两者相关性有了显著提高③，这在图 10-20 中表现为二者同向变化，但两者变化幅度仍然存在较大差异。1983 年 12 月后（浮动汇率制度），澳大利亚货币供应量增长率与 GDP 增长率的相关性进一步提高，这在图 10-20 中表现为不但二者变化方向同步，而且两者变化幅度差明显缩小。

2. 货币供应量与实际失业率负相关

从图 10-20（c）可以看出，1978 年 3 月至 1983 年 12 月，澳大利亚货币供应量增长率与失业率之间没有明显关系。而在 1983 年 12 月两者呈现较为明显的负相关关系。

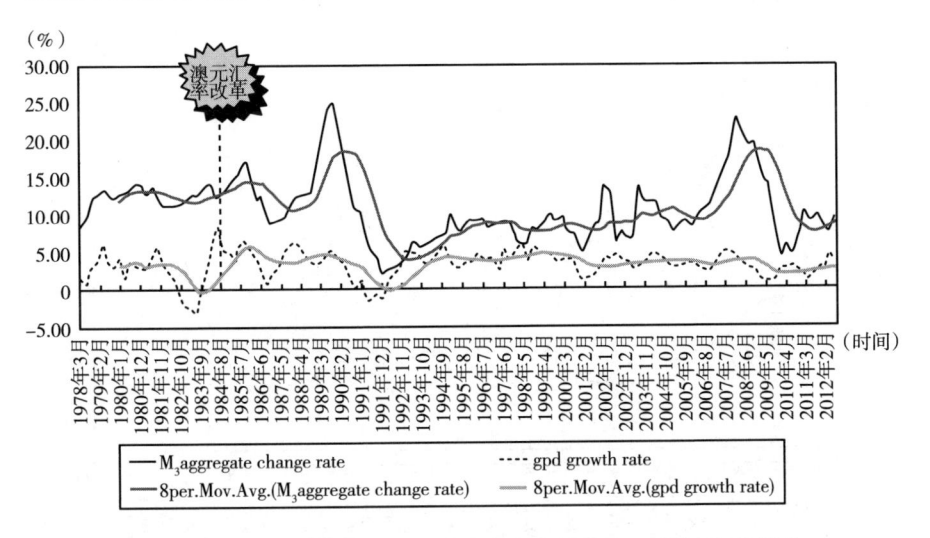

图 10-20（a） 澳大利亚货币供应量变化及其 GDP 同比变化情况
资料来源：澳大利亚储备银行官网。

---

① 这里选用的是可获得数据里时间序列最长的、经过季节调整后的 M_3。
② 以不变价格计算。
③ 在图 10-20（a）中表现为相同的波动方向。

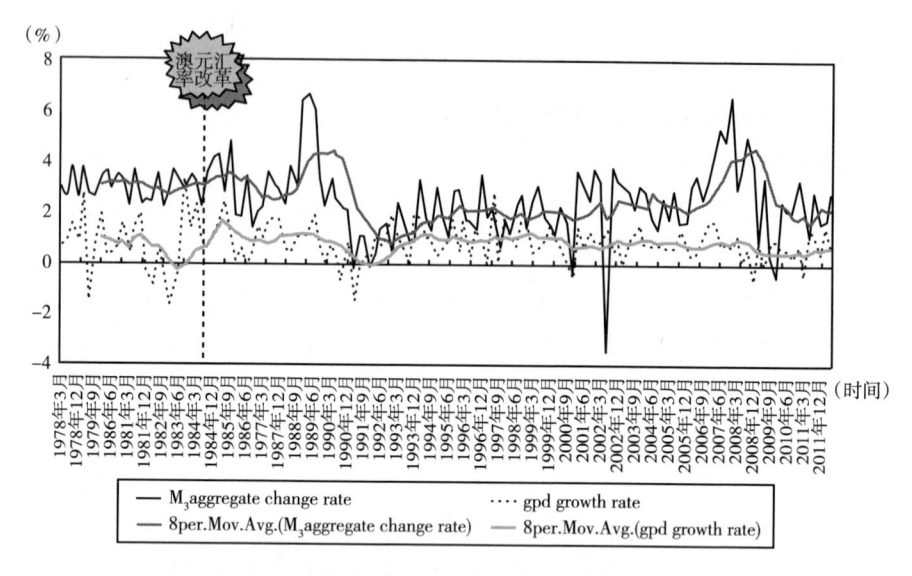

图 10-20（b） 澳大利亚货币供应量变化及其 GDP 环比（季度）变化情况

资料来源：澳大利亚储备银行官网。

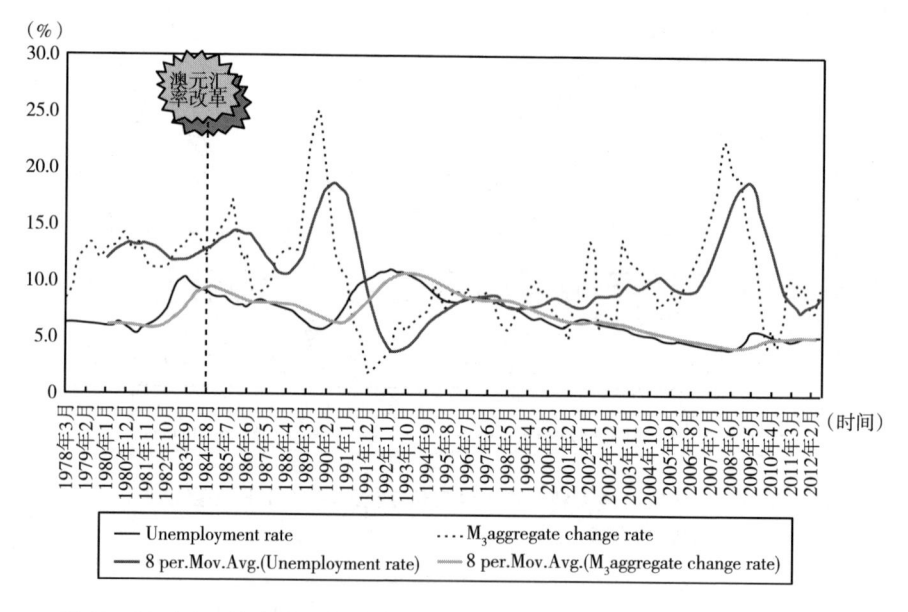

图 10-20（c） 澳大利亚货币供应量变化及其失业率环比（季度）变化情况

资料来源：澳大利亚储备银行官网。

3. 实际 GDP 增长与失业率负相关

从图 10-21 可看出实际 GDP 增长与失业率负相关。

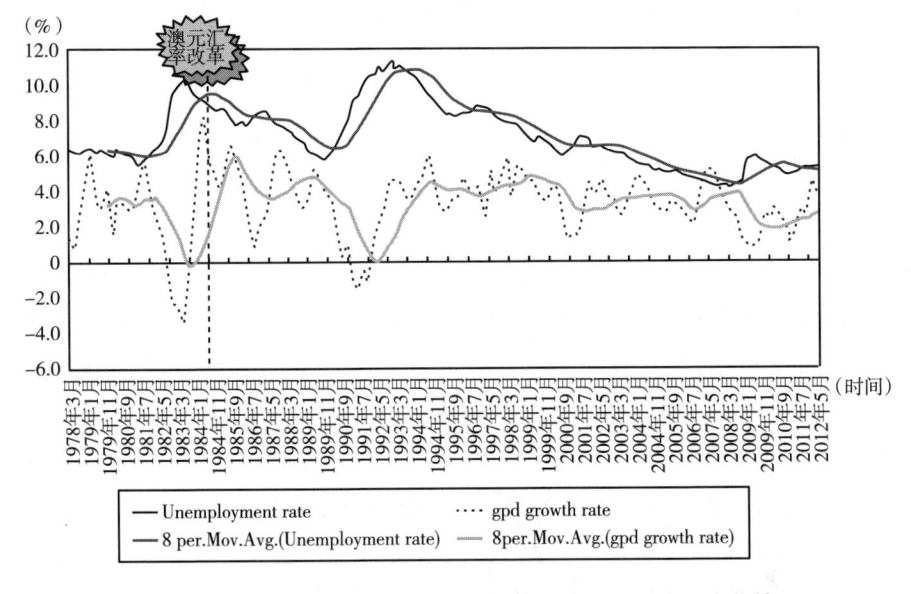

图 10-21　澳大利亚 GDP 增长及其失业率环比（季度）变化情况

资料来源：澳大利亚储备银行官网。

10.6　澳大利亚和中国的货币政策有效性比较

10.6.1　中国货币政策的 SVAR 模型

为了比较中澳两国货币政策有效性，建立一个 5 变量的 SVAR 模型来对两国的货币政策有效性进行比较实证分析。其中，5 个变量分别为实际利率 r、狭义货币供应量 M_1、实际汇率 e、存款准备金率 R 和实际产出 GDP。其模型形式为：

$$B_0 X_t = \Gamma_0 + \Gamma_1 X_{t-1} + \Gamma_2 X_{t-2} + \Gamma_3 X_{t-3} + \Gamma_4 X_{t-4} + u_t, \ t = 1, 2, \cdots$$

其中，变量和参数矩阵为：

$$X_t = \begin{bmatrix} r_t \\ \ln(M_{1t}) \\ \ln(e_t) \\ \ln(R_t) \\ \ln(GDP_t) \end{bmatrix}, \ B_0 = \begin{bmatrix} 1 & -b_1 & -b_{13} & -b_{14} & -b_{15} \\ -b_{21} & 1 & -b_{23} & -b_{24} & -b_{25} \\ -b_{31} & -b_{33} & 1 & -b_{34} & -b_{35} \\ -b_{41} & -b_{42} & -b_{43} & 1 & -b_{45} \\ -b_{51} & -b_{52} & -b_{53} & -b_{54} & 1 \end{bmatrix}, \ \Gamma_0 = \begin{bmatrix} \gamma_{10} \\ \gamma_{20} \\ \gamma_{30} \\ \gamma_{40} \\ \gamma_{50} \end{bmatrix}$$

$$B_0 = \begin{bmatrix} \gamma_{11}^{(i)} & \gamma_{12}^{(i)} & \gamma_{13}^{(i)} & \gamma_{14}^{(i)} & \gamma_{15}^{(i)} \\ \gamma_{21}^{(i)} & \gamma_{22}^{(i)} & \gamma_{23}^{(i)} & \gamma_{24}^{(i)} & \gamma_{25}^{(i)} \\ \gamma_{31}^{(i)} & \gamma_{32}^{(i)} & \gamma_{33}^{(i)} & \gamma_{34}^{(i)} & \gamma_{35}^{(i)} \\ \gamma_{41}^{(i)} & \gamma_{42}^{(i)} & \gamma_{43}^{(i)} & \gamma_{44}^{(i)} & \gamma_{45}^{(i)} \\ \gamma_{51}^{(i)} & \gamma_{52}^{(i)} & \gamma_{53}^{(i)} & \gamma_{54}^{(i)} & \gamma_{55}^{(i)} \end{bmatrix}, (i=1,2,3,4,5), u_i = [u_{1t}\ u_{2t}\ u_{3t}\ u_{4t}\ u_{5t}]$$

其中，u_{1t}、u_{2t}、u_{3t}、u_{4t}、u_{5t} 分别表示作用在 r、$\ln(M_t)$、$\ln(e)$、$\ln(R)$ 和 $\ln(GDP)$ 上的结构式冲击，$u_t \sim VWN(0, I_k)$。因为模型中有 5 个内生变量，即 $k=5$，所以要施加 $k(k-1)/2 = 10$ 个约束才能使模型满足可识别条件。（1）因为 r 对 M_1 的变化没有反应，所以 $b_{12}=0$；（2）因为 r 对 e 的变化没有反应，所以 $b_{13}=0$；（3）因为 r 对 GDP 的变化没有反应，所以 $b_{32}=0$；（4）因为 e 对 r 的变化没有反应，即 $b_{31}=0$；（5）因为 e 对 M_1 的变化没有反应，即 $b_{32}=0$；（6）因为 GDP 对 r 的变化没有反应，即 $b_{41}=0$；（7）因为 r 对 R 的变化没有反应，即 $b_{14}=0$；（8）因为 R 对 M_1 的当期变化没有反应，即 $b_{42}=0$；（9）因为 R 对 e 的变化没有反应，即 $b_{43}=0$；（10）因为 R 对 GDP 的变化没有反应，即 $b_{45}=0$。由于模型满足可识别条件，因此能够使用 FIML 法估计该模型的未知参数，从而可得矩阵 B_0，结果如下（样本区间为 1996 年第一季度至 2011 年第四季度）：

$$\hat{B}_0 \varepsilon_t = \begin{bmatrix} 1 & 0 & 0 & 0 & 0 \\ -0.23 & 1 & 58.32 & -23.55 & -315.8 \\ 0 & 0 & 1 & 201.67 & -23.6 \\ 5.06 & 0 & 0 & 1 & 0 \\ -35.74 & 151.62 & 3.09 & 2.07 & 1 \end{bmatrix} \begin{bmatrix} \varepsilon_{1t} \\ \varepsilon_{2t} \\ \varepsilon_{3t} \\ \varepsilon_{4t} \\ \varepsilon_{5t} \end{bmatrix} = \begin{bmatrix} u_{1t} \\ u_{2t} \\ u_{3t} \\ u_{4t} \\ u_{5t} \end{bmatrix}$$

之后，本书对该模型进行 JJ（Johansen - Juselius）检验，它是一种进行多变量协整检验的较好方法[①]。上述模型中，共有 r、$\ln(M_1)$、$\ln(e)$、$\ln(R)$ 和 $\ln(GDP)$ 5 个变量，对其进行协整检验的结果如表 10-6 所示。

[①] Johansen, Soren and Katarina Juselius. Maximum Likelihood Estimation and Inferences on Cointegration - with applications to the demand for money. Oxford Bulletin of Economics and Statistics, 1990, 52: 169 - 210.
Johansen, Soren. Estimation and Hypothesis Testing of Cointegration Vectors in Gaussian Vector Autoregressive Models. Econometrica, 1991, 59: 1551 - 1580.
Johansen, Soren. 1995 Likelihood - based Inference in Cointegrated Vector Autoregressive Models. Oxford: Oxford University Press.

表 10-6　　　　　　　　中国 SVAR 模型协整检验结果

原假设	特征根	Trace（p 值）	Max – Eigen（p 值）
0 个协整向量	0.57	61.52（0）*	61.52（0）*
≥1 个协整向量	0.33	29.92（0.08）	29.92（0.12）
≥2 个协整向量	0.25	10.53（0.33）	10.53（0.17）
≥3 个协整向量	0.02	0.48（0.48）	0.49（0.52）
≥4 个协整向量	0.01	0.24（0.65）	0.22（0.61）

注："*"表明在 5% 的显著性水平下拒绝原假设。

无论是迹检验还是最大特征根检验都说明模型的 5 个变量中存在 1 个协整向量。因此，本书建立的中国货币政策的 SVAR 模型是长期稳定的，因此，能够对此模型进行更深一步地分析。

10.6.2　中国货币政策的 SVAR 响应函数

众所周知，SVAR 模型能够得出正交化脉冲响应函数。所以，本书可以使用前面模型的估计的结果，得出中国货币政策 SVAR 模型中 r、M_1、e、R 对 GDP 的影响。模型对 GDP、M_1 取了对数，所以其系数代表弹性。图 10-22 和图 10-23 分别是 GDP 对 r 和 M_1 的脉冲响应函数。图 10-22 和图 10-23 X 轴表示外部冲击的滞后期间，Y 轴则表示 GDP 增速变化程度，实线表示变量的脉冲响应函数，虚线为正负 2 倍标准差偏离带。

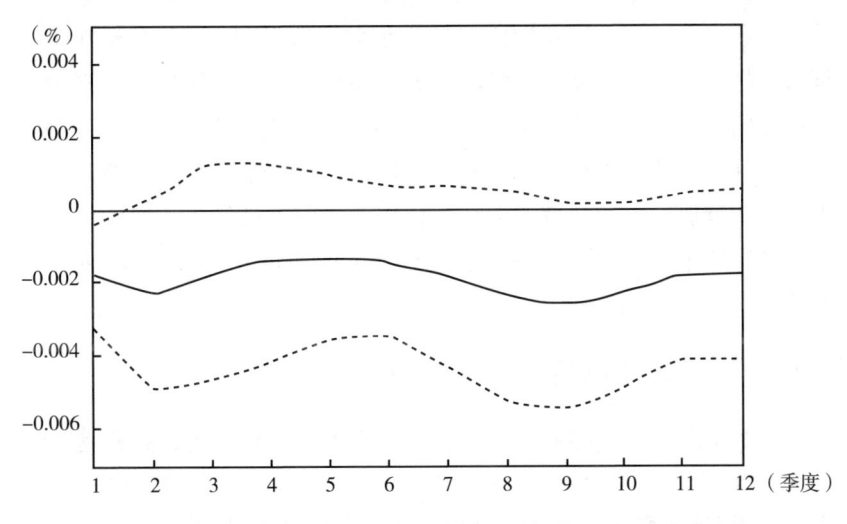

图 10-22　中国实际利率 r 的结构冲击引起的 GDP 的响应函数

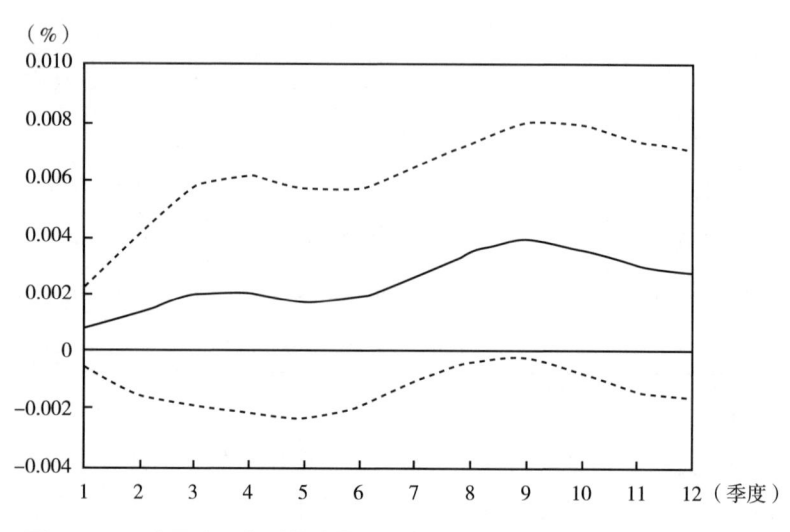

图10-23 中国实际货币供应量 M_1 的结构冲击引起的 GDP 的响应函数

图 10-22 显示，r 提高后第 1 期就对 GDP 产生负向影响，这是因为 r 提高导致投资减少，进而影响了产出增长。r 提高给 GDP 带来的负向影响在前 12 个季度基本保持在 0.1%~0.3%，即对 r 施加 1 个单位的冲击，GDP 会相应减少 0.2% 左右。而图 10-23 显示，M_1 对 GDP 的脉冲响应均为正值。即 M_1 的冲击会使 GDP 产生同向变化，前 9 个季度效应逐步扩大，在 9 期达到峰值 C_9 =0.36%，此后，GDP 对 M_1 的响应持续下降，在第 12 个季度下降至 0.23%。

图 10-24 显示，与对 r、M_1 的响应不同，GDP 对 e 的脉冲响应在 1~6 个季度是正向的，而在第 6 期之后转为负向。这说明，e 上升初期中国产出是增加的，在 6 个季度后，GDP 才出现下降。这与传统理论中本币升值产出下降的结论存在矛盾。造成这种现象的原因是：为了进行远期避险，中国多数外贸企业在进行国际贸易时采用了出口订单的方式。所以，在人民币汇率调整后，中国外贸企业依然使用了之前签订订单的原始汇价进行交易，这导致了 GDP 对汇率的响应滞后了 6 个季度左右。之后，e 升高给 GDP 带来的负向影响开始显现。

10.6.3 澳大利亚货币政策的 SVAR 模型

为了对中国和澳大利亚两国的货币政策进行比较分析，在构建澳大利亚的货币政策 SVAR 模型中，我们仍然选择了澳大利亚实际利率 r^{AU}、澳元实际汇率 e^{AU}、澳大利亚狭义货币供应量 M_1^{AU}、澳大利亚银行存款准备金率 R^{AU}，实际产出 GDP^{AU} 5 个变量。在估计模型时，仍然对 e^{AU}、M_1^{AU}、

(%)

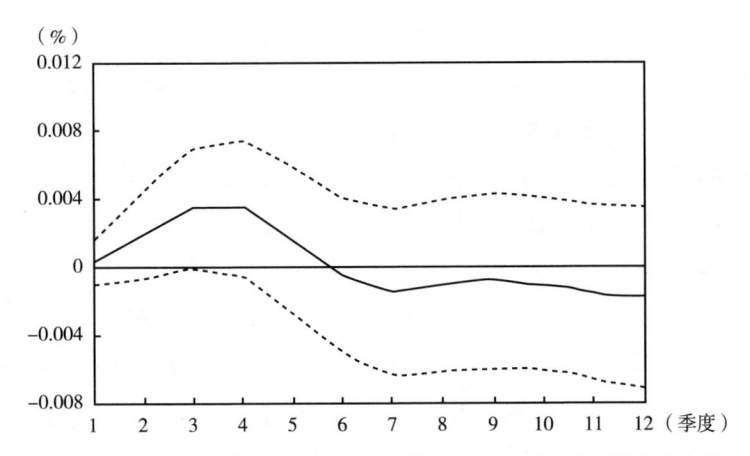

图 10-24 中国实际有效汇率 e 的结构冲击引起的 GDP 的响应函数

注：实线表示 GDP 受实际汇率变动影响的脉冲响应，虚线表示正负 2 倍标准差偏离带。

R^{AU} 和 GDP^{AU} 取对数，澳大利亚的货币政策的 SVAR（4）模型同中国货币政策的 SVAR 形式类似：

$$B_0^{AU} X_t^{AU} = \Gamma_0^{AU} + \Gamma_1^{AU} X_{t-1}^{AU} + \Gamma_2^{AU} X_{t-2}^{AU} + \Gamma_3^{AU} X_{t-3}^{AU} + u_t^{AU}, \quad t = 1, 2, \cdots$$

其中，变量和参数矩阵为：

$$X_t^{AU} = \begin{bmatrix} r_t^{AU} \\ \ln(M1_t)^{AU} \\ \ln(e_t)^{AU} \\ \ln(R_t)^{AU} \\ \ln(GDP_t)^{AU} \end{bmatrix}, \quad B_0^{AU} = \begin{bmatrix} 1 & -b_{12}^{AU} & -b_{13}^{AU} & -b_{14}^{AU} & -b_{15}^{AU} \\ -b_{21}^{AU} & 1 & -b_{23}^{AU} & -b_{24}^{AU} & -b_{25}^{AU} \\ -b_{31}^{AU} & -b_{32}^{AU} & 1 & -b_{34}^{AU} & -b_{35}^{AU} \\ -b_{41}^{AU} & -b_{42}^{AU} & -b_{43}^{AU} & 1 & -b_{45}^{AU} \\ -b_{51}^{AU} & -b_{52}^{AU} & -b_{53}^{AU} & -b_{54}^{AU} & 1 \end{bmatrix},$$

$$\Gamma_0^{AU} = \begin{bmatrix} \gamma_{10}^{AU} \\ \gamma_{20}^{AU} \\ \gamma_{30}^{AU} \\ \gamma_{40}^{AU} \\ \gamma_{50}^{AU} \end{bmatrix}$$

$$B_0^{AU} = \begin{bmatrix} \gamma_{11}^{(i)AU} & \gamma_{12}^{(i)AU} & \gamma_{13}^{(i)AU} & \gamma_{14}^{(i)AU} & \gamma_{15}^{(i)AU} \\ \gamma_{21}^{(i)AU} & \gamma_{22}^{(i)AU} & \gamma_{23}^{(i)AU} & \gamma_{24}^{(i)AU} & \gamma_{25}^{(i)AU} \\ \gamma_{31}^{(i)AU} & \gamma_{32}^{(i)AU} & \gamma_{33}^{(i)AU} & \gamma_{34}^{(i)AU} & \gamma_{35}^{(i)AU} \\ \gamma_{41}^{(i)AU} & \gamma_{42}^{(i)AU} & \gamma_{43}^{(i)AU} & \gamma_{44}^{(i)AU} & \gamma_{45}^{(i)AU} \\ \gamma_{51}^{(i)AU} & \gamma_{52}^{(i)AU} & \gamma_{53}^{(i)AU} & \gamma_{54}^{(i)AU} & \gamma_{55}^{(i)AU} \end{bmatrix}, \quad (i = 1, 2, 3, 4, 5),$$

其中，$u_t = \begin{bmatrix} u_{1t}^{AU} & u_{2t}^{AU} & u_{3t}^{AU} & u_{4t}^{AU} & u_{5t}^{AU} \end{bmatrix}$

u_{1t}^{AU}、u_{2t}^{AU}、u_{3t}^{AU}、u_{4t}^{AU}和u_{5t}^{AU}分别表示作用在实际利率r^{AU}、$\ln(M_1)^{AU}$、$\ln(e)^{AU}$、$\ln(R)^{AU}$、$\ln(GDP)^{AU}$上的结构式冲击,$u_T^{AU} \sim VWM(0, I_k)$。

与中国货币政策的SVAR模型相同,要使澳大利亚的SVAR模型可识别,同样必须施加10个约束条件。不过由于中澳两国汇率政策以及货币政策发挥的途径不同,因此,澳大利亚模型的约束条件与中国模型的约束条件也有所不同:(1) r^{AU}对e^{AU}的变化没有反应,所以$b_{13}=0$;(2) M_1^{AU}对e^{AU}的变化没有反应,所以$b_{23}=0$;(3) M_1^{AU}对GDP^{AU}的变化没有反应,所以$b_{25}=0$;(4) e^{AU}对M_1^{AU}的变化没有反应,所以$b_{32}=0$;(5) e^{AU}对GDP^{AU}的变化没有反应,所以$b_{35}=0$;(6) GDP^{AU}对M_1^{AU}的变化没有反应,所以$b_{52}=0$;(7) R^{AU}对r^{AU}的变化没有反应,所以$b_{41}=0$;(8) R^{AU}对M_1^{AU}的当期变化没有反应,所以$b_{42}=0$;(9) R^{AU}对e^{AU}的变化没有反应,所以$b_{43}=0$;(10) r^{AU}对GDP^{AU}的变化没有反应,所以$b_{15}=0$。

由于满足可识别条件,因此可以使用FIML确定澳大利亚SVAR模型的未知参数,从而可得矩阵$\hat{B}_0^{AU}$,其估计结果为(样本区间为1996年第一季度至2014年第四季度)。

$$\hat{B}_0 \varepsilon_t = \begin{bmatrix} 1 & 53.69 & 0 & 132.08 & 0 \\ -0.08 & 1 & 0 & 13.6 & 0 \\ 0 & 0 & 1 & -0.86 & 0 \\ 0 & 0 & 0 & 1 & 0 \\ 0 & 0 & 27.42 & -113.82 & 1 \end{bmatrix} \begin{bmatrix} \varepsilon_{1t} \\ \varepsilon_{2t} \\ \varepsilon_{3t} \\ \varepsilon_{4t} \\ \varepsilon_{5t} \end{bmatrix} = \begin{bmatrix} u_{1t} \\ u_{2t} \\ u_{3t} \\ u_{4t} \\ u_{5t} \end{bmatrix}$$

在得到了澳大利亚的SVAR模型的系数后,采取JJ法进行协整检验,表10-7为检验结果。

表10-7　　　　　　　澳大利亚SVAR模型协整检验结果

原假设	特征根	Trace(p值)	Max-Eigen(p值)
0个协整向量	0.62	86.02(0)*	33.59(0)*
≥1个协整向量	0.50	48.19(0)*	32.90(0.12)
≥2个协整向量	0.27	15.53(0.04)*	16.72(0.17)
≥3个协整向量	0.04	3.23(0.18)	3.02(0.52)
≥4个协整向量	0.01	0.22(0.58)	0.43(0.62)

注:"*"表明在5%的显著性水平下拒绝原假设。

表10-7显示,无论是迹检验还是最大特征根检验,都说明在这5个变量里,至少存在2个协整向量。因此,该澳大利亚货币政策的SVAR模

型也是长期稳定的。

10.6.4 澳大利亚货币政策的 SVAR 响应函数

在计算澳大利亚货币政策的 SVAR 响应函数的基础上，可得出 r^{AU}、e^{AU}、M_1^{AU}、R^{AU} 对 GDP^{AU} 的影响（见图 10 – 25 ~ 图 10 – 27）。

图 10 – 25 表明，一个 r^{AU} 的结构冲击在前 2 个季度对 GDP^{AU} 的影响较小，在第 3 个季度，r^{AU} 对 GDP^{AU} 的影响逐步加大，并在第 6 个季度起基本稳定在 0.3% 左右。而图 10 – 25 所反映中国的情况是，r 从第 1 个季度就开始对 GDP 产生作用了，同澳大利亚相比，利率工具在调节中国 GDP 增速时所用时滞更短。究其原因是，因为中国利率市场化程度不及澳大利亚，人民银行对利率的管制导致中国金融市场对利率反应迅速，而澳大利亚的目标利率是由金融市场供求决定的，从 RBA 公布其目标利率，到这一目标利率形成，直至澳大利亚国内各经济主体认识到此次目标利率变化，并根据其变化调整经济行为存在一个时滞。但单位 r^{AU} 给 GDP^{AU} 造成的影响，显著大于中国。通过对比研究表明，尽管中国利率对产出的影响时滞很短，但政策有效性远低于澳大利亚。

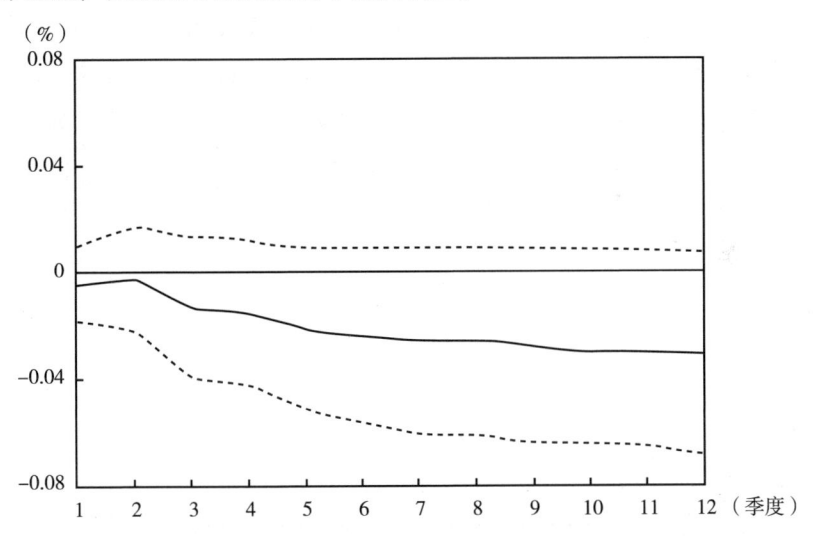

图 10 – 25　澳大利亚实际利率 r^{AU} 的结构冲击引起的 GDP^{AU} 的响应函数

注：实线表示 GDP 受实际汇率变动影响的脉冲响应，虚线表示正负 2 倍标准差偏离带。

图 10 – 26 表明，M_1^{AU} 同样仍然是在半年之后对 GDP^{AU} 产生影响的，并且 GDP^{AU} 对 M_1^{AU} 的响应是逐步加大的，并在 1 年半后，稳定在 0.4% 左右。而从响应强度来看，其强度要大于 GDP^{AU} 对 M_1^{AU} 的响应，但是澳大利亚的 GDP^{AU} 对 M_1^{AU} 的响应滞后于中国半年左右。与 r^{AU} 对 GDP^{AU} 的影响类

似,尽管澳大利亚货币供给对产出的影响时滞比中国略长,但其政策有效性远胜于中国。

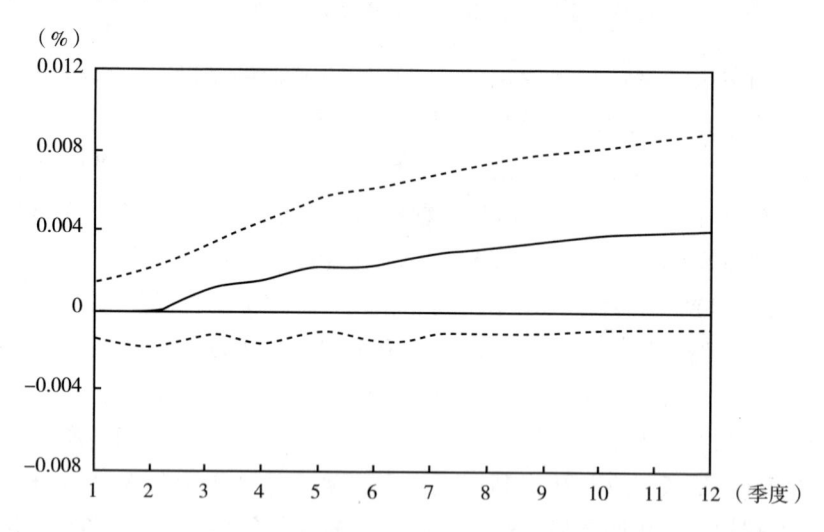

图 10-26 澳大利亚实际货币供应量 M_1^{AU} 的结构冲击引起的 GDP^{AU} 的响应函数
注:实线表示 GDP 受实际汇率变动影响的脉冲响应,虚线表示正负 2 倍标准差偏离带。

而图 10-27 中表明,e^{AU} 的结构冲击会立即对 GDP^{AU} 造成负向冲击,这比中国 e 对 GDP 的影响时滞短了近一年半。在响应强度方面,GDP^{AU} 对 e^{AU} 的响应是逐渐增强的,1~3 个季度响应程度增速较慢,但从第 3 个季度开始,其响应程度开始不断增强,12 个季度后保持达到 0.4% 左右。

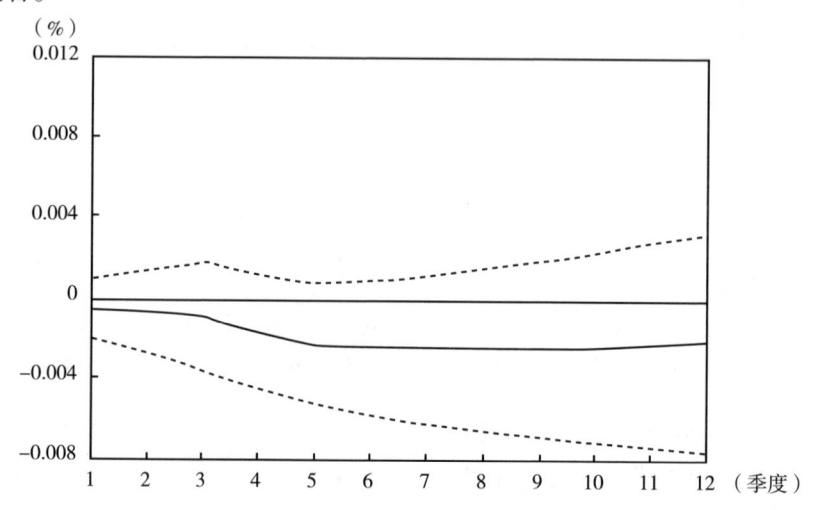

图 10-27 澳大利亚的实际汇率 e^{AU} 的结构冲击引起的 GDP^{AU} 的响应函数
注:实线表示 GDP 受实际汇率变动影响的脉冲响应,虚线表示正负 2 倍标准差偏离带。

综上所述，从中国和澳大利亚两国货币政策的 SVAR 响应函数看，在澳大利亚通过调整 r^{AU} 和 M_1^{AU} 实现对 GDP^{AU} 影响的政策时滞比中国要长，但其货币政策有效性要明显强于中国。而在汇率政策方面，澳大利亚汇率政策的有效性更是完胜中国，不仅政策时滞远小于中国，而且政策对产出的影响力要比中国高出 1 倍左右。

10.6.5 澳元汇率制度改革的案例分析

在澳元汇率浮动后，两个插曲凸显了汇率在宏观调控方面所扮演的角色。第一个插曲发生在 1986～1986 年，由于进出口交换比率（贸易条件）在 1985 年 3 月至 1987 年 3 月下降了 14%，同期汇率也随即大幅贬值超过 40%（用 TWI 衡量），两次集中的变动发生在 1985 年 2 月和 1986 年 7 月。第二次贬值创下了澳元兑美元的历史低点，部分原因是澳大利亚经常项目赤字的扩大。时任澳大利亚财长的保罗·基廷（Paul Keating）警告说，澳大利亚有可能陷入与拉丁美洲国家同样的危机中。尽管进出口交换比率的下跌带来了汇率超调，但无论从名义还是实际进出口交换比率看，澳元贬值幅度都相当大。贬值的确带来了通货膨胀，但通货膨胀水平低于固定汇率制度下由货币贬值带来的幅度。没有产生工资价格螺旋，部分原因是收入政策（例如，工资和价格控制）所致。实际贬值不但冲销了贸易条件恶化，为外贸领域带来了繁荣，而且引发了进口替代效应。

第二个插曲是 1997 年亚洲金融危机，对澳大利亚经济带来了很大的外部冲击，澳大利亚的许多亚洲主要贸易伙伴的需求急剧下降，澳大利亚对这些国家的出口占到当时全部出口的 1/3。自 1997 年 7 月至 2001 年初，澳元贬值 35% 左右，贬值扩大了澳大利亚商品在美国及欧洲的出口，冲销了亚洲危机的紧缩效应。名义贬值再次转化为同样幅度的实际贬值，在这种情况下，贬值带来的国内通货膨胀显著减小，与 20 世纪 80 年代中期相比，中央银行将汇率变动作为面对外部冲击调节机制的组成部分，从而对汇率的变动更为放松（尽管央行的确对市场进行过几次干预以减缓贬值的速度）。在某种程度上，这种经济的调节能力是在吸取 20 世纪 80 年代经验的基础上改革的结果。

因此，汇率制度的变革，极大地提高了澳大利亚货币政策的有效性。

10.6.6 澳大利亚经验对完善人民币汇率形成机制及提高中国货币政策有效性的借鉴

通过上述对澳大利亚汇率制度改革历程的回顾和对澳大利亚货币政策

有效性的分析，本书认为，澳元汇率形成机制的改革与演进，对人民币汇率制度改革以及中国货币政策有效性的增强具有重要的参考价值，特别是澳元从爬行钉住汇率制（有管理的浮动汇率制）向自由浮动汇率制度进行转换过程中的经验，对目前中国货币政策和汇率制度的完善与改进有值得借鉴的地方。

1. 人民银行需要进一步提高自身稳定货币的能力

目前，RBA执行的货币政策采取通货膨胀目标制，虽然米尔顿·弗里德曼（Milton Friedman）和库特纳（Kuttner）对通货膨胀目标制采取批评态度，并认为在通货膨胀目标制的货币政策规则下，货币政策无法进行相机抉择。但本书以为，通货膨胀目标制并不是中央银行对实施货币政策的技术性指令，它赋予了货币政策很强的自主性，货币政策目标完全可以根据经济环境变化，由中央银行进行修正调整，它赋予中央银行应对产出变化和物价波动足够的政策空间。RBA就曾在澳大利亚国内通货膨胀加剧和澳元汇率巨幅震荡的情况下对市场进行适时地干预。本书认为，这是操纵汇率，而且为了应对经济运行中不可预见的冲击或对付针对澳元汇率投机的，确保澳元浮动汇率制有效运行的必要举措。因此，人民币无论是在当前有管理的浮动汇率制度下，还是在未来自由浮动汇率制度下，人民银行都要对外汇市场进行适时地、合理地、科学地干预和调节确保币值相对稳定，防止针对人民币的过度投机。此外，中国要加强外汇市场的建设，不断增强拓展市场广度和延伸市场深度，培养和扩大市场交易主体，丰富和发展外汇交易品种，为市场提供更多的避险工具，有效提升外汇市场竞争程度。中国人民银行要提升针对外汇市场和汇率走势的调控能力，为确保自由浮动汇率制下人民币汇率正常科学浮动，抵御外部投机冲击提供有效保障。

2. 要加快资本项目开放步伐

虽然汇率制度并不在WTO协议框架之内，但加入WTO后人民币自由兑换的内在需求变得更为强烈。特别是在金融市场对外开放步伐逐步加快的背景下，人民币仍然实施资本项目管制以及越来越不能适应深化改革和扩大开放的需要。由于目前国际金融危机和欧洲主权债务危险的影响尚未消除，国外资产的价格仍然处于相对低位，我国企业和居民走出去面临千载难逢的历史机遇。为此，应尽快放开人民币资本项目管制，结合澳元汇率制度改革的成功经验，本书认为开放资本项目管制应采取应按照下面步骤有序进行：第一，在长期资本方面，可以考虑优先放开直接投资的汇兑限制，接下来考虑放松有价证券投资、银行贷款方面的汇兑限制，而在有价证券方面则优先放开股票交易限制，最后放开衍生品交易限制。第二，在短期资本方面，优先放开贸易融资，而后考虑放开短期资本交易。第三，在交易主体方面，针对不同的交易主体，可以先放开自然人和企业的资本交易的限制，最后放开金融机构贷款、投资的汇兑限制。资本项目可兑换是中国实现市场经济、融入世界经济的最为关键一步。完成这一跃，需要利率市场化改革、产业结构升级、金融体系完善等其他相关体制机制改革配合。

3. 建立规范的外汇市场

在澳元完成汇率改革并放松金融管制之后，悉尼迅速崛起成为亚太地区屈指可数的金融衍生品交易市场和资本市场。并成为继日本东京、中国香港地区、新加坡之后的重要的国际金融中心。

经过从无到有的20年的发展，中国外汇市场得到了长足的发展，目前全国统一的外汇市场已基本形成。但与国外发达国家相比，中国外汇市场仍然处于起步阶段，与成熟的外汇市场仍存在相当大的差距。中国外汇市场还只是与现行外汇管理体制相适应的货币头寸转换市场，而不是金融性外汇市场。而且，目前中国外汇市场存在垄断和供求关系扭曲的现象。缺少外汇期货、外汇期权等交易品种，而且以有形市场为主。此外，中国外汇市场与国际外汇市场处于相对隔离状态。人民币很难通过这样的外汇市场来形成合理科学均衡的汇率，这将倒逼人民银行入市干预。因此，建立完善高效发达的外汇市场，是实现人民币自由浮动汇率制度的必要条件。

4. 几个细节问题

（1）人民币汇率自由浮动前，应首先确立人民币的国际货币地位。

从澳大利亚经验来看，自1983年12月实行浮动汇率并取消资本管制后，资本流动构成发生了一个明显变化，资本流动规模相对于 GDP 也明显增大。在汇率浮动之前，资本流入多数是以股权形式，这反映了当时对债务流量的控制。资本流入和流出很少超过 GDP 的 3%（Tease，1990），而在近10年间，资本流入主要是基于债务的，绝大部分采取金融机构境外借款形式。不过无论澳大利亚净负债相对于 GDP 如何大，汇率波动不会危及澳大利亚企业或金融部门的健康运行。因为，澳大利亚对外负债都是以本币计价的，通过套期保值，这些债务对于投资于澳元的外国投资人不构成任何影响。

澳大利亚的经验给我们的一个启示是，在使人民币汇率自由浮动前，应首先使人民币成为国际货币，这样可以防止浮动汇率制度带来的汇率风险，转化为整个国民经济的系统性风险[1]。

---

[1] RBA 市场分析部高级经理 Michael Plumb 完全同意作者的观点。

(2) 人民币成为国际货币的前提是人民币可自由兑换。

目前，国内有许多学者认为，可以在保留资本项下部分管制的条件下，推动人民币成为世界货币。但本书认为这种观点是错误的。

国际货币理论认为，一国货币按照兑换程度可以被分为不可兑换货币、可兑换货币、自由兑换货币、国际货币和世界货币五个阶段。《牙买加协议》规定，对国际收支采取严格的外汇管制的国家的货币为不可兑换货币，实现经常项下可兑换的国家的货币是可兑换货币。而基本实现资本项下可兑换的货币为自由兑换货币。目前，IMF 成员国中有约 150 个国家和地区的货币是可兑换货币，占成员国总数的 83%；其中，至少 31 个 OECD 成员方的货币属于自由兑换货币，占全部成员国总数的 17%[①]。

比自由货币层次更高的货币是国际货币。根据《牙买加协议》规定：在国际经济往来中被广泛使用的，在主要外汇市场上被广泛交易的货币属于国际货币。但广泛使用与广泛交易的概念过于抽象，属于定性描述，难以量化。所以，本书定义各国外汇储备中占比超过 1% 的货币为国际货币（见表 10-8）。据此，1991 年前的国际货币主要包括美元、德国马克、日元、英镑、法国法郎、瑞士法郎以及荷兰盾。1999 年，随着欧元诞生，国际货币种类有所减少，仅剩下美元、欧元、日元、英镑这 4 种货币[②]。

表 10-8　　　　　　　　　国际货币的职能

层次职能	私人交易	政府交易
价值尺度	计价货币	基准货币
支付手段	结算货币	干预货币
贮藏手段	资产货币	储备货币

---

① 资料来源：《2015 年国际金融统计年鉴》(IMF. International Financial Statistics Yearbook, 2015)。

② 即使人民币成为了国际货币，也不能说人民币成为了世界货币，因为国际货币与世界货币间依然存在着明确的差异：

第一，国际货币的职能共有 6 种（见表 10-8），一种货币要成为国际货币就需要在部分地执行国际货币的职能。而世界货币则是要全面地执行这些职能。

第二，除了表 10-8 列出的 6 种国际货币职能外，能否在国际贸易与外汇交易中发挥媒介货币职能也是区别国际货币和世界货币的重要因素。

第三，货币的"N-1 说"认为，世界上有 N 种货币，存在着 N-1 种基本汇率。这 N 种货币中包括欧元、日元、英镑等，世界上唯一特殊的货币是美元。各国货币当局能够主动地稳定汇率（指本国货币兑美元汇率），不过美国作为世界货币的发行国对本国货币汇率的稳定却是被动的。这是因为世界货币不存在一般的基本汇率，所以如果世界货币发行国想干预该货币汇率，就必须对多种货币汇率同时进行干预，这种干预变得极为复杂。

本书认为，人民币实行浮动汇率制之前，必须成为国际货币，而成为国际货币的前提是取消所有外汇管制。不过，这里需要指出，取消所有外汇管制不代表外资可以随意投资于中国任何领域（包括资本市场）。即使在澳大利亚这样一个完全取消外汇管制的国家，仍然有澳大利亚外国投资审查委员会（foreign investment review board，FIRB）这样一个机构来保护澳大利亚企业的基本利益，并保障澳大利亚的经济安全①。国内许多学者犯的一个错误，是将外汇管制与外商投资管理混为一谈。

（3）人民币汇率自由浮动前，必须为市场提供相应避险工具。

早在20世纪70年代初，澳大利亚便为市场投资者提供了远期交易工具来规避汇率风险。起初，只允许支付到期日在6个月内的、有贸易背景的交易可以使用远期工具避险。1974年5月，RBA为了防止融资背景交易的汇率风险在金融体系扩散，开始在向商业银行提供远期来化解商业银行与客户进行远期交易时产生的汇率风险②。

对远期交易工具的种种限制，导致了远期交易工具供给不足，于是市场参与者建立了外币套期保值市场（以相同时期的反向风险配对为基础的不可交付市场）。套期保值市场是由银行和非银行金融机构建立的、规避现有交易管制的市场，这类远期市场是建立在例如多脂羊毛期货市场这样在澳洲本地进行运作的期货市场基础之上的。RBA没有干预这一市场行为。澳

---

① 澳大利亚外资政策主要由财政部负责。该部下设的外国投资局主管外资政策的制定与调整。为保证其有关政策的有效性，保护澳大利亚企业的基本利益，并保障澳大利亚的经济安全，澳大利亚早在1976年就成立了外国投资审查委员会。该机构作为非法定（non-statutory）的联邦政府机构之一，其主要职责包括：根据澳政府的外国投资的政策，审查外国在澳的投资项目，向政府提出建议；向澳政府提出关于外国投资政策的总体建议；在澳境内及海外宣传澳政府的外资政策；根据情况，向外国投资者提出如何遵守法规的政策指引；监测并确保外资政策的有效性。委员会只提供参考性意见，外国投资项目的审批权名义上由财政部部长（Treasurer）掌握，但有关的具体决定通常由财长议会秘书处（parliamentary secretary to the treasurer）作出。FIRB由3名兼职委员和1名执行委员组成，委员由财长直接任命。委员会的秘书处设在财政部下设的外国投资局。

本书认为，在资本项目开放前，应建立较为完备的有关外商投资于中国的法律体系。通俗一点表述就是，"把外币换成人民币，随便自由兑换；但拿到人民币以后干什么，要看中国的法律允不允许。"澳大利亚就存在持有上市公司15%以上股份须获财长批准的规定，也发生过FIRB否决外国公司投资澳大利亚企业的案例，这同澳元完全可自由兑换是不矛盾的。在资本项目开放后，法律体系是否完善，关乎国家金融安全。因此，在决定人民币汇率形成机制改革和人民币可自由兑换时机选择方面，法律体系（包括有法可依，有法必依，执法必严三个内容）可能扮演着比金融体系更为重要的角色（从国际经验来看，那些可自由兑换货币国家经济金融领域犯罪率要低于那些非自由兑换货币国家）。

② 此类远期交易的时间被严格控制，这些交易平仓必须在假定有汇率风险的7日内记入远期合约，这个规定又被称为"七日规则"。

大利亚第一份货币套期保值合约是在 20 世纪 70 年代中期正式规范化的。

外汇套期保值合同是建立在没有外币兑换的澳元结算的基础上的，因此可在没有前面提到的交易管制的情况下获得远期。从澳大利亚金融体系这个更广的意义上来说，外汇套期保值市场连同第三种货币交易（如美元兑德国马克）可使市场参与者提高交易技能，使外汇市场在汇率浮动时较好地发挥作用。

澳大利亚外汇套期保值市场的发展历程与东亚和拉美许多国家相似，但与这些国家不同的是澳元 NDF 市场是在岸市场。

更为灵活的汇率机制，意味着更大的汇率波动和更高的汇率风险。澳大利亚经验表明，在实行浮动汇率制前，必须为市场提供必要的避险工具，只有这样才能确保汇率风险不会对微观经济主体的交易行为产生不良的影响。

澳大利亚经验表明，汇率形成机制改革是一个循序渐进的过程，为确保整个改革期间国民经济的又好又快发展，需要分"四步走"，直至形成科学的人民币汇率形成机制。第一步，完善金融市场，并为市场提供必要的避险工具；第二步，在完善有关法规的基础上，全面放开资本项目管制；第三步，有步骤地确立人民币国际货币地位；第四步，实行完全自由浮动汇率制度。

第11章 我国货币政策的转型与展望

本书在前述章节中将货币政策中介目标和最终目标调控的有效性进行了系统的研究论述。次贷危机以来，中国经济逐渐从"高投入、高能耗、高污染、高出口、高增长"为主要特征的粗放增长方式向"创新驱动"的经济增长方式转变，经济体制变革的步伐进一步加快。伴随着经济环境的变化，金融业呈现多元化的态势。2014年，中共中央提出"经济新常态"的概念，准确地描述了当下经济增长的内在特征，指明了我国经济改革的方向。在这一环境下，我国货币政策如何适应新常态新环境的变化，如何适应未来经济增长调控的需要，这是我国货币政策制定者、研究者以及市场参与者共同关注的话题。

本章就发达国家货币政策转型和发展的历程，结合我国新常态环境的特征，提出未来货币政策转型中的方向和框架。并结合本书对货币政策研究，提出对我国货币政策转型的展望。

11.1 经济发展新的特征

经济"新常态"，是指经济进入新的发展阶段出现的新条件、新失衡、新机遇等，正逐渐成为经济发展中较长时期稳定存在的特征。

1. 经济增长速度从高速逐步回落

我国经济从1978~2011年，在长达32年的时间里维持了年均9.96%的高速增长[1]。在如此长的时间跨度内，实现接近两位数的高速增长，取得了举世瞩目的经济奇迹。之后经济增速逐步回落。2012~2015年经济增速进一步回落。截至2015年底，基本上在7%上下窄幅波动[2]，经济增长在趋势性回落基础上平稳放缓，波动变窄。

---

[1][2] 资料来源：国家统计局官网。

2. 经济结构发生改变①

经济增长正由传统的投资驱动转向更为稳定的消费驱动。从经济结构看，至少从20世纪90年代中后期开始，中国经济呈现明显的投资驱动特征。投资对经济增长的贡献和拉动明显。2009年，中国投资需求对GDP的贡献率曾达到85.3%的历史高点，投资对GDP增长的拉动也达到8.0%，为近二十年的高点。2012年，我国成为全球最大制造品生产国。从总量上看，我国制造能力扩张速度高于全球消费增速，外需对我国经济拉动作用必然会逐步降低。国内投资拉动经济的弊端已逐渐显露且日益被诟病。与此同时，发达国家重归制造业、新兴经济体普遍推行出口导向战略等，挤压着我国国际市场份额；国内生产要素价格提升也在削弱我国国际竞争力。在这种情况下，消费逐渐成为稳步支撑经济增长最主要的力量。2011年，最终消费对中国经济增长的贡献率和拉动开始超过投资。2014年，最终消费支出、投资、出口对GDP增长的贡献率分别为56.3%、45.0%和-1.3%，消费贡献率超过五成且高于投资贡献率11.3个百分点。新常态下的中国经济正逐步由过去投资与出口导向的粗放型增长模式，向国内消费与投资平行驱动的集约型增长模式转变。

服务业成为支撑经济平稳增长的主要力量。随着总量扩张速度放缓，更多制造企业将发展重点转向"微笑曲线"的两端，通过与生产性服务业的融合发展，提高竞争力和盈利能力。城乡居民在满足衣、食、住、行等基本需求后，对文化娱乐、健康休闲等高端生活性服务业的需求将进一步释放。自2014年以来，中国的服务业产出占比超过第二产业，而且2014年第三产业对GDP累计增长的贡献率和拉动率较第二产业的优势进一步扩大，服务业占GDP比重首次超过49.9%，达到51.6%，拉动GDP增长3.7%，高出第二产业0.3个百分点。

3. 经济增长要素进一步得到优化

增长动力由要素驱动、投资驱动向创新驱动转换，这是经济新常态的核心内涵。改革开放三十多年来，我国经济增长主要是依靠劳动力、资本、资源三大传统要素投入，是一种典型的要素驱动型。这三大要素均面临着诸多瓶颈约束，已难以支撑我国经济的长期高速增长。面对世界科技创新和产业革命的新一轮浪潮，微观主体主动转型、创新意愿明显加强，我国经济增长的动力正逐步发生转换。统计数据表明，2013年我国全要

---

① 资料来源：国家统计局官网。

素生产率水平是1978年的近3倍(张占斌、周跃辉,2015),这是由体制改革、技术进步、结构优化、政策导向等因素综合作用的结果。

4. 资源配置由市场起基础性作用向起决定性作用转换

这是经济新常态的机制保障。在社会主义市场经济条件下,市场在资源配置中起"基础性"作用,但是,政府这只"有形之手"可以具有更多的经济职能和管理权限。从以往20多年的实践看,我国的经济体制基本上是政府主导的不完善的市场经济。近年来,其衍生的资源配置不合理、贪腐等问题日趋尖锐。党的十八届三中全会提出"使市场在资源配置中起决定性作用",党的十八届四中全会提出"社会主义市场经济本质上是法治经济",表明了我国政府在经济调控中扮演角色的深层次的转变。在市场起决定性作用的新常态下,政府不搞强刺激、大调整,主要通过转变职能、简政放权、减税让利等途径,将资源配置的决定权限交给市场,不断增强经济内生动力,并通过区间调控、定向调控等方式来弥补"市场失灵"。

11.2 货币政策的环境变化

货币政策环境在经济"新常态"背景下也发生了改变,面临着一系列新的问题。从经济视角看:

(1)总量失衡问题突出。一是通货膨胀和经济"下行"双重风险并存可能成为较长时期的现象。由于生产要素成本上升和技术进步率下滑,我国经济增长会受到供给方面的限制;同时,由于投资需求的增长和出口增长乏力,我国经济增长也面临着需求紧缩问题。经济新常态以来,我国潜在增长率和实际增长率都较之前出现较长时间的下降。居民消费物价指数(CPI)一直处于2%之内,虽然不高,但考虑到通货膨胀具有的滞后性特征,以及前期经济刺激政策的累积效应,随着时间的推移及经济逐渐复苏,经济中注入的大量货币对CPI的拉动作用会逐渐释放,难免形成需求拉动的通货膨胀压力;二是成本推动的通货膨胀将成为新时期的新特征,特别是通货膨胀的结构性特征将更加明显。一方面,要素成本的全面提高将形成成本推动的严重通货膨胀压力,尤其是要素效率提升速度迟缓,要素成本的上升形成成本推动型通货膨胀的压力;此外,在成本推动型通货膨胀中结构性特征突出,由于劳动力成本(工资及福利等)上升迅速,劳动密集型产品和劳动生产率提高较慢的产品及服务的价格上升更快，具体而言，农产品价格上涨会高于工业品，劳动密集的农产品价格上升会快于其他农产品，而农产品价格显著上升会进一步拉动全社会各行业的劳动要素成本快速上升，加剧成本推动通货膨胀的压力。

(2) 结构性失衡问题突出。现阶段国民经济增长中的总量失衡矛盾十分突出，但导致现阶段经济增长总量失衡的深层原因，在于结构性矛盾。供给方面的失衡主要体现为产业结构的失衡，由于中国工业化进程和产业结构升级主要依靠政府直接的行政干预和政策导向，从早期通过农产品价格剪刀差，牺牲农业推动工业的发展，到改革开放后长期的以加大廉价劳动力和资源投入的粗放式生产方式，这种利用自上而下的行政干预手段，不顾各地区资源禀赋的增长方式，导致产业发展缺乏技术支撑，产业内生发展动力不足。产业间失衡以及各产业内失衡限制了中国产业结构合理化和高级化。

需求方面的失衡表现为内需疲软，无论是投资需求还是消费需求，其增长都面临着一系列问题。投资需求增长之所以疲软，不是国民经济中储蓄率不足，不是积累率不高，根本原因在于产业结构升级动力不足，缺乏创新带来新的有效的投资机会，在产能过剩、矛盾突出的条件下，继续在原有结构基础上强行地扩大投资，只能加剧重复建设，加剧产能过剩，积累风险。产业结构不合理，缺乏技术创新支持的产业结构升级空间，是投资需求难以增长的根本原因。消费需求增长同样乏力，根本原因在于国民收入分配结构扭曲，在政府、企业和居民三者的分配中，居民收入增长相对缓慢，所占比重相对较低，这必然限制消费需求的总体提升。而且，居民内部收入差距在持续地扩大，这必然降低社会消费倾向，使消费需求相对疲软。在外需方面，过去中国利用低成本的劳动力资源和自然资源等后发优势吸引产业转移发展劳动密集型和资源密集型产业，并通过政策维持低成本的比较优势以吸引外资、扩大对外出口，加速经济的增长，但这种方式导致了政府和企业对低成本优势的过分依赖，无法实现产业升级所需的技术要素，使中国经济在全球产业链中"低技术含量、低附加值"的特征突出，长期被锁定在产业价值链的低端而无法进行升级延伸。

从金融角度看，也出现一些新的问题：

第一，贸易顺差大幅缩减导致长期以来以外汇占款为主的基础货币投放渠道逐渐断流，以及国际资本频繁流动所引起的外汇占款的被动变化，降低了中央银行控制货币供应量的主动性。

第二，金融市场化改革、金融脱媒和互联网金融创新等因素，导致新的金融结构和金融业态出现，且随着利率这一重要资金价格市场化步伐的加快,金融结构由银行主导型向市场主导型转变的趋势日益深化。在市场主导型金融结构下,多样化的金融组织创造出大量的信用工具,在传统的货币供给渠道之外,诞生了众多新的渠道,货币供给的主体不断增加,货币供给的内生型不断增强,多元化金融发展模式形成的"未观测金融",降低了中央银行对货币供给的控制力,货币政策的有效性受到挑战。

第三,传统的货币流量和存量指标难以有效反映市场实际融资状况,尤其是在结构调整的推动下,传统信贷政策及货币政策工具与宏观经济变量之间的关系弱化。

第四,全球经济金融一体化发展使我国作为货币政策目标的宏观经济变量的变化越来越多地取决于国际因素,如物价的变化越来越受境外通货膨胀的溢出影响,货币政策操作中既有的经验数据经常失效,判断也就难免失误。

第五,本轮危机后世界经济金融格局发生变化,人民币国际化进程加快,中国作为一个世界经济大国,其货币政策体系面临着与自身国际地位相匹配的建设。

基于以上所述,构建经济新常态下的货币政策体系,推动货币政策目标、工具和规则作出相应变革,探索货币政策国内国际协调机制,无疑是中国作为一个大国经济必须要解决的重大理论和政策问题。

11.3 货币政策的转型和展望

11.3.1 货币政策转型的国际经验

1. 美国的货币政策转型

根据《联邦储备法》,美联储是美国货币政策的制定和执行机构。就货币政策目标来看,美联储最初的政策目标比较宽泛,其中包括经济增长、充分就业、物价水平稳定和国际收支平衡。自20世纪80年代开始,美联储逐渐将货币政策目标定位在保持物价稳定上,其通货膨胀目标通常控制在1.5%~2%的范围[①]。在货币政策执行层面,美联储主要通过控制

---

① 资料来源:美联储网站:《为什么美联储长期以来将通胀率目标设定为2%?》(Why does the Federal Reserve aim for inflation of 2 percent over the longer run?)。Richard Dennis. Inflation Targeting under Commitment and Discretion, 2005.

利率和货币供应量来实现货币政策的最终目标。在1970~1979年,美联储一直将利率调控作为货币政策的主要方式,每次例会上委员会投票决定本阶段到下一次会议期间联邦基金利率的浮动范围。但这一时期,美联储并不能有效地控制货币供给:一旦达到利率目标范围的上限,货币的额外需求仍将推动货币存量的增长,从而使货币供给内生变动,由此造成该时期较大的货币供应量波动。1979年,为了应对国内通货膨胀,美联储奉行了货币主义学说,将货币供应量作为货币政策的中介目标,非拆入准备金取代了联邦基金利率成为货币政策的重要手段。然而,因为金融自由化与利率市场化的快速发展使银行能够通过多种途径(如通过节约可用资金、利用企业闲置现金余额、联邦基金市场和国际市场甚至贴现窗口)来应对美联储的货币收缩政策,美联储仍不能有效控制货币存量的增长。同时,金融自由化与利率市场化也使货币供应量的周期性特征发生变化,通过控制货币供应量已经不能实现对宏观经济的有效调控。在这种情况下,美联储于1982年开始不再强调货币供应量的重要性,而是力图熨平银行体系准备金需求的短期波动,使联邦基金利率更为稳定。1983~1987年,借入准备金成为美联储判断银行体系资金紧张程度的主要指标,即当借入准备金不足时,美联储公开市场交易室以贴现窗口补充资金,进而实现以贴现窗口利率影响联邦资金利率的政策企图。直到1987年10月股市崩盘,美联储才放弃上述操作方式,转而盯住联邦基金利率目标水平,并确保银行体系能够获得足够的流动性,此后,联邦基金利率的目标水平成为美联储公开市场操作的短期目标。

2. 英国的货币政策转型

英国的货币政策也经历了一个较长的转型期。战后,英国的货币政策受到凯恩斯主义的深刻影响,货币政策最主要的目标定位于实现充分就业,同时在固定汇率制下保持国际收支平衡,而充分就业和战后经济重建的需要共同决定了低利率和金融管制政策。同美国的情况类似,金融管制催生了非银行金融中介的迅速发展,金融管制的有效性被削弱。同时,1970年布雷顿森林体系的固定汇率制度瓦解使得英国摆脱了固定汇率对其货币政策的束缚。在此情况下,1971年,英格兰银行通过《竞争和信贷管理报告》(Competition and Credit Control, CCC),用控制货币和信贷扩张的办法取代过去直接干预市场的做法,并使用最低贷款利率取代央行利率作为货币政策的重要手段。然而,长期扩张的货币政策、连续减税和公共部门债务的上升造成了国际收支急剧恶化、货币供应量和通货膨胀空前增长。1976年,为了控制严重的通货膨胀形势,英国政府开始削减公共支出和限制国内信贷扩张，并使货币供应量（M_3）增速保持在9%～13%的目标范围内。自此，货币供应量目标在英国正式确立。进入20世纪80年代，金融自由化和利率市场化模糊了货币供应量与其他宏观经济变量之间的关联，英国以 M_3 衡量的货币流通速度呈下降趋势，这削弱了货币控制目标的有效性，1986年，英格兰银行正式宣布终止货币供应量目标。放弃货币供应量目标之后，为了消除货币政策方向上的不确定性，英国货币政策转而关注英镑与德国马克汇率的变动。然而，固定汇率制度下的"三元悖论"凸显了英国货币政策的内在矛盾。1988年，英国国内的信贷扩张迅速，这就需要英格兰银行提升利率来进行调控；但在英镑与德国马克的固定汇率制度下，提高利率必然会使得资金不断流入英国，紧缩性货币政策效果有限。1992年，英国出现了经济衰退的迹象，货币政策独立性的矛盾更加突出，英国政府陷入维持固定高利率和放弃固定汇率的两难选择，并最终在9月中旬宣布放弃固定汇率制，此后利率呈现稳步下降态势，国内经济形势逐步好转。退出欧洲货币体系的固定汇率制度后，英国于1992年10月宣布了新的货币政策框架，货币政策目标瞄准具体的通货膨胀水平，也就是将原来作为货币政策中介目标的价格因素直接作为最终目标，同时监测基础货币、利率、汇率等指标。在货币政策具体操作上，英格兰银行最主要的货币政策工具是短期官方利率，1996年以后，英格兰银行引入了回购操作，期限为两周的回购利率（repo-rate）便成为英格兰银行的主要货币政策操作手段。英格兰银行通过对这一利率的操作，向货币市场提供流动性并改变市场利率。

  从货币政策转型的国际经验来看，美英两国的货币政策转型历经近三十年才最终走向成熟。综观两国的货币政策转型，其背后都可以看到自身经济转型与金融深化的影响。就美国而言，其货币政策转型的特点在于，经历了由联邦基金利率到货币供应量再到贴现窗口最终回到联邦基金利率的一个曲折的过程。其背后的逻辑在于，战后的利率管制刺激了金融创新，使得利率管制趋于无效，货币政策不得不转向更为市场化的手段；但由于金融市场发展程度不够深入，加之对货币数量的控制往往比利率的价格调控手段更为直接有效，此时美联储通过贴现窗口和借入准备金等工具来实现货币数量调控。随着金融深化的继续，货币数量与其他宏观经济变量的关系变得愈加模糊，且金融创新使金融机构的资金来源更为多样化，其可以通过多种途径来规避货币数量收缩的货币政策效果；同时，金融市场的发展使金融机构对于利率的价格传导机制更为敏感。在此情况下，联邦基金利率的价格调控最终成为美联储执行货币政策的主要途径。相比美国的情况,英国货币政策转型更显波折,这是因为美国的货币政策转型仅仅是货币政策手段和工具的转型,而英国货币政策同时还包含着一个寻找货币政策锚的过程,最终英国将货币政策锚直接瞄向作为最终目标的通货膨胀水平,实施了通货膨胀目标制。

11.3.2 "新常态"下货币政策面临的问题和挑战

近年来,中国货币政策环境发生的变化已经对中国现行货币政策体系产生了前所未有的挑战。发达经济体债务危机和"量化宽松"政策不仅影响着中国对外的经济金融活动,而且严重影响到中国经济结构调整战略,增加了中国金融的脆弱性;人民币国际化,跨境人民币的大量流动成为货币政策制定和实施必须考量的因素,特别是跨境人民币的非正常流动会增加央行调控的难度,目前出现的在通货膨胀基本保持稳定的情况下,经济运行接近"底线"区域,资产价格却较快上涨现象意味着基于物价稳定的货币政策目标已经无法解决资产价格波动带来的金融稳定问题,不得不在货币政策多目标中进行着艰难的平衡。社会融资结构的多元化要求,央行既有货币政策调控手段进行重新构造。新常态下如何应对货币政策环境的变化,中国央行的货币政策体系建设正面临着严峻考验和紧迫的改革诉求。

1. 金融市场融资结构失衡,市场分割严重[①]

经历了30多年的市场经济探索,我国各类商品市场发展较快,但要素市场改革开放没有同步跟进,市场结构严重失衡,发展相对滞后。一方面,金融市场上间接融资仍占主导地位,直接融资市场不发达。数据显示,2014年上半年,中国社会融资总规模达10.57万亿元,其中金融机构间接融资规模为6.2万亿元,占比为58.66%;直接融资规模为1.5万亿元,占比14.19%。其中,企业债券融资1.3万亿元,占比为12.3%;非金融企业股票融资0.2万亿元,占比仅为1.89%。目前我国债券市场余额占GDP的比例仅为50%,而美国为172.94%、德国为78.89%。另一方面,银行等金融机构转型仍相对滞后,依靠利差的收入模式没有得到改变。近10年来,银行业在快速规模扩张后所积累的风险正在侵蚀银行的盈利基础,弱化了银行对实体经济的扶持作用。同时,融资市场处于割裂状态,在市场总体流动性并不紧张的情况下,微观融资难、融资贵的问题

---

① 资料来源:中国人民银行官网、国际货币基金组织数据库、BIS Quarterly Review。

十分突出。这增加了货币政策在降低实体经济资金成本方面的难度。

2. 金融业态多元化增加了货币政策操作的复杂性

近几年,中国金融创新蓬勃发展,所谓"影子银行"极为活跃。从积极意义上讲,影子银行体系发展促进了中国融资机制的多元化,能更好地沟通资金盈余者与短缺者;金融创新与影子银行体系也会冲击原有金融体制,倒逼政府顺应金融创新与影子银行体系的发展而推进金融体制的改革。但是,由于金融业态多元化发展,既有货币政策操作效果逐渐降低了。其一,金融业态多元化改变了整个社会的流动性,并对原来的货币统计口径带来相当大的冲击。其二,金融业态多元化使得以往的货币政策传导机制发生了变化,央行在实行政策调控中,工具使用和力度把控变得更加困难。其三,监管难度增大,使得市场潜在风险快速上升。金融创新掩盖了创新所含的风险,这从一个侧面对货币政策调整进行了"绑架"。总的来看,随着社会融资结构发生多元深刻的变化,影子银行体系急剧膨胀,金融信息化迅速发展,货币当局对社会融资规模、结构、流向、流量等的监测判断变得更加困难。利率市场化后,市场利率和实体经济对通货膨胀的反应将更加灵敏,货币政策调控的复杂性骤然上升。

3. 面对复杂的国际形势,货币政策的国际协调面临更多困难

在经济金融全球化的今天,当各国政策方向基本一致时,国际政策协调相对容易一些。但各国政策方向不一致是常态,有时甚至会出现截然相反的政策方向,使国际货币政策协调变得困难重重。我国经济"新常态"时期,全球经济特别是以美国为代表的发达经济体30多年所积累下来的金融无节制(financial excess),如对内和对外债务膨胀等,需要漫长的时间进行消化和吸收。作为世界头号经济强国的美国,在经历了自2008年12月以来持续推出大规模买债计划等非常规货币政策,截至2013年12月共推出四轮量化宽松政策(QE),实施了共计4.4万亿美元的庞大救市项目之后,由于经济和就业形势持续好转,政府宣布自2014年开始小幅削减月度资产购买规模,同时加强对超低利率政策的前瞻性指引,以陆续退出QE,同时市场出现了加息的呼声。鉴于"美元霸权"将在较长时期内存在并对世界经济金融施加影响,美联储的政策动向无疑是国际金融市场最为重要的风向标。欧元区经济因欧债危机的持续影响仍然复苏困难,因此欧洲中央银行推出负利率政策,并通过长期再融资操作(TLTRO)等措施继续实施宽松货币政策。日本中央银行也宣布维持宽松政策以推动经济进一步复苏。中国作为开放的经济体,受国外政策的影响也越来越大。这不可避免地给国内货币政策带来了压力,同时国内政策的实施也会对其他国家产生溢出效应。日益复杂的货币金融环境迫使中国的货币政策在追求本国政策福利的同时，也面临着政策协调中的风险。我国当前处在改革汇率政策的重要关口，应对美元加息条件下资本外流和美元通货紧缩环境，加强与欧盟、日本等宽松货币的竞争以保证国内出口行业稳定，这一矛盾之处是目前货币政策国际协调的主要问题。加之资产价格下滑风险，政策目标的选取也会受到外国政策执行影响。我国货币政策调控面对的困难巨大。

4. 人民币国际化增加了政策调控难度

人民币国际化后，由于汇率浮动、资本可自由流动、人民币可自由兑换，中央银行货币政策可能受到的影响会加大，其效力、效果将会产生不可预知的偏差。如当中国人民银行实施扩张性货币政策时，国内利率下降将导致资本流出，扩张性货币政策效果可能要打折扣；当中国人民银行实施紧缩性货币政策时，国内较高的利率可能导致热钱流入，从而在一定程度上抵消紧缩政策的效果，使货币供给难以控制，增加了中央银行货币政策操作的难度和复杂性，影响了货币政策的调控效果。另外，人民币国际化意味着大量的人民币在我国境外流通，同时外资的流动将更加容易便捷，这将导致我国遭受国际投机资本冲击的可能性大为增加。而在互联网技术高度发达的今天，这些国际投机资本的大规模突然异动往往会在瞬间加剧金融市场波动，给国内经济金融稳定带来巨大冲击，也给正走向"新常态"的国家货币政策带来一系列新的难题。

11.3.3 "新常态"下货币政策转型的方向和举措

总体而言，"新常态"下我国货币政策面临转型任务，需借鉴发达国家经验，以市场化、国际化为基本方向，由行政干预色彩、经验性色彩转向适度独立、以市场大数据分析为依据的政策方向，鉴于人民币国际化程度不断提高，中国经济规模在世界经济占比不断提高的现实，兼顾国际视野和国际责任。确立以物价稳定为主要目标、以利率、汇率为主要政策工具的框架，实现货币政策由数量型向价格型转型，构建货币政策的国际协调机制，建立完善的货币政策体系。

从理论上看，发达国家经历了货币政策体系的构建和转型，形成的理论与实践上的做法多是基于各自国家不同发展时期应对不同问题的经验总结，并没有成熟理论指导中国货币政策体系转型。我国货币政策体系诞生于计划经济，基于封闭经济体系而建，正处于适应市场化、国际化的转型期。从货币政策目标看，相对于大多发达国家的单目标制，转型期的中国可能不适用，经济新常态格局下出现的"三期叠加"，使宏观调控的政策权衡空间缩小，货币政策可能更应该强调稳定和多目标的均衡，比如货币政策既要实现稳增长的总量政策，同时也承担推进经济结构调整的"定向调控"，而且需要不断创新政策工具，提高定向调控的有效性和针对性；相对于发达国家以价格型目标为基准的体系，中国的货币政策还必须以数量型和价格型并重；从货币政策规则来看，相对于发达国家多数遵从"规则型"，我国货币政策缺乏明确的规则，相机抉择的成分更大。

1. 货币政策目标体系优化

就最终目标而言，在发达国家货币政策转型过程中，其货币政策经历了由多目标向突出物价稳定目标的过程；相比之下，我国货币政策调控较多地强调经济增长和充分就业的目标，而对于物价稳定和国际收支平衡的目标重视程度较弱。在经济"新常态"格局下，由于潜在增长率下滑，宏观调控的政策权衡空间缩小，高速的经济增长不宜再成为货币政策追求的主要目标；相反，"新常态"经济下的货币政策调控则应强调稳定和均衡目标，尤其应致力于稳定通货膨胀和促进经济结构均衡。相应地，在货币政策的中介目标方面，也应下调货币供应量增速目标；同时，考虑到利率市场化和金融自由化削弱了货币供应量目标与最终目标的相关程度，应将汇率、利率、国际收支情况以及资本市场变化等指标纳入货币政策中介目标范畴。

在操作目标方面，一国中央银行的货币政策操作目标有两类：一类是价格型操作目标，如货币市场利率；另一类是数量型目标，如准备金率、基础货币等。以往我国的货币政策操作目标兼顾了数量型和价格型指标，偏重数量型目标；价格型指标较为模糊，包含同业拆借利率和债券回购利率两个指标，且与货币供应量等中介目标相关性较弱。从未来的发展趋势来看，我国货币政策的操作目标应由价格和数量兼顾朝着价格型目标过渡，明确以SHIBOR为核心的基准利率体系，实现通过调节基准利率来影响存贷款等其他利率，从而通过影响金融中介的信贷行为来间接调控宏观经济变量。

2. 增强政策规则中的预期引导

从国际经验来看，英国的货币政策转型正体现了这一特征，其由凯恩斯主义的相机抉择最终转型为通货膨胀目标制。虽然在某种意义上，通货膨胀目标制仍有相机抉择的成分，但其强调了货币政策的执行规则，并保证了货币政策执行机构的独立性。此外，央行还要定期公布货币政策报告，为及时和公众进行政策沟通和增加货币政策的透明度，对于货币政策执行结果的偏离也引入了问责机制。美联储虽然缺乏明确的货币政策框架，但在实际操作中也参考了泰勒规则，在规则性和透明度方面均得到明显改善。相比之下，我国的货币政策缺乏明确的规则，相机抉择的成分较大。随着中国经济金融市场化程度不断加深，微观经济主体的理性预期能力日益增强，公众的理性预期和理性选择对货币政策制定和政策效应发挥的作用也日渐显著。近年来，对新型政策工具使用日趋增多，做好与市场的适度沟通显得更加重要。在货币调控转型过程中，中央银行应更加重视与市场的信息沟通和预期引导，探索多种渠道表达中央银行对经济金融的判断和政策意图并逐步常规化制度化，提高政策的透明度、可信性和可预见性，使市场能正确理解政策意图，从而有效管理市场预期，切实提高货币调控的政策效果。随着中国金融市场的逐步深化，利率市场化改革和人民币汇率形成机制改革进程不断加快，市场供求在汇率形成中的基础性作用进一步发挥，货币政策传导机制更为顺畅，货币数量调控的有效性大大下降，货币政策工具选择由侧重数量调节逐渐向透明度更高的价格调节过渡的条件日趋成熟。因此，中央银行以利率为主的价格型货币调控方式，可以有效提升市场预期引导，通过利率价格手段切实提高金融机构预期管理和中央银行流动性管理水平。

3. 创新结构型政策工具的使用

以往，我国货币政策以数量型工具调控为主，辅以行政化调控。因此，货币供应量目标和数量型工具的运用是货币政策操作的重点。但是，新常态以来，数量型调控的效率逐步下降。货币政策逐渐从大收大放的调控方式向"微调"和"喷灌"的调控方式转变。2014年以来，我国央行创新地使用了"定向降准"、再贷款、公开市场操作等货币政策工具，通过灵活运用传统货币政策对货币市场利率实现了区间管理，较为成功地引导了资金价格和流向，达到了定向释放流动性和引导资金投向的调控效果。

在"新常态"经济下，不仅需要对传统货币政策进行改造，为了达到结构性调控的政策目标，还需要创新货币政策工具。就目前来看，央行在创新货币政策工具方面已作出积极尝试。2013年1月，中国人民银行宣布启用公开市场"短期流动性调节工具"（SLO）作为公开市场常规操作的必要补充，在银行体系流动性出现临时性波动时择机使用；同时创设"常备借贷便利"（SLF）对金融机构提供流动性支持。从两者的执行情况来看，2013年以来，常备借贷便利（SLF）在央行的货币政策工具中的作用不断提升，通过其实现的货币净投放规模，一度超越同期公开市场业务实现的货币投放规模。在运行中，常备借贷便利（SLF）以抵押方式发放，合格抵押品包括高信用评级的债券类资产及优质信贷资产等，其利率水平根据货币政策调控、引导市场利率的需要等综合确定，因此，更有利于结构性货币政策的实施。

4. 构建货币政策的"利率走廊"

与新的货币政策目标相适应，我国货币政策的调控方式也亟待深刻转型。"新常态"下我国的货币政策调控方式转型主要体现在，由传统的全面宽松到预调微调、"区间调控"和"定向调控"的转变。具体而言，在宏观经济"新常态"的局面下，我国货币政策转型应遵循"区间调控"的思路，由传统的只关注经济增长变为"保增长"和"稳通胀"的上下限管理。其中，"下限"就是稳增长、保就业，"上限"就是防范通货膨胀；而"定向调控"是指货币政策的目标除了要实现保增长、促就业的目标，同时还要旨在进行结构性调整，实现内外部均衡（汪川，2015）。

中国式利率走廊机制可采取如下的基本框架：一是逐步构建利率走廊的上限。目前，我国央行还没有创设隔夜的贷款利率，但已于2013年初创设了常备借贷便利（SLF）。常备借贷便利是我国央行正常的流动性供给渠道，主要功能是满足金融机构期限较长的大额流动性需求，对象主要为政策性银行和全国性商业银行，期限为1～3个月。虽然，该工具的作用和操作形式类似于其他国家的贷款便利，但期限较长，其利率并不适合作为利率走廊的上限。此外，短期流动性调节工具（SLO），以7天内的回购操作为主，在银行体系流动性出现临时性波动时相机使用，央行可对其逐步完善并构建为利率走廊上限。二是逐步构建利率走廊的下限。目前，我国央行对超额存款准备金支付的利率为0.72%，有学者提出以该利率为未来中国利率走廊的下限。但是我国银行间同业市场隔夜拆借利率近两年波动较为频繁，通常保持在2%的水平之上，实际市场利率与走廊下限之间的宽度过大，不利于约束市场利率的波动。因此，我国央行可借鉴国际经验设立存款便利，打造利率走廊的上限。三是逐步构建市场的政策利率。中央银行除了构建利率走廊的上下限外，还需要向市场公布明确的政策利率，这样不仅为市场利率提供一个短期基准利率，而且可以让货币政策操作更加透明化（巴曙松，2015）。目前，我国央行在设定政策利率时，可以选择以银行间拆借利率或者回购利率为基准，前者是我国2007年后重点培育的货币市场利率，回购操作则在近两年发展迅速，逐渐成为人民银行调节流动性的主要工具，该利率对货币市场利率及国债利率都具有较强的引导作用。因此，我国央行应结合我国市场发育程度和利率走廊的上下限合理选择用作政策利率的指标。

5. 加强货币政策独立性

加入 WTO 以来，由于我国对外贸易顺差形成了大量的外汇占款，在我国货币政策实践中，通过外汇占款实现基础货币的投放已成为我国货币政策操作的主要手段。就本质而言，这种通过外汇占款投放基础货币的做法受限于我国的外汇规模，其过程依赖于商业银行向央行卖出其持有的外汇。因此，就外汇占款的货币投放方式而言，中央银行的货币政策调控相对被动。为了控制外汇占款发行基础货币的规模，央行需要发行央票来进行外汇冲销，而央票的发行就需要央行对外汇占款数量有着准确的预测，否则对外汇占款的错误估计将导致央票发行不能实现对货币数量的精准调控。但近年来，我国外汇占款越来越多地呈现不稳定趋势，甚至多次出现外汇占款结余为负的情况。外汇占款规模的大幅波动不仅使央行的货币政策在很大程度上受其对外汇占款的预测失误干扰，且外汇占款的趋势性下降也必然影响未来的基础货币投放。此外，通过外汇占款投放基础货币的货币政策属于传统的货币政策工具，难以实现定向调控货币政策的精准微调效果。以此看来，通过结售汇和发行央票来控制基础货币的被动型货币政策将面临巨大挑战。与此同时，美日欧发达国家的经济形势和宏观政策分化使我国宏观调控的外部环境更为复杂。目前，美国经济持续复苏的局面已重振了美国国内的消费和进口需求，这将通过贸易渠道改善我国的外汇占款下降趋势；另外，若美联储降息或削减其自身资产负债表必将导致全球范围内的流动性收缩，加速国际资本回流，从而削弱我国货币政策的稳健特征。但从欧洲和日本的局面来看，欧元区和日本的经济形势整体走弱，未来欧洲和日本央行再次推出量化宽松货币政策的可能性增加（汪川，2015）。面对纷繁复杂的国际经济形势，在经济"新常态"下，我国货币政策应改变通过外汇占款实现的被动型货币投放，增强货币政策的主动性和独立性。要着力提升我国的国际经济金融话语权，尽可能减少国外货币政策的"负溢出效应"。一是以国家战略利益为准绳，积极推动 IMF 和世界银行改革。当前要以 G20 机制为主要平台，积极推动国际金融体系改革，进一步提高我国在两个国际金融组织中的份额和话语权，努力创造有利于我国发展的良好国际环境。二是以金融稳定理事会、巴塞尔银行监管委员会等国际金融组织为平台，全面参与国际金融标准和规则的制定。通过上述国际金融组织发出"中国声音"，为有关国际金融准则的形成作出积极贡献的同时，充分借鉴国际金融改革成果，通过推进实施国际标准促进国内金融改革，提升我国金融业稳健标准。三是以金砖国家开发银行的成立为契机，进一步简化金砖国家间的相互结算与贷款业务，减少对美元等现行主要国际货币的过度依赖，加强金砖国家之间的协同与合作，实实在在地提升新兴市场在国际金融体系中的话语权和我国自身的金融软实力，为打造货币政策健康平稳"新常态"提供强有力的支撑。

11.4　本章小结

中国经济步入新常态的过程，是经济结构不断优化、经济增长方式逐步转型、经济增长质量不断提高、经济社会和谐发展与环境不断改善的过程。与这一过程相伴生的是经济下行，经济下行导致的系统性风险压力加大，生产要素价格提高导致未来结构性通货膨胀压力加剧。同时，人民币国际化步伐加快、居民资产规模增长迅速、资产结构日益多元化。在金融自由化、金融脱媒和互联网金融创新等新的金融业态下，大量资金游离于监管范围之外。传统的货币流量和存量指标恐难以有效反映市场实际融资状况，尤其是在结构调整的推动下，未来货币政策工具与宏观经济变量之间的经验关系可能会发生变化。此外，中国作为一个世界经济大国，其货币政策体系也需要和自身的国际地位相匹配。因此，经济"新常态"下货币政策体系框架、操作方式需要转型。推动货币政策目标、工具和传导机制作出相应变革，构建经济新常态下的货币政策体系，无疑是中国作为一个大国经济体未来必须解决的重大理论和政策问题。中国货币政策必须主动适应新常态特征，在保持稳健基调的前提下，坚持总量稳定、结构优化，更加注重预期管理，增强政策的自主性、透明性，在货币政策多重目标下相机抉择，积极拓展基础货币供给渠道，做好流动性管理，以更好地引领新常态，促进中国经济持续健康平稳的发展。

参 考 文 献

[1] ［美］保罗·萨缪尔森、威廉·诺德豪斯著,萧琛译:《经济学》,第18版,人民邮电出版社2008年版。

[2] 卞志村、高洁超:《适应性学习、宏观经济预期与中国最优货币政策》,载《经济研究》2014年第4期,第32~46页。

[3] 陈继勇、袁威、肖卫国:《流动性、资产价格波动的隐含信息和货币政策选择——基于中国股票市场与房地产市场的实证分析》,载《经济研究》2013年第11期,第43~55页。

[4] 陈建宇、陈西果:《论新常态下中国货币政策的战略转型》,载《南方金融》2015年第1期,第19~25页。

[5] 陈静:《量化宽松货币政策的传导机制与政策效果研究——基于央行资产负债表的跨国分析》,载《国际金融研究》2013年第2期,第16~25页。

[6] 陈浪南、田磊:《基于政策工具视角的我国货币政策冲击效应研究》,载《经济学》（季刊）2015年第1期,第285~304页。

[7] 陈利平:《通货膨胀目标制并不能解决我国货币政策低效率问题——一个基于政策时滞和扰动冲击的研究》,载《经济学（季刊）》2007年第6卷第4期。

[8] 成力为、孟雪:《经济开放度与中国货币政策的有效性——引入经济开放度的IS-LM-BP模型及验证》,载《哈尔滨工业大学学报（社会科学版）》2010年第11期。

[9] ［英］大卫·李嘉图著,胡启林、朱泱译:《政治经济学及其赋税原理》,商务印书馆1991年版。

[10] 戴金平等:《资本监管、银行信贷与货币政策非对称效应》,载《经济学》（季刊）2008年第7卷第2期。

[11] ［美］戴维·罗默著,王根蓓译:《高级宏观经济学》,商务印书馆1999年版。

[12] 戴晓兵：《利率市场化、利率敏感性与货币政策中介目标选择》，载《金融论坛》2013年第8期，第55~61页。

[13] 邓创、石柱鲜：《泰勒规则与我国货币政策反应函数——基于潜在产出、自然利率与均衡汇率的研究》，载《当代财经》2011年第1期，第64~73页。

[14] 邓伟、唐齐鸣：《"机会主义"策略及其在中国货币政策中的运用》，载《经济学》（季刊）2013年第2期，第605~620页。

[15] 范从来：《论通货紧缩时期货币政策的有效性》，载《经济研究》2000年第7期。

[16] 方先明、裴平：《中国货币政策调整的依据和有效性——基于2001~2014年样本数据的实证分析》，载《中央财经大学学报》2013年第4期。

[17] 付诗涵：《开放经济下中国货币政策目标制选择的实证研究》，南开大学学位论文，2013年。

[18] 高山、黄杨、王超：《货币政策传导机制有效性的实证研究——基于我国利率传导渠道的VAR模型分析》，载《财经问题研究》2011年第7期，第50~58页。

[19] 郭路、刘霞辉、孙瑾：《中国货币政策和利率市场化研究——区分经济结构的均衡分析》，载《经济研究》2015年第3期，第18~31页。

[20] 郭涛、宋德勇：《中国利率期限结构的货币政策含义》，载《经济研究》2008年第3期，第39~47页。

[21] 何东、王红林：《利率双轨制与中国货币政策实施》，载《金融研究》2011年第12期，第1~18页。

[22] 贺聪：《利率市场化与货币政策框架转型》，浙江大学学位论文，2015年。

[23] 贺俊、胡家连、张玉娟：《美国货币政策对中国宏观经济的影响》，载《经济理论与经济管理》2014年第6期，第84~91页。

[24] 洪银兴：《论中高速增长新常态及其支撑常态》，载《经济学动态》2014年第11期，第4~7页。

[25] 胡育蓉、范从来：《货币政策工具的选择：利率双轨制和利率市场化》，载《经济评论》2015年第4期，第3~16页。

[26] 胡育蓉、朱恩涛、龚金泉：《货币政策立场如何影响企业风险

承担——传导机制与实证检验》,载《经济科学》2014年第1期,第39~55页。

[27] 胡志鹏:《"稳增长"与"控杠杆"双重目标下的货币当局最优政策设定》,载《经济研究》2014年第12期。

[28] 黄昌利,尚友芳:《资产价格波动对中国货币政策的影响——基于前瞻性泰勒规则的实证研究》,载《宏观经济研究》2013年第1期。

[29] 黄胤英:《转变中的美联储——全球金融危机以来美联储货币政策操作研究》,中国社会科学院学位论文,2014年。

[30] 冀志斌、周先平:《中国的货币政策有效吗?》,载《中南财经政法大学学报》2008年第5期,第3~9页。

[31] 贾俊雪、秦聪、张静:《财政政策、货币政策与资产价格稳定》,载《世界经济》2014年第12期,第3~26页。

[32] 蒋瑛琨等:《货币渠道与信贷渠道传导机制有效性的实证分析——兼论货币政策中介目标的选择》,载《金融研究》2005年第5期。

[33] 金碚:《中国经济发展新常态研究》,载《中国工业经济》2015年第1期,第5~18页。

[34] 金鹏辉、张翔、高峰:《银行过度风险承担及货币政策与逆周期资本调节的配合》,载《经济研究》2014年第6期,第73~85页。

[35] 金中夏、洪浩、李宏瑾:《利率市场化对货币政策有效性和经济结构调整的影响》,载《经济研究》2013年第4期,第69~82页。

[36] [美]卡尔·E. 沃什:《货币理论与政策》,上海财经大学出版社2004年版。

[37] [美]卡尔·瓦什:《货币理论与政策》,上海财经大学出版社2004年版。

[38] 李斌:《中国货币政策有效性的实证研究》,载《金融研究》2001年第7期。

[39] 李波、伍戈:《影子银行的信用创造功能及其对货币政策的挑战》,载《金融研究》2011年第12期,第77~84页。

[40] 李成、高智贤:《货币政策立场与银行信贷的异质性反应——基于信贷传导渠道的理论解读与实证检验》,载《财贸经济》

2014年第12期，第51~63页。

[41] 李春吉、范从来、孟晓宏：《中国货币经济波动分析：基于垄断竞争动态一般均衡模型的估计》，载《世界经济》2010年第7期，第97~120页。

[42] 李稻葵、汪进、冯俊新：《货币政策须对冲市场情绪：理论模型和政策模拟》，载《金融研究》2009年第6期，第1~13页。

[43] 李明辉、孙莎、刘莉亚：《货币政策对商业银行流动性创造的影响——来自中国银行业的经验证据》，载《财贸经济》2014年第10期，第50~60页。

[44] 李霜：《动态随机一般均衡下中国经济波动问题研究》，华中科技大学学位论文，2011年。

[45] 李子联、华桂宏：《新常态下的中国经济增长》，载《经济学家》2015年第6期，第14~21页。

[46] 厉以宁、胡代光：《当代资产阶级经济学主要流派》，商务印书馆1982年版。

[47] 梁斌、李庆云：《中国房地产价格波动与货币政策分析——基于贝叶斯估计的动态随机一般均衡模型》，载《经济科学》2011年第3期，第17~32页。

[48] 林朝颖、黄志刚、杨广青：《基于微观视角的货币政策风险传导效应研究》，载《国际金融研究》2014年第9期，第25~33页。

[49] 林仁文、杨熠：《中国市场化改革与货币政策有效性演变——基于DSGE的模型分析》，载《管理世界》2014年第6期。

[50] 刘斌：《货币政策冲击的识别及我国货币政策有效性的实证分析》，载《金融研究》2001年第7期。

[51] 刘斌：《资本充足率对信贷、经济及货币政策传导的影响》，载《金融研究》2005年第8期，第10~22页。

[52] 刘春季：《我国货币中性的实证研究》，载《商业研究》2011年第10期。

[53] 刘舫舸：《中国经济发展新常态》，载《经济理论与经济管理》2015年第1期。

[54] 刘金全：《货币政策作用的有效性和非对称性研究》，载《管理世界》2002年第3期。

[55] 刘明志：《货币供应量和利率作为货币政策中介目标的适用

性》,载《金融研究》2006年第1期,第51~63页。

[56] 刘生福、李成:《货币政策调控、银行风险承担与宏观审慎管理——基于动态面板系统GMM模型的实证分析》,载《南开经济研究》2014年第5期,第24~39页。

[57] 刘胜会:《金融危机中美联储的货币政策工具创新及启示》,载《国际金融研究》2009年第8期,第10~16页。

[58] 刘涛雄、王伟:《银行信贷结构对货币政策有效性的影响》,载《清华大学学报(哲学社会科学版)》2013年第3期。

[59] 刘伟:《经济发展的特殊性与货币政策的有效性》,载《经济研究》2011年第10期。

[60] 刘伟、苏剑:《"新常态"下的中国宏观调控》,载《经济科学》2014年第4期,第5~13页。

[61] 陆军、舒元:《长期货币中性:理论及其中国的实证》,载《金融研究》2002年第6期。

[62] [奥]路德维希·冯·米塞斯著,郭笑文等译:《人类行为的经济学分析》,广东经济出版社2010年版。

[63] [奥]路德维希·冯·米塞斯著,王建民等译:《社会主义》,中国社会科学出版社2006年版。

[64] 吕朝凤、黄梅波:《习惯形成、借贷约束与中国经济周期特征——基于RBC模型的实证分析》,载《金融研究》2011年第9期,第1~13页。

[65] [美]罗伯特·巴罗著,原毅军等译:《宏观经济学》,第5版,机械工业出版社2007年版。

[66] [英]罗纳德·凯恩斯著,徐毓译:《就业、利息和货币通论》,商务印书馆1997年版。

[67] 马草原、李成:《国有经济效率、增长目标硬约束与货币政策超调》,载《经济研究》2013年第7期。

[68] [德]马克思、恩格斯著,中共中央马克思恩格斯列宁斯大林著作编译局编译:《马克思恩格斯全集》,第46卷,人民出版社1980年版。

[69] 马理、黄宪、代军勋:《银行资本约束下的货币政策传导机制研究》,载《金融研究》2013年第5期,第47~59页。

[70] 马文涛、魏福成:《基于新凯恩斯动态随机一般均衡模型的季度产出缺口测度》,载《管理世界》2011年第5期,第41~60页。

[71] 马亚明、刘翠:《房地产价格波动与我国货币政策工具规则的选择——基于 DSGE 模型的模拟分析》,载《国际金融研究》2014 年第 8 期,第 24~34 页。

[72] 马勇:《基于金融稳定的货币政策框架:理论与实证分析》,载《国际金融研究》2013 年第 11 期,第 4~15 页。

[73] 马勇:《植入金融因素的 DSGE 模型与宏观审慎货币政策规则》,载《世界经济》2013 年第 7 期,第 68~92 页。

[74] 马勇、陈雨露:《经济开放度与货币政策有效性:微观基础与实证分析》,载《经济研究》2014 年第 3 期,第 35~46 页。

[75] 毛彦军、王晓芳:《货币供给冲击、货币需求冲击与中国宏观经济波动》,载《财贸研究》2012 年第 2 期,第 100~107 页。

[76] 毛彦军、王晓芳、徐文成:《消费约束与货币政策的宏观经济效应——基于动态随机一般均衡模型的分析》,载《南开经济研究》2013 年第 1 期,第 53~67 页。

[77] [美] 米尔顿·弗里德曼著,张瑞玉译:《资本主义与自由》,商务印书馆 2004 年版。

[78] [美] 米尔顿·弗里德曼、安娜·雅各布森·施瓦茨著,巴曙松译:《美国货币史》,北京大学出版社 2009 年版。

[79] [瑞典] 纳特·魏克赛尔著,蔡受百、程伯撝译:《利息与价格》,商务印书馆 1959 年版。

[80] 欧阳志刚:《我国利率的非线性动态调节及其货币政策效果》,载《统计研究》2009 年第 4 期,第 33~40 页。

[81] 潘敏、夏庆、刘小燕、张华华:《汇率制度改革、货币政策与国债利率期限结构》,载《金融研究》2011 年第 11 期,第 18~31 页。

[82] [奥] 庞巴维克著,何崑曾、高德超译:《资本与利息》,商务印书馆 2010 年版。

[83] 彭方平等:《流动性过剩与央行货币政策有效性》,载《管理世界》2008 年第 5 期。

[84] 彭方平等:《通胀预期与央行货币政策有效性》,载《中国管理科学》2014 年第 20 卷第 1 期。

[85] 彭兴韵:《流动性、流动性过剩与货币政策》,载《经济研究》2007 年第 11 期,第 58~70 页。

[86] 彭兴韵、胡志浩、王剑锋:《不完全信息中的信贷经济周期与

货币政策理论》，载《中国社会科学》2014年第9期，第75~87页。

[87] 齐建国：《中国经济"新常态"的语境解析》，载《西部论坛》2015年第1期，第51~59页。

[88] 齐志鲲：《银行惜贷、信贷配给与货币政策有效性》，载《金融研究》2002年第8期。

[89] 裘骏峰：《国际储备积累、实物与资产价格通胀及货币政策独立性》，载《经济学》（季刊）2015年第2期，第677~702页。

[90] 饶品贵、姜国华：《货币政策、信贷资源配置与企业业绩》，载《管理世界》2013年第3期。

[91] 饶品贵、姜国华：《货币政策对银行信贷与商业信用互动关系影响研究》，载《经济研究》2013年第1期。

[92] [法] 萨伊：《政治经济学概论》，陈福生、陈振骅译，商务印书馆1997年版。

[93] 上海社会科学院世界经济研究所宏观经济分析小组：《砥砺前行中的世界经济：新常态、新动力、新趋势——2015年世界经济分析与展望》，载《世界经济研究》2015年第1期。

[94] 申俊喜、曹源芳、封思贤：《货币政策的区域异质性效应——基于中国31个省域的实证分析》，载《中国工业经济》2011年第6期，第36~46页。

[95] 石柱鲜、邓创：《基于自然利率的货币政策效应非对称性研究》，载《中国软科学》2005年第9期，第58~65页。

[96] 隋建利等：《基于太阳黑子冲击视角的中国货币政策有效性测度》，载《管理世界》2011年第9期。

[97] 孙俊：《货币政策转向与非对称效应研究》，载《金融研究》2013年第6期，第60~73页。

[98] 谭旭东：《中国货币政策的有效性问题——基于政策时间不一致性的分析》，载《经济研究》2008年第9期。

[99] 唐齐鸣、熊洁敏：《中国资产价格与货币政策反应函数模拟》，载《数量经济技术经济研究》2009年第11期，第104~115页。

[100] 田光宁等：《货币政策中介指标的有效性：2002~2014年中国的经验》，载《中央财经大学学报》2013年第7期。

[101] 汪川：《"新常态"下我国货币政策转型的理论及政策分析》，

载《经济学家》2015年第5期，第35~42页。

[102] 汪川：《新常态下我国货币政策转型：经验与措施》，载《新金融》2015年第4期，第12~17页。

[103] 王爱俭、王璟怡：《宏观审慎政策效应及其与货币政策关系研究》，载《经济研究》2014年第4期，第17~31页。

[104] 王君斌：《通货膨胀惯性、产出波动与货币政策冲击：基于刚性价格模型的通货膨胀和产出的动态分析》，载《世界经济》2010年第3期，第71~94页。

[105] 王君斌、郭新强、蔡建波：《扩张性货币政策下的产出超调、消费抑制和通货膨胀惯性》，载《管理世界》2011年第3期，第7~21页。

[106] 王君斌、郭新强、王宇：《中国货币政策的工具选取、宏观效应与规则设计》，载《金融研究》2013年第8期，第1~15页。

[107] 王晓、李佳：《金融稳定目标下货币政策与宏观审慎监管之间的关系：一个文献综述》，载《国际金融研究》2013年第4期，第22~29页。

[108] 王振、曾辉：《影子银行对货币政策影响的理论与实证分析》，载《国际金融研究》2014年第12期，第58~67页。

[109] 吴化斌、许志伟、胡永刚等：《消息冲击下的财政政策及其宏观影响》，载《管理世界》2011年第9期，第27~39页。

[110] 吴培新：《美联储非常规货币政策框架》，载《国际金融研究》2014年第9期，第15~24页。

[111] 吴培新：《以货币政策和宏观审慎监管应对资产价格泡沫》，载《国际金融研究》2011年第5期，第4~12页。

[112] 伍桂、何帆：《非常规货币政策的传导机制与实践效果：文献综述》，载《国际金融研究》2013年第7期，第18~29页。

[113] 夏德仁等：《谨慎预期下扩张性财政与货币政策的配合》，载《中国社会科学》2001年第5期。

[114] 肖崎、阮健浓：《我国银行同业业务发展对货币政策和金融稳定的影响》，载《国际金融研究》2014年第3期，第65~73页。

[115] 谢军、黄志忠、何翠茹：《宏观货币政策和企业金融生态环境优化——基于企业融资约束的实证分析》，载《经济评论》

2013年第4期，第116~123页。

[116] 熊启跃、黄宪：《资本监管下货币政策信贷渠道的"扭曲"效应研究——基于中国的实证》，载《国际金融研究》2015年第1期，第48~61页。

[117] 徐小华、何佳：《利率期限结构中的货币政策信息》，载《上海金融》2007年第1期。

[118] 闫力等：《货币政策有效性问题研究——基于1998~2009年月度数据的分析》，载《金融研究》2009年第12期。

[119] 杨丽：《1998年以来我国货币政策有效性评析》，载《金融研究》2004年第11期。

[120] 姚余栋、李法瑾：《中国货币政策传导信贷渠道的经验研究：总量融资结构的新证据》，载《世界经济》2013年第3期，第3~32页。

[121] 姚余栋、李连发、辛晓岱：《货币政策规则、资本流动与汇率稳定》，载《经济研究》2014年第1期，第127~139页。

[122] 姚余栋、谭海鸣：《通胀预期管理和货币政策——基于"新共识"宏观经济模型的分析》，载《经济研究》2013年第6期，第45~57页。

[123] 姚余栋、谭海鸣：《央票利率可以作为货币政策的综合性指标》，载《经济研究》2011年第S2期，第63~74页。

[124] 易宪容：《经济新常态下央行货币政策应去杠杆》，载《新金融》2015年第1期，第22~26页。

[125] 易宪容：《美联储量化宽松货币政策退出的经济分析》，载《国际金融研究》2014年第1期，第12~24页。

[126] 易晓溦、陈守东、刘洋：《美国非常规货币政策冲击下中国利率期限结构动态响应研究》，载《国际金融研究》2015年第1期，第25~36页。

[127] 余斌、吴振宇：《中国经济新常态与宏观调控政策取向》，载《改革》2014年第11期，第17~25页。

[128] 喻坤、李治国、张晓蓉、徐剑刚：《企业投资效率之谜：融资约束假说与货币政策冲击》，载《经济研究》2014年第5期，第106~120页。

[129] ［英］詹姆士·密尔：《詹姆士·密尔政治著作选（影印本）》，(英文版)，中国政法大学出版社2003年版。

[130] 张彬:《我国货币市场基准利率的选择研究》,西南财经大学学位论文,2013年。

[131] 张成思:《货币政策传导机制:理论发展与现实选择》,载《金融评论》2011年第1期。

[132] 张红、李洋:《房地产市场对货币政策传导效应的区域差异研究——基于GVAR模型的实证分析》,载《金融研究》2013年第2期,第114~128页。

[133] 张慧芳:《新常态下的经济结构:再平衡与新期待》,载《经济学家》2015年第7期,第5~12页。

[134] 张金城:《货币政策调控、流动性管理与宏观经济稳定》,载《国际金融研究》2014年第3期,第7~20页。

[135] 张磊:《中国转轨时期的货币非超中性和通货膨胀——兼论中国货币政策双重目标的体制根源》,载《金融研究》2008年第12期。

[136] 张莉:《我国货币政策的利率传导机制及效率研究》,苏州大学学位论文,2010年。

[137] 张强、乔煜峰、张宝:《中国货币政策的银行风险承担渠道存在吗?》,载《金融研究》2013年第8期,第84~97页。

[138] 张小宇、刘金全:《规则型货币政策与经济周期的非线性关联机制研究》,载《世界经济》2013年第11期,第3~26页。

[139] 张晓慧:《新常态下的货币政策》,载《中国金融》2015年第2期,第22~25页。

[140] 张屹山、张代强:《前瞻性货币政策反应函数在我国货币政策中的检验》,载《经济研究》2007年第3期,第20~32页。

[141] 张勇、范从来、陈峥嵘、陈新明:《中国货币政策操作程序演化和货币市场利率波动的传递性》,载《经济科学》2013年第3期,第5~17页。

[142] 张占斌、周跃辉:《关于中国经济新常态若干问题的解析与思考》,载《经济体制改革》2015年第1期,第34~38页。

[143] 张志栋、靳玉英:《我国财政政策和货币政策相互作用的实证研究——基于政策在价格决定中的作用》,载《金融研究》2011年第6期,第46~60页。

[144] 郑挺国、王霞:《泰勒规则的实时分析及其在我国货币政策中的适用性》,载《金融研究》2011年第8期,第31~46页。

[145] 中国人民大学宏观经济分析与预测课题组:《2014~2015年中国宏观经济分析与预测——步入"新常态"攻坚期的中国宏观经济》,载《经济理论与经济管理》2015年第3期,第5~33页。

[146] 周建、况明:《中国宏观经济动态传导、可靠性及货币政策机制》,载《经济研究》2015年第2期,第31~46页。

[147] 周英章、蒋振声:《货币渠道、信用渠道与货币政策有效性——中国1993~2001年的实证分析和政策含义》,载《金融研究》2002年第9期。

[148] 朱韩丹丹:《利率市场化对货币政策传导机制的影响》,浙江大学学位论文,2014年。

[149] 朱培金:《扩展的泰勒规则及其在中国的适用性研究》,吉林大学学位论文,2013年。

[150] 朱欣乐:《美国货币政策对中国经济的影响机理》,吉林大学学位论文,2014年。

[151] 祝继高、陆正飞:《货币政策、企业成长与现金持有水平变化》,载《管理世界》2009年第3期。

[152] Alan Greenspan. The Federal Reserve's semiannual monetary policy report Before the Committee on Banking, Housing, and Urban Affairs. U. S. Senate July 21, 1998.

[153] An S., Schorfheide F. Bayesian Analysis of DSGE Models. Econometric Reviews, 2007, 26 (2): 113-172.

[154] Barro Robert J. and Gordon David B. Rules, Discretion and Reputation in a Model of Monetary Policy. Journal of Monetary Economics, 1983, 12 (1).

[155] Ben S. Bernanke and Gertler M. Monetary policy and asset price volatility. Economic Review, Federal Reserve Bank of Kansas City, issue Q IV, 1999.

[156] Ben S. Bernanke, Gertler M. and Gilchrist S. The Financial Accelerator in a Quantitative Business Cycle Framework. Working Papers 99-03, C. V. Starr Center for Applied Economics, New York University, 1998.

[157] Ben S. Bernanke. At the meetings of the Eastern Economic Association. Washington, DC February 20, 2004.

[158] Ben S. Bernanke. Reflections on a Year of Crisis. At the Federal Reserve Bank of Kansas City's Annual Economic Symposium, Jackson Hole, Wyoming, on August 21, and delivered the same remarks at the Brookings Institution, on September 15, 2009.

[159] Bernanke B. and M. Gertler. Should Central Banks Respond to Movements in Asset Prices? American Economic Review, May, 2001.

[160] Bernanke B., Gertler M., Gilchrist S. G. The Financial Accelerator in Quantitative Business Cycle Framework. In: Taylor J. B., Woodford M. (Eds.) Handbook of Macroeconomics. Vol. Lc, 1999.

[161] Bernanke, Ben and Mark Gertler. Monetary Policy and Asset Price Volatility. In New Challenges for Monetary Policy: A symposium Sponsored by the Federal Reserve Bank of Kansas City. Federal Reserve Bank of Kansas City, 1999.

[162] Bernanke, Ben S. and Alan Bliner. The Federal Funds Rate and the Channels of Monetary Transmission. American Economic Review 82, 1992.

[163] Bernanke, Ben S. and Mark Gertler. Financial fragility and economic performance. Quarterly Journal of Economics, 1990.

[164] Bernanke, Ben S. FRB speech: " The Crisis and the Policy Response". At the Stamp Lecture, London School of Economics, London, England, 2009.

[165] Bernanke, Ben S. The Federal Funds Rate and the Channels of Monetary Transnission. NBER Working Papers 3487, National Bureau of Economic Research, Inc, 1990.

[166] Bernanke, Ben S. The Fed's Exit Strategy. The Wall Street Journal, 2009.

[167] Blanchard O. J., Kahn C. M. The Solution of Linear Difference Models Under Rational Expectations. Econometrica: Journal of the Econometric Scociety, 1980 (48): 1306 – 1311.

[168] Bodenstein M., Guerrieri L., Kilian L. Monetary Policy Responses to Oil Price Fluctuations. Imf Economic Review, 2014, 60 (4): 470 – 504.

[169] Borio C. and Disyatat P. Unconventional monetary policies: an ap-

praisal. BIS Working Papers No. 292, 2009.

[170] Borio C. and H. Zhu. Capital Regulation, Risk – Taking and Monetary Policy: A Missing Link in the Transmission Mechanism? BIS Working Paper, 2008.

[171] Borio C. and W. Nelson. Monetary operations and the financial turmoil. BIS Quarterly Review, March, 2008.

[172] Borio C. The implementation of monetary policy in in dustrial countries: A survey. BIS Economic Papers, No. 47, July, 1997.

[173] Calvo G. A. Staggered Prices in a Utility – Maximizing Framework. Journal of Monetary Economics, 1983, 12 (3): 383 – 398.

[174] Calvo, Guillermo. On the Time Consistency of Optimal Policy in the Monetary Economy. Econometrica, 1978, 46 (6).

[175] Catte P., P. Cova, P. Pagano and I. Visco. The Role of Macroeconomic Policies in the Golbal Crisis. Bank of Italy Occasional Papers No. 69, July, 2010.

[176] Charles Bean, Matthias Paustian, Adrian Penalver and Tim Taylor. Monetary Policy after the Fall. presented by Charles Bean, at the Federal Reserve Bank of Kansas City Annual Conference, Jackson Hole, Wyoming, 28 August, 2010.

[177] Christiano L. J. Solving Dynamic Equilibrium Models by a Method of Undetermined Coefficients. Computational Economics, 2002, 20 (1 – 2): 21 – 55.

[178] Christiano L. J., Eichenbaum M. Liquidity Effects and the Monetary Transmission Mechanism. National Bureau of Economic Research, 1992.

[179] Clarida R., Gali J., Gertler M. The Science of Monetary Policy: a New Keynesian Perspective. NBER Working Paper, No. 7147, 1999.

[180] Clarida R., Gertler M. A Simple Framework for International Monetary Policy Analysis. Journal of Monetary Economics, 2002, 49 (5): 879 – 904.

[181] Claudio Borio and William White. Whither monetary and financial stability? the implications of evolving policy regimes. BIS Working Papers No. 147, 2004.

[182] Cogley T., Nason J. M. Effects of the Hodrick – Prescott Filter on Trend and Difference Stationary Time – Series Implications for Business – Cycle Research. Journal of Economic Dynamics & Control, 1995, 19 (1): 253 –278.

[183] Crockett A. Marrying the Micro – and Macro – prudential Dimensions of Financial Stability. Eleventh International Conference of Banking Supervisors, held in Basel, 20 –21 September 2000.

[184] Cukierman A. and Meltzer A. A Theory of Ambiguity, Credibility and Inflation Under Discretion and Asymmetric Information. Econometrica, 54 September 1986.

[185] Davidson, Paul. The Keynes Solution: The Path to Global Economic Prosperity, New York: Palgrave Macmillan, 2009.

[186] De Walque G., Smets F., Wouters R. An Estimated Two – Country DSGE Model for the Euro Area and the US Economy. European Central Bank, Mimeo, 2005.

[187] Divino J. A. Optimal Monetary Policy for a Small Open Economy. Economic Modelling, 2009, 26 (2): 352 –358.

[188] Dixit A. K., Stiglitz J. E. Monopolistic Competition and Optimum Product Diversity. American Economic Review, 1977, 67 (3): 298 –308.

[189] Dupor B., Liu W. F. Jealousy and Equilibrium Over Consumption. American Economic Review, 2003, 93 (1): 423 –428.

[190] Eggertssson G. B. and Woodford M. Optimal monetary policy in a liquidity trap. NBER Working Paper 9968, 2003.

[191] Frankel J. No Single Currency Regime is Right for All Countries or At All Times. NBER Working Papers, 1999.

[192] Frederic S. Mishkin. Does Inflation Targeting Matter? (with Klaus Schmidt – Hebbel) in Frederic S. Mishkin and Klaus Scmidt – Hebbel, eds., Monetary Policy Under Inflation Targeting (Central Bank of Chile: Santiago), 2007.

[193] Frederic S. Mishkin. How Should We Respond to Asset Price Bubbles? Banque de France, Financial Stability Review, Vol. 12, Valuation and Financial Stability (October), 2008.

[194] Frederic S. Mishkin. Inflation Targeting: True Progress or Repack-

aging of an Old Idea? in Swiss National Bank, ed. , The Swiss National Bank, 1908 – 2007 (Neue Zurcher Zeitung Publishing: Zurich, 2007.

[195] Frederic S. Mishkin. The Inflation Targeting Debate. Bank of Canada, Annual Conference, Bank of Canada: Ottawa, 2006.

[196] Friedman M. Dollars and Deficits. Living with America's Economic Problems. Englewood Cliffs: Prentice – Hall, 1968b.

[197] Friedman M. Nobel Lecture: Inflation and Unemploy ment. Journal of Political Economy, 1977, 85 (3).

[198] Friedman M. The Role of Monetary Policy. American Economic Review, 1968, 58 (1).

[199] Friedman M. A. A Theory of The Consumption Function. Econometrica, 1957, 40 (4).

[200] Frisch, Helmut. Inflation Theory 1963 – 1975: A Second Generation Survey. Journal of Economic Literature, 1977, 15 (4): 1289 – 1317.

[201] Fuerst T. S. Liquidity, Loanable Funds, and Real Activity. Journal of Monetary Economics, 1992, 29 (1): 3 – 24.

[202] Fujiwara I. , Hirose Y. , Shintani M. Can News be a Major Source of Aggregate Fluctuations? A Bayesian DSGE Approach. Journal of Money, Credit and Banking, 2011, 43 (1): 1 – 29.

[203] Gali J. , Gertler M. Macroeconomic Modeling for Monetary Policy Evaluation. National Bureau of Economic Research, 2007.

[204] Gerali A. , Sessa L. , Sessa Let Al. Credit and Banking in a DSGE Model of The Euro Area. Journal of Money Credit and Banking, 2010, 42 (6): 108 – 141.

[205] Glenn D. Rudebusch, Lars E. O. Svensson. Policy Rules for Inflation Targeting. NBER Working Paper No. 6512, 1998.

[206] Goodfriend M. , King R. The New Neoclassical Synthesis and the Role of Monetary Policy. Cambridge: Mit Press, 1997.

[207] GottfriedHaberler. The Pigou Effect Once More. Journal of Political Economy, 1952, 60 (3): 240 – 246.

[208] Greenspan A. Quoted in the New York Times, November 15, 1998. Cogley T. 1999, Economic Review, Federal Reserve Bank

of San Francisco.

[209] Greenspan A. Testimony to the Committee on Banking and Financial Services, US House of Representative, July 22, 1999.

[210] Greenspan A. The Age of Turbulence: Adventures in a New World. Allen Lane, 2007.

[211] Greenspan A. The Crisis. Brookings paper, April 15, 2010.

[212] Greenwald, Bruce and Joseph E. Stiglitz. Externalities in economies with imperfect information and incomplete markets. Quarterly Journal of Economics 1986 (101).

[213] Ireland P. N. A New Keynesian Perspective on the Great Recession. Journal of Money Credit and Banking, 2011, 43 (1): 31 – 54.

[214] Ireland P. N. Endogenous Money or Sticky Prices? Journal of Monetary Economics, 2003, 50 (8): 1623 – 1648.

[215] James Peery Cover. Asymmetric Effects of Positive and Negative Money – Supply Shocks. The Quarterly Journal of Economics Vol. 107, No. 4, 1992.

[216] Janet L. Yellen. The outlook for the economy and real estate. Speech, Federal Reserve Bank of San Francisco, issue Nov 10, 2009.

[217] Janet L. Yellen. U. S. monetary policy objectives in the short and long run. Speech, Federal Reserve Bank of San Francisco, issue Jan 4, 2009.

[218] John F. Muth. Rational Expectations and the Theory of Price Movements. Econometrica, Vol. 29, No. 3, July 1961.

[219] Judd K. L. Numerical Methods in Economics. Mit Press, 1998.

[220] Juillard M. Dynare: a Program for the Resolution and Simulation of Dynamic Models with Forward Variables through the Use of a Relaxation Algorithm. Cepremap, 1996.

[221] Khan H. ,Tsoukalas J. The Quantitative Importance of News Shocks in Estimated DSGE Models. Carleton University, Department of Economics, 2011.

[222] King R. G. , Plosser C. I. Money, Credit, and Prices in a Real Business – Cycle. American Economic Review, 1984, 74 (3):

22 – 30.

[223] Klein P. Using The Generalized Schur Form to Solve a Multivariate Linear Rational Expectations Model. Journal of Economic Dynamics & Control, 2000, 24 (10): 1406 – 1423.

[224] Kohn D. L. Monetary policy and asset prices revisited. Cato Journal, 2009, 29 (1).

[225] Kohn D. L. The Effects of Globalization on Inflation and Their Implications for Monetary Policy. At the Federal Reserve Bank of Boston's 51st Economic Conference, Chatham, Massachusetts, 2006.

[226] Krugman P. The Return of Depression Economics. Foreign Affairs, 1999, 78 (1): 56 – 74.

[227] Kydland F. E., Prescott E. C. Time to Build and Aggregate Fluctuations. Econometrica, 1982, 50 (6): 1346 – 1370.

[228] Kydland, Finn E. and Prescott, Edward C. Rules Rather Than Discretion: The Inconsistency of Optimal Plans. Journal of Political Economy, 1977, 85 (3).

[229] Learner A. The economics of Control. New York: Macmillan, 1944.

[230] Leeper E. M., Sims C. A., Zha T. et al. What Does Monetary Policy Do? Brookings Papers on Economic Activity, 1996 (2): 1 – 78.

[231] Leeper E. M., Walker T. B., Yang S. Fiscal Foresight: Analytics and Econometrics. NBER, Working Paper 14028, 2008.

[232] LevyYeyati E., Sturzenegger F. Deeds vs. Words: Classifying Exchange Rate Regimes. Universidad Torcuato Di Tella, 1999.

[233] Litterman and Weiss Laurence. Money, real interest rates, and output: a interpretation of postwar U. S. data. Econometrica 53, 1985.

[234] Loisely O., A. Pommeretz and F. Portierx. Monetary Policy and Herd Behavior in New – Tech Investment. Mimeo, Banque De France, November, 2009.

[235] Long J. B., Plosser C. I. Real Business Cycles. Journal of Political Economy, 1983, 91 (1): 39 – 69.

[236] Lucas Jr, R. E. Expectation and the Neutrality of Money. Journal of Political Economy, 1972 (91): 589 –610.

[237] Lucas R. E. Liquidity and Interest – Rates. Journal of Economic Theory, 1990, 50 (2): 238 –264.

[238] Lucas R. E. Models of Business Cycles. B. Blackwell, 1987.

[239] M. J. Fleming. Domestic financial policies under fixed and under floating exchange rates. International monetary fund staff papers 9, 1962.

[240] Marshall A. Money, Credit and Commerce. London: Macmillan and Co., 1923.

[241] Masson P. R. Exchange Rate Regime Transitions. IMF Working Paper, 2000, 64 (2): 571 –586.

[242] McCallum B. Alternative Monetary Policy Rules: a Comparison with Historical Setting for the United States. The United Kingdom, and Japan. NBER Working Paper, No. 7725, 2000.

[243] McCallum B. T., Nelson E. An Optimizing IS – LM Specification for Monetary Policy and Business Cycle Analysis. Journal of Money Credit and Banking, 1999, 31 (3): 297 –316.

[244] Milani F., Treadwell J. The Effects of Monetary Policy News and Surprises. Mimeo, University of California. Invine, 2011: 1 –26.

[245] Milton Friedman and David Meiselman. The Relative Stability of Monetary Velocity and the Investment Multiplier in the United States, 1897 –1958. Stabilization Policies, Commission on Money and Credit, Prentice Hall, 1963.

[246] Milton Friedman. THE ROLE OF MONETARY POLICY, Presidential address delivered at the Eightieth Annual Meeting of the American Economic Association. Washington D. C., December 29, 1967. The American Economic Review Volume LVIII, March 1968, Number 1.

[247] Mishkin F. S. Monetary policy flexibility, Risk management, and financial disruptions. Journal of Asian Economics, 2010, 21 (3).

[248] Mishkin F. S., Klaus Schmidt – Hebbel. Does Inflation Targeting Make a Difference? NBER Working Paper No. W12876, 2007.

[249] Mishkin Frederic S. and Posen Adam S. Inflation Targeting: Les-

sons from Four Countries. Federal Reserve Bank of New York Economic Policy Review, 1997.

[250] Mishkin Frederic S. Issues in Inflation Targeting. in Price Stability and the Long – Run Target for Monetary Policy, Bank of Canada: Ottawa, Canada, forthcoming, 2001.

[251] Mishkin Frederic S. The Transmission Mechanism and the Role of Asset Prices in Monetary Policy. in Aspects of the Transmission Mechanism of Monetary Policy, Focus on Austria 3 – 4/2001 (Osterreichische Nationalbank: Vienna).

[252] Modigliani F. , Brumberg R. Utility Analysis and the Consumption Function: An Interpretation of Cross – section Data. Franco Modigliani, 1954, 1 (1): 388 – 436.

[253] Muth J. F. Rational – Expectations and the Theory of Price Movements. Econometrica, 1961, 29 (3): 316 – 335.

[254] Negro M. D. , Schorfheide F. , Smets F. et al. On The Fit and Forecasting Performance of New Keynesian Models. Journal of Business and Economic Statistics, 2007, 25 (2): 123 – 143.

[255] Nimark K. P. A Structural Model of Australia as a Small Open Economy. Australian Economic Review, 2009, 42 (1): 24 – 41.

[256] N'Diaye, Papa M'B. P. Countercyclical Macro Prudential Policies in a Supporting Role to Monetary Policy. IMF Working Paper No. 09/257, 2009.

[257] Patinkin D. Money, interest and Prices: An Integration of Money and Value Theory. 2d. ed. New York: Harper and Row, 1965.

[258] Phelps E. S. et al. Microeconomic Foundations of Employment and Inflation Theory. New York: Norton, 1970.

[259] Phelps E. S. Money – Wage Dynamics and Labor – Market Equilibrium. Journal of Political Economy, 1968, 76 (4).

[260] Phelps E. S. Phillips Curves, Expectations of Inflation and Optimal Unemployment over Time. Economica, 1967, 34 (135).

[261] Pierdzioch C. , Yener S. On the Hump – shaped Output Effect of Monetary Policy in an Open Economy. International Economics and Economic Policy, 2007, 4 (1): 1 – 13.

[262] Pigou A. C. The value of money. The Quarterly Journal of Econom-

ics, 1917, 32 (1): 38 –65.

[263] Prakash Kannan, Pau Rabanal, and Alasdair Scott, Monetary and Macroprudential Policy Rules in a Model with House Price Booms, IMF Working Paper, 2009.

[264] R. A. Mundell. The appropriate use of monetary and fiscal policy under fixed exchange rates. International monetary fund staff papers 2, 1962.

[265] Rabanal P. Lessons for Monetary Policy From Asset Price Fluctuations. With Antonio Fatás, Prakash Kannan and Alasdair Scott, Chapter 3 of the October 2009 World Economic Outlook.

[266] Ranciere R., Tornell A. and F. Westermann. Systemic Crises and Growth. NBER Working Paper 11076, 2005.

[267] Richard Dennis. Inflation Expectations and the Stability Properties of Nominal GDP Targeting, The Economic. Journal Volume 111, Issue 468, 2001.

[268] Robinson J. "The Foreign Exchange" in H. Ellis and L. A. Metzler. (eds.), 1937. Readings in the Theory of International Trade. Homewood: Irwin, 1950.

[269] Rose, Andrew K. The role of exchange rates in a popular model of international trade: Does the "Marshall – Lerner" condition hold? Journal of International Economics, 1991 (30): 3 –4.

[270] S. S. Alexander. Effects of a devaluation on a trade balance. IMF Staff Papers 2, 1952.

[271] Sanford J. Grossman & J. E. Stiglitz, The Informational Role of Upstairs and Downstairs Trading. Journal of Business, 1992 (65).

[272] Sanford J. Grossman & Oliver D. Hart. On the Impossibility of Informationally Efficient Markets. The American Economic Review 70, 1980 (3).

[273] Sargent T. J. and Wallence N. Rational Expectations, the Optimal Monetary Instrument, and the Optimal Monetary Supply Rule. Journal of Political Economy, 1995 (4): 241 –254.

[274] Sargent T. J., Surico P. Two Illustrations of the Quantity Theory of Money: Breakdowns and Revivals. American Economic Review, 2011, 101 (1): 109 –128.

[275] Schmitt – Grohe S. Solving Dynamic General Equilibrium Models Using a Second – Order Approximation to the Policy Function. Journal of Economic Dynamics & Control, 2004, 28 (4): 756 – 775.

[276] Schorfheide F. Loss Function – Based Evaluation of DSGE Models. Journal of Applied Econometrics, 2000, 15 (6): 646 – 670.

[277] Seckin A. Consumption – Leisure Choice with Habit Formation. Economics Letters, 2001, 70 (1): 116 – 120.

[278] Sims C. A. Interpreting the Macroeconomic Time Series Facts: the Effects of Monetary Policy. European Economic Review, 1992, 36 (5): 976 – 1000.

[279] Sims C. A. Solving Linear Rational Expectations Models. Computational Economics 2002 (20): 1 – 20.

[280] Sims, Christopher A. Money, Income, and causality. American Economic Review 62, 1972.

[281] Smets F., Wouters F. An Estimated Dynamic Stochastic General Equilibrium Model of the Euro Area. Journal of The European Economic Association, 2003, 1 (5): 1123 – 1175.

[282] Smets F., Wouters F. Shocks and Frictions in US Business Cycles: a Bayesian DSGE Approach. American Economic Review, 2007, 97 (3): 587 – 606.

[283] Stiglitz J, Weiss A. A credit rationing in markets with imperfect information. American Economics Review 71, 1981.

[284] Stiglitz, Joseph E. Whither Socialism? Cambridge, MA: MIT Press, 1994.

[285] Taylor John B. Discretion versus Policy Rules in Practice. Carnegie – Rochester Conference Series on Public Policy 39, 1993.

[286] Taylor John B. How should monetary policy respond to shocks while maintaining long – run price stability? Conceptual issues. in Federal Reserve Bank of Kansas City, 1996.

[287] Tervala J. Jealousy and Monetary Policy. Journal of Socio – Economics, 2007 (37): 1798 – 1802.

[288] Tobias Adrian and Hyun Song Shin. Money, Liquidity, and Monetary Policy. American Economic Review, Vol. 99 May, 2009.

[289] Tobin J. A general equilibrium approach to monetary theory. Jour-

nal of Money Credit and Banking, 1969.

[290] Tobin J. The theory of portfolio selection. In the theory of interest rates. edited by F. Hahn and F. Brechling. London: Macmillan, 1965.

[291] Tobin James. Monetary Policy: Recent Theory and Practice. Cowles Foundation Discussion Papers, No. 1187, 1998.

[292] Tovar C. DSGE Models and Central Banks. Economics: the Open – Access, Open – Assessment E – Journal, 2009 (3): 1 – 16.

[293] Ugai Hiroshi. Effects of the Quantitative Easing Policy: A Survey of Empirical Analyses. Monetary and Economic Studies, Institute for Monetary and Economic Studies, Bank of Japan, 2007, 25 (1).

[294] Uhlig H. A Toolkit for Analyzing Nonlinear Dynamic Stochastic-Models Easily. Institute for Empirical Macroeconomics, Federal Reserve Bank of Minneapolis, 1995.

[295] Woodford M. Interest and Prices. Princeton: Princeton University Press, 2003.

[296] Yun T. Normal Prices Rigidity, Money Supply Endogeneity and Business Cycles. Journal of Monetary Economics, 1996, 37 (2): 346 – 370.

附　录

附录1：不同条件下货币政策三角有效性的理论分析与证明

我们假设，中央银行为促进经济增长而放弃国际收支平衡的成本函数为：$W = c' - NX^\alpha$，c'、α 为正的参数，c' 为完全放弃国际收支时的成本，α 为放弃国际收支的损失指数。α 越大则放弃国际收支平衡的损失越大。

由于通货膨胀会通过价格的不确定性对未来的生产生活产生影响。为此，我们构建通货膨胀的风险函数为 $r = (1 - P)^\beta$，$\xi_r = 1/\beta$ 为通货膨胀风险指数，$\beta \in (0, 1)$。对相同的通货膨胀波动性，ξ_r 越大通货膨胀风险也越大。设 p 为物价自由度，γ 为物价指数中商品权重的集中程度，f 为市场经济体系的发育成熟程度。那么 p、γ 越大，通货膨胀风险对整个经济所作成的冲击风险也越大，而 f 有相反的作用。可设通货膨胀风险对整个经济所造成的风险成本函数为：$R = r\gamma p/f$。

这时，中央银行要实现的就是为货币政策效能损失最小化：

$$\min_{x, y \in [0,1]} C = \lambda W + \rho R = \lambda(c' - \gamma^\alpha) + \rho \frac{\gamma p}{f}(1 - p)^\beta$$

$$\text{s.t.} \quad P + Y = 2 - NX, \quad NX \in [0, 1] \qquad (附1-1)$$

其中，ρ 为中央银行决策者主观风险厌恶系数，λ 是一个反映中央银行对两种成本相对重视程度的常数。一般而言，开放程度越高，经济规模越小，λ 越高，这也意味着这个国家更加重视货币政策对国际收支平衡的影响。

由于 $\max_{X \in [1-m, 1]} U = \lambda(2 - NX - P)^\alpha + c - \rho \frac{\gamma p}{f}(1 - P)^\beta$，$\alpha > 0$，$\beta \in (0, 1)$

另 $c = -\lambda c'$，当 $NX = 0$ 时，$P = 1$，而在 $NX \neq 0$ 时上式的一阶必要条件为：

$$\rho \frac{\gamma p}{f}\beta(1-P^*)^{\beta-1} - \lambda\alpha(2-NX-P^*)^{\alpha-1} = 0 \qquad （附1-2）$$

假设式（附1-2）的参数可使得解 $x^*(1-NX,1)$。若不满足，则内点解（中间解）不可能存在。

二阶判别式为：

$$\text{sox} = \lambda\alpha(1-\alpha)(2-NX-P^*)^{\alpha-2} - \rho\frac{\gamma p}{f}\beta(\beta-1)(1-P^*)^{\beta-2}$$

$$= \frac{(1-\alpha)(2-NX-P^*)^{-1} - (1-\beta)(1-NX)^{-1}}{\lambda\alpha(2-NX-P^*)^{1-\alpha}} \qquad （附1-3）$$

通过对上述模型的推导，我们可以得到以下命题：

结论一：当 $\alpha\xi \geq 1$，即 $\alpha \geq \beta$ 时，模型必然取得角点解。具体取哪一个角点取决于具体的参数：当 $C|_{P=1} = \lambda[c' - (1-NX)^\alpha] < C|_{P=1-NX} = \lambda(c'-1) + \rho\frac{\gamma p}{f}NX^\beta$ 时，$P=1$（完全放弃物价目标）；当 $C|_{P=1} = C|_{P=1-NX}$ 时，$P = 1-NX$（尽可能地关注物价目标）。特别是，$\alpha=1$ 时，对 $NX < (>) = \sqrt[1-\beta]{\rho\frac{\gamma p}{\lambda f}}$，有 $C|_{P=1} > (<) C|_{P=1-NX}$，即采取单一目标制是有效的。

其证明如下：

当 $\alpha \geq \beta$ 时，$\Theta 1 - NX < P^* < 1$，$(\beta-\alpha) \leq (\beta-\alpha)P^* \leq (\beta-\alpha)(1-NX)$

则 $\text{soc} < (>) 0 \Leftrightarrow \frac{1}{(1-\beta)(1-P^*)} > (<) \frac{1-\alpha}{1-NX-P^*}$

$\Leftrightarrow (\beta-\alpha)P^* > (<) (1-\alpha) - (1-NX)(1-\beta)$

由于 $\beta - \alpha \geq (1-\alpha) - (1-NX)(1-\beta) \Leftrightarrow (1-\beta)(1-NX) \geq 0$

此时，$U|_{P=1} = \lambda(1-NX)^\alpha + c$，$U|_{P=1-NX} = \lambda + c - \rho\frac{\lambda p}{f}NX^\beta$

那么，当 $\alpha=1$ 时，对于 $NX < (>) \sqrt[1-\beta]{\rho\frac{\gamma p}{\lambda f}}$，有 $U|_{P=1} = U|_{P=1-NX}$，即会采取单一目标制。

可见，如果损失指数和风险指数的乘积不小于1，采取传统的物价与经济增长的双目标制或通货膨胀单一目标制是有效的。

结论二：当 $\alpha\xi < 1$，即 $\alpha < \beta < 1$ 时，如果 $\beta \leq 1 - NX(1-\alpha)$ 能够满足，模型结果也将是角点解：如果 $\beta < 1 - NX(1-\alpha)$，若由一阶条件确定的数值 $x^*(\alpha,\beta,NX;\pi)$ 满足 $x^*(\alpha,\beta,NX;\pi) > \frac{1}{\beta-\alpha}[(1-\alpha) - (2-NX)(1-\beta)]$，结果将是角点解，两个角点之间的选择原则同上；当 $x^*(\alpha,\beta,$

· 263 ·

$NX;\pi) < \frac{1}{\beta-\alpha}[(1-\alpha)-(1-NX)(1-\beta)]$ 时，若 $C|_{P=P^*} > \min\{C|_{P=1}, C|_{P=1-NX}\}$，结果将是角点解；反之将是中间解。其证明如下：

当 $0 < \alpha < \beta$ 时，$\Theta 1 - NX < P^* < 1$，$(1-NX)(\beta-\alpha) < (\beta-\alpha)P^* < (\beta-\alpha)$

此时，若 $(1-NX)(\beta-\alpha) \geqslant (1-\alpha)-(2-NX)(1-\beta) \Leftrightarrow \beta \leqslant 1 - NX(1-\alpha)$，soc <0，模型取得角点解。

而当 $0 < \alpha < \beta$ 并且 $\beta > 1-NX(1-\alpha)$ 时，若由一阶条件确定的数值 $x^*(\alpha,\beta,NX;\pi)$ 满足 $P^*(\alpha,\beta,NX;\pi) > \frac{(1-\alpha)-(2-NX)(1-\beta)}{\beta-\alpha} = P_0$，则有 soc >0，结果将是角点解；而当 $P^*(\alpha,\beta,NX;\pi) < P_0$ 时，有 soc <0，此时若 $U|_{P=P^*} < \max\{U|_{P=1}, U|_{P=1-NX}\}$，结果将是角点解；反之将是中间解。

可见，当两指数的乘积小于 1 时，如果国际收支平衡状况较好 $NX \leqslant (1-\beta)/(1-\alpha)$，政府就会尽量将货币政策作用于经济增长与物价稳定；如果国际收支状况较差，政府则可能选择三角形内部的中间制度。

结论三：如果权数 λ 充分小，结果将是 $NX \to 1$，即完全放弃国际收支平衡。比如，由于美元的世界货币地位，使美联储在采取货币政策时可以完全忽略美国货币政策对其国际收支平衡表的影响，所以美国的货币政策属于角点货币政策。

结论四：当 P 充当小时，$NX \to 1$。即国内出现严重通货膨胀时，特别是出现滞涨的情况下，货币政策首先放弃的是国际收支平衡这一目标，之后才是物价与经济增长之间的替换关系。

结论五：当 $NX = 1$ 时，人民银行要根据具体情况选择中间制度与角点制度。特别地当 $\alpha\xi \geqslant 1$ 时中央银行的最优选择为角点制度；当 $\alpha\xi < 1$ 时，政府可能选择中间制度或单一的通货膨胀目标制，但不可能完全放弃物价稳定这一目标（因为最优解不可能在 $P=1$ 处取得）。该命题证明如下：

当 $\alpha \geqslant \beta$ 时，已经证明其结果为角点制度，而在 $1 < \beta < \alpha$ 时，因为 $NX = 1$ 使 $\beta > 1 - NX(1-\alpha)$ 成立，同时满足 $x^*(\alpha,\beta,NX;\pi) < \frac{(1-\alpha)-(2-NX)(1-\beta)}{\beta-\alpha} = 1$，从结论二的证明中可知，模型可能取得角点解。$U|_{P=P^*} > U|_{P=1}$，即 $P=1$ 不可能是模型的解。由于 $NX = 1$，有 $(1-P^*)^{\alpha-\beta} = \frac{\rho\gamma\rho\beta}{\lambda\alpha f}$，进而有：

$$U|_{P=P^*} = \lambda(1-P^*)^\alpha + c - p\frac{\gamma p}{f}(1-P^*)^\beta$$

$$= (1-P^*)^\alpha \left(\lambda - \rho \frac{\gamma p}{f(1-P^*)^{\alpha-\beta}}\right) + c$$

$$= \lambda(1-P^*)^\alpha \left(1 - \frac{\alpha}{\beta}\right) + c > c = U|_{P=1}$$

应用结论五，我们还可以知道，如果中国同时存在物价上涨与国际收支失衡的情况（$\alpha\xi<1$），那么，货币政策可能要在经济增速上寻找答案。比如，若中国同时出现通货膨胀率升高和贸易顺差扩大，那么人民银行可能需要采取货币政策工具降低经济增速，如果出现通货紧缩和贸易顺差减小或甚至出现逆差，则需要采取货币政策工具促进经济增长。

附录2：研究所采用的主要季度数据

附表2-1　　　　　　　　　主要季度数据

时间	通货膨胀	GDP（亿元）	M_2（亿元）	银行间同业拆借利率
1998Q1	99.5	17501.3	92015.0	7.88
1998Q2	98.2	19721.4	94658.0	6.45
1998Q3	101.6	20372.5	99795.0	5.48
1998Q4	100.2	26807.1	104498.5	4.22
1999Q1	99.2	18789.7	108438.0	5.29
1999Q2	98.2	20765.2	111363.0	4.21
1999Q3	102.0	21859.3	115079.0	2.87
1999Q4	100.0	28262.9	117638.1	2.70
2000Q1	98.4	20647.0	124830.3	2.49
2000Q2	98.5	23101.2	129353.4	2.37
2000Q3	101.6	24339.3	133700.5	2.34
2000Q4	100.1	31127.2	138356.5	2.48
2001Q1	99.4	23299.5	143346.7	2.57
2001Q2	98.8	25651.4	147809.7	2.45
2001Q3	99.1	26867.3	151822.6	2.40
2001Q4	100.1	33837.0	158301.9	2.38
2002Q1	98.7	25375.7	162300.9	2.24
2002Q2	99.1	27965.3	167869.4	2.03

续表

时间	通货膨胀	GDP（亿元）	M_2（亿元）	银行间同业拆借利率
2002Q3	101.0	29715.7	175254.9	2.10
2002Q4	100.3	37276.0	183246.9	2.24
2003Q1	99.4	28861.8	192832.4	2.06
2003Q2	98.8	31007.1	203071.7	2.10
2003Q3	101.2	33460.4	211611.5	2.68
2003Q4	100.6	42493.5	219226.8	2.24
2004Q1	100.3	33420.6	231654.6	2.08
2004Q2	99.3	36985.3	238427.5	2.41
2004Q3	101.1	30561.7	243757.0	2.26
2004Q4	100.1	49910.7	253207.7	2.09
2005Q1	99.1	38663.6	264588.9	1.98
2005Q2	99.2	42443.2	275785.5	1.57
2005Q3	100.7	44370.7	287438.3	1.55
2005Q4	100.4	57639.9	298755.5	1.73
2006Q1	99.1	44419.8	310490.7	1.49
2006Q2	99.5	49191.8	322756.4	1.96
2006Q3	100.5	50958.0	331865.4	2.14
2006Q4	101.4	67353.9	345577.9	2.16
2007Q1	99.7	53058.3	364104.7	1.99
2007Q2	100.4	59400.0	377832.2	3.09
2007Q3	100.3	61969.3	393098.9	4.75
2007Q4	101.0	82878.0	403401.3	3.31
2008Q1	99.3	63474.5	423054.5	2.53
2008Q2	99.8	71251.3	443141.0	3.44
2008Q3	100.0	73299.5	452898.7	3.16
2008Q4	99.8	106019.7	475166.6	1.56
2009Q1	99.7	65745.1	530626.7	0.99
2009Q2	99.5	74117.1	568916.2	1.06
2009Q3	100.4	77954.8	585405.3	1.57
2009Q4	100.3	117536.0	610224.5	1.50
2010Q1	99.3	80577.0	649947.5	1.67
2010Q2	99.4	91992.7	673921.7	2.68
2010Q3	100.6	96619.0	696471.5	2.48
2010Q4	100.5	127748.9	725851.8	4.54
2011Q1	99.8	96311.0	758129.9	2.42

附录3：本书参数估计过程的先验和后验分布

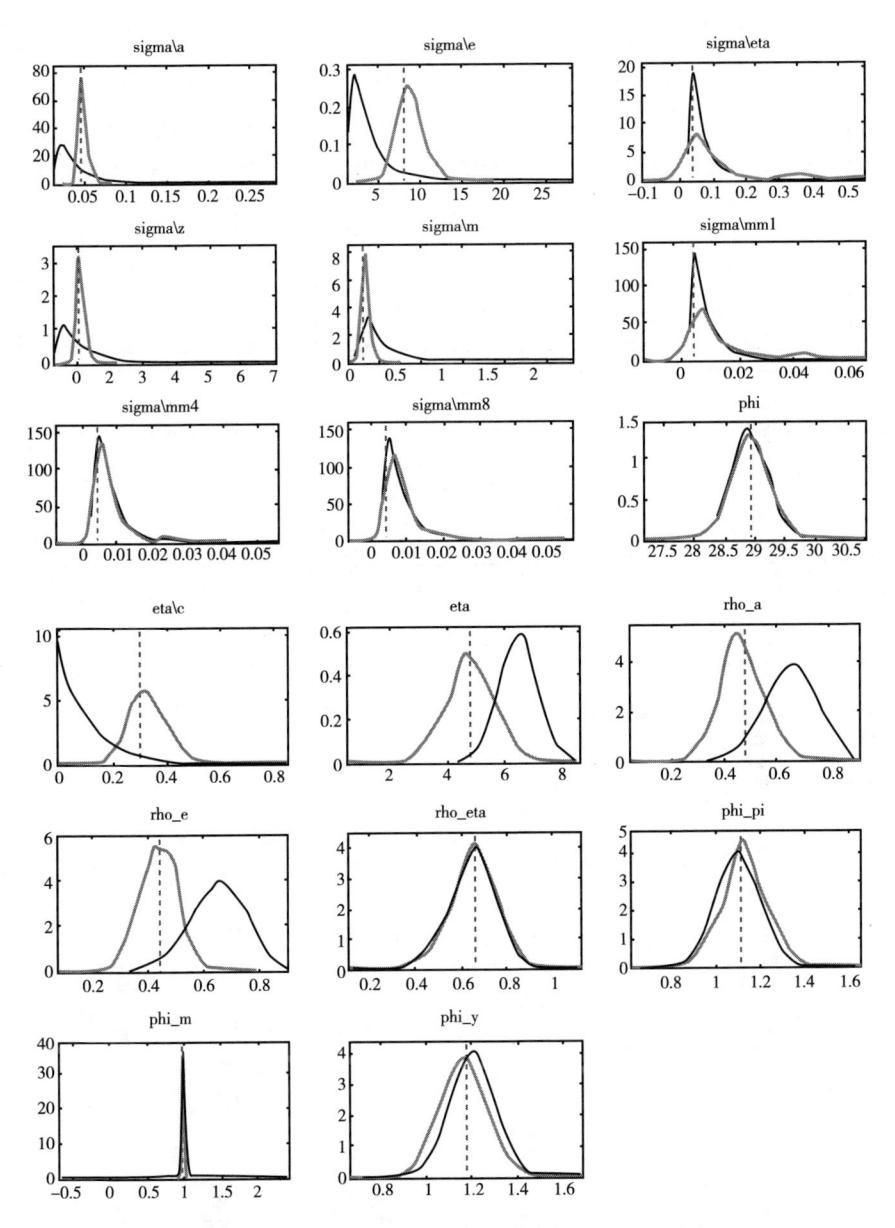

附图3-1 第7章模型参数估计的先验和后验分布

注：图中粗线为对应参数的后验分布，细曲线为对应参数的先验分布。

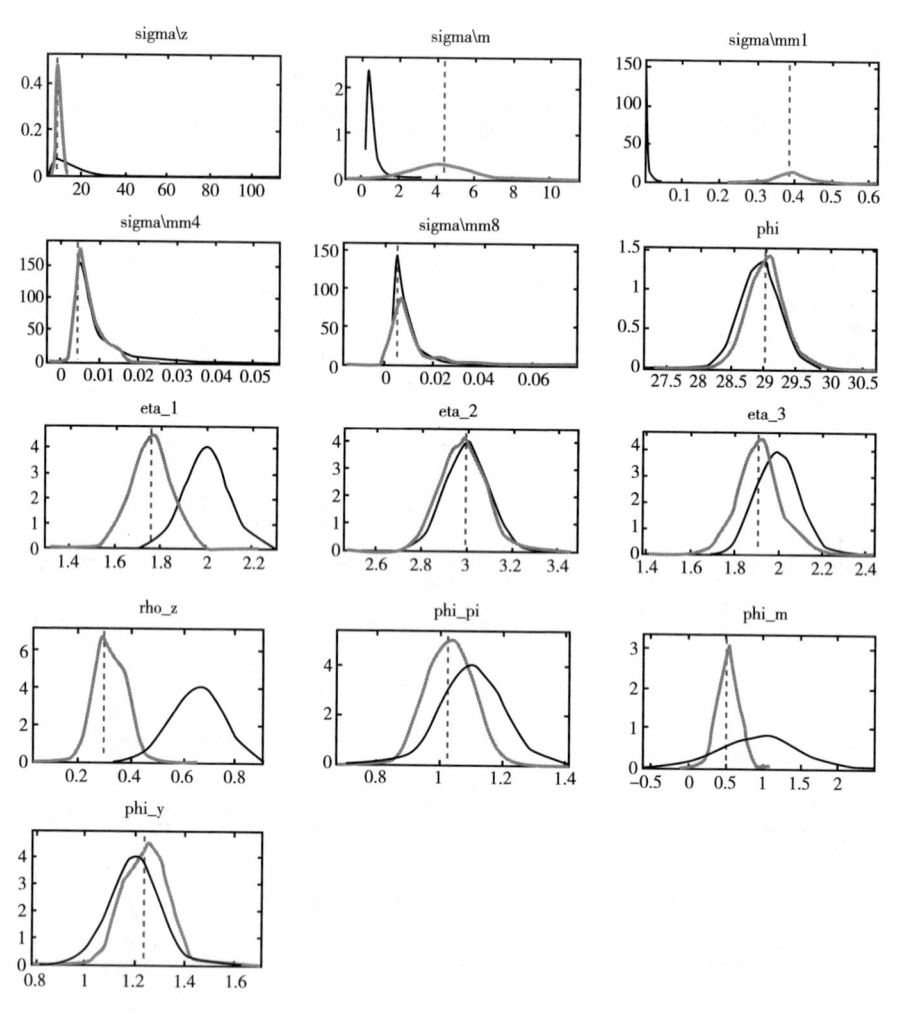

附图 3-2　第 8 章模型参数估计的先验和后验分布

注：图中粗线为对应参数的后验分布，细曲线为对应参数的先验分布。

附表 3-1　　　　　　　　分布图中符号说明

图中符号	文中符号	图中符号	文中符号
eta \ c	η_e	eta	η
rho_a	ρ_a	eta_1	η_1
rho_e	ρ_e	eta_2	η_2
rho_eta	ρ_η	eta_3	ρ_3
rho_pi	ρ_π	sigma \ a	σ_a
rho_m	ρ_m	sigma \ e	σ_e
rho_y	ρ_γ	sigma \ eta	σ_η

续表

图中符号	文中符号	图中符号	文中符号
rho_z	ρ_z	sigma \ z	σ_z
phi	ϕ	sigma \ m	σ_m
phi_pi	ϕ_π	sigma \ mm1	σ_{m1}
phi_m	ϕ_m	sigma \ mm4	σ_{m4}
phi_y	ϕ_r	sigma \ mm8	σ_{m8}

附录4：方程系统 $AE_tS_{t+1} = BS_t$ 的具体求解过程

当系数矩阵 A 不可逆时，上述方程系统不能写成 $E_tS_{t+1} = A^{-1}BS_t = WS_t$，因此也就不能对矩阵 W 进行 Jordan 分解。

为了解决矩阵 A 存在不可逆性带来的问题，可以采用如下广义特征向量分解：设 $\lambda(A, B)$ 为特征方程 $Bq = \lambda Aq$ 的广义特征值，其中 q 为一个非零向量。

广义 Schur 分解意味着存在正交矩阵 Q 和 Z，使得 $QAZ = S$ 和 $QBZ = T$ 均为上三角矩阵。对任意 i、s_{ii} 和 t_{ii} 不全为零，设 $\lambda(A,B) = \left\{\dfrac{t_{ii}}{s_{ii}} : s_{ii} \neq 0\right\}$，且数组 (s_{ii}, t_{ii}) 可以按照任何顺序进行组合。

基于上述分解，式（3-43）可以重新写成

$$(Q'Q)A(ZZ')E_tS_{t+1} = (Q'Q)B(ZZ')S_t \quad (附4-1)$$

$$Q'SZ'E_tS_{t+1} = Q'TZ'S_t \quad (附4-2)$$

$$SE_tZ'S_{t+1} = TZ'S_t \quad (附4-3)$$

$$SE_tW_{t+1} = TW_t \quad (附4-4)$$

对上述矩阵进行分块

$$S = \begin{bmatrix} S_{11} & S_{12} \\ {}_{n_s \times n_s} & {}_{n_s \times n_c} \\ 0 & S_{22} \\ {}_{n_c \times n_s} & {}_{n_c \times n_c} \end{bmatrix}; \quad T = \begin{bmatrix} T_{11} & T_{12} \\ {}_{n_s \times n_s} & {}_{n_s \times n_c} \\ 0 & T_{22} \\ {}_{n_c \times n_s} & {}_{n_c \times n_c} \end{bmatrix}$$

$$Z = \begin{bmatrix} Z_{11} & Z_{12} \\ {}_{n_s \times n_s} & {}_{n_s \times n_c} \\ 0 & Z_{22} \\ {}_{n_c \times n_s} & {}_{n_c \times n_c} \end{bmatrix}; \quad W_t = \begin{bmatrix} W_{1,t} \\ {}_{n_s \times 1} \\ W_{2,t} \\ {}_{n_c \times 1} \end{bmatrix}$$

由式（附4-4）下半部分可以得到如下前瞻型方程：
$$S_{22}E_tW_{2,t+1} = T_{22}W_{2,t} \qquad (附4-5)$$
$$E_tW_{2,t+1} = S_{22}^{-1}T_{22}W_{2,t} \qquad (附4-6)$$

给定 $S_{22}^{-1}T_{22}$ 仅含有不稳定的特征值（矩阵分块儿时就已给定），然而系统的稳定性要求 $W_{2,t}=0$。

由 W_t 定义可以得到模型系统的部分解，即政策函数：
$$Z'_{12}s_t + Z'_{22}u_t = 0 \qquad (附4-7)$$
$$u_t = \underbrace{-(Z'_{22})^{-1}Z'_{12}}_{=\Pi}s_t \qquad (附4-8)$$

然后，依据 Z 的特征可得 $ZZ' = I$，进一步有：
$$ZZ' = \begin{bmatrix} Z'_{11}Z_{11} + Z'_{21}Z_{21} & Z'_{11}Z_{12} + Z'_{21}Z_{22} \\ Z'_{12}Z_{11} + Z'_{22}Z_{21} & Z'_{12}Z_{12} + Z'_{22}Z_{22} \end{bmatrix} = \begin{bmatrix} I_{n_s} & 0 \\ 0 & I_{n_c} \end{bmatrix} \qquad (附4-9)$$

因此，由第 2 行第 1 列元素得：
$$Z'_{12}Z_{11} = -Z'_{22}Z_{21} \qquad (附4-10)$$
$$(Z'_{22})^{-1}Z'_{12} = -Z_{12}Z_{11}^{-1} \qquad (附4-11)$$

根据第 1 行第 1 列的元素有：
$$Z'_{21}Z_{21} = I - Z'_{11}Z_{11} \qquad (附4-12)$$

另外，注意到：
$$Z'_{11} - Z'_{21}(Z'_{22})^{-1}Z'_{12} = Z'_{11} + Z'_{21}Z'_{22}Z_{11}^{-1} = [Z'_{11} - (I - Z'_{11}Z_{11})]Z_{11}^{-1} = Z_{11}^{-1}$$
$$(附4-13)$$

根据以上分析结果，可以得到：
$$u_t = \Pi_t s_t, \ \Pi_t = -(Z'_{22})^{-1}Z'_{12} = Z_{21}Z_{11}^{-1} \qquad (附4-14)$$

进一步结合 $W_{2,t}=0$ 可知：
$$S_{11}E_tW_{1,t+1} = T_{11}W_{1t} \qquad (附4-15)$$
$$E_tW_{1,t+1} = S_{11}^{-1}T_{11}W_{1t} \qquad (附4-16)$$

最后，结合 $W_{1,t+1}$ 的定义可得：
$$E_t[(Z'_{11} - Z'_{21}(Z'_{22})^{-1}Z'_{12})s_{t+1}] = S_{11}^{-1}T_{11}(Z'_{11} - Z'_{21}(Z'_{22})^{-1}Z'_{12})s_t$$
$$(附4-17)$$
$$E_ts_{t+1} = Z_{11}S_{11}^{-1}T_{11}Z_{11}^{-1}s_t \qquad (附4-18)$$
$$s_{t+1} = Z_{11}S_{11}^{-1}T_{11}Z_{11}^{-1}s_t + \eta_{t+1} \qquad (附4-19)$$
$$s_{t+1} = Ms_t + \eta_{t+1} \qquad (附4-20)$$
$$M = Z_{11}S_{11}^{-1}T_{11}Z_{11}^{-1} \qquad (附4-21)$$

这里的 η_{t+1} 为预测误差项。

附录5：本书研究主要基于的软件平台

1. Matlab 软件平台

本书研究过程中的数值模拟和绘图工作主要是基于 Matlab 软件平台完成，所使用的版本为 R2007b（Matlab 7.5）。关于 Matlab 的具体应用和最新的版本信息，可登录网站：www.mathworks.com。

2. Dynare 软件平台

Dynare 软件主要由阿杰米安（Adjemian）、巴斯塔尼（Bastani）、茱亚拉（Juillard）、米霍比（Mihoubi）、佩伦迪亚（Perendia）、拉托（Ratto）以及维勒莫特（Villemot）等人开发，供免费使用的一款软件。基于 Dynare 软件可以很方便地对一些模型进行求解，比如宏观经济分析中常见的 DSGE 模型和迭代（OLG）模型等。特别是对模型参数进行极大似然估计和贝叶斯估计时，基于 Dynare 软件会显得尤其方便。本书中模型参数的贝叶斯估计就是基于 Dynare 4.2.2 完成的。

如需下载和了解更多关于 Dynare 的信息，请登录：http://www.dynare.org/wp/。